普通高校“十二五”实用规划教材——公共基础系列

大学语文(第3版)

张子泉　杨晓霞　主　编

孙淑娟　郑玉华
杨秋玲　宫淑芝　戴维一　副主编

清华大学出版社
北　京

内 容 简 介

本书共分为六个单元。前四个单元按文学作品的体裁分类，精心遴选古今中外优秀名篇供学生阅读，并配有相应的练习和写作知识，每单元之中设立“文海拾贝”栏目，以帮助学生了解文学史的有关知识；后两个单元编排了实用写作和口才训练内容，突出技能训练，注重实际应用，是学生能力培养的理想用书。

本书适合作为普通本科院校、高等职业院校、成人高校学生学习大学语文的教材，亦可供文学爱好者参考。

图书在版编目(CIP)数据

大学语文/张子泉，杨晓霞主编. --3 版. --北京：清华大学出版社，2013（2016.10 重印）
(普通高校“十二五”实用规划教材·公共基础系列)
ISBN 978-7-302-33380-7

Ⅰ. ①大… Ⅱ. ①张… ②杨… Ⅲ. ①大学语文课—高等职业教育—教材 Ⅳ. ① H19

中国版本图书馆 CIP 数据核字(2013)第 180861 号

责任编辑：郑期彤
封面设计：刘孝琼
责任校对：周剑云
责任印制：王静怡

出版发行：清华大学出版社
网　　址：http://www.tup.com.cn，http://www.wqbook.com
地　　址：北京清华大学学研大厦 A 座　　**邮　　编**：100084
社 总 机：010-62770175　　**邮　　购**：010-62786544
投稿与读者服务：010-62776969，c-service@tup.tsinghua.edu.cn
质 量 反 馈：010-62772015，zhiliang@tup.tsinghua.edu.cn
课 件 下 载：http://www.tup.com.cn,010-62791865
印 装 者：北京密云胶印厂
经　　销：全国新华书店
开　　本：185mm×260mm　　**印　　张**：18.5　　**字　　数**：448 千字
版　　次：2005 年 3 月第 1 版　　2013 年 9 月第 3 版　　**印　　次**：2016 年 10 月第 6 次印刷
印　　数：7501～9000
定　　价：35.00 元

产品编号：053174-01

再版前言

大学语文课，是普通高校面向文(汉语言文学专业除外)、理、工、农、医、财经、外语、政法、艺术、教育等专业开设的一门综合性人文素质教育课程。课程设置的目的是培养实用型创新人才。

余光中先生认为：好的大学语文教材，“必须兼顾理想与实用，既有人文的意义，又合时代的精神”。大学语文主要开设于非中文专业，教材编写与教学过程要重视人文素质教育和语文能力培养相结合。必须致力于文理融通，培养学生的语文能力、审美情趣，使学生吸取继承中华民族与其他民族的优秀传统文化，自觉践行社会主义核心价值观，获得诸如热爱生命、尊重自然以及平等、包容、同情弱小等人文精神，进而在塑造高尚心灵、提升人格境界等方面起到作用。

大学语文教学不仅仅是在课堂上讲解几篇作品或者是分析几位作家，也不仅仅是教学生学会写几种文体的应用文章，它应该是包括文学、美学、教育学、心理学、史学、写作学、艺术学等各门学科在内的大学阶段的语文总体教学。对于所有非文史专业的大学生，尤其是对理工科大学生来说，学好专业固然重要，学好大学语文也同样重要。因为它可以培养学生高尚的道德情操，完善同学们应有的知识结构，在人类伟大的传统文化的陶冶下，努力做到文理渗透，使自己成为既掌握高深的专业知识，同时又具有丰富的思维能力和表达能力的合格的大学生。鉴于此，大学语文类课程在理工科大学中应该而且必须具有合法的地位，“大学语文”在理工科大学中只能加强，不能削弱。在当今科学技术高度发达的年代，一个从事科学研究的人是不可能对审美感知、艺术情操一窍不通的，想象、灵感、诗意并不单单只属于艺术家。钱学森院士在“北京地区第四次思维科学研讨会”上深有体会地说：“创造性很丰富的科学家，往往在文学艺术上也有很深修养，他在科学上的创造也得益于文艺的修养。”著名数学家苏步青教授说：“文理相通，才有后劲。”针对理工科大学生语文成绩不好，论文缺乏逻辑性，语言不通，错别字多，不了解祖国历史等问题，苏步青教授提出了加强对理工科学生的文史知识教育的问题，鼓励学生在休息时读点文学作品，也可以写小说，学写诗歌。他认为，大学教育不必急于专业化，一定要扩大学生的知识面，把基础知识的面拓得尽可能宽一点儿，做到文理相通，把大部分学生培养成

“通才”，才有后劲。因此，对于理工科大学生来说，学习古今中外的文学作品，掌握分析和鉴赏的能力，善于运用母语表达自己的内心情感和思维，能熟练地驾驭本国语言，使之成为传播或接受信息的工具，这是必不可少的。理工科大学生需要学习计算机操作和机械制图，他们同样也需要学习文学艺术知识和写作技巧，这也是时代发展的必然趋势。从当前高等教育的内涵来说，大学教育逐渐从单一的专业教学发展到理、工、文、管的全面渗透势在必行。

本教材是在《大学语文》(第 2 版)的基础上修订而成的。在修订的过程中，广泛征求了教师和学生的意见，较第 2 版《大学语文》内容更加丰富，特点更加鲜明，学习更加实用，是对第 2 版的提升，在修订过程中特别突出了以下特点。

一是在编写体例上更加科学合理。本书区别于其他教材，自成体系。全书内容包括六个单元。前四个单元按文学作品的体裁分类，精心遴选古今中外优秀名篇供学生阅读，并配有相应的练习和写作知识。每个单元之中设立“文海拾贝”栏目，以帮助学生了解文学史的有关知识。这样编排不仅注重了个体知识的学习，而且突出了“线性”内容的介绍，让学生将作家作品放在文学史的坐标上予以定位，进行评析鉴赏，使学生对我国古代、现代文学发展的轨迹有一个完整的了解，对各种文体的产生与流变有个清晰的印象；使学生更加具备一种“史”的观点与眼光，来审视文学精华，从中汲取营养。除文学作品阅读欣赏内容外，本书还安排了实用技能训练内容，如应用写作、口才训练等。这既培养学生的人文素养，又关注学生的情感培育，同时还培养了学生的应用写作和口才表达技能。这对于提高高等职业教育学生的综合人文素养，有重要的意义。

二是在学生学习上更加突出实用性。大学语文是公共基础课程，因此，理论知识不宜过多，而应以提高学生的欣赏水平，陶冶学生的情操为主。本书立足学生实际，以读为基础，写为提高，读写结合，对于提高学生的实际应用能力将会有很大的帮助。文学鉴赏部分精选了古今中外的名家名篇，既注重优秀传统文化的审美熏陶，也注重现代人文观念的思想启迪；语言交际部分和实用写作部分则根据当代大学生的需要，精选了经典案例和范文，进行仿真实训，以培养学生的口头表达能力和书面表达能力，适应了当前人才市场对大学毕业生综合素质的要求。

本书由潍坊科技学院张子泉教授及杨晓霞担任主编，孙淑娟、郑玉华、杨秋玲、宫淑芝、戴维一担任副主编。第一单元由潍坊科技学院郑玉华编写，第二单元由杨晓霞编写，第三单元由孙淑娟编写，第四单元由潍坊科技学院张子泉、杨秋玲编写，第五单元由山东科技职业学院宫淑芝、山东畜牧兽医职业学院孙月华编写，第六单元由潍坊职业学院戴维一、谭俊明编写。最后由张子泉教授进行了统稿。

本书在编写过程中得到了潍坊学院吴永昶、李毓等专家、教授的大力支持，他们对本书的编写提出了许多宝贵的意见和建议。在此，一并表示真诚的谢意。

由于编写时间所限，本书所引的部分作品未能及时与原作者联系，在此表示歉意。

由于水平所限，书中难免会有缺点和错误，敬请广大读者批评指正。

编　者

目　　录

第一单元　诗　歌

诗经·谷风[1]

《诗经》，是我国最早的一部诗歌总集，收集了西周初年至春秋中叶大约五百年的诗歌。现存诗三百零五篇，它的诞生标志着我国诗歌史的光辉开端。先秦时称“诗”或“诗三百”。

《诗经》的作品分风、雅、颂三个部分：风包括十五“国风”，有诗一百六十篇；雅有“大雅”、“小雅”，有诗一百零五首；颂分为“周颂”、“鲁颂”、“商颂”，有诗四十篇。

阅读和学习《诗经》要注意仔细体会以下几个方面的内容：《诗经》的写实精神和朴实自然的艺术风格；赋、比、兴的表现手法和古朴的抒情艺术；优美和谐的语言艺术。它们共同成就了《诗经》的伟大艺术。

习习谷风，以阴以雨[2]。黾勉同心[3]，不宜有怒。采葑采菲，无以下体[4]。德音莫违[5]，及尔同死[6]。

行道迟迟[7]，中心有违[8]。不远伊迩，薄送我畿[9]。谁谓荼苦，其甘如荠[10]。宴尔新昏[11]，如兄如弟。

泾以渭浊，湜湜其沚[12]。宴尔新昏，不我屑以[13]。毋逝我梁[14]，毋发我笱[15]。我躬不阅，遑恤我后[16]。

就其深矣，方之舟之。就其浅矣，泳之游之[17]。何有何亡[18]，黾勉求之。凡民有丧[19]，匍匐救之[20]。

能不我慉[21]，反以我为雠。既阻我德[22]，贾用不售[23]。昔育恐育鞫[24]，及尔颠覆[25]。既生既育[26]，比予于毒[27]。

我有旨蓄[28]，亦以御冬[29]。宴尔新昏，以我御穷[30]。有洸有溃[31]，既诒我肄[32]。不念昔者，伊余来塈[33]。

【注释】

[1] 选自《中国历代文学作品选》，朱东润主编。上海古籍出版社， 1979 年版。

[2] 习习两句：习习，和舒貌。谷风，东风，生长之风。以阴以雨：为阴为雨，以滋润百物。这两句说，天时和顺则百物生长，以喻夫妇应该和美。一说，习习，风连续不断貌；谷风，来自大谷之风，为盛怒之风；以阴以雨，没有晴和之意；这两句比喻其夫暴怒不止。

[3] 黾(mǐn)勉：犹勉励，尽力自勉。

[4] 采葑两句：葑，芜菁。菲，萝蔔。下体，根茎。《毛诗正义》说："言采葑菲之菜者，无以下体根茎之恶，并弃其叶。以兴为室家之法，无以其妻颜色之衰，并弃其德。"

[5] 德音：善言，犹好话。莫违：不要违反。

[6] 及：与。同死：犹偕老。及尔同死，与你白头偕老；也即上文所说的"德音"。

[7] 迟迟：缓慢。这句写女子被逐而离开家庭，在路上行走很慢。

[8] 中心：心中。违：通作"怖"，怨恨之意。

[9] 不远两句：伊，义同唯。迩，近。薄，语词。畿，门限。这两句写女子被弃逐而离开家庭时，其夫只送到门限以内，极言男子的薄情。

[10] 谁谓两句：荼，苦菜。荠，甜味的菜。这两句说，谁说荼是苦的？我觉得它跟荠一样甜。言外之意，说自己的遭遇远比荼苦。

[11] 宴：安乐。昏婚古字通。新昏，指其夫和新娶的女子。

[12] 泾以渭浊两句：泾，泾水。渭，渭水。二水皆发源于今甘肃省境内，至陕西省高陵县合流。泾水浊而渭水清。以，与，给予之意。湜(shí)湜，水清见底之貌。沚，《说文》、《玉篇》、《白帖》、《集韵》引此诗皆作止。沚当为误字。这两句大意说，泾水虽把污泥之类的东西带给渭水，但渭水在静止时仍然清澈见底。泾喻其夫新娶的女子，渭喻自己。意谓新人一来，丈夫对自己就更看不入眼了；但自己在实际上仍跟以前一样美好。

[13] 不我屑以：不屑和我在一起。不屑，有嫌恶轻鄙之意。以，与、和。

[14] 逝：往。梁：鱼梁，流水中拦鱼之物。这句说，不要到我的鱼梁那儿去。写女子恐家中鱼梁被新人弄坏。

[15] 发：拨，拨乱。笱(gǒu)：竹制的捕鱼器具，其口鱼能入而不能出。

[16] 我躬两句：躬，身。阅，容。遑，闲暇。恤，忧念。这两句说，我自己不被丈夫所容，哪有余暇忧虑我走后的事。

[17] 就其深矣四句：方，泭，即筏子。此处方和舟字皆做动词用。泳，潜水而行。游，浮行水上。此四句以渡水比喻治理家务，言一切都处理得恰如其分。

[18] 有：谓富。亡：与"无"同，言贫乏。这句说，不论富有或贫乏。

[19] 民：指邻里。丧：死亡凶祸之事。

[20] 匍匐：本义为小儿爬行，引申义为尽力。

[21] 能不我慉：今本《诗经》皆作"不我能慉"，为转写之误。今据《说文》所引诗句校改。能，读为"而"，喜悦之意。这句连下文意为，不但对我无好感，反以我为仇敌。

[22] 阻：阻难。德：善。这句大意说，你既对我的善行加以阻难。阻，《韩诗》作"诈"。意谓你既把我的德行当作是虚假的。与《毛诗》义可互通。

[23] 贾：商贾。用：因而。这句话说，我的善行就像商贾卖不出的货物一样。意谓没有作用和意义。

[24] 育：生养，犹今言生活。恐：恐惧。鞫(jú)：穷困。这句说，以前生活在恐慌、穷困中。

[25] 及：假作“岌”。岌岌，危殆状。颠覆：跌倒。

[26] 既生既育：已经有了财业，能够生活了。《毛诗正义·郑笺》：“生，谓财业也。”

[27] 毒：毒物。

[28] 旨蓄：味美的蓄菜。旨，美好。蓄，指蓄菜，即干菜之类。

[29] 御：抵御。御冬，犹言备冬、防冬。

[30] 以我御穷：用我抵御穷苦。《毛诗正义》：“穷苦娶我，至于富贵而见弃。似冬月蓄菜，至于春夏则见遗也。”

[31] 有洸有溃：《毛诗正义·传》：“洸(guāng)洸，武也。溃溃，怒也。”洸溃指其夫虐待打骂之事。

[32] 诒：通作贻。肄：劳，劳苦。

[33] 伊：犹维。来：是。塈(jì)：疑假作㤅。㤅即古文爱字。伊余来塈，维余是爱，只爱我一个人。

【思考练习题】

1. 分析这首诗的层次，总结各层次大意。
2. 这首诗表达了女主人公怎样的感情？你是如何看待这种感情的？
3. 简要分析这首诗的艺术特色。
4. 赋、比、兴的含义是什么？请以具体作品理解和说明。
5. 结合具体作品，说说《诗经》的主要文学成就。

国　殇[1]

屈　原

屈原(约前 340—约前 278)，名平，字原，战国时期楚国人，曾任左徒，主张联齐抗秦，改革政治，以图富强，但遭到保守势力的反对和陷害，被楚王流放远方。后楚国不断遭受强秦的侵略，兵败地削，而屈原的救国建议却不得实施。后来楚国的都城被攻下，国家不可收拾，屈原十分痛心，满怀忧愤，自投汨罗江而死。

屈原是中国文学史上第一个伟大诗人，也是我国历史上最早的和最伟大的爱国作家，他流传下来的作品有《离骚》、《九歌》、《九章》、《天问》等二十多篇，是我国古代浪漫主义诗歌发展的第一个高峰。他的这一系列诗歌作品，都表现了强烈的爱国感情和宁死不屈的斗争精神。

操吴戈[2]兮被犀甲[3]，车错毂[4]兮短兵接。

旌蔽日兮敌若云，矢交坠兮士争先。
凌余阵兮躐余行[5]，左骖殪兮右刃伤[6]。
霾两轮兮絷四马[7]，援玉枹[8]兮击鸣鼓。
天时坠兮威灵怒[9]，严杀尽兮弃原野。
出不入兮往不反，平原忽[10]兮路超远。
带长剑兮挟秦弓，首身离兮心不惩[11]。
诚既勇兮又以[12]武，终刚强兮不可凌。
身既死兮神以灵，子魂魄兮为鬼雄。

【注释】

[1] 本文选自《中国古代文学作品选》(第一卷 先秦部分)，郁贤皓主编，高教出版社，2003 年版，是其中具有特殊内容和风格的作品，它以激越的情感，壮烈的战斗场面描写，热烈礼赞了楚国将士勇武刚强、为国捐躯的英雄气概，充满爱国主义精神。风格刚健质朴，雄浑悲壮，意境壮美。

[2] 吴戈：吴地制造的戈，以锋利著称，这里用来指最锐利的戈。

[3] 被：同披，穿着。

[4] 错毂：轮毂交错，这是说双方战车相迫混战。毂，车轮中心的圈，外面连接辐条，里面横贯轮轴。

[5] 躐：践踏。

[6] 骖：骖马，古代驾车的马，中间驾辕的叫服马，两旁的叫骖马。殪，死。

[7] 霾：同埋，这里是陷没的意思。絷，绊住。

[8] 枹：鼓槌。玉枹，指镶有美玉的枹。

[9] 坠：通“怼”，怨恨。

[10] 忽：渺茫无边。

[11] 这两句的意思是：首身分离，剑弓依然在手，依然顽强不屈。惩，因受打击而不再干。

[12] 以：句中助词。

【思考练习题】

1. 这首诗赞扬了烈士什么样的精神？用的是什么写法？
2. 这首诗在场面描写方面有什么特色？
3. 屈原为什么会受到全世界人民的尊敬？谈谈你对屈原的了解和认识。
4. 仔细阅读并体会全诗的感情。
5. 《九歌》的艺术表现有什么特点？请结合作品加以分析。

古诗十九首·行行重行行[1]

《古诗十九首》出现于汉末，代表着文人五言诗的最高成就。它最初载于《文选》，是萧统等人从当时流传的汉末近六十首佚名文人五言诗中选录的。这些诗，从题材内容方面分，大致可以分为两大类：一是失时伤志、叹老嗟卑之作；一是思妇念远、游子思乡之辞。

《古诗十九首》生动地反映了处于汉末动乱现实中中下层知识分子的不满和愤慨，表现了他们追求的幻灭与悲伤，心灵的觉醒与人生迁逝的痛苦。沉重低回，凄楚悲凉，色彩暗淡，读之令人感伤。

行行重行行[2]，与君生别离[3]。
相去万余里，各在天一涯[4]。
道路阻且长，会面安可知？
胡马依北风[5]，越鸟巢南枝[6]。
相去日已远[7]，衣带日已缓[8]。
浮云蔽白日[9]，游子不顾反[10]。
思君令人老，岁月忽已晚[11]。
弃捐勿复道[12]，努力加餐饭[13]。

【注释】

[1]　《行行重行行》，选自《文选》中册，中华书局(北京)，1997 年版。相距万里，道路阻隔，彼此受着相思痛苦的煎熬，神情憔悴，以致心生疑云：“浮云蔽白日，游子不顾反。”担心游子受人诱惑而滞留不归，不禁油然产生迟暮之感。最后以慰藉作结，希望在外的亲人自保自重。

[2]　重(chóng)：又。这句是说行而不止。

[3]　生别离：活生生的分开。

[4]　天一涯：天一方。

[5]　胡马：北方所产的马。依：依恋。

[6]　越鸟：南方的鸟。以上两句是说，胡马南来仍然依恋北方的风，南鸟北飞仍筑巢于向南的树枝。这是用禽兽尚不忘故乡，来比喻游子当留恋故乡。

[7]　日已远：一天比一天远了。已，同“以”。

[8]　缓：宽松。这句话是说，人们因相思而日渐消瘦，故衣带越来越宽松。

[9]　浮云蔽白日：浮云障蔽了白日，本来比喻谗邪障蔽贤良。这里比喻游子在外别有所恋，像日光被浮云遮住了一样。

[10] 顾：念，思。

[11] “岁月”句：是说一年很快又要过完了。

[12] 捐：弃。勿复道：不要再说了。

[13] 努力加餐饭：意思是说多吃些饭保重身体。是思妇无可奈何、勉自宽慰、自我珍重的话。

【思考练习题】

1. 这首诗表达了怎样的思想感情？
2. 分析这首诗的层次，总结各层大意。

3. 以此诗为例，试总结《古诗十九首》的艺术成就。

4. 汉代乐府民歌在艺术表现上有哪些特点？请联系具体作品分析说明。

5. 将本诗与《迢迢牵牛星》所表达的感情进行分析比较。

附《迢迢牵牛星》

迢迢牵牛星，皎皎河汉女。
纤纤擢素手，札札弄机杼。
终日不成章，泣涕零如雨。
河汉清且浅，相去复几许？
盈盈一水间，脉脉不得语。

短　歌　行[1]

曹　操

曹操，字孟德，安徽亳州人，是一位杰出的政治家、军事家兼诗人。他出身于官僚地主家庭，年二十从政，逐渐成为北方的实际统治者。他本人雅爱诗章，“登高必赋，及造新诗，被之管弦，皆成乐章。”

曹操与其子曹丕、曹植，因为在汉魏之际诗坛上“各领风骚”，成为领导一代风气的卓越诗人，合称“三曹”。他的诗叙写汉末动乱现实，反映时代的社会风貌，被称为“汉末实录”，誉为诗史。

对酒当歌，人生几何[2]？譬如朝露，去日苦多[3]。慨当以慷[4]，忧思难忘。何以解忧？唯有杜康[5]。青青子衿[6]，悠悠我心[7]。但为君故，沉吟至今[8]。呦呦鹿鸣[9]，食野之苹[10]。我有嘉宾，鼓瑟吹笙[11]。明明如月，何时可辍[12]？忧从中[13]来，不可断绝。越陌度阡[14]，枉用相存[15]。契阔谈讌[16]，心念旧恩。月明星稀，乌鹊南飞。绕树三匝[17]，何枝可依？山不厌高，水不厌深。周公吐哺，天下归心[18]。

【注释】

[1] 选自《中国文学史参考资料简编》，北京大学出版社，1998 年版。短歌行：汉乐府曲调名，属《相和歌·平调曲》。曹操有《短歌行》两首，这是第一首。

[2] 对酒：对着酒。当，也作对着讲。几何：多少。形容人生短暂，岁月无多。

[3] 去日：过去了的日子。苦多：很多。

[4] 慨当以慷：即慷慨的意思。

[5] 杜康：相传是中国最早造酒的人，这里作酒的代称。

[6] “青青”句：用《诗经·郑风·子衿》的成句。衿，衣领。青衿是周代学子的服装，这里泛指贤才。

[7] 悠悠：长也。形容思虑连绵不断。出处同上句，均表示对贤才的思念。

[8] “但为”两句：但，只是。君，您，指所思慕的贤才。沉吟，低声吟咏。

[9] 呦呦(yōu)：鹿鸣叫。

[10] 苹：艾蒿。

[11] 瑟、笙：古代乐器的名字。以上四句是《诗经·小雅·鹿鸣》篇的成句，借以表示自己礼遇贤才的愿望。

[12] 辍：停止。一作“掇”，拾取。以上两句形容人才难得。

[13] 中：内心深处。

[14] 陌、阡：都指田间的道路。东西叫陌，南北叫阡。

[15] 枉用相存：枉劳存问的意思。存，问候。

[16] 契阔：聚散离合之意，此指久别重逢。讌(yàn)：通宴。

[17] 匝(zā)：环绕一个圈。依，依托。这里比喻贤才无处依托。

[18] 哺：口中咀嚼着食物。《韩诗外传》说周公忙于接待天下贤士，有时吃着饭也不得不停下来。

【思考练习题】

1. 概括这首诗的主要内容和表达的思想感情。
2. 找出诗中的典故，并作解说。
3. 简述曹操诗的艺术风格。
4. 背诵全诗。

归园田居·其一

陶渊明

陶渊明(约 365—427)，字元亮，号五柳先生，世称靖节先生，入刘宋后改名潜。东晋末期南朝宋初期诗人、文学家、辞赋家、散文家。汉族，东晋浔阳柴桑(今江西省九江市)人。曾做过几年小官，后辞官回家，从此隐居，田园生活是陶渊明诗的主要题材，相关作品有《饮酒》、《归园田居》、《桃花源记》、《五柳先生传》、《归去来兮辞》、《桃花源诗》等。

少无适俗韵[1]，性本爱丘山。
误落尘网中[2]，一去三十年[3]。
羁鸟恋旧林[4]，池鱼思故渊。
开荒南野际[5]，守拙归园田[6]。
方宅十余亩[7]，草屋八九间。
榆柳荫后檐[8]，桃李罗堂前[9]。
暧暧远人村[10]，依依墟里烟[11]。
狗吠深巷中，鸡鸣桑树颠[12]。
户庭无尘杂[13]，虚室有余闲[14]。
久在樊笼里[15]，复得返自然。

【注释】

[1] 适俗：适应世俗。韵：情调、风度。

[2] 尘网：指尘世，官府生活污浊而又拘束，犹如网罗。这里指仕途、官场。

[3] 三十年：吴仁杰认为当作“十三年”。陶渊明自太元十八年(393 年)初仕为江州祭酒，到义熙元年(405 年)辞彭泽令归田，恰好是十三个年头。

[4] 羁鸟：笼中之鸟。池鱼：池塘之鱼。鸟恋旧林、鱼思故渊，借喻自己怀恋旧居。

[5] 南野：一本作南亩。际：间。

[6] 守拙：守正不阿。潘岳《闲居赋序》有“巧官”、“拙官”二词，巧官即善于钻营，拙官即一些守正不阿的人。守拙的含义即守正不阿，可解释为固守自己愚拙的本性。

[7] 方：读作“旁”。这句是说住宅周围有土地十余亩。

[8] 荫：荫蔽。

[9] 罗：罗列。

[10] 暧暧：暗淡的样子。

[11] 依依：轻柔的样子。墟里：村落。

[12] 这两句全是化用汉乐府《鸡鸣》篇的“鸡鸣高树颠，犬吠深宫中”之意。

[13] 户庭：门庭。尘杂：尘俗杂事。

[14] 虚室：闲静的屋子。余闲：闲暇。

[15] 樊：栅栏。樊笼：蓄鸟工具，这里比喻仕途、官场。返自然：指归耕园田。这两句是说自己像笼中的鸟一样，重返大自然，获得自由。

【思考练习题】

1. 概括这首诗的主要内容和表达的思想感情。
2. 解说和陶渊明有关的历史典故。
3. 谈谈此诗的艺术特色。
4. 背诵全诗，体会其意境。

将进酒[1]

李 白

李白(701—762)，盛唐诗人，字太白，号青莲居士，生于碎叶城，后迁居四川绵州彰明县(今江油县)青莲乡。青少年时代受过传统的文化教育，兴趣广泛，抱负远大。25 岁离开家乡，漫游祖国各地，写下很多壮丽的诗篇。

李白是继屈原之后我国最伟大的浪漫主义诗人。在艺术上，李白的诗语言清新、想象丰富、善用夸张，写景抒情，挥洒自如，形成了飘逸、奔放、雄奇、壮丽的独特风格，对后世产生了深远的影响。

君不见黄河之水天上来，奔流到海不复回[2]。君不见高堂明镜悲白发[3]，朝如青丝暮成雪。人生得意须尽欢[4]，莫使金樽空对月[5]。天生我材必有用，千金散尽还复来。烹羊宰牛且为乐[6]，会须一饮三百杯[7]。岑夫子，丹丘生，将进酒，杯莫停。与君歌一曲[8]，请君为我侧耳听。钟鼓馔玉不足贵[9]，但愿长醉不愿醒。古来圣贤皆寂寞，惟有饮者留其名。陈王昔时宴平乐[10]，斗酒十千恣欢谑。主人何为言少钱[11]，径须沽取对君酌[12]。五花马[13]，千金裘，呼儿将出换美酒[14]，与尔同销万古愁。

【注释】

[1] 此诗选自《中国文学史参考资料简编》，北京大学出版社，1998 年版。作于天宝十一载(752 年)。当时李白与友人岑勋、元丹邱于嵩山登高宴饮。集中尚有《酬岑勋见寻就元丹邱对酒相待以诗见招》及《元丹邱歌》等诗，皆同时所作。将进酒：乐府《鼓吹曲词·汉铙歌》旧题。内容多写饮酒放纵时的感情。

[2] “君不见黄河之水”二句：高不瀛曰：“河出昆仑，以其地极高，故曰从‘天上来’。”两句即兴且比，比喻下文岁月易逝、人生易老之意。

[3] “君不见高堂明镜”二句：早晨尚是黑发，到傍晚，于高堂明镜之中，即照见青丝满头，不禁惊叹而悲。极言时光如矢。

[4] 得意：有兴致的时候。

[5] 金樽：酒杯的美称。

[6] 且为乐：姑且作乐，即暂时把苦恼之事丢开不想。

[7] 会须：应该。

[8] 与君：为你。

[9] 钟鼓馔玉：钟鼓，指权贵人家的音乐；馔玉：形容精美如玉的食物。此以钟鼓馔玉代指富贵利禄。

[10] “陈王”二句：曹植曾封陈王，其诗《名都篇》云：“归来宴平乐，美酒斗十千。”平乐：宫观名。斗酒十千，一斗酒值十千钱，极言酒美价昂。恣欢谑：尽情地欢娱戏谑。

[11] 主人：指元丹邱。当时宴饮是在元丹邱的颖阳山居。

[12] 径须：直管。沽取：沽酒。

[13] 五花马：指名贵的马。

[14] 将出：拿出。

【思考练习题】

1. 谈谈这首诗的思想内容以及表达的感情。
2. 李白的思想性格有什么特点？
3. 李白诗歌的艺术特点体现在哪些方面？
4. 理解起兴和夸张手法的运用，领会李白淋漓畅快的浪漫主义诗风。
5. 细细品味李白的这首诗，写一篇相关的评论。

登　高[1]

杜　甫

杜甫(712—770)，字子美，原籍襄阳(今属湖北)，生于河南巩县一个“奉儒守官”的地主家庭。杜甫生活在唐帝国由昌盛转向衰败、由统一走向割据的急剧转变时代，并经历了安史之乱的全过程。杜甫现存诗一千四百余首。他的诗无比深刻地反映了那个剧变时代的社会矛盾和历史内容，贯穿着鲜明的现实主义精神，因此自唐以来，即被誉为“诗史”。

风急天高猿啸哀，
渚清沙白鸟飞回[2]。
无边落木萧萧下，
不尽长江滚滚来。
万里悲秋长作客，
百年多病独登台。
艰难苦恨繁霜鬓[3]，
潦倒新停浊酒杯[4]。

【注释】

[1] 此诗选自《中国文学史参考资料简编》，北京大学出版社，1998 年版。是杜甫大历二年(767 年)秋在夔州时重阳节登高所作。

[2] 渚：水上沙洲。回，鸟飞时受风力而打旋的情态。

[3] 苦恨：极恨。

[4] 潦倒：失意颓丧。新停：刚刚放下，即刚刚饮罢之意。一说，指新近因病戒酒。

山居秋暝[1]

王　维

空山[2]新雨后，天气晚来秋。
明月松间照，清泉石上流[3]。
竹喧[4]归浣女，莲动下[5]渔舟。
随意春芳歇[6]，王孙自可留[7]

【注释】

[1] 暝(míng)：傍晚。

[2] 空山：不是真正意义上的空的山，而是因为植物的茂密，掩盖了人活动的踪迹。新：刚刚。

[3] 清泉石上流：写的正是雨后的景色。

[4] 竹喧：竹林中笑语喧哗。喧：喧哗，这里指竹叶发出沙沙声响。浣(huàn)女：洗衣服的姑娘。浣：洗涤衣物。

[5] 下：顺流而下。

[6] 随意：任凭。春芳：春天的花草。歇：消散，消失。

[7] 王孙：原指贵族子弟，后来也泛指隐居的人。留：居。此句反用淮南小山《招隐士》：“王孙兮归来，山中兮不可久留”的意思，王孙实亦自指。反映出无可无不可的襟怀。

【思考练习题】

1. 结合时代背景，感受这首诗表达了杜甫怎样的感情。
2. 杜甫诗的“写实”体现在哪些方面，有何特点？
3. 如何理解杜甫诗的“沉郁顿挫”？
4. 与王维的《山居秋暝》比较，感悟两位诗人不同的风格特征。
5. 背诵全诗。

浪淘沙令

李　煜

李煜，五代十国时南唐国君，961—975 年在位，字重光，初名从嘉，号钟隐、莲峰居士，彭城(今江苏徐州)人。南唐元宗李璟第六子，于宋建隆二年(961 年)继位，史称李后主。开宝八年(1975 年)，宋军破南唐都城，李煜降宋，被俘至汴京，封为右千牛卫上将军、违命侯。后因作感怀故国的词作《虞美人》而被宋太宗毒死。李煜虽不通政治，但其艺术才华却非同凡响。他精书法，善绘画，通音律，诗和文均有一定造诣，尤以词的成就最高，著有千古杰作《虞美人》、《浪淘沙》、《乌夜啼》等词。在政治上失败的李煜，却在词坛上留下了不朽的篇章，被称为“千古词帝”。

帘外雨潺潺[1]，春意阑珊[2]。罗衾不耐五更寒[3]。梦里不知身是客[4]，一晌贪欢[5]。
独自莫凭栏，无限江山，别时容易见时难。流水落花春去也，天上人间。

【注释】

[1] 潺潺：形容雨声。
[2] 阑珊：衰残。一作“将阑”。
[3] 罗衾：绸被子。不耐：受不了。一作“不暖”。
[4] 身是客：指被拘汴京，形同囚徒。
[5] 一晌：一会儿，片刻。贪欢：指贪恋梦境中的欢乐。

【思考练习题】

1. 结合李煜生平，探讨这首词的思想意蕴。
2. 谈一下此首词的艺术风格。
3. 了解此首词在作者创作中的地位
4. 背诵原文。

苏幕遮[1]·碧云天

范仲淹

范仲淹(989—1052)，字希文，吴县(今江苏省苏州市)人。宋真宗大中祥符八年(1015年)进士。范仲淹在宋仁宗时守卫西北边疆，遏止了西夏的侵扰。他在政治上积极主张改革，为当时著名的政治家。官至枢密副使、参知政事。谥号文正。他的文章诗词都有名篇传诵于世。有《范文正公集》。

碧云天，黄叶地，秋色连波，波上寒烟翠。山映斜阳天接水[2]，芳草无情，更在斜阳外[3]。黯乡魂[4]，追旅思[5]，夜夜除非、好梦留人睡[6]。明月楼高休独倚，酒入愁肠，化作相思泪。

【注释】

[1] 选自《中国历代文学作品选》，朱东润主编，上海古籍出版社，1979 年版。《苏幕遮》，唐玄宗时教坊曲名，来自西域。曲词原为七言绝句体，以配合《浑脱舞》，后衍为长短句。敦煌曲子词中有《苏幕遮》，双调六十二字，宋人即沿用此调。

[2] 山映句：斜阳映山，远水接天。

[3] 芳草两句：形容芳草漫无边际。古代文人多以草喻离情。《饮马长城窟行》："青青河边草，绵绵思远道。"李煜《清平乐》词："离恨恰如春草，更行更远还生。"杜牧《池州春送前进士蒯希逸》："芳草复芳草，断肠还断肠。自然堪下泪，何必更残阳。"此化用其意。芳草触动人的离愁，而草自青青，故云无情。

[4] 黯乡魂：思念家乡，黯然销魂。江淹《别赋》："黯然销魂者，惟别而已矣！"黯然，心神沮丧的样子。

[5] 追旅思：羁旅的愁思缠绕不休。追，追随，纠缠。思，一作"意"。

[6] 夜夜句：只有梦中得到暂时的慰藉。好梦，指回家的梦。

【思考练习题】

1. 这首词表达了怎样的感情？
2. 这首词在艺术上有何特点？分析本词情景结合的特点。
3. 找出词中的名句，具体分析。
4. 背诵这首词。

定风波·莫听穿林打叶声

苏　轼

苏轼(1037—1101)，北宋文学家、书画家。字子瞻，号东坡居士。眉州眉山(今属四川)人。与父苏洵、弟苏辙合称三苏。他在文学艺术方面堪称全才。其文汪洋恣肆，明白畅达，与欧阳修并称欧苏，为唐宋八大家之一；诗清新豪健，善用夸张比喻，在艺术表现方面独具风格，与黄庭坚并称苏黄；词开豪放一派，对后代影响颇深，与辛弃疾并称苏辛；书法擅长行书、楷书，能自创新意，用笔丰腴跌宕，有天真烂漫之趣，与黄庭坚、米芾、蔡襄并称宋四家。

【序词】三月七日，沙湖道中遇雨。雨具先去，同行皆狼狈，余独不觉。已而遂晴，故作此。

莫听穿林打叶声，何妨吟啸且徐行。竹杖芒鞋[1]轻胜马，谁怕？一蓑烟雨任平生[2]。

料峭[3]春风吹酒醒，微冷，山头斜照却相迎。回首向来萧瑟[4]处，归去，也无风雨也无晴。

【注释】

[1] 芒鞋：草鞋。

[2] 一蓑烟雨任平生：披着蓑衣在风雨里过一辈子也处之泰然。一蓑：蓑衣，用棕制成的雨披。

[3] 料峭：微寒的样子。

[4] 萧瑟：风雨吹打树叶声。

【思考练习题】

1. 这首词在艺术上有怎样的特点。
2. 分析这首词的思想感情。
3. 谈一下这首词的风格特征。
4. 背诵这首词。

水龙吟·登建康[1]赏心亭

辛弃疾

辛弃疾(1140—1207)，南宋词人。原字坦夫，改字幼安，别号稼轩，历城(今山东济南)人。出生时，中原已为金兵所占。21 岁参加抗金义军，不久归南宋。历任湖北、江西、湖南、福建、浙东安抚使等职。一生力主抗金，曾上《美芹十论》与《九议》，条陈战守之策，显示其卓越军事才能与爱国热忱。其词抒写力图恢复国家统一的爱国热情，倾诉壮志难酬的悲愤，对当时执政者的屈辱求和颇多谴责；也有不少吟咏祖国河山的作品。题材广阔又善化用前人典故入词，风格沉雄豪迈又不乏细腻柔媚之处。作品集有《稼轩长短句》，今人辑有《辛稼轩诗文钞存》。

楚天千里清秋，水随天去秋无际。遥岑[2]远目，献愁供恨，玉簪螺髻[3]。落日楼头，断鸿[4]声里，江南游子。把吴钩[5]看了，栏杆拍遍，无人会，登临意。休说鲈鱼堪脍，尽西风，季鹰[6]归未？求田问舍，怕应羞见，刘郎才气[7]。可惜流年[8]，忧愁风雨[9]，树犹如此[10]！倩[11]何人唤取，红巾翠袖[12]，揾[13]英雄泪？

【注释】

[1] 建康：今江苏南京。

[2] 遥岑：远山。

[3] 玉簪螺髻：玉簪，碧玉簪。螺髻，螺旋盘结的发髻。皆形容远山秀美。

[4] 断鸿：失群的孤雁。

[5] 吴钩：本指一种弯形的剑，相传吴王命国中做金钩，有人杀掉自己两子，以血涂钩，铸成双钩献给吴王，后代指利剑。此处用唐李贺《南园》诗意："男儿何不带吴钩，收取关山十五州"，暗指收复北方失地之意。

[6] 季鹰：据《晋书·张翰传》载，张翰(字季鹰)在洛阳做官，见秋风起，因想到家乡吴中的鲈鱼等美味，遂弃官而归。

[7] 求田问舍，怕应羞见，刘郎才气：据《三国志·魏书·陈登传》载，许汜曾向刘备抱怨陈登看不起他，"久不相与语，自上大床卧，使客卧下床"。刘备批评许汜在国家危难之际只知置地买房，"如小人(刘备自称)欲卧百尺楼上，卧君于地，何但上下床之间邪"。求田问舍，置地买房。刘郎，刘备。才气，胸怀、气魄。

[8] 流年：流逝的时光。

[9] 忧愁风雨：化用苏轼《满庭芳》词义，原句为"百年里，浑教是醉，三万六千场。思量，能几许，忧愁风雨，一半相妨"。风雨：比喻飘摇的国势。

[10] 树犹如此：据《世说新说·言语》载，桓温北伐经金城，见从前所植柳树已长得十分粗大，慨然叹道："木犹如此，人何以堪！"

[11] 倩：请托。

[12] 红巾翠袖：女子装饰，代指女子。

[13] 揾：擦拭。

【思考练习题】

1. 结合苏轼的词，评价这首词在艺术上有怎样的特点？
2. 分析这首词的思想感情。
3. 谈一下这首词的情景交融的特色。
4. 分析这首词所用到的历史典故。

神 女 峰[1]

舒 婷

舒婷，1952年出生于福建厦门市。"文革"时曾在闽北山区插队。20世纪70年代末结识了北方的北岛等作者，成为《今天》的撰稿者，她的诗也开始广泛流传。

舒婷的诗，或者借助内心来映照外部世界的音影，或捕捉生活现象所激起的情感反应。中国当代读者久违了的温情的人性情感在她的诗中"回归"，她的诗在整体上表现了对人个性价值的尊重。

在向你挥舞的各色花帕中
是谁的手突然收回
紧紧捂住了自己的眼睛
当人们四散离去，谁
还站在船尾
衣裙漫飞，如翻涌不息的云
江涛
高一声
低一声
美丽的梦留下美丽的忧伤
人间天上，代代相传
但是，心
真能变成石头吗
为眺望远天的杳鹤
错过无数次春江月明

沿着江岸
金光菊和女贞子的洪流
正煽动新的背叛
与其在悬崖上展览千年
不如在爱人肩头痛哭一晚

【注释】

[1] 选自《舒婷文集》，江苏文艺出版社，1997 年版。《神女峰》主要通过那被当作风景的三峡神女峰，表达长期受压抑的女性的愤激与忧伤。

【思考练习题】

1. 这首诗表达了怎样的爱情观？
2. 诗中对人的个性价值的尊重体现在哪里？
3. 背诵全诗。

死　水[1]

闻一多

闻一多(1899—1946)，原名家骅，又名亦多，湖北人，是新月诗社诗人。20 世纪 40 年代积极参加民主运动，遭国民党特务暗杀。主要作品有诗集《红烛》、《死水》等。

这是一沟绝望的死水，
清风吹不起半点漪沦。

不如多扔些破铜烂铁，
爽性泼你的剩菜残羹。

也许铜的要绿成翡翠，
铁罐上锈出几瓣桃花；
再让油腻织一层罗绮，
霉菌给他蒸出些云霞。

让死水酵成一沟绿酒，
漂满了珍珠似的白沫；
小珠们笑声变成大珠，
又被偷酒的花蚊咬破。

那么一沟绝望的死水，
也就夸得上几分鲜明。
如果青蛙耐不住寂寞，
又算死水叫出了歌声。

这是一沟绝望的死水，
这里断不是美的所在，
不如让给丑恶来开垦，
看他造出个什么世界。

【注释】

[1] 本文选自闻一多的诗集《死水》，人民文学出版社，1980 年版。《死水》作于 1926 年 4 月，主要抒发诗人回国后因目睹种种现实惨状而引起的悲愤心情。现实给予他的荒凉与破败，混乱与杀戮，使他经受着莫大的痛苦。《死水》正是在这种心境下写成的。

【思考练习题】

1. 谈谈闻一多在文学方面的成就。
2. “死水”代表什么？有什么特殊的含义？
3. 诗中蕴藏着诗人怎样的理想？

舟子的悲歌

余光中

余光中(1928—)，台湾当代著名诗人、散文家、文艺评论家和翻译家，祖籍福建永春。1950 年，他的第一部诗集《舟子的悲歌》出版。曾主编过《蓝星》诗刊。

余光中学贯中西，涉猎广泛，在诗歌、散文、评论、翻译等许多领域都有卓越成就，自称“文学创作上的多妻主义者”。对于中华民族传统文化的深切感悟与热爱，以及与大陆长期隔绝的港台生活，使其创作越到后来越表现出浓厚的乡土情结，有着很强的历史感和丰富的文化意蕴，形成了独特的艺术风格。《乡愁》由于写出了无数游子思念故乡的普遍心声，曾在大陆引起轰动，成为他最有代表性的经典之作。

一张破老的白帆
漏去了清风一半，
却引来海鸥两三。
荒寄的海上谁做伴！
啊！没有伴！没有伴！
除了黄昏一片云，
除了午夜一颗星，
除了心头一个影，
还有一卷惠特曼。

我心里有一首歌，
好久，好久
都不曾唱过。
今晚我敞开胸怀舱里卧，
不怕那海鸥偷笑我：
它那歌喉也差不多！
我唱起歌来大海你来和：
男低音是浪和波，
男高音是我。

昨夜，
月光在海上铺一条金路，
渡我的梦回到大陆。
在那淡淡的月光下，
仿佛，我瞥见脸色更淡的老母。
我发狂地跑上去，
(一颗童心在腔里欢舞！)
啊！何处是老母？
荒烟衰草丛里，有坟茔无数！

【思考练习题】

1. 谈谈余光中诗歌的乡土情结。

2. 诗中的意象有什么特殊含义?
3. “我”在这首诗中是一个怎样的形象?这个形象有着怎样的感情?
4. 阅读余光中的其他诗歌和散文,领会其作品中的乡土情结。

相信未来

食 指

食指(1948—),原名郭路生,原籍山东鱼台,生于北京。20 世纪 80 年代朦胧诗前期的代表诗人。“文革”中因救出被围打的教师而遭受迫害。1968 年到山西插队,1970 年进厂当工人,1971 年参军,1973 年复员,曾在北京光电技术研究所工作。他在“文革”中开始写诗,因在部队中遭受强烈刺激,导致精神分裂。即使这样,在精神病院也未停止创作。1978 年开始使用笔名食指,意为别人背后的指点损伤不了一个人格健全的诗人。著有诗集《相信未来》,诗作《这是四点零八分的北京》等。

当蜘蛛网无情地查封了我的炉台,
当灰烬的余烟叹息着贫困的悲哀,
我依然固执地铺平失望的灰烬,
用美丽的雪花写下:相信未来!

当我的紫葡萄化为深秋的露水,
当我的鲜花依偎在别人的情怀。
我依然固执地用凝霜的枯藤,
在凄凉的大地上写下:相信未来!

我要用手指那涌向天边的排浪,
我要用手撑那托住太阳的大海,
摇曳着曙光那枝温暖漂亮的笔杆,
用孩子的笔体写下:相信未来!

我之所以坚定地相信未来,
是我相信未来人们的眼睛,
她有拨开历史风尘的睫毛,
她有看透岁月篇章的瞳孔!

不管人们对于我们腐烂的皮肉,
那些迷途的惆怅、失败的苦痛,
是寄予感动的热泪、深切的同情,
还是给予轻蔑的微笑、辛辣的嘲讽,

我坚信人们对于我们的脊骨，
那无数次的探索、迷途、失败和成功，
一定会给予热情、客观、公正的评定，
是的，我焦急地等待着他们的评定。

朋友，坚定地相信未来吧，
相信不屈不挠的努力，
相信战胜死亡的年轻，
相信未来，热爱生命！

【思考练习题】

1. 谈谈你对这首诗歌的理解。
2. 诗中的意象有什么特殊含义？
3. 结合背景，分析这首诗歌的思想内涵。
4. 阅读食指的其他诗歌，领会其作品的风格。

一棵开花的树

席慕容

席慕容(1943—)，台湾女诗人。祖籍内蒙古察哈尔盟明安旗，蒙古族王族之后，外婆是王族公主。蒙古名字全称穆伦·席连勃，意为浩荡大江河。在父亲的军旅生活中，席慕容出生于重庆。1957 年入台北师范艺术科，后又入台湾师范大学艺术系。1964 年入比利时布鲁塞尔皇家艺术学院专攻油画，毕业后任台湾新竹师专美术科副教授。1981 年，出版第一本诗集 《七里香》，一年之内再版七次。其他诗集也是一版再版。其后有诗集《无怨的青春》(1982)、《时光九篇》(1987)等，诗及散文合集《在那遥远的地方》。席慕容多写爱情、人生、乡愁，写得极美，淡雅剔透，抒情灵动，饱含着对生命的挚爱真情，影响了整整一代人的成长历程。

如何让你遇见我，
在我最美丽的时刻。

为这，
我已在佛前求了五百年，
求佛让我们结一段尘缘。
佛于是把我化做一棵树，
长在你必经的路旁。

阳光下，
慎重地开满了花，
朵朵都是我前世的盼望，
当你走近，
请你细听，
那颤抖的叶，
是我等待的热情。

而当你终于无视地走过，
在你身后落了一地的，
朋友啊，
那不是花瓣，
那是我凋零的心！

【思考练习题】

1. 谈谈你对这首诗歌的理解。
2. 诗中的“求佛”有什么特殊含义？
3. 分析这首诗歌的艺术特色。
4. 围绕这首诗歌的主题，展开讨论。

文海拾贝

中国古代诗歌的发展历程

中国是诗的国度，在中国古代各种文学样式中，诗歌产生最早，发展也最为充分。从《诗经》产生迄今已有三千余年，出现了众多优秀的诗人，他们创作了难以计数的优秀诗篇，积累了极为丰富的艺术经验，形成了具有民族特色的诗歌理论和诗歌传统。诗歌像一朵馨香独具的奇葩，盛开于世界文苑之中。

中国诗歌的产生可以追溯到原始时代。“歌咏所兴，宜自生民始也。”(沈约《宋书·谢灵运传论》)然而原始歌谣只是原始先民审美意识的萌芽，并非自觉的艺术活动。先秦时期是中国诗歌的萌芽和奠基时期。这一时期，诗歌史上的成就主要是出现了中国第一部诗歌总集《诗经》和中国第一位诗人屈原及《楚辞》。《诗经》是我国第一部诗歌总集，是中国诗史的发端，也是中国诗歌艺术的光辉起点。继《诗经》之后，“楚辞”兴起。“楚辞”是一种具有浓厚地方色彩的新诗体，在体制和风格上都表现出许多新的特点。《诗经》产生于北方，以民歌为主，质朴淳厚；“楚辞”产生于南方，是文人在民歌基础上的发展与创新。在体制上，《诗经》以四言为主，多重章叠句，以反复咏唱为特点；“楚辞”则以杂言为主，句式错落，篇制鸿大。自古以来，“诗”和“骚”并称。《诗经》中的“国风”和以《离骚》为代表的“楚辞”哺育了历代诗人，成为中国诗歌的两大源头，共同影响着中国诗歌艺术的发展。

汉魏六朝是诗歌的嬗变时期。在这一时期，诗歌一方面由民歌向文人诗过渡，另一方面由古体向近体嬗变。

两汉赋体文学比较发达，文人诗歌成就不高。但就诗歌发展而言，汉诗却是由《诗》、《骚》中经汉乐府而进入五言诗创作繁盛时期的过渡。汉魏之际，五言诗逐渐独霸诗坛，建安诗歌是其高潮，历经南北朝以至初唐，风行了五百余年，取得了极其辉煌的艺术成就。五言古体，至东晋末年的田园诗渐臻妙境；自南朝宋代而后，新体诗渐趋盛行；艺术风格上，诗歌由古朴淳厚而渐重藻饰华靡，浪漫气息浓郁。这一时期，诗歌表现范围扩大，诗歌艺术更加成熟，诗论有了较大发展，为唐诗的高度繁荣准备了条件。

汉魏之际，民歌向文人诗转型，出现了中国诗歌史上第一个文人创作高峰。自此，文人主宰诗坛，文人诗成为诗歌主流。

这一时期的成就比较多。汉代乐府诗，是继《诗经》、《楚辞》之后产生的新诗体，以其强烈的现实主义精神和高度的艺术成就，彪炳千秋，在我国诗歌史上具有重要地位。《陌上桑》和《孔雀东南飞》是汉乐府民歌的代表性作品，取得了较高的艺术成就。汉末《古诗十九首》代表着文人五言诗的最高成就，显示了诗歌文人化之后的实绩。这一时期活跃在文坛上的诗人主要有建安诗坛的文人们；崇尚藻饰文风的西晋诗人，主要是陆机、太康诗人及左思、刘琨；东晋的田园诗人陶渊明；山水诗人谢灵运、鲍照以及齐梁的一些唯美倾向的诗人。

隋唐五代是中国诗歌的繁荣时期。唐诗是隋唐五代诗歌的主体。唐诗作者之广，作品之众，流派之多，体制之完备，题材之丰富，影响之广远，都表明唐诗已达到完全成熟的阶段，成为我国古典诗歌的高峰。唐诗形成了自己独特的风貌：古体与近体相兼，齐梁声律与汉魏风骨交融，气势恢宏，意象玲珑，意境浑融，格调高远，情思浓郁。

以王维、孟浩然为代表的山水田园诗派和以高适、岑参、王昌龄为代表的边塞诗派形成盛唐诗坛的两大景观，而李白和杜甫更是盛唐时代最伟大的歌手。李白处于盛世之巅，他的浪漫主义是“盛唐气象”最突出的代表；杜甫则处于盛衰之交，他是盛唐最后一位诗人，又是中唐现实主义的光辉旗帜。中唐诗人在诗的技巧与形式上另辟蹊径，使得中唐的诗坛流派更多，风格更成熟，如“元轻白俗”，“郊寒岛瘦”，李贺的荒诞虚幻，韩愈的怪奇弩张等。晚唐诗坛，杜牧、李商隐仍能卓然屹立，而其他的诗人只是追随前期某一位诗人或某家诗风，只有到北宋脱胎换骨后，方能表现出新的面貌。

宋辽金元时期，中国诗歌的发展呈现新的面貌：词与散曲的勃兴与繁荣。唐代是诗歌的黄金时代，宋代是词的繁荣时期。北宋初年，词坛度过短暂的寂寞时光之后开始活跃起来，不少作家在寻求新的开拓与创变。大致说来，北宋词的创新分别以柳永、苏轼、周邦彦为标志，经历了三个最重要的阶段：第一阶段，柳永大量创制慢词，为宋词的长足发展开辟了道路；第二阶段，苏轼在词的内容与形式上进行全面革新，促使宋词出现多种风格竞相发展的局面；第三阶段，周邦彦对传统柔婉词进一步加工、改造，体现了词艺的深化与成熟。南宋词的创作也经历了几次变化。南渡之初，词坛的情况比较复杂，其作品情感倾向不一，但无不打上那个动乱时代特有的印记。李清照是这个时期杰出的女词人。南宋中后期，以辛弃疾为代表的辛派词人唱出了南宋词坛的最强音，他们以高亢的歌喉表达恢复中原的热望，宣泄壮志难酬的郁愤，词风悲壮率真。另外，以姜夔为代表的风雅派词人继承传统词风而又有所改进，他们讲究词法，忠实词的艺术技巧。与北宋相比，南宋词人词作的数量都大大增加了，词艺上也更加精细；与此同时，辛派与风雅派词人中的一些作品，也逐渐表现出粗糙放率或专意雕琢文字的倾向，宋词终于走向衰落。

元曲与唐诗、宋词并列被推为一代之代表文学，但作品散佚较多。元代散曲创作可以分为前后两个时期。前期作家的活动中心在大都，是散曲的兴盛期。作家队伍中有达官贵人、文人雅士、杂剧作家、教坊艺人等。其中最有成就的是那些兼作杂剧的作家，如关汉卿、马志远、张养浩等。后期创作中心移到杭州一带，出现了一批专力写散曲的作家，如张可久、乔吉等，其创作倾向以雅正清丽为主调。元末，南戏音乐融入散曲，不少作家采用南北合套的方式进行创作，元曲发展出现新变。

辽与北宋并立。辽诗多已散失，萧观音是最重要的诗人。金与南宋对峙。中叶之后诗歌创作逐渐繁荣，蔡珪、刘迎、党怀英等在当时诗坛上颇有声誉。后期赵秉文的诗比较有名。金代最大的诗人是元好问。

我国古典诗歌大致有一个形成、演进和蜕变的发展阶段，先秦两汉是形成期，魏晋隋唐是演进期，宋元明清至“五四”以前则属于蜕变期，其中明清、近代是古典诗歌由蜕变而渐至终结的最后一段。由于封建制度处于末期和近代社会性质的变化在政治、思想、文化上的种种表现，给古典诗歌带来了极为显著的影响，使得这一时期的诗歌呈现出与形成期、演进期不同的特点和风貌，也出现了生气蓬勃的活跃局面，取得了文学史上令人瞩目的成就。

单元写作训练

诗 歌 欣 赏

诗歌是作者以丰富的感情和想象，节奏鲜明和谐精练的语言，高度集中地反映社会生活的文学式样。总的来说古代诗歌和现代诗歌的鉴赏方法大致相同，但也有一些细微的不同，下面分别介绍古代与现代诗歌鉴赏应注意的问题。

一、古代诗歌欣赏

(一)鉴赏诗歌的意境

1. 要善于展开联想与想象的翅膀

联想与想象是一种特殊的思维活动，是人们进行创作活动的必要因素，也是诗歌鉴赏中必须具备的一种能力。“形象大于思维”的艺术现象就是读者、鉴赏者发挥其联想与想象力的结果。

没有想象就没有诗歌。从抽象的文字符号到栩栩如生、有声有色的画面的形成，这中间的桥梁便是想象思维。“天苍苍，野茫茫，风吹草低见牛羊”(南北朝民歌《敕勒歌》)，读到这句诗时，我们自然会在脑海里想象出一幅壮阔无比、生机勃勃的草原全景图，这是一种再造想象。然而不止于此，读此句诗，我们也不难想象到，在无比壮阔的自然美的面前，作为自然之子的人在这片土地上生存、劳动，是何等的欢乐和美好！这句诗又是一首多么快乐而又优美的草原牧歌！这“人”的内容在诗中是没有的，是在诗歌鉴赏中的创造想象的表现。如此吟诵着这诗句，读者就仿佛被带入神奇美丽的北方大草原，领略千里草原、牛肥羊壮的绮丽壮阔的美；审美的主客体有机地融合在一起，人和自然达到了最美妙的和谐。

2. 抓住意象，并反复揣摩意象

意象是指诗歌中熔铸了作者主观感情的客观物象(或说是指经作者运思而成的寓意深刻的客观物象)。意象对于意境的形成起着至关重要的作用。读者进入诗歌的意境总是从感受意象开始的。诗人对意象的选取与描绘，正是作者主观感情的流露。因此，鉴赏诗歌时，抓住意象并反复揣摩、体味意象，是体会作者思想感情从而顺利进入诗歌意境的关键。马致远的《越调·天净沙·秋思》写道：“枯藤老树昏鸦，小桥流水人家，古道西风瘦马。夕阳西下，断肠人在天涯。”这首曲连用九个名词，描写了富有特征而又互有联系的景物，并以概括而巧妙的艺术构思组成了一幅弥漫着阴冷气氛和灰暗色彩的秋郊夕阳图。暮色思归的乌鸦，安逸自适的人家，旅途劳顿的老马，烘托出浪迹天涯的游子思念故乡彷徨悲苦的情怀。曲中的九个名词正是九个意象，每一个意象都牵连着作者的那份羁旅愁思，它们有机地组成了密集的意象群，这种看似简单的意象组合，却出人意料地产生了强烈的艺术感染力，而成为元曲中的绝唱。

3. 把握抒情主人公的形象和性格

在诗歌鉴赏中如能充分地把握住抒情主人公的性格形象，则能有助于进入诗歌的意境。“诗而有境有情，则自有人在其中”(《围炉诗话》)，这个人便是抒情主人公的性格形象，所谓“风格就是人”。所谓“诗品出于人品”。我国历代诗论都非常重视和强调人品与诗品的关系，一个成熟的伟大的诗人，其作品在很大程度上往往就是他的人格的自我写照。这里，我们可以从毛泽东的《咏梅》词和陆游的《咏梅》词的比较中深入地认识这一点。毛词：“风雨送春归，飞雪迎春到，已是悬崖百丈冰，犹有花枝俏。俏也不争春，只把春来报，待到山花烂漫时，她在丛中笑。”陆词：“驿外断桥边，寂寞开无主。已是黄昏独自愁，更著风和雨。无意苦争春，一任群芳妒。零落成泥碾作尘，只有香如故。”在毛词中，借梅作喻，树立起了伟大的国际主义战士的英雄形象，创造出了时代先驱者的崇高意境，而在陆词中，虽表现了受到挫折而不屈节的品质，但只是封建士大夫作个人奋斗，遭悯受侮后的哀怨牢骚，顾影自怜，孤芳自赏，流露着伤感，表现出脆弱。同是咏梅，为什么创造出了两种迥然不同的意境？由于诗人所处的时代不同，所站的立场不同，诗人的心胸气度不同，品格修养不同，审美标准不同，诗篇的意境也便不同。

对诗中形象的理解和分析是诗歌鉴赏的要点。诗歌中的形象大致有两类。

(1) 诗中的主人公形象。如《诗经·静女》刻画了一对青年恋人的形象，男青年的热烈痴情、淳朴憨厚，女青年的漂亮活泼、伶俐俏皮靡不毕现。而唐代诗人张志和则在《渔歌子》中塑造了一个斜风细雨不须归的从容自适的渔翁形象。

(2) 诗人自己的形象。如王维的《山居秋暝》，通过山村清幽明丽的景色的描写，我们也窥见了诗人闲适超逸的隐者形象。

(二)鉴赏诗歌中所描写的物象和景象

物象，即事物形象，如《蝉》中的蝉；景象，即景物形象，如“大漠孤烟直”、“千树万树梨花开”、湖光山色、田园桑麻、大漠孤城之类，都是诗歌中的形象。例如杜牧的《山行》，诗中写山中景色，有山路、人家、白云、红叶等景物，都构成了形象，且以枫林中经霜的红叶最具神韵。诗歌中的形象倾注着诗人的思想和情感，因此只有真正理解了诗歌的形象，才能深入领会诗歌的思想感情。

古诗中常见的人物形象有以下几类。

1. 豪放洒脱的形象

李白的“天生我材必有用，千金散尽还复来”(《将进酒》)，表现了他淡于富贵、傲视圣贤的思想，也反映了李白傲岸不羁、豪放自负的性格。

2. 忧国忧民、青衫泪湿的形象

杜甫的“安得广厦千万间，大庇天下寒士俱欢颜……吾庐独破受冻死亦足”(《茅屋为秋风所破歌》)，诗人并不仅停留在个人的哀怨中，而能推己及人，其忧国忧民的精神可见一斑；白居易的“座中泣下谁最多，江州司马青衫湿”(《琵琶行》)，着一“泣”字与“湿”字大大拓宽了诗的意境。

3. 归隐田园、钟情山水的形象

陶渊明的“采菊东篱下，悠然见南山……此中有真意，欲辩已忘言”(《饮酒》)，写的就是悠游自在的隐居生活，表现了诗人安贫乐道的思想；孟浩然的“故人具鸡黍，邀我至田家……待到重阳日，还来就菊花”(《过故人庄》)，诗中描写了山村风光和朋友欢聚的生活场面，像一幅田园风景画，使人见了非常向往。

4. 爱民惜才的形象

龚自珍的“我劝天公重抖擞，不拘一格降人才”(《己亥杂诗》)，其对人才的渴求，淋漓尽致地表现在字里行间。

5. 儿女情长的形象

李商隐的“相见时难别亦难，东风无力百花残。春蚕到死丝方尽，蜡炬成灰泪始干”(《无题》)，诗歌写了暮春时节与所爱女子离别时的无限忧伤和别后相思的绵绵情意，表达的是对忠贞不渝的爱情的歌颂。

(三)分析诗歌语言

1. 特点

(1) 清新、自然、朴素(如山水田园诗)；

(2) 豪放俊逸(如李白诗)；

(3) 沉郁顿挫(如杜甫诗)；

(4) 峻伟奔腾，雄浑豪迈(如边塞诗)；

(5) 委婉含蓄、蕴藉，耐人寻味(如用典诗和咏史怀古诗)；

(6) 平实、直白(如白居易诗)。

2．语言的表现力

分析语言是进行文学鉴赏的首要环节。只有准确地理解了作品的语言，才有可能对其进行更进一步的判断、评价和鉴赏。语言分析一般侧重从遣词造句、语句含义理解等方面进行。遣词造句，一般要涉及词义、典故，以及用词、用句的精妙所在等。例如，对“春风又绿江南岸”中的“绿”字的鉴赏分析；对“云破月来花弄影”中“破”、“弄”两字的品味等。

语句含义理解，所选语句往往是那些言简意丰的“立片言以居要”的关键语句。例如，对“前度刘郎今又来”语句含义的理解，对“落花时节又逢君”语句含义的咀嚼等。再如，“林花谢了春红，太匆匆，无奈朝来寒雨晚来风”中在描写大自然的凋敝之外所包蕴的对国恨家仇的悲愤和人生无常的喟叹，“去年燕子天涯，今年燕子谁家？”在写燕子之外所包蕴的天涯游子的惆怅心态和羁旅情怀。

(四)分析表达技巧

1．修辞

比喻(比兴)、拟人、夸张、对偶、反复、互文、双关等。

2．表达方式

描写：虚实结合，动静结合，侧面描写；调用角度，如由远而近、由上而下等。

抒情：直抒胸臆，借景抒情、寓情于景(情景交融)等。

3．表现手法

衬托、对比、渲染、叠词、意象组合、托物言志(象征)、用典、卒章显志、欲扬先抑或欲抑先扬、联想、想象、语序倒置等。

(五)分析思想情感

古诗词中所抒写的思想感情非常宽广，涉及最多的是以下几方面。

1．忧国忧民

描写战乱离散的痛苦：如杜甫的《春望》。

同情人民的疾苦：如杜甫的《茅屋为秋风所破歌》。

反映社会黑暗，揭露统治者腐朽：如杜甫的《自京赴奉先县咏怀五百字》(朱门酒肉臭，路有冻死骨)。

表达对国家民族前途命运的担忧：如林升的《题临安邸》(暖风熏得游人醉，直把杭州作汴州)。

表达对山河沦落国破家亡的痛楚：如陆游的《示儿》、文天祥的《过零丁洋》。

揭露统治者的横征暴敛穷兵黩武：如杜甫的《兵车行》。

2．建功报国

抒发保家卫国的决心，建功立业的豪情：如王昌龄的《从军行》(黄沙百战穿金甲，不破楼兰终不还)、陆游的《书愤》。

表达贬官谪居的怨恨，仕途失意的苦闷：如白居易的《琵琶行》、苏轼的《水调歌头・明月几时有》。

表达怀才不遇的寂寞，报国无门的激愤：如辛弃疾的《京口北固亭怀古》、《丑奴儿・少年不识愁滋味》。

表达年华消逝的感慨，壮志难酬的悲叹：如苏轼的《水调歌头・赤壁怀古》。

3. 思乡怀人

表达天涯羁旅的愁思：如孟浩然的《宿建德江》、温庭筠的《商山早行》。

表达思亲念友的孤独：如王维的《九月九日忆山东兄弟》、苏轼的《江城子・十年生死两茫茫》。

表达边关征夫的思乡：如范仲淹的《渔家傲・塞下秋来风景异》。

表达闺中怨妇的怀人：如王昌龄的《闺怨》、欧阳修的《踏莎行・候馆梅残》、李白的《乐府》(长安一片月，万户捣衣声)。

表达依依惜别的深情：如柳永的《雨霖铃》、王维的《渭城曲》、李白的《赠汪伦》。

表达情深意长的勉励：如王勃的《送杜少府之任蜀川》、高适的《别董大》。

5. 超尘脱俗

表达寄情山水的悠闲，退隐田园的淡远：如王维的《山居秋暝》、孟浩然的《过故人庄》。

表达厌离官场的险恶，归耕隐居的自在：如陶潜的《归园田居》。

6. 感时伤世

表达昔胜今衰的沧桑，时事变迁的感慨：如姜夔的《扬州慢・淮左名都》、刘禹锡的《乌衣巷》。

表达青春易逝的伤感，时不我予的焦虑：如李清照的《如梦令・昨夜雨疏风骤》。

二、现代诗歌欣赏

现代诗歌的主流是新诗，也包括现代人写的旧体诗(包括诗词曲)。新诗是“五四”新文学运动的产儿，反映新生活，表现新的思想感情。新诗形式上采用白话，打破了旧体诗的格律的束缚，创造出不少样式。总的说来，一种讲究格律，谓之格律诗；另一种比较自由，即自由诗。

自由诗形式自由，诗行可长可短，行数可多可少，可以押韵也可不押韵，可用标点也可不用标点。格律诗在格律方面比较讲究，但不是像旧诗那样有固定的格式，大体说来，诗行要求有比较整齐和谐的节拍，双数诗行的末一字要求押大致相同的韵；有的诗不分节，有的诗分为若干节，分节的诗，各节的行数要大致相等。

诗歌的艺术概括力最强。鉴赏时，要从诗歌凝练含蓄的语言入手，进而把握关键词句的深层含义，品味诗歌所抒发的情感，分析其多种艺术手段，把握并深刻理解作品所塑造的艺术形象，感受诗歌的优美意境。

具体说来，现代诗歌的鉴赏主要从以下几方面入手。

(一)诗歌的语言

语言是一切文学作品的基本材料，诗歌尤其讲究语言的运用。其艺术形象的塑造，意境的营造以及情感的传达，都要借助于语言。由于体裁的特点，诗歌的语言要求能用最简洁的词句来传达尽可能丰富的内容，这就形成诗歌语言凝练、含蓄、跳跃性强的特点。相对来说，新诗采用白话文写作，较少用典，从字面上较旧体诗容易把握，但要能正确评价一首诗，还是要反复朗诵，尽力揣摩，抓住饱含作者深情的词语来仔细品味其深层含义。

(二)诗歌的形象

诗歌是通过艺术形象来反映生活抒发感情的。鉴赏诗歌必须准确把握诗歌中的艺术形象。有些诗，通篇描绘具体鲜明的形象，借形象来抒发感情；有些诗，虽没有描绘具体形象，但能唤起读者想象，在想象中形成具体形象；也有些诗，既描绘了具体形象，也抒发了自己的思想感情。尽管诗歌刻画形象的方式有所不同，但鉴赏诗歌必须把握诗歌描绘的形象。

要把握诗歌的形象，就要抓住形象的特征。有些诗歌描绘的形象较多，我们应该对众多的单个形象进行组合加以想象，构成整体形象；有些诗歌描绘的形象并非实指，而是有比喻或象征的内涵，把握这类作品的形象就不能单从字面上理解，而应结合时代背景、作者遭遇等，通过想象，联想来挖掘形象的内涵。总之，理解诗歌的形象应立足于深层理解和整体把握，不能望文生义，浮于表面。

诗歌塑造形象的手法很多，可以对形象直接描写，也可以间接描写；可以是白描，也可以是浓墨重彩；可以铺垫、衬托，也可借助想象、联想塑造形象。只有真正理解了诗歌的形象，才能深入领会诗歌所抒发的感情。

(三)诗歌的情感

诗歌是抒情言志的文体，鉴赏时，须深切体会诗歌的感情内涵。可以通过诗歌的形象、意境把握它所要暗示和启迪读者的东西来体会作者的情感。

一些诗歌的思想情感是通过诗歌形象的比喻、象征意义来体现的。理解这类诗歌的思想感情，首先要准确把握形象的内涵，进而展开联想和想象加深对感情的理解，要避免形象把握上的实指性。

诗歌是一定时代生活的反映，理解诗歌的感情不能忽略时代的特征。同一题材的作品，由于诗人的理想志趣、生活经历，所处时代不同，会表现出不同的思想感情。

理解诗歌的感情还要顾及诗歌的体裁、风格、流派等因素。现实主义诗歌和浪漫主义诗歌在感情表达上就有区别，豪放派词和婉约派词表达的思想感情也有不同。

诗人抒发感情的方式是多种多样的。可以直抒胸臆，可以借景或借物抒情。许多诗歌是情景交融，寓情于景。

(四)诗歌的艺术特色

艺术特色主要是抒情手段、用典、构思和表现手法。在诗歌鉴赏中，要能掌握诗歌常用的表达手段与艺术技巧，如拟人、比喻、借代、夸张、对比、象征、以动写静、小中见大、虚实结合、衬托、托物言志等。

例文一

菩萨蛮[1]

李白

平林漠漠烟如织，
寒山一带伤心碧。
暝色入高楼，
有人楼上愁。

玉阶空伫立，
宿鸟归飞急。
何处是归程，
长亭更短亭。

【作者】

李白(701—762)，字太白，号青莲居士，绵州(今属四川江油)人。唐玄宗时供奉翰林。后赐金放还，漫游各地。安史之乱中，曾入永王璘府，因璘败而以“附逆”罪流放夜郎，中途遇赦东还，晚年漂泊东南一带，卒于当涂(今属安徽)。其诗与杜甫诗并为唐一代之冠，享誉甚隆。宋本《李太白集》不载其词。《尊前集》收录“李白词”十二首，然颇多伪作。

【注释】

[1] 近人杨宁益《零墨新笺》考证《菩萨蛮》为古缅甸曲调，唐玄宗时传入中国，列于教坊曲。变调，四十四字，两仄韵，两平韵。

【品评】

宋初《尊前集》及稍后的文学《湘山野录》、杨绘《时贤本事曲子集》，都载有传为李白所作的这首《菩萨蛮》。黄昇《唐宋诸贤绝妙词选》且将此词推为“百代词典之祖”。然自明胡应麟以来，不断有人提出质疑，认为它是晚唐五代人作而托李白的。这场争议至今仍在继续。

这是一首怀人词，写思妇盼望远方行人久候而不归的心情。开头两句为远景。高楼极目，平林秋山，横亘天末，凝望之际，不觉日暮。“烟如织”是说暮烟浓密，“伤心碧”是说山色转深。王建《江陵使至汝州》诗：“日暮数峰青似染，商人说是汝州山。”薛涛《题竹郎庙》诗：“竹郎庙前多古木，夕阳沉沉山更绿。”多言晚山之青，可以参看。这两句全从登楼望远的思妇眼中写出，主观色彩很重，而行人之远与伫望之深，尽在其中。“暝色”两句为近景，用一“入”字由远而近，从全景式的平林远山拉到楼头思妇的特写镜头，突出了“有人楼上愁”的人物主体，层次井然。下片玉阶伫立仰见飞鸟，与上片登楼远望俯眺平楚，所见不同，思念之情则一。“宿鸟归飞急”还意在反衬行人滞留他乡，未免恋恋不返。末句计归程以卜归期。庾信《哀江南赋》有“十里五里，长亭短亭”之语。词中着一“更”字加强了连续不断的以至无穷无尽的印象。征途上无数长亭短亭，不但说明归程遥远，同时也说明归期无望，以与过片“空伫立”之“空”字相应。如此日日空候，思妇的离愁也就永无穷尽了。结句不怨行人忘返，却愁道路几千，归程迢递，不露哀怨，语甚蕴藉。韩元吉《念奴娇》词云：“尊前谁唱新词，平林真有恨，寒烟如织。”可见南宋初这首《菩萨蛮》犹传唱不绝。

例文二

“五四”时期的优秀爱国诗篇

——读郭沫若的《炉中煤》

严家炎

《炉中煤》这诗不长，一共才四节二十行。但是，它不仅是诗人郭沫若早期的重要作品之一，而且也是“五四”时代一首很有代表性的爱国诗篇。

一篇优秀的情诗，虽然抒的是个人之情，但总会打上时代的烙印，体现时代的精神。这是因为，杰出的诗人总是把诗的触角伸向人民和社会的深处，成为时代脉搏的忠实感应者。像著名的俄国文艺批语家别林斯基所说的那样：“任何伟大诗人之所以伟大，是因为他的痛苦和幸福的根子深深地伸进了社会和历史的土壤里。”

《炉中煤》这首诗，从主题到题材，从思想感情到表现手法，无不具有强烈的“五四”时代色彩。

我们知道，“五四”时代是中国人民在世界无产阶级革命浪潮鼓舞下开始觉醒的时代，是国内反帝反封建的爱国运动趋于高涨的时代，是“科学”、“民主”、“社会主义”及其他各种思潮在中国广为传播的时代，也是中国工人阶级开始作为一支新兴力量登上政治舞台的时代。这是充满活力，充满希望的时代。

当时，郭沫若因为远在日本，没有能够亲身参加国内的“五四”运动，但是汹涌澎湃的革命浪潮同样也冲击着他，振奋着他。他自己在后来写的自传的一部分——《创造十年》里说：“‘五四’以后的中国，在我的心目中就像一位很聪俊的有进取气象的姑娘，她简直就和我的爱人一样。……在‘五四’以后的国内青年，大家感受着知识欲的驱迫，都争先恐后地跑向外国去的时候，我处在国外的人却苦于知识的桎梏想自由解脱，跑回国去投进我爱人的怀里。”如果说，这段话是诗人后来用散文形式写的回忆的话，那么，《炉中煤》可以说就是诗人当时对这番爱国激情所作的诗的表白。

这首诗通篇都是用炉里燃烧着的煤的口气来抒写的。所谓“炉中煤”，已经由诗的副标题——“眷念祖国的情绪”所点明，只是一个比喻，实际上就是指诗人自己眷念祖国的那种感情。而诗里一再提起的那个“炉中煤”所“心爱的”“年青的女郎”，就是“五四”时代我们祖国的象征。由于对祖国的热爱接连用了两个形象的比喻，使得全诗虽然没有一次出现过“怀念祖国”的字样，却充分传达出了诗人热爱和怀念祖国感情的强烈和深切。“炉中煤”和“年青的女郎”这两个比喻运用得很出色，它正是我们理解全诗的思想性和艺术性的关键所在。

先说说诗里用“炉中煤”的形象来比喻诗人爱国感情的出色之处。这个比喻好在什么地方呢？首先，这个比喻把感情的热烈程度传达出来了。透过通红的煤火的形象，我们仿佛直接看到了诗人那颗爱国赤心，这颗心真像熊熊地燃烧着的炉火一样。可以说，用煤火来做自己感情的比喻，这只有爱国热情达到沸点的人才想象得出。其次，大家都知道，“煤”一燃烧起来，会把光和热带给人间，自己却化为灰烬，不保留任何东西，这也使我们有可能作这样的想象：诗人对祖国的热爱是无代价的，只要祖国需要，诗人可以赴汤蹈火，万死不辞。这样，诗人的爱国感情经过形象的表白就更加深化了。第三，诗里写道：煤的“前身”“原本是有用的栋梁”，过去“活埋在地底多年，到今朝总得重见天光”。这种写法除了通过交代“煤”的来历出身，使作品加强真实感以外，还包含着更深一层的双关意义，这就是：用煤“活埋在地底多年”来象征诗人的爱国感情也曾经长期深深地埋藏在心里。我们知道，在郭沫若的少年时代，祖国内受封建黑暗统治，外受帝国主义欺凌，正是苦难重重的时候。生长在那样的环境里，郭沫若很早就有了“富国强兵”的思想。他到日本学医，也是为了“报效祖国”；但是限于时代条件，这种感情一直郁积在心里得不到抒发；只有到了“五四”这个全国人民大觉醒，爱国运动大高涨的时代，这股感情才不可抑制地冲将出来，像“煤”一样地“重见天光”。诗里写的“自从重见天光，我常常思念我的故乡”，这实在是诗人情不自禁的内心流露。诗人在这里把个人命运跟祖国的命运交织在一起，表达了在新的时代想为祖国轰轰烈烈干一番事业的愿望。所有这一切，都说明了“炉中煤”这个形象里潜藏的内容是很丰富的。就因为诗里正好道出了“五四”时代许多知识青年的这种共同感情，所以它在当时就引起了强烈的共鸣，产生了热烈的反响。

现在有些读者对诗里用“年青的女郎”来象征祖国，感到不习惯。他们反映：爱国就说爱国好了，为什么要说“啊，我年青的女郎”呢？产生这种现象是并不奇怪的。“五四”到底已经过去了六十多年，今天的读者对当时情况确实隔了一层，不免会产生这种不习惯的感觉。但是，如果我们联系当时状况作些考察，懂得了作品所产生的那个时代，这些问题就不难理解。就说用“女郎”来象征祖国吧，它一方面固然同中国历来浪漫主义诗歌中常常以“香草”、“美人”暗喻自己的政治理想这种传统表现手段有关系；另一方面，这个手法的运用应该又很有时代的特征，而且在当时还需要一点勇气和胆量。试想，在宋明以后封建礼教严酷统治着的社会里，谁敢用这种象征性的大胆表白爱情的比喻呢？有些作品明明歌咏爱情的主题，却不敢直言，常常托之于物。甚至像《诗经》里的一部分诗，明明写的是爱情，但是后来的封建文人却硬要把它解释成歌颂帝王圣德的东西。只有到了“五四”时代，恋爱婚姻自由，反对礼教束缚……这些主题才大量地进入文学作品，成为一时的风尚。在这种情形下，当然连热爱祖国这种神圣的感情，也可以而且几乎是很需要用爱情的形象来作比喻了。知道了这一点，我们不仅会对郭沫若诗歌创作的浪漫主义个性增进理解，而且在阅读这首诗的时候也就会感到非常自然了。

在《炉中煤》这首诗里，韵律和节奏的和谐是很值得我们注意的。全诗每一节都是五句，而开头的一句总是有意的重复，使得思想感情的抒发层层深化。不但每一节中第一、三、五句的末一个字押韵，而且，每句的音节固定，都是四个“顿”，第二“顿”停顿的时间稍长，读起来给人一种音乐美。例如：

啊，|我|年青的|女郎！
我|不辜负|你的|殷勤，
你|也不要辜负了|我的|思量。

我为|我心爱的|人儿
燃|到了|这般|模样！

从诗歌形式上看，《炉中煤》可以说就是一首很完整的格律诗。过去我们都知道郭沫若早期是个自由体诗人。他的《女神》冲破了一切格律的束缚，对诗坛产生了很大影响。这当然是不错的。但是，郭沫若《女神》中的诗的形式其实是很多样的：有自由诗，也有格律诗，有各种不同的自由体诗，也有各种不同的格律诗或半格律诗。像《炉中煤》这样具有内在的格律，音节相当和谐的诗，对于我们今天建立新格律诗的探索工作仍然有借鉴作用。

(选自《写作文鉴》，刘锡庆、张继缅、吴炫主编，中央广播电视大学出版社，1985年10月版)

写作训练

读苏轼的词《江城子·十年生死两茫茫》，然后写一篇关于此词的赏析。

江　城　子

苏　轼

乙卯正月二十日夜记梦

十年生死两茫茫，不思量，自难忘。千里孤坟，无处话凄凉。纵使相逢应不识，尘满面，鬓如霜。夜来幽梦忽还乡，小轩窗，正梳妆。相顾无言，惟有泪千行。料得年年肠断处，明月夜，短松冈。

注：此词是苏轼悼念亡妻之作。

【阅读参考书目】

1. 《诗经选》，余冠英选注，人民文学出版社，1956年版。
2. 《诗经解说》，陈铁镔著，书目文献出版社，1985年版。
3. 《诗经直解》，陈子展撰述，复旦大学出版社，1983年版。
4. 《楚辞选》，马茂元选注，人民文学出版社，1980年版。
5. 《楚辞直解》，陈子展撰述，复旦大学出版社，1996年版。
6. 《乐府诗选》，余冠英选注，人民文学出版社，1959年版。
7. 《古诗十九首集释》，隋树森集释，中华书局，1955年版。
8. 《汉魏六朝诗选》，余冠英选注，人民文学出版社，1978年版。
9. 《曹操集注》，夏传才选注，中州古籍出版社，1986年版。
10. 《唐诗选》，中国社会科学院文学所编，人民文学出版社，1978年版。
11. 《李白诗选》，复旦大学中文系选注，人民文学出版社，1977年版。
12. 《杜甫诗选注》，萧涤非选注，人民文学出版社，1985年版。
13. 《中国历代文学作品选》，朱东润主编，上海古籍出版社，1979年版。

第二单元 散 文

郑伯克段于鄢[1]

《左传》

《左传》又叫《左氏春秋》或《春秋左氏传》，是我国最早的叙事详尽的编年体历史著作。司马迁和班固都说是春秋末年的鲁国史官左丘明撰写，但唐代以后多有异议。

《左传》以鲁国年号记事，记叙了我国春秋时期自鲁隐公元年到鲁哀公二十七年(前722—前 468)共二百五十多年的历史，实际记事到鲁悼公十四年(公元前 453 年)，包括各诸侯国的政治、军事、经济、外交等方面的重大历史事件。该书线索分明，结构严谨；语言简练而丰润，含蕴而畅达，曲折而尽情，言已止而意不尽，极富表现力；叙述描写详略得当，笔法多变，尤其擅长描写战争。在叙事过程中，作者对人物言行，甚至内心活动，往往有生动的描述，因而刻画出了不少个性鲜明的历史人物。《左传》的出现，标志我国历史散文在《尚书》、《春秋》之后有了飞跃性的发展，对后来的史传文学、小说、散文的发展有深远的影响。

初，郑武公娶于申，曰武姜。生庄公及共叔段[2]。庄公寤生[3]，惊姜氏，故名曰“寤生”，遂恶之。爱共叔段，欲立之，亟请於武公[4]。公弗许。

及庄公即位，为之请制[5]。公曰：“制，岩邑也，虢叔死焉。他邑唯命[6]。”请京，使居之，谓之京城大叔[7]。

祭仲曰[8]：“都城过百雉，国之害也。先王之制，大都，不过参国之一；中，五之一；小，九之一[9]。今京不度，非制也，君将不堪[10]。”公曰：“姜氏欲之，焉辟害[11]？”对曰：“姜氏何厌之有？不如早为之所，无使滋蔓[12]！蔓，难图也[13]。蔓草犹不可除，况君之宠弟乎？”公曰：“多行不义，必自毙，子姑待之[14]！”

既而大叔命西鄙北鄙贰于己[15]。公子吕曰[16]：“国不堪贰，君将若之何？欲与大叔，臣请事之；若弗与，则请除之。无生民心[17]。”公曰：“无庸，将自及[18]。”大叔又收贰以为己邑，至于廪延[19]。子封曰：“可矣。厚将得众[20]。”公曰：“不义不昵[21]，厚将崩。”

大叔完聚，缮甲兵，具卒乘，将袭郑[22]。夫人将启之[23]。公闻其期，曰：“可矣。”命子封帅车二百乘以伐京[24]。京叛大叔段，段入于鄢。公伐诸鄢[25]。五月辛丑，大叔出奔共[26]。……

遂置姜氏于城颍，而誓之曰：“不及黄泉，无相见也！[27]”既而悔之。颍考叔为颍谷封人，闻之，有献于公[28]。公赐之食。食舍肉[29]。公问之，对曰：“小人有母，皆尝小人之食矣，未尝君之羹，请以遗之[30]。”公曰：“尔有母遗，繄我独无[31]！”颍考叔曰：“敢问何谓也[32]？”公语之故，且告之悔[33]。对曰：“君何患焉？若阙地及泉，隧而相见，其谁曰不然[34]？”公从之。公入而赋[35]：“大隧之中，其乐也融融[36]。”姜出而赋：“大隧之外，其乐也泄泄[37]！”遂为母子如初。君子曰[38]：“颍考叔，纯孝也[39]，爱其母，施及庄公[40]。”诗曰：“孝子不匮，永锡尔类[41]。”其是之谓乎！

【注释】

[1] 本文选自《古文鉴赏辞典》，上海辞书出版社，1997 年版。“郑伯克段于鄢”是《春秋》中的一句话。郑伯：郑庄公。因郑国在当时属伯爵级诸侯国，故称其君为郑伯。克：战胜。段：郑庄公的弟弟。鄢：地名，在今河南省鄢陵。

[2] 初：当初，为《左传》追叙往事时的用语。这里是由隐公元年发生的事追溯它起初的缘由。郑武公，郑庄公的父亲，名掘突，“武”是谥号。申，是侯爵级的诸侯国，姜姓。武姜，郑武公的妻子，“武”是丈夫谥号，“姜”是娘家之姓。共叔段，姜氏的小儿子段，“叔”是兄弟的排行，表示小的；“共”是“段”后来发动政变失败逃到卫国的共地之共。

[3] 寤生：逆生，指胎儿出生时脚先出，即难产。

[4] 亟：屡次。

[5] 制：地名，又名虎牢，在今河南荥阳汜水镇西。

[6] 岩邑：险要的城邑。虢叔：东虢国君，封于制，仗着地势险要，不修国政，被郑武公灭掉。庄公怕段占据险地不好对付，故以此为托词。

[7] 京：地名，在今河南荥阳东南，距都城新郑较近。大叔，是对段的尊称。

[8] 祭仲：字足，郑国大夫。

[9] “都城”六句：雉：古代度量单位，高一丈长三丈为一雉。当时制度规定，侯伯一级的诸侯国的国都只能是方五里、径三百雉；下面所属的城市，大的不能超过它的三分之一，中等的不能超过它的五分之一，小的不能超过九分之一。制：制度规定。参国之一：国都的三分之一，“参”同三。

[10] 不度：不合制度。不堪：不能忍受，受不了。

[11] 焉：怎能。辟：逃避。

[12] 何厌之有：有何厌，有什么满足的时候。厌：满足。滋蔓：滋生蔓延，发展。

[13] 图：图谋，对付。

[14] 自毙：自取灭亡。姑：姑且，暂且。

[15] 既而：不久。鄙：边邑。贰：两属。

[16] 公子吕：字子封，郑国大夫。

[17] 国不堪贰：一个国家受不了两个国君的统治。事：侍奉。无：同毋。

[18] 无庸：不用。自及：自己遭殃。

[19] 收贰以为己邑：把原来两属的边邑收归己有。

[20] 厚：土地广大。众：民众。

[21] 不义不昵：对君不义，对兄弟不亲。昵：亲近。

[22] 完聚：修整城郭，聚集民众。完：修治。缮：修理整治。具卒乘：准备好步兵和战车。

[23] 启之：打开城门，即做内应。

[24] 帅：同率。乘，四匹马驾一辆战车；也指古代军队组织单位，一乘有甲士三人，步率七十二人。

[25] 诸：之于的合音。

[26] 出奔：逃跑，逃难。

[27] “遂置”四句：置：安置，这里有软禁的意思。黄泉：地下泉水，实指墓穴。

[28] 颍考叔：郑国大夫。有献于公：进献给庄公一些土产之类的礼物。

[29] 食舍肉：吃的时候把肉放在一边。

[30] 尝：吃。羹：带汁的肉。遗：赠。

[31] 繄：语气词，无义。

[32] 敢：表敬副词，有“大胆”、“冒昧”的意思。何谓：即谓何，说的是什么意思。

[33] 语：告诉。

[34] 何患：患何，忧虑什么。阙：同掘。隧：地道，这里是动词，挖地道。

[35] 赋：赋诗，口里唱着。

[36] 融融：和乐自得的样子。

[37] 泄泄(yì)：快乐舒畅的样子。

[38] 君子：作者假托，以发表议论。

[39] 纯孝：笃孝，即孝心真诚、纯笃。

[40] 施：延续，推及。

[41] 诗曰：指《诗经·大雅·既醉》篇。匮：竭尽。锡：同赐。

[42] 其是之谓乎：即“其谓是乎”，大概说的就是这种事吧。

【思考练习题】

1. 谈谈《左传》的成就。
2. 文中的郑庄公是个什么样的人？
3. 解释句中加点字。

(1) 及庄公即位，为之请制。

(2) 姜氏欲之，焉辟害。

(3) 太叔完聚，缮甲兵，具卒乘，将袭郑。

(4) 公赐之食，食舍肉。

4. 翻译下面的句子。

(1) 公子吕曰："国不堪贰，君将若之何？"

(2) 诗曰："孝子不匮，永锡尔类。"其是之谓乎！

《论语》节选

孔子(前551年—前479年)，子姓， 孔氏，名丘，字仲尼。春秋时鲁国陬邑人。孔子是我国历史上伟大的思想家、教育家和政治家，文学家。

《论语》是记载中国古代著名思想家孔子及其弟子言行的语录，一共二十卷，成于众手，但主要是由孔子的弟子及其再传弟子编写，是我国先秦时期早期的一部语录体思想学术著作。以记言为主，古称"语"，"论"是论纂的意思。儒家创始人孔子的政治思想核心是"仁"、"礼"。此书是研究孔子学说及整个儒家思想的一部重要著作。《论语》二十篇，内容涉及政治主张、哲学观点、教育原则、伦理道德、品德修养、文化观念等各个方面。当时基本上接近口语，因而比较生动，有一定的生活气息。对某些仪态举止，说话时的感情、口吻，以及音容笑貌，都做了一定的描绘，显示了人物的性情。尽管有的只是孤立的三言两语，但是却体现出《论语》文字简练、内涵深刻、深入浅出、语约义丰的特点。《论语》中的思想见解是孔子饱满的学识和丰富人生经验的概括积淀，充满了真知灼见，对中国古代思想、政治、文化、学术等方面都有长期深刻的影响，两千多年来一直为人们广泛传诵，成为人们牢记并遵守的治学信条和人生格言。这里所选的内容主要侧重于品德修养、做人做事、增进学业等方面的语录。

子曰："弟子[1]入[2]则孝，出[3]则弟，谨[4]而信，汎[5]爱众，而亲仁[6]，行有余力[7]，则以学文[8]。"(《学而》)

有子[9]曰："其为人也孝弟[10]，而好犯上者[11]，鲜[12]矣；不好犯上，而好作乱者，未之有也[13]。君子务本[14]，本立而道生[15]。孝弟也者，其为人之本与[16]？" (《学而》)

子游[17]问孝，子曰："今之孝者，是谓能养。至于犬马，皆能有养[18]，不敬，何以别乎？"(《为政》)

子张[19]学干禄[20]，子曰："多闻阙[21]疑[22]，慎言其余，则寡尤[23]；多见阙殆，慎行其余，则寡悔。言寡尤，行寡悔，禄在其中矣。"(《为政》)

子曰："人而无信，不知其可也。大车无輗[24]，小车无軏[25]，其何以行之哉？"(《为政》)

宰予昼寝，子曰："朽木不可雕也，粪土[26]之墙不可杇[27]也，于予与何诛[28]！"子曰："始吾于人也，听其言而信其行；今吾于人也，听其言而观其行。于予与[29]改是。"(《公冶长》)

子贡曰："如有博施[30]于民而能济众[31]，何如？可谓仁乎？"子曰："何事于仁？必也圣乎！尧舜[32]其犹病诸[33]。夫[34]仁者，己欲立而立人，己欲达而达人。能近取譬[35]，可谓仁之方也已。"(《雍也》)

子张问仁于孔子。孔子曰："能行五者于天下为仁矣。""请问之。"曰："恭、宽、信、敏、惠。恭则不侮，宽则得众，信则人任焉，敏则有功，惠则足以使人。"

(《阳货》)

子贡问友。子曰："忠告而善道之，不可则止，毋自辱也。"(《颜渊》)

孔子曰："益者三友，损者三友。友直，友谅[36]，友多闻，益矣。友便辟[37]，友善柔[38]，友便佞[39]，损矣。"(《季氏》)

子路曰："饱食终日，无所用心，难矣哉！不有博弈者乎？为之，犹贤乎已。"(《阳货》)

子曰："不患无位，患所以立；不患莫己知，求为可知也。"(《里仁》)

子贡曰："君子之过也，如日月之食焉。过也，人皆见之；更也，人皆仰之。"(《子张》)

【注释】

[1] 弟子：一般有两种意义：一是指年纪较小为人弟和为人子的人；二是指学生。这里是用一种意义上的"弟子"。

[2] 入：古代时父子分别住在不同的居处，学习则在外舍。《礼记•内则》："由命士以上，父子皆异宫"。入是入父宫，指进到父亲住处，或说在家。

[3] 出：与"入"相对而言，指外出拜师学习。出则弟，是说要用弟道对待师长，也可泛指年长于自己的人。

[4] 谨：寡言少语称之为谨。

[5] 汎：音 fàn，同泛，广泛的意思。

[6] 仁：仁即仁人，有仁德之人。

[7] 行有余力：指有闲暇时间。

[8] 文：古代文献。主要有诗、书、礼、乐等文化知识。

[9] 有子：孔子的学生，姓有，名若，比孔子小 13 岁，一说小 33 岁。后一说较为可信。在《论语》书中，记载的孔子学生，一般都称字，只有曾参和有若称"子"。因此，许多人认为《论语》即由曾参和有若所著述。

[10] 孝弟：孝，奴隶社会时期所认为的子女对待父母的正确态度；弟，读音和意义与"悌"(音 tì)相同，即弟弟对待兄长的正确态度。孝、弟是孔子和儒家特别提倡的两个基本道德规范。旧注说：善事父母曰孝，善事兄长曰弟。

[11] 犯上：犯，冒犯、干犯。上，指在上位的人。

[12] 鲜：音 xiǎn，少的意思。《论语》书中的"鲜"字，都是如此用法。

[13] 未之有也：此为"未有之也"的倒装句型。古代汉语的句法有一条规律，否定句的宾语若为代词，一般置于动词之前。

[14] 务本：务，专心、致力于。本，根本。

[15] 道：在中国古代思想里，道有多种含义。此处的道，指孔子提倡的仁道，即以仁为核心的整个道德思想体系及其在实际生活的体现。简单讲，就是治国做人的基本原则。

[16] 为仁之本：仁是孔子哲学思想的最高范畴，又是伦理道德准则。为仁之本，即以孝悌作为仁的根本。还有一种解释，认为古代的"仁"就是"人"字，为仁之本即做人的根本。

[17] 子游：姓言名偃，字子游，吴人，比孔子小 45 岁。

[18] 养：音 yàng。
[19] 子张：姓颛孙名师，字子张，生于公元前503年，比孔子小48岁，孔子的学生。
[20] 干禄：干，求的意思。禄，即古代官吏的俸禄。干禄就是求取官职。
[21] 阙：缺。此处意为放置在一旁。
[22] 疑：怀疑。
[23] 寡尤：寡，少的意思。尤，过错。
[24] 輗：音 ní，古代大车车辕前面横木上的木销子。大车指的是牛车。
[25] 軏：音 yuè，古代小车车辕前面横木上的木销子。没有輗和軏，车就不能走。
[26] 粪土：腐土、脏土。
[27] 杇：音 wū，抹墙用的抹子。这里指用抹子粉刷墙壁。
[28] 诛：意为责备、批评。
[29] 与：语气词。
[30] 施：旧读 shì，动词。
[31] 众：指众人。
[32] 尧舜：传说中上古时代的两位帝王，也是孔子心目中的榜样。儒家认为是尧舜“圣人”。
[33] 病诸：病，担忧。诸，“之于”的合音。
[34] 夫：句首发语词。
[35] 能近取譬：能够就自身打比方。即推己及人的意思。
[36] 谅：诚信。
[37] 便辟：惯于走邪道。
[38] 善柔：善于和颜悦色骗人。
[39] 便佞：惯于花言巧语。

【思考练习题】

1. 谈谈你对《论语》的认识。
2. 《论语》中所论述的孝道思想，你认同吗？
3. “益者三友，损者三友。友直，友谅，友多闻，益矣。友便辟，友善柔，友便佞，损矣。”这句话对现实中的你，有所启示吗？
4. 解释句中加点字。

(1) 多闻阙疑，慎言其余，则寡尤；多见阙殆，慎行其余，则寡悔。

(2) 何事于仁？必也圣乎！尧舜其犹病诸。

(3) 饱食终日，无所用心，难矣哉！不有博弈者乎？为之，犹贤乎已。

《老子》节选

老　子

老子，又称老聃、李耳，字伯阳，楚国苦县曲仁里人，是我国古代伟大的哲学家和思想家、道家学派创始人。被唐朝帝王追认为始祖，唐高宗亲临鹿邑拜谒，封老子为“太上玄元皇帝”，唐皇武后封为太上老君。老子著有《道德经》(又称《老子》)，其作品的精华是朴素的辩证法，主张无为而治，其学说对中国哲学发展具有深刻影响。

老子的思想主张是“无为”，《老子》书中包括大量朴素辩证法观点，如以为一切事物均具有正反两面，“反者道之动”，并能由对立而转化，“正复为奇，善复为妖”，“祸兮福之所倚，福兮祸之所伏”；又以为世间事物均为“有”与“无”之统一，“有无相生”，而“无”为基础，“天下万物生于有，有生于无”，其学说对中国哲学发展具有深刻影响。他的哲学思想和由他创立的道家学派，不但对我国古代思想文化的发展做出了重要贡献，而且对我国2000多年来思想文化的发展产生了深远的影响。

《道德经》、《易经》和《论语》被认为是对中国人影响最深远的三部思想巨著。《道德经》分为上下两篇，共81章，前37章为上篇道经，第38章以下属下篇德经，上下共五千字左右。

道，可道，非常道[1]。名，可名，非常名[2]。无，名天地之始，有，名万物之母。故常无，欲以观其妙；常有，欲以观其徼[3]。此两者同出而异名，同谓之玄[4]，玄之又玄，众妙之门[5]。

天下皆知美之为美，斯恶[6]矣。皆知善之为善，斯[7]不善矣。故有无相生[8]，难易相成，长短相形[9]，高下相倾[10]，音声[11]相和，前后相随。是以圣人处无为之事[12]，行不言之教，万物作焉而不辞[13]，生而不有，为而不恃[14]，功成而弗居。夫唯弗居，是以不去。

不尚贤[15]，使民不争；不贵难得之货[16]，使民不为盗[17]；不见可欲[18]，使民心不乱。是以圣人之治，虚其心[19]，实其腹，弱其志[20]，强其骨。常使民无知无欲。使夫智者不敢为也。为无为，则无不治[21]。

上德不德[22]，是以有德；下德不失德[23]，是以无德[24]。上德无为而无以为[25]，下德无为而有以为[26]。上仁为之而无以为。上义为之而有以为。上礼为之而莫之应，则攘臂而扔之[27]。故失道而后德，失德而后仁，失仁而后义，失义而后礼。夫礼者，忠信之薄[28]而乱之首[29]。前识者[30]，道之华[31]而愚之始。是以大丈夫处其厚[32]不居其薄[33]；处其实，不居其华。故去彼取此。

为无为，事无事，味无味[34]。大小多少[35]。报怨以德[36]。图难于其易，为大于其细；天下难事，必作于易；天下大事，必作于细。是以圣人终不为大[37]，故能成其大。夫轻诺必寡信，多易必多难。是以圣人犹难之，故终无难矣。

天下皆谓我“道”大[38]，似不肖[39]。夫唯大，故似不肖。若肖，久矣其细也夫[40]！我有三宝[41]，持而保之：一曰慈，二曰俭[42]，三曰不敢为天下先。慈故能勇[43]；俭故能广[44]；不敢为天下先，故能成器长[45]。今舍慈且[46]勇，舍俭且广，舍后且先，死矣！夫慈，以战则胜[47]，以守则固。天将救之，以慈卫之。

天之道，其犹张弓与？高者抑下，下者举之，有余者损之，不足者补之。天之道，损有余而补不足。人之道[48]，则不然，损不足以奉有余。孰能有余以奉天下，唯有道者。是以圣人为而不恃，功成而不处，其不欲见贤。

小国寡民[49]，使[50]有什伯之器[51]而不用；使民重死[52]而不远徙[53]。虽有舟舆[54]，无所乘之；虽有甲兵[55]，无所陈之[56]。使人复结绳[57]而用之，甘其食，美其服，安其居，乐其俗[58]。邻国相望，鸡犬之声相闻，民至老死，不相往来。

【注释】

[1] 道，可道，非常道：道，自然规律，自然法则。可道，可以说出的。常道，永恒的自然法则。

[2] 名，可名，非常名：名，名称，称呼。可名，可以称呼的。常名，永恒的称呼。

[3] 故常有，欲以观其徼：欲，将。徼，音 jiào，边也。

[4] 同谓之玄：玄，深远。

[5] 玄之又玄，众妙之门：之，而。又，更。众妙，一切秘奥。门，门径。

[6] 恶：丑。

[7] 斯：这。

[8] 相：互相。

[9] 形：此指比较、对照中显现出来的意思。

[10] 相倾：相向，相对。

[11] 音声：汉代郑玄为《礼记·乐记》作注时说，合奏出的乐音叫做“音”，单一发出的音响叫做“声”。

[12] 圣人居无为之事：圣人，古时人所推崇的最高层次的典范人物。居，担当、担任。无为，顺应自然，不加干涉、不必管束，任凭人们去干事。

[13] 作：兴起、发生、创造。

[14] 为而不恃：生非己力，生成了万物故不据为私有。

[15] 尚贤：尚，即崇尚，尊崇。贤：有德行、有才能的人。

[16] 贵：重视，珍贵。货：财物。

[17] 盗：窃取财物。

[18] 见：通“现”，出现，显露。此是显示，炫耀的意思。

[19] 虚其心：虚，使……空虚。心：古人以为心主思维，此指思想，头脑。虚其心，使他们心里空虚，无思无欲。

[20] 弱其志：使他们减弱志气，削弱他们竞争的意图。

[21] 治：治理，此意是治理得天下太平。

[22] 上德不德：不德，不表现为形式上的“德”。此句意为，具备上德的人，因任自然，不表现为形式上的德。

[23] 下德不失德：下德的人恪守形式上的“德”，不失德即形式上不离开德。

[24] 无德：无法体现真正的德。

[25] 上德无为而无以为：以，心、故意。无以为，即无心作为。此句意为：上德之人顺应自然而无心作为。

[26] 下德无为而有以为：此句与上句相对应，即下德之人顺应自然而有意作为。

[27] 攘臂而扔之：攘臂，伸出手臂；扔，意为强力牵引。

[28] 薄：不足、衰薄。

[29] 首：开始、开端。

[30] 前识者：先知先觉者，有先见之明者。

[31] 华：虚华。

[32] 处其愿：立身敦厚、朴实。

[33] 薄：指礼之衰薄。

[34] 为无为，事无事，味无味：此句意为把无为当作为，把无事当作事，把无味当作味。

[35] 大小多少：大生于小，多起于少。另一种解释是大的看作小，小的看作大，多的看作少，少的看作多；还有一说是，去其大，取其小，去其多，取其少。

[36] 报怨以德：此句当移至七十九章“必有余怨”句后，故此处不译。

[37] 不为大：是说有道的人不自以为大。

[38] 我道大：道即我，我即道。“我”不是老子用作自称之词。

[39] 似不肖：肖，相似之意。意为不像具体的事物。一说，没有任何东西和我相似。

[40] 若肖，久矣其细也夫：以上这一段，有学者认为是它章错简。

[41] 三宝：三件法宝，或三条原则。

[42] 俭：啬，保守，有而不尽用。

[43] 慈故能勇：仁慈所以能勇武。

[44] 俭故能广：俭啬所以能大方。

[45] 器长：器，指万物。万物的首长。

[46] 且：取。

[47] 以战则胜：一本作“以阵则亡”。

[48] 人之道：指人类社会的一般法则、律例。

[49] 小国寡民：小，使……变小，寡，使……变少。此句意为，使国家变小，使人民稀少。

[50] 使：即使。

[51] 什伯之器：各种各样的器具。什伯，意为极多，多种多样。

[52] 重死：看重死亡，即不轻易冒着生命危险去做事。

[53] 徙：迁移、远走。

[54] 舆：车子。

[55] 甲兵：武器装备。

[56] 陈：陈列。此句引申为布阵打仗。

[57] 结绳：文字产生以前，人们以绳记事。

[58] 甘其食，美其服，安其居，乐其俗：使人民吃得香甜，穿得漂亮，住得安适，过得习惯。

【思考练习题】

1. 请你谈谈课文中所选《老子》章节表达的思想观点。

2. “天下皆知美之为美，斯恶矣。皆知善之为善，斯不善矣。故有无相生，难易相成，长短相形，高下相倾，音声相和，前后相随。是以圣人处无为之事，行不言之教，万物作焉而不辞，生而不有，为而不恃，功成而弗居。夫唯弗居，是以不去。”你对这一章节如何理解。

3. 老子在两千多年前就提出的这些观点，你觉得与现在这个时代有冲突吗？

4. 解释下面加点的字。

(1) 是以圣人处无为之事，行不言之教，万物作焉而不辞，生而不有，为而不恃，功成而弗居。

(2) 不尚贤，使民不争；不贵难得之货，使民不为盗；不见可欲，使民心不乱。

谏逐客书[1]

李斯

李斯，中国秦代政治家。战国末年楚国上蔡(今河南上蔡西南)人。早年为郡小吏，后从荀卿学帝王之术，学成入秦。初被吕不韦任以为郎，后劝说秦王政灭诸侯、成帝业，被任为长史。秦王采纳其计谋，遣谋士持金玉游说关东六国，离间各国君臣，又任其为客卿。秦王政十年(前 237 年)下令驱逐六国客卿。李斯上《谏逐客书》阻止，为秦王政所采纳，不久官为廷尉。在秦王政统一六国的事业中起了较大作用。

秦统一天下后，与王绾、冯劫议定尊秦王嬴政为皇帝，并制定有关的礼仪制度。被任为丞相。他建议拆除郡县城墙，销毁民间的兵器，以加强对人民的统治；反对分封制，坚持郡县制；又主张焚烧民间收藏的《诗》、《书》、百家语，禁止私学，以加强专制主义中央集权的统治。还参与制定了法律，统一车轨、文字、度量衡制度。秦始皇死后，他与赵高合谋，伪造遗诏，迫令始皇长子扶苏自杀，立少子胡亥为二世皇帝。后为赵高所忌，于秦二世二年(前 208 年)被腰斩于咸阳市，并夷三族。

臣闻吏议逐客，窃以为过矣。昔穆公求士，西取由余于戎[2]，东得百里奚于宛[3]，迎蹇叔[4]于宋，求邳豹、公孙支[5]于晋。此五子者，不产[6]于秦，而穆公用之，并国二十，遂霸西戎[7]。孝公[8]用商鞅之法，移风易俗，民以殷盛[9]，国以富强，百姓乐用，诸侯亲服，获楚、魏之师[10]，举地千里，至今治强。惠王用张仪之计[11]，拔三川之地[12]，西并巴、蜀[13]，北收上郡[14]，南取汉中[15]，包九夷[16]，制鄢、郢[17]，东据成皋[18]之险，割膏腴之壤，遂散六国[19]之众，使之西面事秦，功施[20]到今。昭王得范雎，废穰侯[21]，逐华阳[22]，强公室，杜私门，蚕食[23]诸侯，使秦成帝业。此四君者，皆以客之功。由此观之，客何负于秦哉！向使四君却客而不内[24]，疏士而不用，是使国无富利之实，而秦无强大之名也。

今陛下致[25]昆山之玉，有随、和之宝[26]，垂明月[27]之珠，服太阿[28]之剑，乘纤离[29]之马，建翠凤之旗[30]，树灵鼍[31]之鼓。此数宝者，秦不生一焉，而陛下说[32]之，何也？必秦国之所生然后可，则是夜光之璧，不饰朝廷；犀象之器[33]，不为玩好；郑、卫之女不充后宫[34]，而骏良駃騠不实外厩[35]，江南[36]金锡不为用，西蜀丹青不为采[37]。所以饰后宫，充下陈[38]，娱心意，说耳目者，必出于秦然后可，则是宛珠之簪[39]，傅玑之珥[40]，阿[41]缟[42]之衣，锦绣之饰不进于前，而随俗雅化[43]，佳冶窈窕，赵女不立于侧也。夫击瓮叩缶弹筝搏髀[44]，而歌呼呜呜快耳者，真秦之声也；《郑》、《卫》、《桑间》，

《韶》、《虞》、《武》、《象》[45]者，异国之乐也。今弃击瓮叩缶而就《郑》、《卫》，退弹筝而取《昭》、《虞》，若是者何也？快意当前，适观而已矣。今取人则不然。不问可否，不论曲直，非秦者去，为客者逐。然则是所重者在乎色乐珠玉，而所轻者在乎人民也。此非所以跨海内、制诸侯之术也。

臣闻地广者粟多，国大者人众，兵强则士勇。是以太山不让[46]土壤，故能成其大；河海不择细流[47]，故能就其深；王者不却[48]众庶，故能明其德。是以地无四方，民无异国，四时充美，鬼神降福，此五帝三王[49]之所以无敌也。今乃弃黔首以资[50]敌国，却宾客以业[51]诸侯，使天下之士退而不敢西向，裹足不入秦，此所谓“借寇兵而赍[52]盗粮”者也。夫物不产于秦，可宝者多；士不产于秦，而愿忠者众。今逐客以资敌国，损民以益雠[53]，内自虚而外树怨于诸侯[54]，求国无危，不可得也。

【注释】

[1] 据《史记·李斯列传》记载，韩国派水工郑国游说秦王政(即后来的秦始皇)，倡言凿渠溉田，以实施“疲秦计划”。后事泄被发现，秦王政听信宗室大臣的进言，认为来秦的客卿大抵都想游间于秦，就下令驱逐客卿。李斯也在被驱逐之列，尽管惶恐不安，但主动上书，写下千古流传的《谏逐客书》。其立意高深，始终围绕“大一统”的目标，正反论证，利害并举，说明用客卿强国的重要性。

[2] 由余：亦作“繇余”，戎王的臣子，是晋人的后裔。穆公屡次使人设法招致他归秦，以客礼待之。入秦后，受到秦穆公重用，帮助秦国攻灭西戎众多小国，称霸西戎。戎：古代中原人多称西方少数部族为戎。此指秦国西北部的西戎，活动范围约在今陕西西南、甘肃东部、宁夏南部一带。

[3] 百里奚：原为虞国大夫。晋灭虞被俘，后作为秦穆公夫人的陪嫁臣妾之一送往秦国。逃亡到宛，被楚人所执。秦穆公用五张黑公羊皮赎出，用上大夫，故称“五羖大夫”。是辅佐秦穆公称霸的重臣。宛(yuān)：楚国邑名，在今河南南阳市。

[4] 蹇(jiǎn)叔：百里奚的好友，经百里奚推荐，秦穆公把他从宋国请来，委任为上大夫。百里奚对穆公说：“臣不及臣友蹇叔，蹇叔贤而世莫知。”

[5] 邳豹：晋国大夫邳郑之子，邳郑被晋惠公杀死后，邳豹投奔秦国，秦穆公任为大夫。“公孙支”，“支”或作“枝”，字子桑，秦人，曾游晋，后返秦任大夫。

[6] 产：生，出生。

[7] 并国二十，遂霸西戎：《秦本纪》云秦缪公“益国十二，开地千里，遂霸西戎”。这里的“二十”当是约数。并：吞并。

[8] 孝公：即秦孝公。

[9] 殷：多，众多。殷盛：指百姓众多而且富裕。

[10] 魏：国名，始封君魏文侯，系晋国大夫毕万后裔，于公元前403年与韩景侯、赵烈侯联合瓜分晋国，被周威烈王封为诸侯，建都安邑(今山西夏县西北)。魏文侯任用李悝改革内政，成为强国。梁惠王时迁都大梁(今河南开封市)，因此亦称“梁”。后国势衰败，公元前225年被秦国所灭。获楚、魏之师：指战胜楚国、魏国的军队。公元前340年，商鞅设计诱杀魏军主将公子昂，大败魏军。同年又与楚战，战况不详，据此，当也是秦军获胜。

[11] 惠王：即秦惠王，名驷，秦孝公之子，公元前337年至前311年在位。于公元前325年称王。张仪：魏人，秦惠王时数次任秦相，鼓吹“连横”，游说各国诸侯事奉秦国，辅佐秦惠文君称王，封武信君。秦武王即位，入魏为相。于公元前310年去世。此句以下诸事，并非都是张仪之计，因为张仪曾经作为宰相，就把功劳归功到他身上了。

[12] 三川之地：指黄河、雒水、伊水三川之地，在今河南西北部黄河以南的洛水、伊水流域。韩宣王在此设三川郡。公元前308年秦武王派兵攻取三川大县宜阳(今河南宜阳县西)。公元前249年秦灭东周，取得韩三川全郡，重设三川郡。

[13] 巴：国名，周武王灭商后被封为子国，称巴子国，在今四川东部、湖北西部一带。战国中期建都于巴(今重庆市)。公元前316年秦惠王派张仪、司马错等领兵攻灭巴国，在其地设置巴郡。蜀：国名，周武王时曾参加灭商的盟会，有今四川中部偏西地区。战国中期建都于成都(今四川成都市)。公元前316年秦惠文王派张仪、司马错等领兵灭蜀，在其地设置蜀郡。

[14] 上郡：郡名，本来是楚地，在今陕西榆林。

[15] 汉中：郡名，在现在的陕西汉中。楚怀王时置，辖境有陕西东南和湖北西北的汉水流域。公元前312年，被秦将魏章领兵攻取，秦于此重置汉中郡。

[16] 包：这里有并吞的意思。九夷：此指楚国境内西北部的少数部族，在今陕西、湖北、四川三省交界地区。

[17] 鄢(yān)：楚国别都，在今湖北宜城县东南。春秋时楚惠王曾都于此。郢(yǐng)：楚国都城，在今湖北江陵市西北纪南城。公元前279年秦将白起攻取鄢，翌年又攻取郢。

[18] 成皋：邑名，在今河南荥阳县汜水镇，地势险要，是著名的军事重地。春秋时属郑国称虎牢，公元前375年韩国灭郑属韩，公元前249年被秦军攻取。

[19] 六国：韩、魏、燕、赵、齐、楚。

[20] 施(yì)：蔓延，延续。

[21] 昭王：即秦昭王，名稷，一作侧或则，秦惠王之子，秦武王异母弟，公元前306年至前251年在位。范雎(jū)：一作“范且”，亦称范叔，魏人，入秦后改名张禄，受到秦昭王信任，为秦相，对内力主废除外戚专权，对外采取远交近攻策略，封于应(今河南宝丰县西南)，亦称应侯，死于公元前255年。穰(ráng)：穰侯，即魏冉，楚人后裔，秦昭王母宣太后之异父弟，秦武王去世，拥立秦昭王，任将军，多次为相，受封于穰(今河南邓县)，故称穰侯，后又加封陶(今山东定陶县西北)。因秦昭王听用范雎之言，被免去相职，终老于陶。

[22] 华阳：即华阳君芈戎，秦昭王母宣太后之同父弟，曾任将军等职，与魏冉同掌国政，先受封于华阳(今河南新郑县北)，故称华阳君，后封于新城(今河南密县东南)，故又称新城君。公元前266年，与魏冉同被免职遣归封地。

[23] 蚕食：比喻像蚕吃桑叶那样逐渐吞食侵占。

[24] 向使：假使，倘若。内：同“纳”，接纳。

[25] 陛下：对帝王的尊称。致：求得，收罗。

[26] 随、和之宝：即所谓“随侯珠”和“和氏璧”，传说中春秋时随侯所得的夜明珠和楚人卞和来得的美玉。

[27] 明月：宝珠名。

[28] 太阿(ē)：亦称泰阿，宝剑名，相传为春秋著名工匠欧冶子、干将所铸。

[29] 纤离：骏马名。

[30] 翠凤之旗：用翠凤羽毛作为装饰的旗帜。

[31] “鼍”(tuó)：亦称扬子鳄，皮可蒙鼓。

[32] 说：通“悦”，喜悦，喜爱。

[33] 犀象之器：指用犀牛角和象牙制成的器具。

[34] 郑：国名，姬姓，始封君为周宣王弟友，公元前 806 年分封于郑(今陕西华县东)。春秋时建都新郑(今河南新郑县)，有今河南中部之地，公元的 375 年被韩国所灭。卫：国名，姬姓，始封君为周武王弟康叔，初都朝歌(今河南淇县)，后迁都楚丘(今河南滑县)、帝丘(今河南濮阳县)，有今河南北部、山东西部之地。公元前 254 年被魏国所灭。郑、卫之女：此时郑、卫已亡，当指郑、卫故地的女子。后宫：嫔妃所居的宫室，也可用作嫔妃的代称。

[35] 駃騠(jué tí)：骏马名。外厩(jiù)：宫外的马圈。

[36] 江南：长江以南地区。此指长江以南的楚地，素以出产金、锡著名。

[37] 丹：丹砂，可以制成红色颜料。青：可以制成青黑色颜料。西蜀丹青：蜀地素以出产丹青矿石出名。采：彩色，彩绘。

[38] 下陈：殿堂下陈放礼器、站立傧从的地方。充下陈：此泛指将财物、美女充买府库后宫。

[39] 宛：宛转，缠绕。宛珠之簪：缀绕珍珠的发簪。或以“宛”为地名，指用宛(今河南南阳市)地出产的珍珠所作装饰的发簪。

[40] 傅：附着，镶嵌。玑：不圆的珠子。此泛指珠子。珥(ěr)：耳饰。

[41] 阿：细缯，一种轻细的丝织物。或以“阿”为地名，指齐国东阿(今山东东阿县)。

[42] 缟(gǎo)：未经染色的绢。

[43] 随俗雅化：随合时俗而雅致不凡。佳：美好，美丽。冶：妖冶，艳丽。古人多以燕、赵为出美女之地。

[44] 瓮：陶制的容器，古人用米打水。缶：一种口小腹大的陶器。秦人将瓮、缶作为打击乐器。搏：击打，拍打。髀(bì)：大腿。搏髀：拍打大腿，以此掌握音乐唱歌的节奏。

[45] 《郑》：指郑国故地的音乐。《卫》：指卫国故地的音乐。《桑间》：桑间为卫国濮水边上地名，在今河南濮阳县南，有男女聚会唱歌的风俗。此指桑间的音乐，即本书《乐书》的“桑间濮上之音”。《昭》：通“韶”，《史记集解》引徐广曰：“昭，一作‘韶’。”歌颂虞舜的舞乐。《虞》：按《史记会注考证校补》引南化本、枫山本、三条本等作“护”，当为歌颂商汤的舞乐。《武》：歌颂周武王的舞乐。《象》：歌颂周文王的舞乐。

[46] 太山：即泰山。让：辞让，拒绝。

[47] 择：舍弃，抛弃。细流：小水。

[48] 却：推却，拒绝。

[49] 五帝：指黄帝、颛顼、帝喾、尧、舜。三王：指夏、商、周三代开国君主，即夏

禹、商汤、周文王和周武王。

[50] 黔首：无爵平民不能服冠，只能以黑巾裹头，故称黔首，此泛指百姓，秦始皇统一六国后正式称百姓为黔首。资：资助，供给。

[51] 业：从业，从事，事奉。

[52] 赍(jī)：送，送给。这句是说，把武器粮食供给寇盗。

[53] 益：增益，增多。“雠”，通“仇”，仇敌。减少该国的人口而增加敌国的人力。

[54] 外树怨于诸侯：指宾客被驱逐出外必投奔其他诸侯，从而构树新怨。

【思考练习题】

1. 简单复述李斯劝谏秦王成功的主要依据。

2. 解释句中加点字。

(1) 使之西面事秦，功施到今。

(2) 向使四君却客而不内，疏士而不用，是使国无富利之实，而秦无强大之名也。

(3) 此所谓“借寇兵而赍盗粮”者也。

(4) 内自虚而外树怨于诸侯，求国无危，不可得也。

3. 翻译下面的句子。

(1) 孝公用商鞅之法，移风易俗，民以殷盛，国以富强，百姓乐用，诸侯亲服，获楚、魏之师，举地千里，至今治强。

(2) 是以太山不让土壤，故能成其大；河海不择细流，故能就其深；王者不却众庶，故能明其德。

货殖列传序[1]

司马迁

司马迁(前 145—?)字子长，夏阳龙门(今陕西韩城南)人。幼而好学，二十岁开始漫游，足迹遍及南北。初任郎中，随汉武帝巡行各地。元封三年(前 108 年)，继父职，任太史令，得以博览皇家藏书，并于汉武帝太初元年(前 104 年)开始写作《史记》。后因李陵事件，得罪下狱，受腐刑。出狱后发愤著书，以毕生精力完成《史记》。

《史记》是我国第一部纪传体的通史，记载黄帝到汉武帝太初年间三千多年的历史。全书由十二“本纪”、十“表”、八“书”、三十“世家”、七十“列传”五部分组成，计一百三十篇，五十二万余字。它不仅是伟大的历史著作，也是传记文学名著。它善于描绘巨幅的生活图景，反映不同类型、不同阶层人物的动态，塑造了许多有血有肉的人物形象。文章气势磅礴，又有浓郁的抒情色彩。语言丰富、生动、自然。鲁迅先生曾誉之为“史家之绝唱，无韵之离骚”，概括了它在史学和文学方面的伟大成就。

老子曰：“至治之极[2]，邻国相望，鸡狗之声相闻，民各甘其食，美其服，安其俗，乐其业，至老死不相往来。”必用此为务[3]，挽近世涂民耳目[4]，则几无行矣[5]。

太史公曰：夫神农以前，吾不知已。至若《诗》《书》所述虞夏以来，耳目欲极声色之好，口欲穷刍豢之味[6]，身安逸乐，而心夸矜执能之荣[7]使。俗之渐民久矣[8]，虽户说以眇论，终不能化。故善者因之[9]，其次利道之[10]，其次教诲之，其次整齐之[11]，最下者与之争[12]。

夫山西饶材、竹、谷、旄、玉石；山东多鱼、盐、漆、丝、声色；江南出楠、梓、姜、桂、金、锡、连、丹沙、犀、玳瑁、珠玑、齿革；龙门、碣石北多马、牛、羊、旃裘、筋角；铜、铁则千里往往山出棋置[13]：此其大较也[14]。皆中国人民所喜好，谣俗被服饮食奉生送死之具也[15]。故待农而食之，虞而出之[16]，工而成之，商而通之。此宁有政教发征期会哉[17]？人各任其能，竭其力，以得所欲。故物贱之征贵，贵之征贱，各劝其业[18]，乐其事，若水之趋下，日夜无休时，不召而自来，不求而民出之。岂非道之所符[19]，而自然之验邪？

周书曰：“农不出则乏其食，工不出则乏其事，商不出则三宝绝[20]，虞不出则财匮少[21]。”财匮少而山泽不辟矣[22]。此四者[23]，民所衣食之原也。原大则饶，原小则鲜。上则富国，下则富家。贫富之道，莫之夺予[24]，而巧者有馀，拙者不足。故太公望封於营丘，地潟卤[25]，人民寡，於是太公劝其女功[26]，极技巧，通鱼盐，则人物归之，繦至而辐凑[27]。故齐冠带衣履天下[28]，海岱之间敛袂而往朝焉[29]。其后齐中衰，管子修之，设轻重九府[30]，则桓公以霸，九合诸侯，一匡天下；而管氏亦有三归[31]，位在陪臣[32]，富于列国之君。是以齐富强至于威、宣也。

故曰：“仓廪实而知礼节，衣食足而知荣辱。”礼生于有而废于无。故君子富，好行其德；小人富，以适其力[33]。渊深而鱼生之，山深而兽往之，人富而仁义附焉。富者得势益彰，失势则客无所之，以而不乐。夷狄益甚。谚曰：“千金之子，不死于市。[34]”此非空言也。故曰：“天下熙熙，皆为利来；天下攘攘，皆为利往。”夫千乘之王，万家之侯，百室之君，尚犹患贫，而况匹夫编户之民乎！

【注释】

[1] 此文是论述春秋末年到汉武帝年间的社会经济史的专章。在序文中，作者驳斥了老子的“小国寡民”的历史倒退论，肯定了人们追求物质财富的合理欲望，并试图以此来说明社会问题和社会意识问题。他认为人们的物质生活的需求必然推动社会生产的分工和社会各经济部门的发展，而人的道德行为又是受他占有财富的多少制约的，从而谴责了汉武帝时期的经济垄断政策，抨击了当时以神意解释社会问题的唯心主义观点。但由于历史的局限，作者只看到个人追求财富的欲望在经济发展中的作用，没有注意生产力和生产关系的相互作用等重大问题。

[2] 至治之极：指政治推行到极致，亦即国家治理得最好的时候。

[3] 此：指老子所说的至治社会。务：用力达到的目标。

[4] 挽近世：指挽救近代的衰颓之风。涂：涂抹，堵塞。

[5] 则几无行矣：是几乎行不通的。

[6] 刍(chú)豢(huàn)：此泛指牛羊一类的家畜。刍：吃草的牲口。豢：食谷的牲畜。

[7] 夸矜执能：犹言夸耀权势和才能。执，通“势”。“心……使”句式含义为“心

为……所使”。

[8] 俗：风俗习惯。渐：逐渐形成。

[9] 因之：顺着它自然发展。

[10] 利道之：顺着有利形势引导。道：同“导”。

[11] 整齐之：用规章法律来使行为一致。

[12] 争：指争夺利益。

[13] 山出棋置：在山间星罗棋布。

[14] 大较：大概。

[15] 谣俗：即风俗。被服：即穿戴。奉生送死：供养活人，礼葬死者。

[16] 虞：管理和开发山林湖泊的人。

[17] 宁：岂。政教：政令。发征：征调。期会：约定时间相聚。

[18] 劝：努力去做。

[19] 道之所符：即符合大道。

[20] 三宝：指前后所言农出之食、工出之事、虞出之财。这些都要依靠商人来使之流通。

[21] 财：指材料、货物。匮：缺乏。

[22] 辟：此指开发。

[23] 四者：指农、工、虞、商。

[24] 莫之夺予：意谓无人能改变它。

[25] 潟(xì)卤：指盐碱地。

[26] 女功：指刺绣、纺织等妇女从事的工作。

[27] 繦(qiǎng)至：像牵线一样络绎不绝而来。繦：牵线的绳子。辐凑：像车轮上每根辐子都朝向车毂一样，都朝一个地方来，喻人很多。

[28] 齐冠带句：意谓天下各国所用的冠、带、衣、履，都是齐国做的。

[29] 海岱之间：海，指北海(即渤海)、东海。岱，泰山。敛袂(mèi)：收敛起衣袖而拜，表示对人的恭敬。袂：袖子。

[30] 轻重九府：管仲在齐国设立的主管金融货币的官府。轻重：指钱。

[31] 三归：建筑物名称，三归台。

[32] 陪臣：指诸侯国的大夫。

[33] 适：纵，逞。

[34] 千家句：富家子弟犯了法，有钱财可以疏通各方，也可免被杀。

【思考练习题】

1. 你读过《史记》吗？跟同学们讨论一下《史记》中你所熟悉的人物。

2. 对文中“天下熙熙，皆为利来；天下攘攘，皆为利往”你作何理解。

3. 解释句中加点字。

(1) 故善者因之[9]，其次利道之[10]，其次教诲之，其次整齐之[11]，最下者与之争[12]。

(2) 皆中国人民所喜好，谣俗被服饮食奉生送死之具也。

(3) 故物贱之征贵，贵之征贱，各劝其业，乐其事，若水之趋下，日夜无休时，不召而自来，不求而民出之。

4. 翻译。

(1) 故太公望封于营丘，地潟卤，人民寡，於是太公劝其女功，极技巧，通鱼盐，则人物归之，繦至而辐凑。

(2) 渊深而鱼生之，山深而兽往之，人富而仁义附焉。富者得势益彰，失势则客无所之，以而不乐。

杨王孙传[1]

班　固

班固(32—92)，东汉史学家、文学家。其父班彪是当时著名的儒学大师，曾作《史记后传》数十篇。班彪死后，班固在其基础上开始了《汉书》的撰写工作。后因有人控告他私改国史而入狱，其弟班超上书申明，汉明帝爱其才，召入宫任点校秘书等职，继续编撰《汉书》。后来班固因受牵连入狱而死，《汉书》尚未完成的部分，由其妹班昭等奉命完成。

《汉书》是我国第一部纪传体断代史，记载了整个西汉的历史。其体例基本上沿袭《史记》，而且汉武帝以前的史实也基本上取自《史记》，只是略有增删。全书分纪、表、传、志四部分组成，共100篇。

杨王孙者，孝武时人也[2]。学黄老之术[3]，家业千金，厚自奉养生，亡所不致[4]。及病且终，先令其子[5]，曰：“吾欲裸葬，以反吾真，必亡易吾意[6]。死则布囊盛尸，入地七尺[7]，既下，从足引脱其囊，以身亲土[8]。”其子欲默而不从，重废父命[9]，欲从之，心又不忍，乃往见王孙友人祁侯[10]。

祁侯与王孙书曰：“王孙苦疾[11]，仆迫从上祠雍[12]，未得诣前[13]。愿存精神，省思虑，进医药，厚自持[14]。窃闻王孙先令裸葬，令死者亡知则已，若其有知，是戮尸地下，将裸见先人，窃为王孙不取也[15]。且《孝经》曰：‘为之棺椁衣衾’，是亦圣人之遗制，何必区区独守所闻[16]？愿王孙察焉。”

王孙报曰：“盖闻古之圣王，缘人情不忍其亲，故为制礼，今则越之，吾是以裸葬，将以矫世也[17]。夫厚葬诚亡益于死者，而俗人竞以相高，靡财单币，腐之地下[18]。或乃今日入而明日发，此真与暴骸于中野何异[19]！且夫死者，终生之化，而物之归者也[20]。归者得至，化者得变，是物各反其真也[21]。返真冥冥，亡形亡声，乃合道情[22]。夫饰外以华众，厚葬以鬲真[23]，使归者不得至，化者不得变，是使物各失其所也。且吾闻之，精神者天之有也，形骸者地之有也。精神离形，各归其真，故谓之鬼，鬼之为言归也。其尸块然独处[25]，岂有知哉？裹以币帛，鬲以棺椁，支体络束[26]，口含玉石，欲化不得，郁为枯腊[27]，千载之后，棺椁朽腐，乃得归土，就其真宅[28]。繇是言之，焉用久客[29]！昔帝尧之葬也，窾木为椟，葛藟为缄，其穿下不乱泉，上不泄殠[30]。故圣王生易尚，死易葬也[31]。不加功于亡用[32]，不损财于亡谓。今费财厚葬，留归鬲至[33]，死者不知，生者不得，是谓重惑[34]。於戏[35]！吾不为也。”

祁侯曰：“善。”遂裸葬。

【注释】

[1] 选自中华书局《汉书》卷六十七。杨王孙：生平事迹不详。文中着重记述了他临终前给儿子留下遗嘱，要求自己死后裸身入土，又在答复友人祁侯的信中，进一步阐明了自己反对逾礼厚葬，以裸葬“矫世”的主张。班固文章结构严谨，语言精练凝重的特点在本文中有很好的体现。

[2] 孝武：即汉武帝刘彻。汉代皇帝自高祖以下的谥号都冠以孝字，如孝惠、孝文、孝景等。

[3] 黄老之术：黄帝、老子的学术，也就是道家学说。黄、老是道家之祖。

[4] 厚自奉养生，亡所不致：自己在生活保健方面很讲究，(保健方法措施等)无所不至。厚：重，看重。自奉：自己在生活方面的供养。养生：保健。亡：同“无”。致：至。

[5] 先令：这里是死前立下遗嘱的意思。

[6] “吾欲”句：我想光着身子入土，以便回到自己本来的样子，(你们)一定不要违背我的意思。裸葬：埋葬时不用衣衾棺 ，即光着身子入土。反：同“返”。真：道家语言，这里指人体的自然状态和本来面目。易：改变。

[7] 尺：指墓穴深度。

[8] 以身亲土：指身体直接和土接触。亲：亲近，这里是接触的意思。

[9] 重废父命：难以废弃父亲的命令。颜师古注：“重，难也。”

[10] 祁侯：杨王孙的朋友。颜师古注：“祁侯缯贺之孙承嗣者，名它。”

[11] 苦疾：为疾病所折磨。苦：用作动词，被……苦。

[12] 仆迫从上祠雍：我近来跟随皇帝到雍地祭祀。迫：近日。祠：祭祀。

[13] 诣：往，到。

[14] 存：养息。自持：自己保养，保重。

[15] 令死者亡知……为王孙不取也：假使死去的人没有知觉也就罢了，要是他有知觉的话，这是让他的尸体在地下受辱，要光着身子去见祖先，我私下认为王孙这样做不合适。

[16] “且《孝经》”句：况且《孝经》里说：“(人死后)要为他穿好衣，盖好被，用棺椁装起来。”这也是圣人流传下来的规矩。你何必一定要独自坚持自己知道的一点点道理呢？区区：小，少。

[17] 闻：知。缘：因。越之：逾越礼的规定。

[18] 单：通“殚”，竭尽。

[19] 发：指盗墓的人挖开坟墓。暴：暴露。中野：野外。

[20] “且夫死者”句：况且对于死者来说，从出生到死去，这是他必然的归宿。

[21] “归者得至”句：回归的人得到了回归，死去的人得到了变化，这是事物各自回到了他们的本来面目。

[22] “返真冥冥”句：回到无知无识、无形无声的本来面目，这才符合道家的主张。

冥冥：无知无识的样子。

[23] 鬲：同“隔”，隔离。

[24] 精神：指人的魂魄。形骸：指人的骨肉形体。

[25] 块然：孤身独处的样子。

[26] 支：同“肢”。络束：束缚。

[27] 郁为枯腊：日久天长变成了干枯的肉干。腊：干肉。

[28] 真宅：指人死后大自然赋予的住宅。

[29] 繇是言之，焉用久客：这样说来，何必厚葬，让死者不能直接入土，返回大自然赋予他的住宅中！繇：同“由”。久客：指长久不能回到其真宅。

[30] 窾：挖空。匵：同“椟”，棺材。穿：洞，这里指墓穴。

[31] 尚：崇尚，尊敬。

[32] 加：施加。功：工夫。亡：通“无”。

[33] 留归鬲至：让死者久久不能回归自然。

[34] 死者不知，生者不得，是谓重惑：死去的人不知享受厚葬的尊荣，活者的人也不会因此受益，这叫大糊涂。

[35] 於戏：叹词，即“呜呼”。

【思考练习题】

1. 总结这篇文章的中心思想，看看作者是怎样表达这一思想的。

2. 文中的杨王孙反对逾礼厚葬，这在今天仍有很强的现实意义。试联系你所接触到的一些现象谈谈个人的看法。

3. 试结合本文中“是”的使用，总结“是”在古文中的主要意义及用法。

登　楼　赋[1]

王　粲

王粲(177—217)，字仲宣，山阳高平(今山东邹城市)人，“建安七子”之一，少有才名。早年在长安遭逢战乱，南下荆州避难，依附刘表十五年而未被信用。后归降曹操，被任命为丞相掾，官至魏国侍中。王粲著作甚丰，文学成就主要在诗、赋两方面，《文心雕龙·才略》称他为“七子之冠冕”。

登兹楼以四望兮，聊暇日以销忧。览斯宇之所处兮，实显敞而寡仇[2]。挟清漳之通浦兮，倚曲沮之长洲[3]。背坟衍之广陆兮，临皋隰之沃流[4]。北弥陶牧，西接昭丘；华实蔽野，黍稷盈畴[5]。虽信美而非吾土兮，曾何足以少留[6]。

遭纷浊而迁逝兮，漫逾纪以迄今[7]。情眷眷而怀归兮，孰忧思之可任[8]！凭轩槛以遥望兮，向北风而开襟[9]。平原远而极目兮，蔽荆山之高岑[10]。路逶迤而修迥兮，川既漾而济深[11]。悲旧乡之壅隔兮，涕横坠而弗禁[12]。昔尼父之在陈兮，有归欤之叹音[13]。钟仪幽而楚奏兮，庄舄显而越吟[14]。人情同于怀土兮，岂穷达而异心[15]！

惟日月之逾迈兮，俟河清其未极[16]。冀王道之一平兮，假高衢而骋力[17]。惧匏瓜之徒悬兮，畏井渫之莫食[18]。步栖迟以徙倚兮，白日忽其将匿[19]。风萧瑟而并兴兮，天惨惨而无色[20]。兽狂顾以求群兮，鸟相鸣而举翼。原野阒其无人兮，征夫行而未息[21]。心悽怆以感发兮，意忉怛而憯恻[22]。循阶除而下降兮，气交愤于胸臆[23]。夜参半而不寐兮，怅盘桓以反侧[24]。

【注释】

[1] 本文据中华书局影印胡克家刻本《文选》卷十一。汉献帝初平三年(192 年)，王粲因长安战乱，南下荆州归附刺史刘表，前后共十五年。此赋即作于流寓荆州期间。据《文选》李善注引《荆州记》：“当阳(在今湖北)城楼，王仲宣登而作赋。”这篇以游览为题材的抒情小赋，抒发了作者久客荆州的乡愁与怀才不遇的苦闷，从而真实地表现了汉末动乱形势下文人流离伤时的心态和渴望建功立业的抱负。在艺术表现上，此赋以登楼为线索，按上、下楼的行动顺序和白天黑夜的时间推移来描写，并与作者的感受紧密结合，行文自然和谐，脉络清晰，首尾协调有致。作者尤其善于通过色调不同的景物描写烘托自己复杂变化的情感，事、情、景浑融一体，显示了高超的艺术功力。此赋脱尽汉赋雕琢堆砌的习套，标志着汉魏抒情小赋的成熟。

[2] 斯宇：即“兹楼”。宇：屋檐。显：豁亮。寡仇：少有可比。仇：匹敌，比。

[3] 挟：带。漳：水名，流经当阳。浦：大水有小口别通它水曰浦。沮：水名，流经当阳，与漳水合流后入长江。

[4] 背：背靠，指楼北。坟：高。衍：平。临：面对。皋：水边高地。隰(xí)：低湿之地。

[5] 弥：终，极致。陶：地名，相传为春秋时越人范蠡(陶朱公)的葬地。牧：远郊。墓在江陵县西，故称“陶牧”。昭丘：春秋时楚昭王坟墓，在当时东南七十里。华：同“花”。畴：田地。

[6] 土：故土。曾：语助词。少留：暂居。

[7] 纷浊：纷乱污浊，指世乱。迁逝：迁徙流亡，指避乱于荆州。漫：长久。纪：古以十二年为一纪。

[8] 眷眷：怀恋貌。任：经受。

[9] 凭：倚。轩槛：犹“高栏”，城楼上的栏杆。

[10] 荆山：山名，在今湖北南漳。岑：山小而高耸者。

[11] 修迥：长远。漾：水流长远貌。济：渡。

[12] 壅：阻塞。涕：泪。

[13] 尼父：孔子名丘字仲尼，去世后鲁哀公为其作诔词，称为尼父，见《左传·哀公十六年》。归欤：孔子周游列国时绝粮于陈，曾叹息说：“归欤！归欤！”朱熹谓“此孔子周游四方，道不行而思归之叹也”。(见《论语集注·公冶长》)

[14] 钟仪：春秋时楚国乐师，曾被囚于晋国。晋侯“使与之琴，操南音(楚乐曲)”，晋臣范文子称赞他“乐操土风，不忘旧也”(见《左传·成公九年》)。庄舄(xì)：春秋时越国人，在楚国任显赫职务，而病中思念故乡，仍旧操越国方音说话、呻吟。(见《史记·张仪列传》附《陈轸传》)

[15] 穷：困顿，指处于逆境。达：显贵。

[16] 惟：思。一说为语首助词。逾迈：消逝。河清：《左传·襄公八年》："俟河之清，人寿几何？"相传黄河一千年清一次，后世就以河清比喻太平盛世。未极：未至。

[17] 一平：统一安定。高衢：大道，喻良好政治局面。骋力：施展才力。

[18] 匏(páo)瓜：葫芦的一种。《论语·阳货》载孔子语："吾岂匏瓜也哉？焉能系而不食？"本为孔子自喻才能难以施展，这里又借以自喻。渫(xiè)：淘井使水清洁。《周易·井卦》："井渫不食，为我心恻。"意思是淘井后水已清洁，而无人吃水，使我痛心。《文选》六臣注李周翰说："喻修身全洁，畏时君之不用也。"

[19] 栖迟：游息。徙倚：徘徊。

[20] 并兴：指风从四面同时吹起。惨惨：暗淡无光貌。

[21] 阒(qù)：寂静。征夫：行人。

[22] 忉怛(dāo dá)：忧伤貌。憯(cǎn)恻：悲痛：

[23] 阶除：阶梯。除：台阶。交愤：郁愤。

[24] 夜参半：犹言"直到半夜"。参：及。盘桓：徘徊，指愁绪重重。

【思考练习题】

1. 这篇文章的写作线索是什么？在写法上有什么技巧？
2. 文章表达了作者什么样的思想感情？通过哪些文字可以看出来？
3. 本文最突出的特色是什么？试结合作品加以分析。
4. 仔细欣赏文中关于景物描写的句子，体会作者的心境。

祭十二郎文[1]

韩　愈

韩愈(768—824)，字退之，河内河阳(今河南孟县)人。韩氏籍贯为昌黎，世称韩昌黎。三岁而孤，由寡嫂郑氏抚养成人。贞元八年(792 年)登进士第(意思是通过科举考试)。贞元末，官监察御史，因上疏论事，被贬为阳山令。后招为国子博士，迁刑部侍郎。因上疏谏迎佛骨，触怒宪宗，被贬为潮州刺史。穆宗时，召为国子祭酒，历京兆尹及兵部、吏部侍郎。卒谥文，世称韩文公。韩愈是唐代古文运动的领导者，著名散文家。其文名体兼胜、气势磅礴、汪洋恣肆，语言精练生动，富有创造性。

年月日[2]，季父愈闻汝丧之七日[3]，乃能衔哀致诚，使建中远具时羞之奠[4]，告汝十二郎之灵[5]：

呜呼！吾少孤，及长，不省所怙，惟兄嫂是依[6]。中年兄殁南方，吾与汝俱幼，从嫂归葬河阳[7]，既又与汝就食江南[8]；零丁孤苦，未尝一日相离也。吾上有三兄，皆不幸早世[9]。承先人后者[10]，在孙惟汝，在子惟吾，两世一身[11]，形单影只。嫂尝抚汝指吾而言曰："韩氏两世[12]，惟此而已！"汝时尤小，当不复记忆；吾时虽能记忆，亦未知其言之悲也。

吾年十九，始来京城[13]。其后四年，而归视汝。又四年，吾往河阳省坟墓，遇汝从嫂丧来葬[14]。又二年，吾佐董丞相幕于汴州[15]，汝来省吾；止一岁，请归取其孥[16]。明年丞相薨[17]，吾去汴州，汝不果来。是年，吾又佐戎徐州[18]，使取汝者始行，吾又罢去[19]，汝又不果来。吾念汝从于东，东亦客也，不可以久；图久远者，莫如西归，将成家而致汝[20]。呜呼！孰谓汝遽去吾而殁乎！吾与汝俱少年，以为虽暂相别，终当久相与处，故舍汝而旅食京师，以求斗斛之禄[21]；诚知其如此，虽万乘之公相[22]，吾不以一日辍汝而就也。

去年孟东野往[23]，吾书与汝曰："吾年未四十[24]，而视茫茫，而发苍苍[25]，而齿牙动摇。念诸父与诸兄[26]，皆康强而早世，如吾之衰者，其能久存乎？吾不可去，汝不肯来；恐旦暮死，而汝抱无涯之戚也。"孰谓少者殁而长者存，强者夭而病者全乎？呜呼！其信然邪？其梦邪？其传之者非其真邪？信也，吾兄之盛德，而夭其嗣乎？汝之纯明，而不克蒙其泽乎[27]？少者强者而夭殁，长者衰者而存全乎？未可以为信也。梦也，传之非其真也？东野之书，耿兰之报[28]，何为而在吾侧也？呜呼！其信然矣！吾兄之盛德，而夭其嗣矣！汝之纯明宜业其家者[29]，不克蒙其泽矣！所谓天者诚难测，而神者诚难明矣！所谓理者不可推，而寿者不可知矣[30]！虽然，吾自今年来，苍苍者或化而为白矣，动摇者或脱而落矣[31]。毛血日益衰，志气日益微，几何不从汝而死也[32]！死而有知，其几何离[33]？其无知，悲不几时，而不悲者无穷期矣。汝之子始一岁，吾之子始五岁[34]，少而强者不可保，如此孩提者又可冀其成立邪[35]？呜呼哀哉！呜呼哀哉！

汝去年书云："比得软脚病[36]，往往而剧。"吾曰："是疾也，江南之人，常常有之。"未始以为忧也。呜呼！其竟以此而殒其生乎？抑别有疾而至斯极乎？汝之书，六月十七日也。东野云：汝殁以六月二日。耿兰之报无月日[37]。盖东野之使者不知问家人以月日；如耿兰之报，不知当言月日。东野与吾书，乃问使者，使者妄称以应之耳[38]。其然乎？其不然乎？

今吾使建中祭汝，吊汝之孤与汝之乳母。彼有食可守以待终丧[39]，则待终丧而取以来；如不能守以终丧，则遂取以来。其余奴婢，并令守汝丧。吾力能改葬，终葬汝于先人之兆[40]，然后惟其所愿。

呜呼！汝病吾不知时，汝殁吾不知日；生不能相养以共居，殁不能抚汝以尽哀，敛不得凭其棺，窆不得临其穴[41]。吾行负神明，而使汝夭，不孝不慈，而不得与汝相养以生，相守以死；一在天之涯，一在地之角，生而影不与吾形相依，死而魂不与吾梦相接，吾实为之，其又何尤[42]！彼苍者天，曷其有极[43]！自今已往，吾其无意于人世矣！当求数顷之田于伊、颍之上[44]，以待余年，教吾子与汝子，幸其成；长吾女与汝女，待其嫁，如此而已！言有穷而情不可终，汝其知也耶？其不知也耶？呜呼哀哉！尚飨[45]。

【注释】

[1] 本文选自《古文鉴赏辞典》，上海辞书出版社，1997 年版。韩愈三岁丧父，由长兄韩会和长嫂郑氏抚养长大，从小与十二郎生活在一起，两人年龄又相仿佛，虽是叔侄，却情逾手足。所以当十二郎去世噩耗传来，韩愈悲痛欲绝，几十年的家境、身世都流注笔端。作者将琐细家事诉说与对十二郎的深切悼念交织在一起，亲切的叙事和浓郁的抒情融而为一，于萦回中见深挚，于呜咽处见沉痛，语语皆自肺腑流出。祭文大多用四言韵

语，或用骈文，而此文却打破常规，用纯净的散句单行的形式，情驭文行，波澜起伏，令人荡气回肠。十二郎：即韩老成，本是韩介次子，出嗣韩会为子。

[2] 年月日：一本无“日”字。《文苑英华》本一作“贞元十九年五月二十六日”。按：下文有“汝之书，六月十七日也”的话，而祭文又作于闻韩老成死讯后七天，不可能是五月二十六日。

[3] 季父：叔父。韩仲卿有三子，长子韩会、次子韩介、季子韩愈。

[4] 建中：人名，与下文的“耿兰”可能都是韩愈家中的仆人。时羞：时鲜的食品。

[5] 十二郎：一作“十二郎子”。灵：神魂。

[6] “吾少孤”句：韩仲卿死于大历五年(770 年)，时韩愈仅三岁。《新唐书·韩愈传》：“愈生三岁而孤，随伯兄会贬官岭表。会卒，嫂郑(氏)鞠之。”省：知。所怙：指父亲。《诗经·小雅·蓼莪》：“无父何怙?”怙：依靠。

[7] 中年兄殁……归葬河阳大历十二年(777 年)五月，韩会坐宰相元载党，由起居舍人贬韶州刺史，时韩愈年十岁。中年：韩会死于韶州贬所时年四十二。韶州：唐属岭南道，故曰“南方”。河阳：在今河南省孟县西，韩氏祖坟所在地。

[8] 韩氏有其他家产在宣州(今安徽宣城县)。唐德宗建中二年(781 年)，因中原藩镇乱起，韩愈随嫂移家于此。

[9] 此句意谓自己的两位兄长韩会、韩介和韩老成的一位兄长韩百川(韩介子)，皆不幸早年去世。古文中代名词，一般用于单数，亦可用于复数。此处之“吾”为复数，犹言我们，指自己和老成，即下文“韩氏两世”。一说，吾乃韩愈自指，三兄指韩会、韩介及那个早夭的兄长。早世：早年去世。世，通“逝”。

[10] 先人：指韩愈已故父亲韩仲卿。

[11] 两世一身：子辈和孙辈都仅剩一个男丁。

[12] 韩氏两世：指韩仲卿的子孙两代。

[13] 韩愈十九岁(唐德宗贞元二年)由宣州游长安，参加进士考试，至贞元八年春始登第，中间曾回宣州一次。据《答崔立之书》，韩愈至长安，为二十岁，即贞元三年(787 年)。又《欧阳生哀辞》：“贞元三年，余始至京师举进士。”均与本篇所记差一年。

[14] 此句意谓韩老成送其母郑氏的灵柩来河阳安葬，与韩愈相遇。

[15] 佐：辅佐。董丞相：董晋。唐德宗贞元十二年(796 年)七月，董晋以检校尚书左仆射、同中书门下平章事任宣武军节度使，汴、宋、亳、颍等州观察使，封(古意有任命、征召的意思)韩愈为节度推官。汴州：治所在今河南开封市。

[16] 孥：妻子和儿女的统称。

[17] 薨：古代称诸侯或高官的死为薨。去：离开。贞元十五年(799 年)二月，董晋死于汴州，韩愈随丧西行。

[18] 是年：这一年，指贞元十五年。韩愈护送董晋灵柩离开汴州不到四日，汴州发生战乱，因不能回去，后来就归附宁武军节度使张建封，为节度推官。节度使府在徐州(今江苏徐州市)。

[19] 吾又罢去：贞元十六年(800 年)五月，张建封亡故，韩愈西归洛阳。

[20] 意谓我想，即便老成能够相从，终是做客东方，非长久之计。从长远计，不如西归故里把家安顿好，然后将老成接来同住。东：指汴州和徐州。此二州皆在韩愈故乡孟县

之东。西归：指西回孟县。

[21] 韩愈离开徐州后，于贞元十七年(801 年)来长安选官，调四门博士，贞元十九年(803 年)，迁监察御史。斗斛之禄：微薄的俸禄。古代以十斗为斛。

[22] 万乘之公相：指高官厚禄。公相：指公卿宰相。

[23] 去年：指贞元十八年(802 年)。孟冬野，即孟郊。孟郊当时由长安选官，出任溧阳(今江苏溧阳县)尉，溧阳离宣州不远，故韩愈托其带信给韩老成。

[24] 吾年未四十：贞元十八年，韩愈三十五岁。

[25] 苍苍：斑白貌。

[26] 诸父：指叔伯辈。韩愈祖父韩睿素生有四子：仲卿、少卿、绅卿、云卿。

[27] 纯明：品质纯正而天资聪明。

[28] 老成去世后，孟郊自溧阳函告韩愈，时耿兰也有报丧信来。

[29] 业其家：继承先人家业。

[30] 寿：年寿。一作“年”。

[31] 动摇者或脱而落：《昌黎先生集》卷四载韩愈此年所写《落齿》诗云：“去年落一牙，今年落一齿；俄染落六七，落势殊未已；余亦皆动摇，尽落始应止。”

[32] 几何：不多时。

[33] 其几何离：即“其离几何”，分离的日子不会太久。

[34] “汝之子”二句：韩老成有二子，长曰湘，次曰滂。湘父死时一岁，一作十岁。韩愈有三子，长子韩昶，贞元十五年(799 年)生于徐州之符离，小名曰符，是年五岁。

[35] 孩提：谓幼儿。冀：期望。成立：成长立业。

[36] 比：近来。软脚病：脚气病。病从脚起，腿脚软弱无力，行走困难，故名。

[37] 意思是韩愈收到老成的最后一封信是六月十七日写的，而孟郊信中却说老成死于六月二日，耿兰报丧的信又无日期，故老成究竟死于哪日，无从得知，故下文云“汝殁吾不知日”。

[38] 意思是孟郊之所以搞错了老成的死期，可能是他派往宣州的使者没有向家人问清日期，等孟郊写信给韩愈时，便向使者追问老成的死期，使者便妄言六月二日以搪塞。至于耿兰，他根本不知道报丧要报死期。这都是韩愈的揣测之词，故下接云：“其然乎？其不然乎？”

[39] 终丧：古礼，人死三年除服，曰终丧。

[40] 先人：泛指韩氏祖先。兆：墓地。

[41] 窆(biǎn)：下棺入土。

[42] 尤：归咎。

[43] 《诗经·秦风·黄鸟》：“彼苍者天，歼我良人。”又《诗经·唐风·鸨羽》：“悠悠苍天，曷其有极。”语本此。

[44] 伊、颖：二水名，均发源于今河南省境内。

[45] 尚飨：意思是希望死者来享用祭品。旧时祭文，常用作结语。尚：表示劝勉的语气词。飨：享用。

【思考练习题】

1. 这篇文章的语言有什么特点？与一般的祭文相比有什么不同？
2. 文章表达了作者什么样的感情？作者为什么有这种感情？
3. 解释下列句中加点的字。

(1) 吾少孤，及长，不省所怙。

(2) 请归取其孥。

(3) 恐旦暮死，而汝抱无涯之戚也。

(4) 窆不得临其穴。

(5) 言有穷而情不可终。

4. 阅读这篇祭文，分析文章的层次结构，感受作者感情的变化。
5. 仔细阅读文章，体味作者的心情。

给我的孩子们[1]

丰子恺

丰子恺(1898—1975)，原名丰润，又名丰仁，浙江省崇德县人，画家、散文家。散文集有《缘缘堂随笔》、《子恺随笔录》、《缘缘堂再笔》等。

我的孩子们！我憧憬于你们的生活，每天不止一次！我想委屈地说出来，使你们自己晓得。可惜到你们懂得我的话的意思的时候，你们将不复是可以使我憧憬的人了。这是何等可悲哀的事啊！

瞻瞻！你尤其可佩服。你是身心全部公开的真人。你什么事体都像拼命地用全副精力去对付。小小的失意，像花生米翻落地了，自己嚼了舌头了，小猫不肯吃蛋糕了，你都要哭得嘴唇翻白，昏去一两分钟。外婆普陀去烧香买回来给你的泥人，你何等鞠躬尽瘁地抱他，喂他；有一天你自己失手把他打破了，你的号哭的悲哀，比大人们的破产，失恋，brokenheart①，丧考妣，全军覆没的悲哀都要真切。两把芭蕉扇做的脚踏车，麻雀牌堆成的火车，汽车，你何等认真地看待，挺直了嗓子叫“汪——，”“咕咕咕……”，来代替汽油。宝姊姊讲故事给你听，说到“月亮姊姊挂下一只篮来，宝姊姊坐在篮里吊了上去，瞻瞻在下面看”的时候，你何等激昂地同她争，说“瞻瞻要上去，宝姊姊在下面看！”甚至哭到漫姑面前去求审判。我每次剃了头，你真心地疑我变了和尚，好几时不要我抱。最是今年夏天，你坐在我膝上发现了我腋下的长毛，当作黄鼠狼的时候，你何等伤心，你立刻从我身上爬下去，起初眼瞪瞪地对我端详，既而大失所望地号哭，看看，哭哭，如同被判定了死罪的亲友一样。你要我抱你到车站里去，多多益善地要买香蕉，满满地擒了两手回来，回到门口时你已经熟睡在我的肩上，手里的香蕉不知落在哪里去了。这是何等可佩

---

① 极度伤心。

服的直率，自然，与热情！大人间的所谓“沉默”，“含蓄”，“深刻”的美德，比起你来，全是不自然的，病的，伪的！

你们每天做火车，做汽车，办酒，请菩萨，堆六面画，唱歌，全是自动的、创造创作的生活。大人们的呼号“归自然！”“生活的艺术化！”“劳动的艺术化！”在你们面前真是出丑得很了，依样画几笔画，写几篇文的人称为艺术家，创作家，对你们更要愧死！

你们的创作力，比大人真是强盛得多哩：瞻瞻！你的身体不及椅子的一半，却常常要搬动它，与它一同翻倒在地上；你又要把一杯茶横转来藏在抽斗里，要皮球停在壁上，要拉住火车的尾巴，要月亮出来，要天停止下雨。在这等小小的事件中，明明表示着你们的弱小的体力与智力不足以应付强盛的创作欲、表现欲的驱使，因而遭逢失败。然而你们是不受大自然的支配，不受人类社会的束缚的创造者，所以你的遭逢失败，例如火车尾巴拉不住，月亮呼不出来的时候，你们绝不承认是事实的不可能，总以为是爹爹妈妈不肯帮你们办到，同不许你们弄自鸣钟同例，所以愤愤地哭了，你们的世界何等广大！

你们一定想：终天无聊地伏在案上弄笔的爸爸，终天闷闷地坐在窗下弄针引线的妈妈，是何等无气性的奇怪动物！你们所视为奇怪动物的我与你们的母亲，有时确实难为了你们，摧残了你们，回想起来，真是不安心得很！

阿宝！有一晚你拿软软的新鞋子，和自己脚上脱下来的鞋子，给凳子的脚穿了，划袜立在地上，得意地叫“阿宝两只脚，凳子四只脚”的时候，你母亲喊着“龌龊了袜子！”立刻擒你到藤榻上，动手毁坏你的创作。当你蹲在榻上注视你母亲动手毁坏的时候，你的小心里一定感到“母亲这种人，何等杀风景而野蛮”罢！

瞻瞻！有一天开明书店送了几册新出版的毛边的《音乐入门》来。我用小刀把书页一张一张地裁开来，你侧着头，站在桌边默默地看。后来我从学校回来，你已经在我的书架上拿了一本连史纸印的中国装的《楚辞》，把它裁破了十几页，得意地对我说：“爸爸！瞻瞻也会裁了！”瞻瞻！这在你原是何等成功的欢喜，何等得意的作品！却被我一个惊骇的“哼！”字喊得你哭了。那时候你也一定抱怨“爸爸何等不明”罢！

软软！你常常要弄我的长锋羊毫，我看见了总是无情地夺脱你。现在你一定轻视我，想到：“你终于要我画你的画集的封面！”

最不安心的，是有时我还要拉一个你们所最怕的陆露沙医生来，教他用他的大手来摸你们的肚子，甚至用刀来在你们臂上割几下，还要教你妈妈和漫姑擒住了你们的手脚，捏住了你们的鼻子，把很苦的水灌到你们的嘴里去。这在你们一定认为太无人道的野蛮举动罢！

孩子们！你们果真抱怨我，我倒喜欢；到你们的抱怨变为感谢的时候，我的悲哀来了！

我在世间，永没有逢到像你们这样出肺肝相示的人。世间的人群结合，永没有像你们样的彻底地真实而纯洁。最是我到上海去干了无聊的所谓“事”回来，或者去同不相干的人们做了叫做“上课”的一种把戏回来，你们在门口或车站旁等我的时候，我心中何等惭愧又欢喜！惭愧我为甚么去做这等无聊的事，欢喜我又得暂时放怀一切地加入你们的真生活的团体。

但是，你们的黄金时代有限，现实终于要暴露的。这是我经验过来的情形，也是大人们谁也经验过的情形。我眼看见儿时的伴侣中的英雄、好汉，一个个退缩，顺从，妥协，屈服起来，到像绵羊的地步。我自己也是如此。“后之视今，亦犹今之视昔”，你们不久也要走这条路呢！

我的孩子们！憧憬于你们的生活的我，痴心要为你们永远挽留这黄金时代在册子里。然这真不过像“蜘蛛网落花”，略微保留一点春的痕迹而已。且到你们懂得我这片心情的时候，你们早已不是这样的人，我的画在世间已无可印证了！这是何等可悲哀的事啊！

《子恺画集》代序，1926 年耶诞节

【注释】

[1] 本文是《子恺画集》的代序。选自《中国现代文学作品选》，华东师范大学出版社。文中记叙的内容正是他画集的主题，他盛赞孩子们的天真纯洁的本性和他们活泼的创造力，并以之与病态社会中人们的病态生活和病态关系对照，表现了对虚伪丑恶的现实社会的不满。本文以朴素自然的形式和明白如话的文字，历数孩子的天真活泼，夹以自责和议论，既充满了感情，又富有哲理性。这是他散文的特点。

【思考练习题】

1. 丰子恺散文的特点是什么？文中是如何表现的？
2. 这篇文章的感情基调是什么？
3. 课余请读丰子恺的散文集。

随便翻翻[1]

鲁　迅

鲁迅，原名周树人(1881 年 9 月 25 日—1936 年 10 月 19 日)。浙江绍兴人，字豫才，十七岁之前曾用名周樟寿，后改名周树人。以笔名鲁迅闻名于世。鲁迅先生青年时代曾受进化论、尼采超人哲学和托尔斯泰博爱思想的影响。1904 年年初，入仙台医科学校专门学医，后从事文艺创作，希望以此改变国民精神。作品包括杂文、短篇小说、诗歌、评论、散文、翻译作品。对“五四运动”以后的中国文学产生了深刻而广泛的影响。毛主席评价他是伟大的文学家、思想家、革命家。

我想讲一点我的当作消闲的读书——随便翻翻。但如果弄得不好，会受害也说不定的。

我最初去读书的地方是私塾，第一本读的是《鉴略》[2]，桌上除了这一本书和习字的描红格，对字(这是做诗的准备)的课本之外，不许有别的书。但后来竟也慢慢地认识字了，一认识字，对于书就发生了兴趣，家里原有两三箱破烂书，于是翻来翻去，大目的是找图画看，后来也看看文字。这样就成了习惯，书在手头，不管它是什么，总要拿来翻一下，或者看一遍序目，或者读几页内容，到得现在，还是如此，不用心，不费力，往往在作文或看非看不可的书籍之后，觉得疲劳的时候，也拿这玩意来作消遣了，而且它也的确能够消除疲劳。

倘要骗人，这方法很可以冒充博雅。现在有一些老实人，和我闲谈之后，常说我书是看得很多的，略谈一下，我也的确好像书看得很多，殊不知就为了常常随手翻翻的缘故，却并没有本本细看。还有一种很容易到手的秘本，是《四库书目提要》，倘还怕繁，那么，《简明目录》[3]也可以，这可要细看，它能做成你好像看过许多书。不过我也曾用过正经工夫，如什么“国学”之类，请过先生指教，留心过学者所开的参考书目。结果都不满意。有些书目开得太多，要十来年才能看完，我还疑心他自己就没有看；只开几部的较好，可是这须看这位开书目的先生了，如果他是一位糊涂虫，那么，开出来的几部一定也是极顶糊涂书，不看还好，一看就糊涂。

我并不是说，天下没有指导后学看书的先生，有是有的，不过很难得。

这里只说我消闲的看书——有些正经人是反对的，以为这么一来，就“杂”！“杂”，现在又算是很坏的形容词。但我以为也有好处。譬如我们看一家的陈年账簿，每天写着“豆付三文，青菜十文，鱼五十文，酱油一文”，就知先前这几个钱就可买一天的小菜，吃够一家；看一本旧历本，写着“不宜出行，不宜沐浴，不宜上梁”，就知道先前是有这么多的禁忌。看见了宋人笔记里的“食菜事魔”[4]，明人笔记里的“十彪五虎”[5]，就知道“哦呵，原来‘古已有之’。”但看完一部书，都是些那时的名人轶事，某将军每餐要吃三十八碗饭，某先生体重一百七十五斤半；或是奇闻怪事，某村雷劈蜈蚣精，某妇产生人面蛇，毫无益处的也有。这时可得自己有主意了，知道这是帮闲文士所做的书。凡帮闲，他能令人消闲消得最坏，他用的是最坏的方法。倘不小心，被他诱过去，那就坠入陷阱，后来满脑子是某将军的饭量，某先生的体重，蜈蚣精和人面蛇了。

讲扶乩的书，讲婊子的书，倘有机会遇见，不要皱起眉头，显示憎厌之状，也可以翻一翻；明知道和自己意见相反的书，已经过时的书，也用一样的办法。例如杨光先的《不得已》[6]是清初的著作，但看起来，他的思想是活着的，现在意见和他相近的人们正多得很。这也有一点危险，也就是怕被它诱过去。治法是多翻，翻来翻去，一多翻，就有比较，比较是医治受骗的好方子。乡下人常常误认一种硫化铜为金矿，空口是和他说不明白的，或者他还会赶紧藏起来，疑心你要白骗他的宝贝。但如果遇到一点真的金矿，只要用手掂一掂轻重，他就死心塌地：明白了。

“随便翻翻”是用各种别的矿石来比的方法，很费事，没有用真的金矿来比的明白，简单。我看现在青年的常在问人该读什么书，就是要看一看真金，免得受硫化铜的欺骗。而且一识得真金，一面也就真的识得了硫化铜，一举两得了。

但这样的好东西，在中国现有的书里，却不容易得到。我回忆自己的得到一点知识，真是苦得可怜。幼小时候，我知道中国在“盘古氏开辟天地”之后，有三皇五帝，……宋朝，元朝，明朝，“我大清”[7]。到二十岁，又听说“我们”的成吉思汗[8]征服欧洲，是“我们”最阔气的时代。到二十五岁，才知道所谓这“我们”最阔气的时代，其实是蒙古人征服了中国，我们做了奴才。直到今年八月里，因为要查一点故事，翻了三部蒙古史，这才明白蒙古人的征服“斡罗思”[9]，侵入匈奥，还在征服全中国之前，那时的成吉思汗还不是我们的汗，倒是俄人被奴的资格比我们老，应该他们说“我们的成吉思汗征服中国，是我们最阔气的时代”的。

我久不看现行的历史教科书了，不知道里面怎么说；但在报章杂志上，却有时还看见以成吉思汗自豪的文章。事情早已过去了，原没有什么大关系，但也许正有着大关系，而且无论如何，总是说些真实的好。所以我想，无论是学文学的，学科学的，他应该先看一部关于历史的简明而可靠的书。但如果他专讲天王星，或海王星，虾蟆的神经细胞，或只咏梅花，叫妹妹，不发关于社会的议论，那么，自然，不看也可以的。

我自己，是因为懂一点日本文，在用日译本《世界史教程》和新出的《中国社会史》[10]应应急的，都比我历来所见的历史书类说得明确。前一种中国曾有译本，但只有一本，后五本不译了，译得怎样，因为没有见过，不知道。后一种中国倒先有译本，叫作《中国社会发展史》，不过据日译者说，是多错误，有删节，靠不住的。

我还在希望中国有这两部书。又希望不要一哄而来，一哄而散，要译，就译他完；也不要删节，要删节，就得声明，但最好还是译得小心，完全，替作者和读者想一想。

十一月二日

【注释】

[1] 本篇最初发表于一九三四年十一月上海，《读书生活》月刊第一卷第二期，署名公汗。

[2] 《鉴略》清代王仕云著，是旧时学塾所用的一种初级历史读物，四言韵语，上起盘古，下讫明代弘光。

[3] 《四库书目提要》即《四库全书总目提要》，纪昀编撰。参看本卷第 59 页注[11]。《简明目录》，即《四库全书简明目录》，共二十卷，亦纪昀编撰，各书提要较《总目》简略，并且不录《总目》中“存目”部分的书目。

[4] “食菜事魔”，五代两宋时农民的秘密宗教组织明教，提倡素食，供奉摩尼(来源于古代波斯的摩尼教)为光明之神。因此在有关他们的记载中有“食菜事魔”的说法。宋代庄季裕《鸡肋编》卷上载：“事魔食菜法……近时事者益众，云自福建流至温州，遂及二浙，睦州方腊之乱(1120—1121 年)，其徒处处相煽而起。闻其法断荤酒，不事神佛祖先，不会宾客，死则裸葬……始投其党，有甚贫者，众率财以助，积微以至于小康矣。凡出入经过，虽不识，党人皆馆谷焉；人物用之无间，谓为一家，故有‘无碍被’之说……但禁令太严，每有告者，株连既广，又常籍没，全家流放，与死为等；必协力同心，以拒官吏，州县惮之，率不敢按，反致增多。”

[5] “十彪五虎”疑应作“五虎五彪”。明代计六奇《明季北略》卷四有《五虎五彪》一则：“五虎李夔龙、吴淳夫、倪文焕、田吉等追赃发充军，五彪田尔耕、许显纯处决，崔应元、杨寰、孙云鹤边卫充军，以为附权蠹政之戒。”按《明史·魏忠贤传》载：“当此之时，内外大权一归忠贤……外廷文臣则崔呈秀、田吉、吴淳夫、李龙(李夔龙)、倪文焕主谋议，号‘五虎’；武臣则田尔耕、许显纯、孙云鹤、杨寰、崔应元主杀戮，号‘五彪’。又吏部尚书周应秋、太仆少卿曹钦程等号‘十狗’；又有‘十孩儿’、‘四十孙’之号。”

[6] 杨光先字长公，安徽歙县人。顺治元年(1644 年)清政府委任德国天主教传教士汤若望为钦天监监正，变更历法，新编历书。杨光先上书礼部，指摘新历书封面上不该用“依西洋新法”五字。康熙四年(1665 年)，又上书指摘新历书推算该年的日蚀有错误，汤若望等因此被判罪，由杨光先接任钦天监监正，复用旧历。康熙七年，杨因推闰失实入狱，后获赦。《不得已》就是杨光先历次指控汤若望呈文和论文的汇集，其中有浓重的

封建排外思想，如《日食天象验》一文中说：“宁可使中夏无好历法，不可使中夏有西洋人”等。

[7] “我大清”旧时学塾初级读物《三字经》中的句子。满族统治者建立清朝政权后，一般汉族官吏对新王朝也称之为“我大清”；鲁迅在这里不说“清朝”，含有讽刺的意味。

[8] 成吉思汗(1162—1227)名铁木真，古代蒙古族领袖。1206 年统一蒙古族各部落，建立蒙古汗国，被拥戴为王，称成吉思汗。他的继承者灭南宋建立元朝后，追尊他为元太祖。他在 1219 年至 1223 年率军西征，占领中亚和南俄。以后他的孙子拔都又于 1235 年至 1244 年第二次西征，征服俄罗斯并侵入匈、奥、波等欧洲国家。以上事件都发生在 1279 年忽必烈(即元世祖)灭宋之前。

[9] “斡罗思”即俄罗斯。见清代洪钧《元史译文证补》卷二十六。《新元史·外国列传》作“斡罗斯”。

[10] 《世界史教程》，苏联波查洛夫(现译鲍恰罗夫)等人合编的一本教科书，原名《阶级斗争史课本》。有中译本两种，一种为王礼锡等译，只出第一分册，神州国光社出版；另一种为史嵛音等译，出了第一、二分册，骆驼社出版。鲁迅说此书只译了一本，可能是指前一译本。《中国社会史》，苏联沙发洛夫(现译萨法罗夫)著，原名《中国史纲》。鲁迅藏有早川二郎的日译本(1934 年版)。文中所说“叫作《中国社会发展史》”的中译本，系李俚人译，1932 年上海新生命书局出版。

【思考练习题】

1. 通过读课文，你知道鲁迅先生如何读书了吗？结合你的经验谈谈如何读书。
2. 题目是“随便翻翻”，你对“随便”二字作何理解。

赠与今年的大学毕业生[1]

胡　适

胡适(1891—1962)，原名胡洪骍，字适之，安徽绩溪人，学者。1910 年留学美国，入康奈尔大学，后转入哥伦比亚大学，从学于杜威，深受其实验主义哲学的影响。1917 年初在《新青年》上发表了《文学改良刍议》。同年回国，任北京大学教授。参加编辑《新青年》，并发表论文《历史的文学观念论》和《建设的文学革命论》。1919 年发表《多研究些问题，少谈些主义》，主张改良主义。1920 年出版现代文学史上第一本新诗集《尝试集》，成为新文化运动中很有影响的人物。1946 年任北京大学校长。1948 年离开北京，转赴美国，后寄台湾。

这一两个星期里各地的大学都有毕业的班级，都有很多的毕业生离开学校去开始他们的成人事业。学生的生活是一种享有特殊优待的生活，不妨幼稚一点，不妨吵吵闹闹，社会都能纵容他们，不肯严格地要他们负责行为的责任。现在他们要撑起自己的肩膀来挑他们自己的担子了。在这个国难最紧急的年头，他们的担子真不轻！我们祝他们的成功，同时也不能不依据我们自己的经验，赠与他们几句送行的赠言——虽未必是救命毫毛，也许作个防身的锦囊罢！

你们毕业之后，可走的路不出这几条：极少数的人还可以在国内或国外的研究院继续作学术研究；少数的人可以寻着相当的职业；此外还有做官、办党、革命三条路，此外就是在家享福或者失业闲居了。第一条继续求学之路，我们可以不讨论。走其余几条路的人，都不能没有堕落的危险。堕落的方式很多，总括起来，约有这两大类。

第一是容易抛弃学生时代的求知识的欲望。你们到了实际社会里，往往所用非所学，往往所学全无用处，往往可以完全用不着学问，而一样可以胡乱混饭吃，混官做。在这种环境里，即使向来抱有求知识学问的决心的人，也不免心灰意懒，把求知的欲望渐渐冷淡下去。况且学问是要有相当的设备的；书籍，试验室，师友的切磋指导，闲暇的工夫，都不是一个平常要糊口养家的人所能容易办到的。没有做学问的环境，又谁能怪我们抛弃学问呢？

第二是容易抛弃学生时代的理想的人生的追求。少年人初次与冷酷的社会接触，容易感觉理想与事实相去太远，容易发生悲观和失望。多年怀抱的人生理想，改造的热诚，奋斗的勇气，到此时候，好像全不是那么一回事，渺小的个人在那强烈的社会炉火里，往往经不起长时期的烤炼就熔化了，一点高尚的理想不久就幻灭了。抱着改造社会的梦想而来，往往是弃甲曳兵而走，或者做了恶力的俘虏。你在那俘虏牢狱里，回想那少年气壮时代的种种理想主义，好像都成了自误误人的迷梦！从此以后，你就甘心放弃理想人生的追求，甘心做现成社会的顺民了。

要防御这两方面的堕落，一面要保持我们求知识的欲望，一面要保持我们对于理想人生的追求。有什么好法子？依我个人的观察和经验，有三种防身的药方是值得一试的。

第一个方子只有一句话：“总得时时寻一两个值得研究的问题！”问题是知识学问的老祖宗；古往今来一切知识的产生与积聚，都是因为要解答问题——要解答实用上的困难或理论上的疑难。所谓“为知识而求知识”，其实也只是一种好奇心追求某种问题的解答，不过因为那种问题的性质也不必是直接应用的，人们就觉得这是“无所为”的求知知识了。我们出学校之后，离开了做学问的环境，如果没有一个两个值得解答的疑难问题在脑子里盘旋，就很难继续保持追求学问的热心。可是，如果你有了一个真有趣的问题天天逗你去想他，天天引诱你去解决他，天天对你挑衅笑你无可奈何他——这时候，你就会同恋爱一个女子发了疯一样，坐也坐不下，睡也睡不安，没工夫也得偷出工夫去陪她，没钱也得撙衣节食去巴结她。没有书，你自会变卖家私去买书；没有仪器，你自会典押衣服去置办仪器；没有师友，你自会不远千里去寻师访友。你只要能时时有疑难问题来逼你用脑子，你自然会保持发展你对学问的兴趣，即使在最贫乏的智识环境中，你也会慢慢地聚起一个小图书馆来，或者设置起一所小试验室来。所以我说：第一要寻问题。脑子里没有问题之日，就是你的智识生活寿终正寝之时！古人说：“待文王而兴者，凡民也。若夫豪杰之士，虽无文王犹兴。”试想伽利略和牛顿有多少藏书？有多少仪器？他们不过是有问题而已。有了问题而后他们自会造出仪器来解答他们的问题。没有问题的人们，关在图书馆里也不会用书，锁在试验室里也不会有什么发现。

第二个方子也只有一句话：“总得多发展一点非职业的兴趣。”离开学校之后，大家总得寻个吃饭的职业。可是你寻得的职业未必就是你所学的，或者未必是你所欣喜的，或者是你所学而实在和你的性情不相近的。在这种状况之下，工作就往往成了苦工，就不感觉兴趣了。为糊口而作那种非“性之所近而力之所能勉”的工作，就很难保持求知的兴趣和生活的理想主义。最好的救济方法只有多多发展职业以外的正当兴趣与活动。一个人应该有他的职业，又应该有他的非职业的玩意儿，可以叫做业余活动。凡一个人用他的闲暇来做的事业，都是他的业余活动。往往他的业余活动比他的职业还更重要，因为一个人的前程往往全靠他怎样用他的闲暇时间。他用他的闲暇来打麻将，他就成了赌徒；你用你的闲暇来做社会服务，你也许成个社会改革者；或者你用你的闲暇去研究历史，你也许成个史学家。你的闲暇往往定你的终身。英国十九世纪的两个哲人，密尔终身做东印度公司的秘书，然而他的业余工作使他在哲学上、经济学上、政治思想史上都占一个很高的位置；斯宾塞是一个测量工程师，然而他的业余工作使他成为前世纪晚期世界思想界的一个重镇。古来成大学问的人，几乎没有一个不是善用他的闲暇时间的。特别在这个组织不健全的中国社会，职业不容易适合我们性情，我们要想生活不苦痛或不堕落，只有多方发展业余的兴趣，使我们的精神有所寄托，使我们的剩余精力有所施展。有了这种心爱的玩意儿，你就做六个钟头的抹桌子工夫也不会感觉烦闷了，因为你知道，抹了六点钟的桌子之后，你可以回家去做你的化学研究，或画完你的大幅山水，或写你的小说戏曲，或继续你的历史考据，或做你的社会改革事业。你有了这种称心如意的活动，生活就不枯寂了，精神也就不会烦闷了。

第三个方子也只有一句话：“你总得有一点信心。”我们生当这个不幸的时代，眼中所见，耳中所闻，无非是叫我们悲观失望的。特别是在这个年头毕业的你们，眼见自己的国家族沉沦到这步田地，眼看世界只是强权的世界，望极天边好像看不见一线的光明——在这个年头不发狂自杀，已算是万幸了，怎么还能够希望保持一点内心的镇定和理想的信任呢？我要对你们说：这时候正是我们要培养我们的信心的时候！只要我们有信心，我们还有救。古人说：“信心可以移山。”又说：“只要工夫深，铁杵磨成绣花针。”你不信吗？当拿破仑的军队征服普鲁士占据柏林的时候，有一位穷教授叫做费希特的，天天在讲堂上劝他的国人要有信心，要信仰他们的民族是有世界的特殊使命的，是必定要复兴的。菲希特死的时候(1814 年)，谁也不能预料德意志统一帝国何时可以实现。然而不满五十年，新的统一的德意志帝国居然实现了。

一个国家的强弱盛衰，都不是偶然的，都不能逃出因果的铁律的。我们今日所受的苦痛和耻辱，都只是过去种种恶因种下的恶果。我们要收将来的善果，必须努力种现在的新因。一粒一粒的种，必有满仓满屋的收，这是我们今日应该有的信心。

我们要深信：今日的失败，都由于过去的不努力。

我们要深信：今日的努力，必定有将来的大收成。

佛典里有一句话：“福不唐捐。”唐捐就是白白的丢了。我们也应该说：“功不唐捐!”没有一点努力是会白白的丢了的。在我们看不见想不到的时候，在我们看不见想不到的方向，你瞧！你下的种子早已生根发叶开花结果了！

你不信吗？法国被普鲁士打败之后，割了两省地，赔了五十万万法郎的赔款。这时候有一位刻苦的科学家巴斯德终日埋头在他的试验室里做他的化学试验和微菌学研究。他是一个最爱国的人，然而他深信只有科学可以救国。他用一生的精力证明了三个科学问题。

(1) 每一种发酵作用都是由于一种微菌的发展；

(2) 每一种传染病都是由于一种微菌在生物体中的发展；

(3) 传染病的微菌，在特殊的培养之下，可以减轻毒力，使它从病菌变成防病的药苗。

——这三个问题，在表面上似乎都和救国大事业没有多大的关系。然而从第一个问题的证明，巴斯德定出做醋酿酒的新法，使全国的酒醋业每年减除极大的损失。从第二个问题的证明，巴斯德教全国的蚕丝业怎样选种防病，教全国的畜牧农家怎样防止牛羊瘟疫，又教全世界的医学界怎样注重消毒以灭除外科手术的死亡率。从第三个问题的证明，巴斯德发明了牲畜的脾热瘟的治疗药苗，每年替法国农家减除了二千万法郎的大损失；又发明了疯狗咬毒的治疗法，救济了无数的生命。所以英国的科学家赫胥黎在皇家学会里称颂巴斯德的功绩道："法国给了德国五十万万法郎的赔款，巴斯德先生一个人研究科学的成绩足够还清这一笔赔款了。"

巴斯德对于科学有绝大的信心，所以他在国家蒙奇辱大难的时候，终不肯抛弃他的显微镜与试验室。他绝不想他的显微镜底下能偿还五十万万法郎的赔款，然而在他看不见想不到的时候，他已收获了科学救国的奇迹了。

朋友们，在你最悲观最失望的时候，那正是你必须鼓起坚强的信心的时候。你要深信：天下没有白费的努力。成功不必在我，而功力必不唐捐。

【注释】

[1] 原载1932年7月3日《独立评论》第7号。

【思考练习题】

1. 大学毕业步入社会之后，人何以会"堕落"？
2. 你觉得胡适开的"三个药方"对今天的大学来说过时了吗？

拣麦穗

张 洁

张洁(1937—)，生于北京，1960年毕业于中国人民大学，1980年在北京电影制片厂搞创作。出版的作品集主要有《方舟》、《红蘑菇》、《上火》、《来点葱，来点蒜，来点芝麻盐》、《中国当代作家选集丛书·张洁》、《一个中国女人在欧洲》，长篇小说《沉重的翅膀》、《只有一个太阳——一个关于浪漫的梦想》，长篇散文《世界上最疼我的那个人去了》。

《拣麦穗》主要是透过一个叫"大雁"的小姑娘的眼光，回忆童年往事，充满了对失落了的"爱"和"纯洁"的温情而感伤的怀念之情。

(本文选自群众出版社《阑珊集》)

在农村长大的姑娘谁还不知道拣麦穗这回事。

我要说的，却是几十年前的那段往事。

或许可以这样说，拣麦穗的时节，也是最能引动姑娘们幻想的时节。

在那月残星稀的清晨，挎着一个空篮子，顺着田埂上的小路走去拣麦穗的时候，她想的是什么呢？

等到田野上腾起一层薄雾，月亮，像是偷偷地睡过一觉重又悄悄地回到天边，她方才挎着装满麦穗的篮子，走回自家那孔窑的时候，她想的是什么呢？

唉，她能想什么？

假如你没有在那种日子里生活过，你也无法想象，从这一颗颗丢在地里的麦穗上，会生出什么样的幻想。

她拼命地拣呐、拣呐，一个拣麦穗的时节也许能拣上一斗？她把这麦子卖了，再把这钱积攒起来，等到赶集的时候，扯上花布，买上花线，然后，她剪呀、缝呀、绣呀……也不见她穿、也不见她戴，谁也没和谁合计过，谁也没和谁商量过，可是等到出嫁的那一天，她们全会把这些东西，装进她们新嫁娘的包裹里去。

不过，当她们把拣麦穗时所伴着的幻想，一同包进包裹里的时候，她们会突然发现那些幻想全都变了味儿，觉得多少年来，她们拣呀、缝呀、绣呀的，是多么傻啊！她们要嫁的那个男人，和她们在拣麦穗、扯花布、绣花鞋的时候所幻想的那个男人，有着多么的不同。

但是，她们还是依依顺顺地嫁了出去。只不过在穿戴那些衣物的时候，再也找不到做它、缝它时的情怀了。

这又算得了什么呢。谁也不会为她们叹一口气，谁也不会关心她们曾经有过的那份幻想，甚至连她们自己也不会感到过分的悲伤，顶多不过像是丢失了一个美丽的梦。有谁见过哪一个人会死乞白赖地寻找一个丢失的梦呢？

当我刚刚能够歪歪趔趔地提着一个篮子跑路的时候，我就跟在大姐姐的身后拣麦穗了。

对我来说，那篮子未免太大，总是磕碰着我的腿和地面，时不时就让我跌上一跤，我也少有拣满一篮子的时候，我看不见地里的麦穗，却总是看见蚂蚱和蝴蝶。而当我追赶它们的时候，好不容易拣到的麦穗，还会从篮子里重新掉进地里。

有一天，二姨看着我那盛着稀稀拉拉几个麦穗的篮子说："看看，我家大雁也会拣麦穗了。"然后又戏谑地问我："大雁，告诉二姨，你拣麦穗做啥？"

我大言不惭地说："我要备嫁妆哩。"

二姨贼眉贼眼地笑了，还向围在我周围的姑娘、婆姨眨了眨她那双不大的眼睛："你要嫁谁呀？"

是呀，我要嫁谁呢？我忽然想起那个卖灶糖的老汉，说："我要嫁那个卖灶糖的老汉。"

她们全都放声大笑，像一群鸭子一样嘎嘎地叫着。笑啥嘛！我生气了。难道做我的男人，他有什么不体面的地方吗？

卖灶糖的老汉有多大年纪了？不知道。他脸上的皱纹一道挨着一道，顺着眉毛弯向两个太阳穴，又顺着腮帮弯向嘴角。那些皱纹，为他的脸增添了许多慈祥的笑意。当他挑着担子赶路的时候，他那剃半个葫芦样的、后脑勺上的长长的白发，便随着颤悠悠的扁担一同忽闪着。

我的话，很快就传进了他的耳朵。

那天，他挑着担子来到了我们村，见到我就乐了。说：“娃呀，你要给我做媳妇吗？”

“对呀！”

他张着大嘴笑了，露出了一嘴的黄牙。他那长在半个葫芦样的头上的白发，也随着笑声一齐抖动着。

“你为啥要给我做媳妇呢？”

“我要天天吃灶糖呢。”

他把旱烟锅子朝鞋底上磕着，说:“娃呀，你太小哩。”

我说：“你等我长大嘛。”

他摸着我的头顶说：“不等你长大，我可该进土了。”

听了这话，我着急了。他要是死了，那可咋办呢？我那淡淡的眉毛，在满是金黄色的茸毛的脑门上拧成了疙瘩。我的脸也皱巴得像个核桃。

他赶紧拿块灶糖塞进我的手里。看着那块灶糖，我又咧嘴笑了：“你别死啊，等着我长大。”

他笑眯眯地答应着我：“我等你长大。”

“你家住在呵哒？”

“这担子就是我的家，走到呵哒，就歇在呵哒。”

我犯愁了：“等我长大上呵哒寻你去呀。”

“你莫愁，等你长大我来接你。”

这以后，每逢经过我们这个村，他总是带些小礼物给我。一块灶糖，一个甜瓜，一把红枣……还乐呵呵地对我说：“看看我的小媳妇来呀。”

我呢，也学着大姑娘的样子，让我娘找块碎布给我剪了个烟荷包，还让我娘在布上描了花样。我缝呀，绣呀……烟荷包绣好了，我娘笑得个前仰后合，说那不是烟荷包，皱皱巴巴，倒像个猪肚子。我让我娘给我收了起来，我说了，等我出嫁的时候，我要送给我男人。

我渐渐地长大了，到了知道认真地拣麦穗的年龄了。懂得了我说过的那些个话，都是让人害臊的话。卖灶糖的老汉也不再开那玩笑，叫我是他的小媳妇了。不过他还是常常带些小礼物给我。我知道，他真的疼我呢。

我不明白为什么，我倒真是越来越依恋他。每逢他经过我们村子，我都会送他好远。我站在土坎坎上，看着他的背影，渐渐地消失在山坳坳里。

年复一年，我看得出来，他的背更弯了，步履也更加蹒跚了。这时我真的担心了，担心他早晚有一天会死去。

有一年，过腊八的前一天，我约莫着卖灶糖的老汉那一天该会经过我们村。我站在村口一棵已经落尽叶子的柿子树下，朝沟底下的那条大路上望着、等着。

那棵树的顶梢梢上，还挂着一个小火柿子。小火柿子让冬日的阳光一照，更是红得透亮。那柿子多半是因为长在太高的枝子上，才没让人摘下来。真怪，也没让风刮下来、让雨打下来、让雪压下来。

路上来了一个挑担子的人。走近一看，担子上挑的也是灶糖，人可不是那个卖灶糖的老汉了。我向他打听卖灶糖的老汉，他告诉我，卖灶糖的老汉老去了。

我仍旧站在那棵柿子树下，望着树梢上的那个孤零零的小火柿子。它那红得透亮的色泽，依然给人一种喜盈盈的感觉。可是我却哭了。哭那陌生的，但却疼爱我的卖灶糖的老汉。

后来我常想，他为什么疼爱我呢？无非我是一个贪吃的，因为丑陋而又少人疼爱的孩子吧。

等我长大以后，我总感到除了母亲，再没有谁能够像他那样朴素地疼爱过我——没有任何希求、也没有任何企望的。

我常常想念他，也常常想要找到我那个像猪肚子一样的烟荷包。可是，它早已不知被我丢到哪里去了。

1979年12月

【思考练习题】

1. 文中的“大雁”代表什么？作者对于“拣麦穗”这样的事情怀有什么样的感情？
2. 这篇文章以什么为线索，感情基调是什么？
3. 文中用到了较多的象征、反衬手法，比如“荷包”、“小火柿子”，它们象征什么，寄托着作者怎样的感情？
4. 读张洁的散文《挖荠菜》，谈谈与《拣麦穗》有什么异同。

祝 土 匪[1]

林语堂

林语堂(1895—1976)，原名林和乐、林玉堂，福建龙溪县人。20世纪20年代参加语丝社，为《语丝》杂志的长期撰稿人之一。30年代先后创办、编辑《论语》、《宇宙风》等杂志，提倡“闲适”、“幽默”小品文，成为“论语派”的主要代表。

作品有杂文和小品文集《剪拂集》、《有不为斋文集》、《无所不谈合集》及英文写的小说《京华烟云》等。

莽原社诸朋友来要稿，论理莽原社诸先生既非正人君子又不是当代名流，当然有与我合作之可能，所以也就慨然允了他们。写几个字凑数，补白。

然而又实在没有工夫，文士们(假如我们也可以冒充文士)欠稿债，就同穷教员欠房租一样，期一到就焦急。所以没工夫也得挤，所要者挤出来的是我们自己的东西，不是挪用，借光，贩卖的货物，便不至于成文妖。

于短短的时间，要做长长的文章，在文思迟滞的我是不行的。无已，姑就我要说的话有条理的或无条理的说出来。

近来我对于言论界的职任及性质渐渐清楚。也许我一时所见是错误的，然而我实还未老，不必装起老成的架子，将来升官或入研究系时再来更正我的主张不迟。

言论界，依中国今日此刻此地情形，非有些土匪傻子来说话不可。这也是祝莽原恭维莽原的话，因为莽原即非太平世界，《莽原》之主稿诸位先生当然很愿意揭竿作乱，以土匪自居。至少总不愿意以“绅士”、“学者”自居，因为学者所记得的是他的脸孔，而我们似乎没有时间顾到这一层。

现在的学者最要紧的就是他们的脸孔，倘是他们自三层楼滚到楼底下，翻起来时，头一样想到是拿起手镜照一照看他们的假胡须还在乎？金牙齿没掉么？雪花膏未涂污乎？至于骨头折断与否，似在其次。

学者只知道尊严，因为要尊严，所以有时骨头不能不折断，而不自知，且自告人曰，我固完肤也，呜呼学者！呜呼所谓学者！

因为真理有时要与学者的脸孔冲突，不敢为真理而忘记其脸孔者则终必为脸孔而忘记真理，于是乎学者之骨头折断矣。骨头既断，无以自立，于是“架子”，木脚，木腿来了。就是一副银腿银脚也要觉得讨厌，何况还是木头做的呢？

托尔斯泰曾经说过极好的话，论真理与上帝孰重。他说以上帝为重于真理者，继必以教会为重于上帝，其结果必以其特别教门为重于教会，而终必以自身为重于其特别教门。

就是学者斤斤于其所谓学者态度，所以失其所谓学者，而去真理一万八千里之遥。说不定将来学者反得让我们土匪做。

学者虽讲道德，士风，而每每说到自己脸孔上去；所以道德，士风将来也非由土匪来讲不可。

一人不敢说我们要说的话，不敢维持我们良心上要维持的主张，这边告诉人家我是学者，那边告诉人家我是学者，自己无贯彻强毅主张，倚门卖笑，双方讨好，不必说真理招呼不来，真理有知，亦早已因一见学者脸孔而退避三舍矣。

唯有土匪，既没有脸孔可讲，所以比较可以少作揖让，少对大人物叩头。他们既没有金牙齿，又没有假胡须，所以自三层楼上滚下来，比较少顾虑，完肤或者未必完肤，但是骨头可以不折，而且手足嘴脸，就使受伤，好起来时，还是真皮真肉。

真理是妒忌的女神，归奉她的人就不能不守独身主义，学者却家里还有许多老婆，姨太太，上炕老妈，通房丫头。然而真理并非靠学者供养的，虽然是妒忌，却不肯说话，所以学者所真怕的还是家里的老婆，不是真理。

唯其有许多要说的话学者不敢说，唯其有许多良心上应维持的主张学者不敢维持，所以今日的言论界还得有土匪傻子来说话。土匪傻子是顾不到脸孔的，并且也不想将真理贩卖给大人物。

土匪傻子可以自慰的地方就是有史以来大思想家都被当代学者称为“土匪”、“傻子”过。并且他们的仇敌也都是当代的学者，绅士，君子，士大夫……。自有史以来，学者，绅士，君子，士大夫都是中和稳健；他们的家里老婆不一，但是他们的一副面团团的尊容，则无古今中外东西南北皆同。

然而土匪有时也想做学者，等到当代学者夭灭殇亡之时。到那时候，却要请真理出来登极。但是我们没有这种狂想，这个时候还远着呢，我们生于草莽，死于草莽，遥遥在野外莽原，为真理喝彩，祝真理万岁，于愿足矣。

只不要投降！

1925 年 12 月 28 日

(《中国现代文学作品选》，华东师范大学出版社)

【注释】

[1] 《祝土匪》是应莽原社之约而写的。语丝社、莽原社都是鲁迅支持的向旧势力旧文明施行袭击的新文学团体。在统治阶级和官场学者及倾向于官场的学者们看来，他们的言论都有点揭竿作乱的味道，因而受到统治阶级和官场学者们的非难和压迫，被称为“学匪”。这篇文章，林语堂旗帜鲜明地以《祝土匪》为题，而把学者作为土匪的对立面加以对比剖析。颂扬了土匪的坚持真理，敢讲真话的精神；痛快淋漓地揭露和嘲讽了学者“为脸孔而忘记真理”，因而“骨头折断”，“无以自立”，“倚门卖笑，双方讨好”，不敢说要说的话，不敢维持良心上要维持的主张。指出言论界还是由土匪傻子来说话。文章泼辣犀利、幽默诙谐，表现出勇猛的反传统的精神，体现了林语堂前期文章的特色。

【思考练习题】

1. 文中的“土匪”是哪一类人？
2. 作者对“土匪”有什么样的赞誉？为什么赞誉他们？
3. 谈谈林语堂文章的特色。

桨声灯影里的秦淮河[1]

朱自清

朱自清(1898—1948)，原名自华，字佩弦，号秋实，祖籍浙江绍兴，生于江苏东海县，因祖父、父亲都定居扬州，故又自称扬州人。文学研究会成员。主要作品有长诗《毁灭》，诗和散文集《踪迹》，散文集《背影》、《欧游杂记》、《伦敦杂记》等。

一九二三年八月的一晚，我和平伯同游秦淮河；平伯是初泛，我是重来了。我们雇了一只“七板子”，在夕阳已去，皎月方来的时候，便下了船。于是桨声汩——汩，我们开始领略那晃荡着蔷薇色的历史的秦淮河的滋味了。

秦淮河里的船，比北京万牲园，颐和园的船好，比西湖的船好，比扬州瘦西湖的船也好。这几处的船不是觉着笨，就是觉着简陋，局促；都不能引起乘客们的情韵，如秦淮河的船一样。秦淮河的船约略可分为两种：一是大船；一是小船，就是所谓“七板子”。大船舱口阔大，可容二三十人。里面陈设着字画和光洁的红木家具，桌上一律嵌着冰凉的大理石面。窗格雕镂颇细，使人起柔腻之感。窗格里映着红色蓝色的玻璃；玻璃上有精致的花纹，也颇悦人目。“七板子”规模不及大船，但那淡蓝色的栏杆，空敞的舱，也足系人情思。而最出色处却在它的舱前。舱前是甲板上的一部，上面有弧形的顶，两边用疏疏的栏杆支着。里面通常放着两张藤的躺椅。躺下，可以谈天，可以远望，可以顾盼两岸的河房。大船上也有这个，但在小船上更觉清隽罢了。舱前的顶下，一律悬着灯彩；灯的多少，明暗，彩苏的精粗，艳晦，是不一的，但好歹总还你一个灯彩。这灯彩实在是最能钩人的东西。夜幕垂垂地下来时，大小船上都点起灯火。从两重玻璃里映出那辐射着的黄黄的散光，反晕出一片朦胧的烟霭；透过这烟霭，在黯黯的水波里，又逗起缕缕的明漪。在这薄霭和微漪里，听着那悠然的间歇的桨声，谁能不被引入他的美梦里去呢？只愁梦太多了，这些大小船儿如何载得起呀？我们这时模模糊糊地谈着明末的秦淮河的艳迹，如《桃花扇》及《板桥杂记》里所载的。我们真神往了。我们仿佛亲见那时华灯映水，画舫凌波的光景了。于是我们的船便成了历史的重载了。我们终于恍然秦淮河的船所以雅丽过于他处，而又奇异的吸引力的，实在是许多历史的影象使然了。

秦淮河的水是碧阴阴的；看起来厚而不腻，或者是六朝金粉所凝么？我们初上船的时候，天色还未断黑，那漾漾的柔波是这样恬静，委婉，使我们一面有水阔天空之想，一面又憧憬着纸醉金迷之境了。等到灯火明时，阴阴的变为沉沉的了：黯淡的水光，像梦一般；那偶然闪烁着的光芒，就是梦的眼睛了。我们坐在舱前，因了那隆起的顶棚，仿佛总是昂着首向前走着似的；于是飘飘然如御风而行的我们，看着那些自在的湾泊着的船，船里走马灯般的人物，便像是下界一般，迢迢的远了，又象在雾里看花，尽朦朦胧胧的。这时我们已过了利涉桥，望见东关头了。沿路听见断续的歌声：有从沿河的妓楼飘来的，有从河上船里度来的。我们明知那些歌声，只是些因袭的言词，从生涩的歌喉里机械地发出来的；但它们经了夏夜的微风的吹漾和水波的摇拂，袅娜着到我们耳边的时候，已经不单是她们的歌声，而是混着歌声和河水的密语了。于是我们不得不被牵惹着，震撼着，相与浮沉于这歌声里了。从东关头转弯，不久就到大中桥。大中桥共有三个桥拱，都很阔大，俨然是三座门儿；使我们觉得我们的船和船里的我们，在桥下过去时，真是太无颜色了。桥砖是深褐色，表明它的历史的长久；但都完好无缺，令人太息于古昔工程的坚美。桥上两旁都是木壁的房子，中间应该有街路？这些房子都破旧了，多年烟熏的迹，遮没了当年的美丽。我想象秦淮河的极盛时，在这样宏阔的桥上，特地盖了房子，必然是髹漆得富富丽丽的，晚间必然是灯火通明的，现在却只剩下一片黑沉沉！但是桥上造着房子，毕竟使我们多少可以想见往日的繁华；这也慰情聊胜无了。过了大中桥，便到了灯月交辉，笙歌彻夜的秦淮河，这才是秦淮河的真面目哩。

大中桥外，顿然空阔，和桥内两岸排着密密的人家的景象大异了。一眼望去，疏疏的林，淡淡的月，衬着蓝蔚的天，颇像荒江野渡光景；那边呢，郁葱葱的，阴森森的，又似乎藏着无边的黑暗：令人几乎不信那是繁华的秦淮河了。但是河中眩晕着的灯光，纵横着的画舫，悠扬着的笛韵，夹着那吱吱的胡琴声，终于使我们认识绿如茵陈如酒的秦淮水了。此地天裸露着的多些，故觉夜来的独迟些；从清清的水影里，我们感到的只是薄薄的夜——这正是秦淮河的夜。大中桥外，本来还有一座复成桥，是船夫们口中的我们的游踪尽处，或也是秦淮河繁华的尽处了。我的脚曾踏过复成桥的脊，在十三四岁的时候。但是两次游秦淮河，却都不曾见着复成桥的面；明知总在前途的，却常常觉得有些虚无缥缈似的。我想，不见倒也好。这时正是盛夏。我们下船后，借着新生的晚凉和河上的微风，暑气已渐渐消散；到了此地，豁然开朗，身子顿然轻了——习习的清风荏苒在面上，手上，衣上，这便又感到了一缕新凉了。南京的日光，大概没有杭州猛烈；西湖的夏夜老是热蓬蓬的，水像沸着一般，秦淮河的水却尽是这样冷冷地绿着。任你人影的憧憧，歌声的扰扰，总像隔着一层薄薄的绿纱面幕似的；它尽是这样静静的，冷冷的绿着。我们出了大中桥，走不上半里路，船夫便将船划到一旁，停了桨由它宕着。他以为那里正是繁华的极点，再过去就是荒凉了；所以让我们多多赏鉴一会儿。他自己却静静地蹲着。他是看惯这光景了，大约只是一个无可无不可。这无可无不可，无论是升的沉的，总之，都比我们高了。

那时河里闹热极了；船大半泊着，小半在水上穿梭似的来往。停泊着的都在近市的那一边，我们的船自然也夹在其中。因为这边略略的挤，便觉得那边十分的疏了。在每一只船从那边过去时，我们能画出它的轻轻的影和曲曲的波，在我们的心上；这显着是空，且显着是静了。那时处处都是歌声和凄厉的胡琴声，圆润的喉咙，确乎是很少的。但那生涩的，尖脆的调子能使人有少年的，粗率不拘的感觉，也正可快我们的意。况且多少隔开些儿听着，因为想象与渴慕的做美，总觉更有滋味；而竞发的喧嚣，抑扬的不齐，远近的杂沓，和乐器的嘈嘈切切，合成另一意味的谐音，也使我们无所适从，如随着大风而走。这实在因为我们的心枯涩久了，变为脆弱；故偶然润泽一下，便疯狂似的不能自主了。但秦淮河确也腻人。即如船里的人面，无论是和我们一堆儿泊着的，无论是从我们眼前过去的，总是模模糊糊的，甚至渺渺茫茫的，任你张圆了眼睛，揩净了眦垢，也是枉然。这真够人想呢。在我们停泊的地方，灯光原是纷然的；不过这些灯光都是黄而有晕的。黄已经不能明了，再加上了晕，便更不成了。灯越多，晕就越甚；在繁星般的黄的交错里，秦淮河仿佛笼上了一团光雾。光芒与雾气腾腾的晕着，什么都只剩了轮廓了；所以人面的详细的曲线，便消失于我们的眼底了。但灯光究竟夺不了那边的月色；灯光是浑的，月色是清的。在混沌的灯光里，渗入一派清辉，却真是奇迹！那晚月儿已瘦削了两三分。她晚妆才罢，盈盈的上了柳梢头。天是蓝得可爱，仿佛一汪水似的；月儿便更出落得精神了。岸上原有三株两株的垂杨树，淡淡的影子，在水里摇曳着。它们那柔细的枝条浴着月光，就像一支支美人的臂膊，交互地缠着，挽着；又像是月儿披着的发。而月儿偶尔也从它们的交叉处偷偷窥看我们，大有小姑娘怕羞的样子。岸上另有几株不知名的老树，光光地立着；在月光里照起来，却又俨然是精神矍铄的老人。远处——快到天际线了，才有一两片白云，亮得现出异彩，像是美丽的贝壳一般。白云下便是黑黑的一带轮廓；是一条随意画的不规则的曲线。这一段光景，和河中的风味大异了。但灯与月竟能并存着，交融着，使月成了缠绵的月，灯射着渺渺的灵辉，这正是天之所以厚秦淮河，也正是天之所以厚我们了。

这时却遇着了难解的纠纷。秦淮河上原有一种歌妓，是以歌为业的。从前都在茶舫上，唱些大曲之类。每日午后一时起；什么时候止，却忘记了。晚上照样也有一回，也在黄晕的灯光里。我从前过南京时，曾随着朋友去听过两次。因为茶舫里的人脸太多了，觉得不大适意，终于听不出所以然。前年听说歌妓被取缔了，不知怎的，颇涉想了几次——却想不出什么。这次到南京，先到茶舫上去看看，觉得颇是寂寥，令我无端的怅怅了。不料她们却仍在秦淮河里挣扎着，不料她们竟会纠缠到我们，我于是很张皇了，她们也乘着“七板子”，她们总是坐在舱前的。舱前点着石油汽灯，光亮炫人眼目：坐在下面的，自然是纤毫毕见了——引诱客人们的力量，也便在此了。舱里躲着乐工等人，映着汽灯的余辉蠕动着；他们是永远不被注意的。每船的歌妓大约都是二人；天色一黑，她们的船就在大中桥外往来不息的兜生意。无论行着的船，泊着的船，都要来兜揽的。这都是我后来推想出来的。那晚不知怎样，忽然轮着我们的船了。我们的船好好地停着，一只歌舫划向我们来了；渐渐和我们的船并着了。铄铄的灯光逼得我们皱起了眉头；我们的风尘色全给它托出来了，这使我踧踖不安了。那时一个伙计跨过船来，拿着摊开的歌折，就近塞向我的手里，说，“点几出吧！”他跨过来的时候，我们船上似乎有许多眼光跟着。同时相近的别的船上也似乎有许多眼睛炯炯地向我们船上看着。我真窘了！我也装出大方的样子，向歌妓们瞥了一眼，但究竟是不成的！我勉强将那歌折翻了一翻，却不曾看清了几个字；便赶紧递还那伙计，一面不好意思地说："不要。我们……不要。"他便塞给平伯，平伯掉转头去，摇手说："不要！"那人还腻着不走。平伯又回过脸来，摇着头道，"不要！"于是那人重到我处，我窘着再拒绝了他。他这才有所不屑地走了。我的心立刻放下，如释了重负一般。我们就开始自由了。

我说我受了道德律的压迫，拒绝了她们；心里似乎很抱歉的。这所谓抱歉，一面对于她们，一面对于我自己。她们于我们虽没有很奢的希望；但总是有些希望的。我们拒绝了她们，无论理由如何充足，却使她们的希望受了伤；这总有几分不做美了。这是我觉得很怅怅的。至于我自己，更有一种不足之感。我这时被四面的歌声诱惑了，降伏了；但是远远的，远远的歌声总仿佛隔着重衣搔痒似的，越搔越搔不着痒处。我于是憧憬着贴耳的妙音了。在歌舫划来时，我的憧憬，变为盼望；我固执地盼望着，有如饥渴。虽然从浅薄的经验里，也能够推知，那贴耳的歌声，竟剥去了一切的美妙；但一个平常的人像我的，谁愿凭了理性之力去丑化未来呢？我宁愿自己骗着了。不过我的社会感性是很敏锐的；我的思力能拆穿道德律的西洋镜，而我的感情却终于被它压服着。我于是有所顾忌了，尤其是在众目昭彰的时候。道德律的力，本来是民众赋予的；在民众的面前，自然更显出它的威严了。我这时一面盼望，一面却感到了两重的禁制：一、在通俗的意义上，接近妓者总算一种不正当的行为；二、妓是一种不健全的职业，我们对于她们，应有哀矜勿喜之心，不应赏玩地去听她们的歌。在众目睽睽之下，这两种思想在我的心里最为旺盛。她们暂时压倒了我的听歌的盼望，这便成就了我的灰色的拒绝。那时的心实在异常状态中，觉得颇是昏乱。歌舫去了，暂时宁静之后，我的思绪又如潮涌了。两个相反的意思在我的心头往复：卖歌和卖淫不同，听歌和狎妓不同，又干道德甚事？——但是，但是，她们既被逼的以歌为业，她们的歌必是艺术味的；况她们的身世，我们究竟该同情的。所以拒绝倒也是正办。但这些意思终于不曾撇开我的听歌的盼望。它力量异常坚强；它总想将别的思绪踏在脚下。从这重重的争斗里，我感到了浓厚的不足之感。这不足之感使我的心盘旋不安，起坐都不安宁了。唉！我承认我是一个自私的人！平伯呢，却与我不同。他引周启明先生的诗，"因为我有妻子，所以我爱一切的女人；因为我有子女，所以我爱一切的孩子。"他的意思可以想见了。他因为推及的同情，爱着那些歌妓，并且尊重着她们，所以拒绝了她们。在这种情形下，他自然以为听是对于她们的一种侮辱。但他也是想听歌的，虽然不和我一样。所以在他的心中，当然也有一番小小的争斗；争斗的结果，是同情胜了。至于道德律，在他是没有什么的；因为他很有蔑视一切的倾向，民众的力量在他是不大觉着的。这时他的心意的活动比较简单，又比较松弱，故事后还怡然自若；我却不能了。这里平伯又比我高了。

在我们谈话中间，又来了两只歌舫。伙计照前一样的请我们点戏，我们照前一样地拒绝了。我受了三次窘，心里的不安更甚了。清艳的夏夜也为之减色。船夫大约因为要赶第二趟生意，催着我们回去；我们无可无不可地答应了。我们渐渐和那些晕黄的灯光远了，只有些月色冷清清地随着我们的归舟。我们的船竟没个伴儿，秦淮河的夜正长哩！到大中桥近处，才遇着一只来船。这是一只载妓的板船，黑漆漆的没有一点光。船头上坐着一个妓女；暗里看出，白地小花的衫子，黑的下衣。她手里拉着胡琴，口里唱着青衫的调子。她唱得响亮而圆转；当她的船箭一般驶过去时，余音还袅袅地在我们耳际，使我们倾听而向往。想不到在弩末的游踪里，还能领略到这样的清歌！这时船过大中桥了，森森的水影，如黑暗张着巨口，要将我们的船吞了下去。我们回顾那渺渺的黄光，不胜依恋之情；我们感到了寂寞了！这一段地方夜色甚浓，又有两头的灯火招邀着；桥外的灯火不用说了，过了桥另有东关头疏疏的灯火。我们忽然仰头看见依人的素月，不觉深悔归来之早了！走到东关头，有一两只大船湾泊着，又有几只船向我们来着。嚣嚣的一阵歌声人语，仿佛笑我们无伴的孤舟哩。东关头转弯，河上的夜色更浓了；临水的妓楼上，时时从帘缝里射出一线一线的灯光；仿佛黑暗从酣睡里眨了一眨眼。我们默然地对着，静听那汩——汩的桨声，几乎要入睡了；朦胧里却温寻着适才的繁华的余味。我那不安的心在静里越显活跃了！这时我们都有了不足之感，而我的更其浓厚。我们又不愿回去，于是只能懊悔而怅惘了。船里便满载着怅惘了。直到利涉桥下，微微嘈杂的人声，才使我豁然一惊；那光景却又不同。右岸的河房里，都大开了窗户，里面亮着晃晃的电灯，电灯的光射到水上，蜿蜒曲折，闪闪不息，正如跳舞着的仙女的臂膀。我们的船已在她的臂膊里了；如睡在摇篮里一样，倦了的我们便又入梦了。那电灯下的人物，只觉得像蚂蚁一般，更不去萦念。这是最后的梦；可惜的是最短的梦！黑暗重复落在我们面前，我们看见傍岸的空船上一星两星的，枯燥无力又摇摇不定的灯光。我们的梦醒了，我们知道就要上岸了；我们心里充满了幻灭的情思。

1923年10月11日作完，于温州

(《中国现代文学作品选》，华东师范大学出版社)

【注释】

[1] 作者在文章里通过敏锐地观察月亮、灯光、河水三者之间关系的变化，从而精勾细画了盛夏之夜秦淮河绚丽多变的美景奇观。作品想象丰富，手法多变，语言优美，结构精致，巧妙地以“桨声灯影”为行文线索，从利涉桥到大中桥，从夕阳方下到素月依人，形成明显的时空顺序，同时又以灯光为重点，一步步勾画秦淮河美景，一层层展露内在情思，连绵不断，摇曳多姿，创造了充满诗情画意引人深思的意境。

【思考练习题】

1. 文章的行文线索是什么？作者是怎么样一步步安排所描写的景致的？

2. 作者通过描绘秦淮河的夜景创造了一种什么样的意境？

3. 读一读俞平伯的《桨声灯影里的秦淮河》，比较一下与朱自清的文章有何不同之处。

散文重要

老　舍

老舍(1899—1966)，现代作家，戏剧家，人民艺术家。原名舒庆春，字舍予，满族，北京人。出身于贫苦市民家庭。老舍的作品多取材于他所熟悉的城市下层居民生活，语言简练朴实而富有口语化特点，表现出浓厚的北京地方色彩和强烈的生活气息，具有通俗自然而又诙谐幽默的独特风格。老舍主要以长篇小说和剧作著称于世，其代表作品有长篇小说《骆驼祥子》、《四世同堂》、《二马》、《老张的哲学》等；中篇小说《月牙儿》等；剧本《茶馆》、《龙须沟》等。

我们写信、写日记、笔记、报告、评论，以及小说、话剧，都用散文。我们的刊物(除了诗歌专刊)与报纸上的文字绝大多数是散文。我们的书籍，用散文写的不知比用韵文写的要多若干倍。

看起来，散文实在重要。在我们的生活里，一天也离不开散文。我们都有写好散文的责任。

据说："诗有别才"。这个说法正确与否，且不去管它。诗比散文难写，却是事实。散文之所以比较容易写，是因为它更接近我们口中的语言。可以说，散文是加过工的语言。我们都会讲话，而且说的是散文，不是韵文。在日常交谈的时候，我们的话语难免层次不大分明，用字未尽妥当，因为随想随说，来不及好好思索，细细推敲，也就是欠加工。那么，我们既会讲话，如果再会加工，我们就会写出较好的散文来。我想会有那么一天，我们的文化普遍提高，人人都能出口成章，把口中说的写下来，就是好散文。

是的，讲话与散文原是"一家人"。我听过好几位劳动模范的发言，他们的文化程度并不很高，发言也没有稿子。可是，他们说的有思想，有感情，语言生动，十分感人！我相信，他们若能提高文化，一定会不久就成为写散文的好手。

我非常爱听我们的中央人民广播电台每晚的全国各地联合广播。在这广播节目里，说的都是国家与国际的大事，正因为是大事，所以必须使人人能够听懂，不能"之乎者也"地背诵古文。同时，它既须字斟句酌，语语明确，还要铿锵悦耳，引人入胜。这就是说，广播的是话，可也是很好的散文。

有的人以为散文无可捉摸，拿起笔来先害怕。不必害怕，人人都有写散文的条件。我们说话要说得清清楚楚，明明白白，这就有了写散文的基础。我们写信、写日记，听报告时作笔记，都是练习写散文的机会。不要刚一提笔，就端起架子来说：我要写散文啦！是呀，我小时候在私塾里读书，每逢老师出题叫学生作文，我便紧张地端起架子，不管老师出什么题，我总先写上"人生于世"或"夫天地者"，倒好像"人生于世"与"夫天地者"是散文的总"头目"！后来，有人指点：你试试看，把想起的话照样写下来，然后好好重新安排一下，叫那一片话更有条理，更精致些，你就无须求救于"夫天地者"了。我这才明白，原来我心中就有散文的底子，它并不是什么天外飞来的怪物。对，我们人人有写散文的"本钱"，只看肯不肯下些功夫把它写好，用不着害怕！

与此相反，有的人的胆量又太大，以为只要写出一本五十万字的小说，或两本大戏，就什么都解决了，根本用不着下功夫学习写散文。于是，他写信，写的乱七八糟；日记干脆不写，只写小说或剧本。不难推测，一封信还写不清楚，怎能够写出情文并茂的小说与剧本来呢？不把散文底子打好，什么也写不成！

有的人呢，散文还没写通顺，便去作诗。我不相信，连一封信还写不明白，而能写出诗来——诗应是语言的精华！不错，某个诗人的诗确比散文写得好；可是，自古以来，还没有一位这样的诗人：诗极精彩，而写信却糊里糊涂。我看，还是先把散文写好吧！诗写不好，只不过不能发表；信写不明白，可会耽误正事！

对，我们不要怕散文，也别轻视散文。散文比诗容易写，但也须下一番工夫，才能写好。不害怕，就敢下笔。一下笔，就发现了困难。有困难，就去克服！把散文写好，我们便有了写评论、报告、信札、小说、话剧等等的顺手的工具了。写好了散文。作诗也不会吃亏。散文很重要。

(本文选自《写作文鉴》(刘锡庆、张继缅、吴炫主编，
中央广播电视大学出版社，1984 年 12 月版))

中国人，你为什么不生气

龙应台

龙应台(1952—)，祖籍湖南衡东，生于内战后撤至台湾的国民党军人家庭，父亲姓龙，母亲姓应，出生在台湾，所以叫龙应台。她是台湾著名文化人及公共知识分子，台湾地区著名作家，作品针砭时弊，鞭辟入里。在欧洲、大陆、台湾三个文化圈中，龙应台的文章成为一个罕见的档案。1985 年，她以专栏文章结集的《野火集》出版，一上市即告罄，一个月内印刷 24 次，印行 100 版，销售 20 万册，风靡台湾，成为 20 世纪 80 年代对台湾社会发生巨大影响的一本书。此文即选自她的《野火集》。

在昨晚的电视新闻中，有人微笑着说："你把检验不合格的厂商都揭露了，叫这些生意人怎么吃饭？"

我觉得恶心，觉得愤怒。但我生气的对象倒不是这位人士，而是台湾一千八百万懦弱自私的中国人。

我所不能了解的是：中国人，你为什么不生气？

包德甫的《苦海余生》英文原本中有一段他在台湾的经验：他看见一辆车子把小孩撞伤了，一脸的血。过路的人很多。却没有一个人停下来帮助受伤的小孩，或谴责肇事的人。我在美国读到这一段。曾经很肯定地跟朋友说：不可能！中国人以人情味自许，这种情况简直不可能！

回国一年了，我睁大眼睛，发觉包德甫所描述的不只可能，根本就是每天发生、随地可见的生活常态。在台湾，最容易生存的不是蜣螂，而是"坏人"，因为中国人怕事、自私，只要不杀到他床上去，他宁可闭着眼假寐。

我看见摊贩占据着你家的骑楼，在那儿烧火洗锅，使走廊垢上一层厚厚的油污，腐臭的菜叶塞在墙角。半夜里，吃客喝酒猜拳作乐，吵得鸡犬不宁。

你为什么不生气？你为什么不跟他说"滚蛋"？

哎呀！不敢呀！这些摊贩都是流氓，会动刀子的。

那么为什么不找警察呢？

警察跟摊贩相熟，报了也没有用；到时候若曝了光，那才真惹祸上门了。

所以呢？

所以忍呀！反正中国人讲忍耐！你耸耸肩、摇摇头！

在一个法治上轨道的社会里，人是有权利生气的。受折磨的你首先应该双手叉腰，很愤怒地对摊贩说："请你滚蛋！"他们不走，就请警察来。若发觉警察与小贩有勾结——那更严重。这一团怒火应该往上烧，烧到警察肃清纪律为止，烧到摊贩离开你家为止。可是你什么都不做；畏缩地把门窗关上，耸耸肩、摇摇头！

我看见成百的人到淡水河畔去欣赏落日、去钓鱼。我也看见淡水河畔的住家整笼整笼地把恶臭的垃圾往河里倒；厕所的排泄管直接通到河底。河水一涨，污秽气直逼到呼吸里来。

爱河的人，你又为什么不生气？

你为什么没有勇气对那个丢汽水瓶的少年郎大声说："你敢丢我就把你也丢进去？"你静静坐在那儿钓鱼(那已经布满癌细胞的鱼)，想着今晚的渔场，假装没看见那个几百年都化解不了的汽水瓶。你为什么不丢掉鱼竿，站起来，告诉他你很生气？

我看见计程车穿来插去，最后停在右转线上，却没有右转的意思。一整列想右转的车子就停滞下来，造成大阻塞。你坐在方向盘前，叹口气，觉得无奈。

你为什么不生气？

哦！跟计程车可理论不得！报上说，司机都带着扁钻的。

问题不在于他带不带扁钻。问题在于你们这廿个受他阻碍的人没有种推开车门，很果断地让他知道你们不齿他的行为，你们很愤怒！

经过郊区，我闻到刺鼻的化学品燃烧的味道。走近海滩，看见工厂的废料大股大股地流进海里，把海水染成一种奇异的颜色。湾里的小商人焚烧电缆，使湾里生出许多缺少脑子的婴儿。我们的下一代——眼睛明亮、嗓音稚嫩、脸颊透红的下一代，将在化学废料中学游泳，他们的血管里将流着我们连名字都说不出来的毒素——

你又为什么不生气呢？难道一定要等到你自己的手臂也温柔地捧着一个无脑婴儿，你再无言地对天哭泣？

西方人来台湾观光，他们的旅行社频频叮咛：绝对不能吃摊子上的东西，最好也少上餐厅；饮料最好喝瓶装的，但台湾本地出产的也别喝，他们的饮料不保险……

这是美丽宝岛的名誉；但是名誉还真是其次；最重要的是我们自己的健康、我们下一代的健康。一百位交大的学生食物中毒——这真的只是一场笑话吗？中国人的命这么不值钱吗？好不容易总算有几个人生起气来，组织了一个消费者团体。现在却又有"占着茅坑不拉屎"的卫生署、为不知道什么人做说客的立法委员要扼杀这个还没做几桩事的组织。

你怎么能够不生气呢？你怎么还有良心躲在角落里做"沉默的大多数"？你以为你是好人，但是就因为你不生气、你忍耐、你退让，所以摊贩把你的家搞得像个破落大杂院，所以台北的交通一切乌烟瘴气，所以淡水河是条烂肠子；就是因为你不讲话、不骂人、不表示意见，所以你疼爱的娃娃每天吃着、喝着、呼吸着化学毒素，你还在梦想他大学毕业的那一天：你忘了，几年前在南部有许多孕妇，怀胎九月中，她们也闭着眼梦想孩子长大的那一天。却没想到吃了滴滴纯净的色拉油，孩子生下来是瞎的、黑的！

不要以为你是大学教授，所以作研究比较重要；不要以为你是杀猪的，所以没有人会听你的话；也不要以为你是个学生，不够资格管社会的事。你今天不生气，不站出来说话，明天你——还有我、还有你我的下一代，就要成为沉默的牺牲者、受害人！如果你有种、有良心，你现在就去告诉你的公仆——立法委员、告诉卫生署、告诉环保局：你受够了，你很生气！

你一定要很大声地说。

(本文选自龙应台的《野火集》
上海文汇出版社，2005年8月版)

【思考练习题】

1. 读完这篇文章，你能回答作者的提问吗？

2. 《目送》是龙应台以温柔笔触描写亲情的另一种风格的散文集，请你找来读一下。

文海拾贝

中国古代散文的发展概况

散文的兴盛发达是中国古代文学特有的现象，其历史之绵长，作品之浩瀚，只有诗歌可与之匹敌。中国是诗的国度，也是散文的国度。散文的发展也分了四个时期：先秦两汉散文；魏晋南北朝散文；唐宋散文；元明清散文。(在这里所讲的散文，它包属了除诗歌、小说、戏剧之外所有具有文学性的文章)

先秦两汉时期的散文发展演变的大体情形是：殷代后期至西周，是古代散文的萌生期，作品由简单拙稚到初步成形，进而具有一定规模。这一时期的作品形式有两类，一是地下出土的原始实证材料，即甲骨刻辞和铜器铭文；一是上古流传下来的文献资料，即《尚书》中的某些篇章和《易经》的卦、爻辞。东周到战国是古代散文发展的第一个高潮，记事和论说作品蓬勃发展，呈现出绚丽多彩的面貌和风格，从内容到形式都为整个中国古代散文的发展奠定了基础。这一时期的作品也主要有两种类型。一是史传散文，流传下来的作品主要有《春秋》及其三传，如《国语》、《战国策》、《晏子春秋》、《逸周书》等；二是诸子散文，作品主要有《论语》、《老子》、《墨子》、《孟子》、《庄子》、《荀子》、《韩非子》等。西汉散文是春秋战国散文发展势头的延续，而在审美表现上，显示出比前一时期有了更高的要求。这一时期的作品很多，史传散文主要有：司马迁的《史记》，而新出现的赋体文学，代表作家是司马相如，此外还出现了许多其他的文学作品形式。东汉散文则更多地表现了对形式美的重视，开始呈现出向散文发展的下一个大的阶段转移的趋势。

魏晋南北朝散文的发展，既受到先秦两汉散文的灌溉滋养，更是当时特定的社会历史、思想文化演变运动的产物。

进入魏晋时期，散文的写作改变了东汉以来比较单调、贫弱和相对落后的状态，呈现出各方面向前推进的态势，抒情性明显加强，对山水景物之美有了广泛描写，论说文、传记文发生了新的变化，对艺术形式美有了自觉追求。这一时期的作家很多，如曹氏父子、潘岳、王粲、竹林七贤、山水作家鲍照，以及其他许多有名的论、传文的作家。

南朝文坛，骈体文占统治地位，与散体文并存发展。当时不少名作家，既写骈体文，又写散体文。东晋的谢灵运，其词赋穷力追新，骈化之迹颇深，而一些记叙性文字，如《名山志》、《山居赋》自注，则用散体；其后的江淹，词、赋、章、表多用骈体，而《袁友人传》、《自序传》等文则用散体；再如刘峻《自序》、萧统《陶渊明传》等也是散体文。至于南朝的史书，除论赞部分用骈体外，传记部分则仍旧是用散体。其中在散文史上有一定地位的是刘宋时期范晔所撰的《后汉书》。人物传记之外，承继东晋地记而发展的南朝地记，则在山水景物描写方面取得一定成就。

北朝的文学相对要比南朝文学落后，大致说来北朝文学还经历过一个由衰微、复苏到兴盛的演变过程。北朝散文成就较高的是被后人称为“北朝三书”的《水经注》(郦道元)、《洛阳伽蓝记》(杨衒之)、《颜氏家训》(颜之推)。北朝词赋流传于今的仅及南朝的六分之一，艺术风格虽缺乏南朝的清丽婉转风致，但也有一些华实相扶、神采飞扬的佳作，尤其是以庾信为代表的北朝末期的赋作，在唐前赋史上具有举足轻重的地位。北朝骈体文的发展和词赋相似，都以后期为胜。北朝骈体文成就较高者有温子昇、祖鸿勋、卢思道，北朝骈体文成就的顶尖人物是由南入北的庾信。

至南北朝结束，散文的发展基本上完成了一个大的阶段，经过隋朝短暂的过渡，至唐代进入了新的发展阶段，开拓出新的局面，迎来了中国散文全面成熟的鼎盛时期。唐宋是中国古代散文发展史上继先秦两汉以后的第二个高潮。

成熟于南北朝时期的骈体文，到了隋代，发展到极致，同时也露出了弊端：大多数士子囿于骈文形式上的桎梏，片面追求形式美，妨害了内容表达。于是革新文体文风的要求便应时而生。其实，在骈文鼎盛时期，就有认识到这种不良倾向并提出批判的理论家：南朝刘勰、裴子野，北朝的苏绰、颜之推。到了隋朝，有李谔、王通。唐初的史学家们在修史之际也没有忽视文学问题，代表人士是魏征、刘知几。而真正揭开文学改革新序幕的旗手是陈子昂。严格地说，初唐的散文并没有形成一个鲜明的创作倾向，而是从六朝美文向审美和实用并重的中唐散文发展过程中的一个过渡阶段。这一时期卓有成就的便是初唐四杰：王勃、杨炯、卢照邻、骆宾王。

盛唐散文，骈体文仍占统治地位，但经改革，出现了新特点；散体文的写作明显增多。代表盛唐骈体文革新实绩的人物是张说、苏颋、张九龄。这一时期的抒情散文也得到了很大的发展，取得了很大的成就，代表人物有李白、王维。天宝中期以后至贞元中期，韩愈登上文坛以前这段时间，是盛唐散文向中唐散文发展的演变期。其间，作家们除了创作之外，还进行了相当活跃的理论探讨。天宝年间，萧颖士、李华、独孤及、元结等人提出了较为系统的理论主张，之后贾至、梁肃、柳冕等继起，充实、发展了这套理论。至盛唐中期，代表文学革新的、由韩愈倡导的古文运动声势浩大地展开了。这时期的代表人物是韩愈和柳宗元，此外他们身边还围绕了一大批古文家，如李观、欧阳詹、刘禹锡、白居易、元稹、张籍等，一时间文坛上风云际会。晚唐是社会大动荡时期，也是古文运动渐趋衰弱的时期，代之而起的是骈体文的复兴。此期虽然尚有杜牧、孙樵、刘蜕等致力于古文的写作，皮日休、罗隐、陆龟蒙等的小品文也大放异彩，但总的来说，已是强弩之末。他们的文章既缺乏那种高屋建瓴、势如破竹的气概，在艺术上也没有韩、柳等大家那种浑厚壮伟的气势。

北宋时期，随着社会的安定，文学又得到了很好的发展，古文运动亦随之复兴。宋初的倡导者是刘开和王禹偁，只是当时还没有形成广泛的群体意识。后由于国家政权的明令支持，使得主张改革文风的人士接踵涌现，古文革新运动出现了活跃局面。这时期的主要代表人物有穆休、范仲淹、孙复、张景、石介等人。而能够彻底革除浮靡旧习和险怪新弊，上承韩、柳古文传统，全面反对形式主义文风，使宋代古文运动得以最后胜利的是以欧阳修为首，以曾巩、王安石、苏洵、苏轼、苏辙为骨干的一批古文家。

南宋散文沿着北宋散文的道路发展，但处于相对薄弱的状态，在特定历史环境中，也出现了一些新特点，是散文发展变化的一个新阶段。南宋的散文出于历史的原因，那些表现强烈爱国主义精神、沉郁悲愤的散文较多，如宗泽、岳飞等写的一些文章便是。在南宋虽然没有出现北宋欧阳修、苏轼那样的大家，但也有一些为文有时代特点且相对来说成就显著的作家，如胡铨、陆游、辛弃疾、文天祥等。同时，宋代的理学不断发展，出现了程颐、程颢、朱熹那样著名的理学家。

元明清散文是散文发展的另一个阶段。元代散文成就不大，但是颇有时代特色，也出现了一些优秀的作家，起到了上接唐宋，下启明清的作用。元代散文作家辈出，较著名的前期有许衡、郝经；随后有姚燧、戴表元、刘因；后期有虞集、欧阳玄等。

进入明代以后，一方面由于散文创作的高峰已过，另一方面由于震惊于前代遗产的光辉，作家们开始不满足于分散、零碎地吸收前代作家的经验，而是想从前代遗产中寻求出散文写作的规矩和准绳，并以此作为指导自己写作的原则。这一时期出现了较多的文学流派，如宋濂、刘基、高启、方孝孺等，虽未形成门派，但都在开国之初，统称为“开国派”。至永乐、天顺年间，出现了以杨士奇、杨荣、杨溥为代表的“台阁派”作家(因其地位与官位而得名)，也写出了一些优秀的作品，但总体上是歌功颂德、粉饰太平的应酬之作，风格片面追求“平正典则”、“从容安雅”，使创作呈现出单调、肤浅、沉闷、衰落的状态。其后以李东阳为首的茶陵派看到了其弊病，有了改革的愿望，但没有真正摆脱台阁派的影响。

明朝中期，为了改变台阁派在文坛上造成的散文发展的衰落和八股时文在社会上产生的恶劣影响，在弘治、正德年间，出现了前七子(为了区别后七子)的诗文复古运动。七子指的是：李梦阳、何景明、徐祯卿、边贡、王廷相、康海、王九思，他们在诗文写作上的主张基本是一致的。至嘉靖、隆庆年间，又有后七子兴起，他们是李攀龙、王世贞、谢榛、宗臣、梁有誉、徐中行、吴国伦，他们的主张与前七子并无基本不同。与后七子同时出现于明代中期文坛，而在观点主张和创作倾向上与前后七子相对立的，有后代所称的“唐宋派”。前后七子倡导复古，走向新的形式主义，暴露出其刻意古范、摹形袭迹的弊病，唐宋派应时兴起。其代表人士是：王慎中、唐顺之、茅坤、归有光。明代后期，逐渐酝酿产生了以强调舒张个性、抒发性灵为特征的一些作家和流派。前期作家有徐渭、李贽，还有受李贽的哲学影响而形成的一个文学流派“公安派”。公安派是继唐宋派兴起的又一个文学流派，主要代表为袁氏三兄弟：袁宗道、袁宏道、袁中道。继公安派兴起的“竟陵派”，实际上是公安派的别支和继承者，在学说上更为完善，代表作家有：钟惺、谭元春。明代中后期与公安、竟陵派并行的还有一种新兴的篇幅短小的流派“小品文”。

至清代，中国散文的发展进入终结期。这时期散文发展出现两大特色：一是企图承继明代之绪，对整个古代散文的写作做一个全面的总结，找出散文写作的基本规律，确定为规范，用来指导自己的写作，表现是桐城派的兴起和绵延，桐城派的先驱是戴名世，奠基人是方苞，拓展者是刘大櫆。而桐城派的最高代表则是姚鼐。二是散文写作中出现一种回光返照的状态，整个散文发展过程中所曾出现的主要的代表性倾向，都有人出来继承、倡导而一显亮色。在清代还有许多不成派别的作家如袁枚、郑燮等的作品也很优秀。

中国散文的发展，经历了几千年的变化，最后随着“五四”新文化运动的兴起而退出了历史舞台。但是自先秦以来的古代散文作品，作为一笔巨大而丰富的遗产，在中华民族的文化宝库里将放射出永世不灭的灿烂光芒。

单元写作训练

散文的写作技巧

文体写作理论知识应由定义出发，定义中的要素可以衍生出写作的各种要求和方法。但是，不论诗歌，还是散文，传统认识集中体现在一般写作教材上，对文学体裁定义的认识既不准确统一，又片面地强调社会属性。那么，究竟什么是散文？散文是一种作者书写自己经历见闻的真情实感的灵活精干的文学体裁，表达的是个体生命本真的情感与思想。

作者在散文中的形象比较明显，常用第一人称叙述，个性鲜明。正像巴金所说“我的任何散文里都有我自己”，总之可以说是表现自我。这就需要大胆无忌。正如鲁迅所说“任意而谈，无所顾忌”，他还推崇曹操及魏晋散文的“力主通脱”。又如刘半农所说，散文要“赤裸裸地表达”。还如一些人所说，“我是怎样一个人，就怎样写”，“心口相应，信口直说”，“反正我只是这样一个我”。写真实的“我”是散文的核心特征和生命所在。这是定义的最大要素。

散文语言十分重要。首要的一条是以口语为基础，而以文语(包括古语和欧化语)为点缀。其次是要清新自然、优美洗练。此外，还可以讲究一些语言技法，如句式长短相间，随物赋形；如多用修辞，特别是比喻；如讲音调、节奏、旋律的音乐美等。

必须明确一个散文写作观念，这就是散文的唯一内容和对象是作者的感情体验。所有教材都提出了散文要写感情，但却是只是将其作为一种必备因素和一种内在线索。应当强调指出，感情不是片面的因素，也不仅仅是线索，而是散文的对象。散文写人写事都只是表面现象，从根本上说写的是感情体验。感情体验就是“不散的神”，而人与事则是“散”的可有可无、可多可少的“形”。朱自清的《背影》不是要记录回家和父子离别的琐事，而是要吐露一种对父亲及失败了的父辈的怜惜和敬爱。刘真的《望截流》，重点不是顺理成章的工程本身或建设者业绩，而是一种回归历史进步主流的内心感受。散文一开始就使自己沉浸在一种突如其来的悲喜交集的感情体验中，由此生发联想——小时候跟着妈妈赶集差一点丢失，四十年代初一度离开部队，“文革”中被迫放下笔等。最后又面对横江截流的宏伟场面，激情满怀。感情体验，是散文的内在结构。有了它，就可以天马行空地起草。这一点，不能不明朗和确定。有了散文的内在结构——感情体验，只要再明确外在结构的核心就可以写好散文。外在结构的核心是细节。散文和小说一样，建立在细节的描写和叙述的基础上，但细节的排列组合方式不同。可以说，小说组合细节是“以盘盛珠”，而散文则是“以线穿珠”。小说的“盘”是一个社会的横切面，表现冲突，各种阶层、力量的人物或隐或显。而细节只能在这样的“盘”中有机地展开。散文的“线”，就是感情体验，或多或少，随手拈来，尽情挥洒——以感情体验的表现为准。由此，我们说散文(应称艺术散文)是最自由的文体，散漫如水、手法灵活。只要弄清以上四点，写真实自我及由此生发的个性口语、感情体验和细节描写，就掌握了散文写作的要领，立意、章法(如文眼)、意境等一般化认识都不必过于拘谨地学习，其他文体理论知识和写作基础理论都会讲到。

散文写作要注意以下几个方面的问题。

一、精于立意

“凡文以意为主”。散文的“意”是存在于深厚的生活土壤和浩瀚的生活海洋中的。要获得它，必须依靠我们对生活的深入观察、感受和理解。因此，散文立意只要从生活实际出发，凭着鲜明的感受、敏锐的观察能力，同人民同时代共同跳动的脉搏、深厚的感情，丰富的想象、深沉的思索，就会感到我们生活中洋溢着的诗意。这诗意，就是使我们心灵受到触动的东西，使我们眼睛豁然开朗的东西，思想突然升华的东西，感情更为纯洁的东西，它就是诗的灵感。我们要为自己的散文立意就要赶紧捕捉住它。因为这里面有心灵的颤动、思想的闪光。刘白羽说：“哪怕是微弱的闪耀也比没有闪耀要好，这才不是一般的照相，这才是文学。”(《早晨的太阳》序)

譬如，一个作家去看茶花，品种繁多、美不胜收的茶花引起了他的思索：“茶花是美啊。凡是生活中美的事物都是劳动创造的。是谁白天黑夜、积年累月，拿自己的汗水浇着花，像抚育自己儿女一样抚育着花秧，终于培养出这样绝色的好花？应该感谢那为我们美化生活的人。”这就是思想的闪耀，作家十分珍视它，就及时把这个意念记下来。后来，他听一位花匠介绍一种茶花说：“这叫童子面，花期迟，刚打开骨朵，开起来颜色深红，倒是最好看的。”并没有引起思索，但他是记住了这种茶花的名称的。过了一会儿，恰巧一群小孩也来看茶花，这引起了作家的注意。他看见孩子们一个个仰着鲜红的小脸，甜蜜蜜地笑着，唧唧喳喳叫个不休，心灵猛然一颤，不禁脱口说出：“童子面茶花开了。”而花匠听了这话省悟后说：“真的呢，再没有比这种童子面更好看的茶花了。”这话使得一个念头突然跳出他的脑海，他说：“我得到一幅画的构思。如果用最浓最艳的朱红画一大朵含露乍开的童子面茶花，岂不正可以象征着祖国的面貌？”于是，作家就把看茶花引起的感受、思索写成一篇文情并茂的散文《茶花赋》。这个作家就是杨朔。而读者、评论者通过阅读就可以悟出作家写此文的立意：歌颂如花的祖国，歌颂祖国的劳动人民。

二、善于构思

构思是写作者对生活素材进行去粗取精、去伪存真、由此及彼、由表及里的加工、提炼的过程。写作者要在构思中为散文的思想内容寻找尽量完美的艺术形式，使思想性与艺术性达到和谐的统一。因此，构思要解决立意、选材、创造意境、确定体裁、基本手法、布局谋篇等问题。这里着重讲讲确定体裁、寻找线索、创造意境三个问题。

1．确定体裁

散文的体裁灵活多样。我们有了一个好的意思(思想)，并且选取了表现这一意思(思想)的材料，那么就要考虑：是写成书信体，还是写成日记体？是写成随笔，还是写成偶感？是写成游记，还是写成回忆录？是写成序或跋，还是写成读后感？确定具体体裁的原则是内容决定形式，形式为内容服务。譬如到苏州旅游之后，你感到要向父母报告一下自己的游踪和观感，就可以写成书信；在游玩中遇到一些使你感动的人或事，就可以写随笔、漫录；在游玩虎丘、狮子林、寒山寺、西园、留园等地之后，觉得寒山寺的钟特别吸引人，并引起你的遐思，就可以写成如《社稷坛抒情》那样诗意浓郁的抒情文；如果是旧地重游，吃到苏州某种土特产而忆起往事，则可以偏重于回忆，写成《小米的回忆》那样的回忆式的散文……总之，要根据立意内容来确定表现形式——具体的体裁。

2．寻找线索

散文的材料应该是很“散”的，每一个材料都是一颗珍珠，但这些珍珠互相之间有内在的联系，我们写作者要寻找一根线，用笔作针，将这些散乱的珍珠穿起来，成为一串光彩夺目的珠圈、项链。那么，有哪些东西可以作为线索呢？一是感情线索。我们的感情在生活中发生变化，如由厌恶到喜爱，或从喜欢到厌恶，就可以用这条感情的线索把一些似乎没有关联的材料联结起来。杨朔写《荔枝蜜》就是利用感情线索，才把儿时记忆、从化疗养、荔枝树林、苏轼诗词、喜尝蜂蜜、参观蜂场、赞扬蜜蜂、农民劳动和夜晚梦蜂等事串联起来的。二是事物线索。曹靖华在日常生活中感受到：今天仍然需要发扬延安时期“小米加步枪”的艰苦奋斗精神，就搜罗记忆中有关小米的往事，用小米把发生在不同地点、不同时间、不同情况下的事件组合在一起。许多托物言志的散文也是以物为线索的，如冰心的《樱花赞》。三是人物线索。如写某一个人物在不同时间、不同地点的活动，可以用这个人物作为线索串联起来，也可以用另一个人物把不同时间、不同地点、不同人物、不同内容的事物串联起来。这个人物还可以是写作者本人——“我”。四是思绪线索。如面对某一事物、景物沉思遐想，“鹜趋八极，心游万仞”，“观古今于须臾，抚四海于一瞬”，“笼天地于形内，挫万物于笔端”。就能通过联想与想象，把有关的材料组织在一起，表达原定的主题思想，如秦牧的《土地》、杨朔的《海市》、贾平凹的《丑石》等。五是景物线索。“一切景语皆情语也”。通过景物描写，在写景中融进写作者的思想感情，如《天山景物记》、《西湖即景》。六是行动线索。游记以游程行踪为线索。刘白羽写《长江三日》就以游程为主线来写。当然，全文还有一条哲理性的思绪线索：“战斗——航进——穿过黑夜走向黎明。”

“文无定法”，散文的线索很多，以上六种线索是较为人们常用的。

3．创造意境

散文的意境是情和景的交融，是意和境的统一，是作者浸透了时代精神的主观感情、意志与自然环境和社会环境的统一。意是灵魂，境是血肉。意高则境深，意低则境浅。散文的这种意境应是诗的意境，即所谓“诗情画意”。它是可以捉摸的，可以感受的，是物质的，形象的，但它又是动人心弦的，震颤魂魄的，是精神的，性灵的。如朱自清写《荷塘月色》，全篇着力于“淡淡的情趣”，顺着沿路走来、伫立凝想的线索，通过描绘使小路、荷塘、花姿、月色、树影、雾气、灯光……色彩斑斓，可见可感，而叶香、蛙鸣、蝉声，又可味可闻。更加上心情的抒写，巧妙的譬喻，创造出一种淡雅、闲静、情景交融的意境。这种优美的意境，正是散文写作者要努力追求、刻意创造的。

构思方法可以向前人借鉴，更需自己创新。过去就有一个青年作者发明出一种“散文快速构思法”，为《青春》、《采石》等刊物的编辑所重视。

三、巧于布局

散文一般篇幅短小，布局有方便的地方。但要布局得好，却因篇幅短小而有其难处。这犹如一座大山上有小堆的乱石，常常无损大山的壮观。但是一个小园中有一堆乱石，就很容易破坏园林之美。因此，散文的布局——结构十分重要。参观苏州园林，从它精巧的建筑布局上，我们可以得到启示，可以借鉴它的园林建筑布局来考虑散文的布局。叶圣陶在《苏州园林》中写道，苏州园林建筑的设计者和匠师们“讲究亭台轩榭的布局，讲究假山池沼的配合，讲究花草树木的映衬，讲究近景远景的层次。总之，一切都要为构成完美的图画而存在，决不容许有欠美伤美的败笔。”作为散文的写作来说，也要这样讲究材料的布局、配合、映衬、层次。苏州园林不讲究对称，但散文布局有时则需讲究对称，或对比。叶圣陶又说：“苏州园林在每一个角度都注意图画美。”至于布局的具体方法是很多的，前面讲的线索问题也与布局有关。这里可以着重提一下的是：不少散文的布局都要巧设“文眼”，开头往往似谈家常，结尾则加以深化，画龙点睛，“卒章显其志”，并且首尾呼应，通体一贯，有机结合。初学散文写作，不妨学习这种布局的方法。

四、明于断续

散文要“散”得起来，除了选材要有技巧之外，就是在叙写上要注意断续的技巧。明于断续，才能使散文的行文挥洒自如。贾平凹说：“记住：越是你知道多的地方，越要不写或者写得很少；空白，这正是你要写的地方呢。”他认为，“讲究了‘空白’处理，一是散文可以散起来，断续之，续断之，文能‘飞起’，神妙便显也。二是散文可以含蓄起来，古人也讲过：意在笔先，故得举止闲暇，看似胡乱说，骨子里却有分数。”(《怎样写好散文》)我们要多阅读古人优秀的散文作品，学习他人的断续技巧，在写作实践中多次运用之后就必然熟能生巧。

例文一

望月独行

叶延滨

收到中学同学的来信，说是“西昌高中六六级三班同学会”，在国庆长假期间，想要聚会一下，问我能否回去一下。我没有回去，新买了一套房子，忙着装修搬家。西昌对我来说太远了，三千里山水迢迢，西昌高中六六级三班也太远了，三十年的岁月烟云。他们属于少年的我。我的少年是在那个地方度过的，母亲下放到西昌，西昌当时是距离省城成都三天车程的边陲小城。母亲下放两年了，没有调回省城，我就离开成都，到西昌与母亲共同生活，这时，我到了读中学的年纪。

我在西昌读了三所中学。第一所中学是西昌专科学校附中，中学设在邛海边的一座大山的老庙里。邛海是西昌著名的高原湖，我曾写过一篇短文《老庙》，留下了我在这所中学一年生活的记忆。第二所中学是川兴中学，是所乡村中学，三年自然灾害时期，我在这里读书，同时学会了种菜，割草和打柴。最后考上了西昌高中，读完高中后，又在学校度过了文化大革命最初的几年，然后到陕北延安插队。几乎十年的西昌生活，留给我最美的是什么？眯上眼，脑海里浮动着一片银色的月光："空里流霜不觉飞，汀上白沙看不见。"这是张若虚的诗句，也是我梦中常有的西昌月夜……

这是邛海湖滨的月色。刚到西昌时，曾任过宣传部长和刊物主编的母亲，在一所师范学校当老师。那时正在流行《青春之歌》这本书，同学们都知道母亲像林道静一样参加过"一二·九"，只是受了处分下放到了西昌。学校在邛海边上，离城还有二十里路。我记得最初几个星期天母亲会给我一元钱，让我进城去看一场电影，那是我在省城星期天的休息方式。为一场电影，来回走四十里路，回家的路浸在月光里。西昌是个高原盆地，盆地中心是邛海这个高原湖，四周是环形群山。看完电影，出城时四周黑咕隆咚。夜幕中环立在四周的大山，峥嵘高耸，把天挤得很少。挤在一起的星斗，"大星光相射，小星闹若沸"。我常仰望这些晶亮的星子，好让自己忘却黑暗压过来的恐惧。高原的风把天擦拭得洁净如镜，好让那轮月亮升起来。山真高，月亮缓缓地向上爬，先是一片乳色，然后月色勾出大山的轮廓。刹那间，一轮明月跳出山来，给人的喜悦真如孟郊的诗《游终南山》："南山塞天地，日月石上生！"好一个石上生出的月亮，又大又亮，叫黑暗中的高原一下子生机盎然。天上一个月亮，邛海的水中还有一个月亮，两个月亮互相顾盼，"月下飞天镜，云生结海楼"，银色的光辉四处散逸，把归程抹出一路诗意。

记得四川著名作家高缨当时出了一本散文集，名字就叫《西昌月》。也许西昌的月亮真会比别处的可爱，一是高原天空的明净，二是高原盆地地貌让月亮升起前后反差强烈，三是高原湖泊让西昌有两个月亮。然而，对我来说，这月光还是我阴霾浓重的少年生活里，难得而可贵的亮色。月下独行，这是我少年时代常有的事情。进城要走夜路，周末回家也要走夜路。在川兴中学读书，我是住校，我的学校与母亲的学校相距三十多里路，刚好围着邛海走半圈。星期六上完最后一节课，就是下午五点钟了。归家路上，先看日头西坠，落天金鲤似的晚霞游进苍茫的暮色，然后夜幕悄然低垂，让我听着自己的心跳。期待的月亮升起来。在月光下，伴我独行的还有那些美轮美奂的诗句："白云映水摇空城，白露垂珠滴秋月。"啊，千年以前的李白，也知道会有一个少年，在边城湖泊的月下前行？"老兔寒蟾泣天色，云楼半开壁斜白。"李贺的诗常让少年的心伤感，其实，月光给我的是一种淡淡的温馨，像回家路上另一端母亲的目光，还像牵动我勇气的自信。说实在的，离开省城去边城西昌和母亲做伴，我并不知道情势的险峻。母亲也许永远被贬放于一个山区教师的讲台，而且日后连这谋生的职位也被剥夺。我去了西昌，也陷入四周阻隔的人生困境，像暮色四起而没有月亮的时候，四周是高耸的黑暗，和黑暗中的群山！

文化大革命开始后，母亲被揪斗，在省城当大学校长的父亲也成了"黑帮分子"。我在学校正式成为"可以教育好的子女"。在令人窒息的高压中，我策划了一次突围和逃离。约上三个同学，半夜一点钟在学校贴出一张大字报："我们要步行长征去见毛主席"，算是告诉大家我们出逃的理由。然后，四个人背着行李背包、铝锅和脸盆，悄悄离开学校。那一夜，我们在又大又亮的月亮关照下，开始了人生第一次长途跋涉。四个半月后，我们行走了六千七百里路，在隆冬腊月到达北京。

出逃那一夜的月光真好。我记得，因为不是月下独行，身边还有三个同学，心底升起一种豪放之情，啊，“谁为天公洗眸子，应费银河千斛水！”少年不知愁，说走也就走了。

月光下的边城西昌和月光下的少年情怀，都成为梦中的清辉，远远的，飘逸的。

没有回去参加同学会，收到西昌寄来的“同学录”，上面有与我一起月夜出逃的三位同学的名字：张荣洲、王守智、陶学新。

例文二

父爱无边

周碧华

老家只剩下老父亲和那幢老屋了。我知道，孤独会使老年人加快衰老的步伐，何况父亲还多病呢！好说歹说，父亲才同意进城来住。可没几天，我就发现父亲的气色越来越差。在我那逼仄的房间里，他像一头被困的老牛，焦躁不安。有一天，我中午下班回家，却发现父亲不在，四处找寻不着。黄昏时，父亲安然回来了，脸上有了些喜色。他说他沿着一条街一直走下去，终于走到了有田野的地方，他在田野上与当地的菜农拉了很久的家常才回转。父亲喘着气，唠唠叨叨地数落着城里的不是，说成天待在家里守着个电视机像个哑巴，说城里人很冷淡，对门对户不说话……几天后，我终于挽留不住，父亲又回乡下了。

春节时，我携妻带子冒着风雪赶往老家。在离家两里远的渡口，我一眼就瞥见父亲站在别人的屋檐下望着渡船。我心头一热，眼前模糊一片。在别人合家团圆一片喜庆的爆竹声中，我的老父亲却孤零零地守望着他的儿子！想象平日里他是怎样去池塘担水，去集市上背回柴米油盐，怎样守着一盏油灯度过寂寥的乡村夜晚，我的心头升起深深的忏悔：父母亲含辛茹苦抚育我读完了大学，我给他们什么回报呢？

整个春节期间，我闷闷不乐，为自己想不出一个万全之策而懊恼。父亲却看出了我的心事，一天，他在火塘边将火拨了又拨，吞吞吐吐地说：“你读了书，就是国家的人了，老牵挂我会影响工作的，这样吧，我认个干儿子，你，你同意不？”说完，父亲的脸上竟露出了孩童般的羞涩。我们那里有个习俗，干儿子与亲儿子享有同等“待遇”，是有财产继承权的。看到父亲竟为这一点点要求犹豫的样子，我对父亲充满了无限感激。因为求学，家中已一贫如洗，剩下一幢老屋如一副老牛枯瘦的身架，我对父亲还有什么财产要求可言？他和母亲省吃俭用，认准一个死理送我上了大学，这就是赐予我的最大的财产呀！想到这里，我连忙点头。父亲笑了，说：“还是要读书，读书就明事理。有了兄弟，你就不用担心我了，以后，你把你发表的文章常寄点给我看就是了。”

这样，我就有了一个勤劳朴实的乡村兄弟，他代替我在老家陪伴父亲，尽孝道。偶尔，他也能用歪歪扭扭的字给我回信，内容都是“父亲一切都好”，我知道，这都是父亲告诉他这样写的。终于有一天，村里有个进城做生意的女人碰见我，责怪道：“你在城里好安稳，你父亲快病死了哩。”

我急急忙忙赶回老家，父亲一副大病初愈的样子，我内疚的心情无法言表。父亲却愤然道：“那个多嘴婆，害得我儿跑这么远，她不知道人急易出事么？”然后，他撒了一把谷在堂屋中央，一阵吆喝，三只饿得发慌的鸡进了屋。父亲突然掩了门，鸡叫声便响成一片……

我啃着鸡，泪水却从眼镜片后滴落在碗里。兄弟说，父亲病时，兄弟要杀鸡给他补身子，父亲坚决不肯，说补他已无大用，留着给我补脑子还可以写出好文章。这天，他早早放下碗筷，坐在屋檐下，开始翻阅我的文章。我平时寄给他的文章，他已用针线装订成册，翻得多了，卷了毛边，就像一本乡村会计的陈年老账。我忽然觉得，那确实是一本账，里面记载着我对父亲无法偿还的债务。

写作训练

根据自己的观察和感受，构思一篇1000字左右的散文。

【阅读参考书目】

1. 《左传选译》，沈玉成选译，人民文学出版社，1989年版。
2. 《庄子今注今译》，陈鼓应著，中华书局，1983年版。
3. 《汉书》67卷，中华书局，1962年版。
4. 《汉魏六朝赋选》，瞿蜕园选注，上海古籍出版社，1979年新1版。
5. 《韩愈文选》，童第德选编，人民文学出版社，1980年版。
6. 《古文鉴赏辞典》，上海辞书出版社，1997年版。
7. 《语文新四书·短文精华》，石声淮主编，湖北教育出版社，1985年版。
8. 《文心雕龙选译》，刘勰著，周振甫译注，中华书局，1980年版。
9. 《马克思恩格斯论文学与艺术》，陆梅林辑注，人民文学出版社，1982年版。
10. 《在延安文艺座谈会上的讲话》，毛泽东著，见《毛泽东选集》第3卷，人民出版社。
11. 《邓小平论文艺》，中共中央宣传部文艺局编，人民文学出版社，1989年版。
12. 《中国历代文论选》，郭绍虞主编，上海古籍出版社，1979年版。

第三单元　小　说

精 卫 填 海

《山海经》

《山海经》是我国最早的一部地理书，作者已不可考。它成书大约在战国时代，秦汉时又有增删。书中记述了古代传说中的山川、地理、部落、物产，保存了很多远古的神话、故事传说，对研究古代文化、历史、地理，有一定的参考价值。其中的神话故事，曲折地反映出远古人民的生活和思想状态，虽然叙述比较简单，但富有浪漫色彩，对后代文学的发展有一定影响。

又北二百里，曰发鸠之山，其上多柘木[1]；有鸟焉：其状如乌，文首，白喙，赤足[2]，名曰“精卫”，其鸣自詨[3]。是炎帝之少女[4]，名曰女娃。女娃游于东海，溺而不返，故为精卫[5]。常衔西山之木石，以堙于东海[6]。

【注释】

本文选自《中国历代文学作品选》，朱东润主编，上海古籍出版社，1979 年版。

[1]　发鸠(jiū)之山：山名。据晋代郭璞注，在今山西长子县西。其：代词，指发鸠山。柘(zhè)木：落叶灌木或小乔木，叶子可以喂蚕，皮可以染黄色。

[2]　焉：指示代词兼语气词，相当“于是”，即“在那里”。其状：它的形状。如乌：像乌鸦。文首：花脑袋。白喙(huì)：白色的嘴。喙：鸟兽的嘴。赤足：红色的脚。

[3]　其鸣自詨(xiào)：它的叫声很像自己呼叫自己。詨：呼叫。

[4]　是：指示代词，指这只鸟。炎帝：传说中原始社会的部落首领。少女：小女儿。

[5]　游：游历。东海：泛指我国东边的大海。溺(nì)：淹没，指淹死在海里。故：所以。为：成为，变成。

[6]　以：介词，表示两件事之间的关系，后者是前者的目的。略等于“用来”。堙(yīn)：填塞。

【思考练习题】

1. 精卫填海的故事表达了远古人民怎样的生活和思想状态？
2. 精卫填海表现了一种怎样的精神？
3. 解释加点的字。

(1) 又北二百里。

(2) 有鸟焉：其状如乌，文首，白喙……

(3) 以堙于东海。

白水素女[1]

陶渊明

陶渊明(365—427)，一名潜，字元亮，谥号靖节，浔阳柴桑(今江西省九江市西南)人。出身于官僚家庭。自幼家境贫困，早年曾做过几次小官，四十一岁任彭泽县令，后因厌恶官场污浊，就放弃官职，归隐农村。他是东晋伟大的诗人。他的许多优秀诗篇，都是描写农村的日常生活，感情深厚，亲切有味，表现了对当时黑暗政治的不满。他的诗歌风格对后代曾经产生很大影响。著有《陶渊明集》。

《搜神后记》十卷，相传为陶渊明所作。内容和干宝的《搜神记》相仿，记载灵异变化的故事，但情节比较完整，民间传说的色彩也比较浓厚。今传世诸本，均二卷，殆经删削。中华书局1981年出版汪绍楹校注本。

晋安帝时，侯官人谢端[2]，少丧父母，无有亲属，为邻人所养。至年十七八，恭谨自守，不履非法[3]，始出居，未有妻，邻人共悯念之，规为娶妇，未得[4]。

端夜卧早起，躬耕力作，不舍昼夜。后于邑下得一大螺，如三升壶。以为异物，取以归，贮瓮中。畜之十数日[5]。

端每早至野还，见其户中有饭饮汤火，如有人为者。端谓邻人为之惠也。数日如此，便往谢邻人。邻人曰：“吾初不为是，何见谢也。”端又以邻人不喻其意[6]，然数尔如此，后更实问，邻人笑曰：“卿已自娶妇，密著室中炊爨[7]，而言吾为之炊耶？”端默然心疑，不知其故。

后以鸡鸣出去，平旦潜归[8]，于篱外窃窥其家中，见一少女，从瓮中出，至灶下燃火。端便入门，径至瓮所视螺，但见女。乃到灶下，问之曰：“新妇从何所来，而相为炊？”女大惶惑，欲还瓮中，不能得去。答曰：“我天汉中白水素女也[9]。天帝哀卿少孤，恭慎自守，故使我权为守舍炊烹[10]。十年之中，使卿居富得妇，自当还去。而卿无故窃相窥掩[11]。吾形已见，不宜复留，当相委去[12]。虽然，尔后自当少差[13]，勤于田作，渔采治生[14]。留此壳去，以贮米谷，常可不乏。”端请留，终不肯。时天忽风雨，翕然而去。

端为立神座，时节祭祀。居常饶足，不致大富耳。于是乡人以女妻之。后仕至令长云。今道中素女祠是也。

【注释】

[1] 本篇选自中华书局，1981 年版，《搜神后记》第 5 卷。《白水素女》是《搜神后记》的代表作。它反映了古时人们一种朴素的想法：辛勤劳动的人应该过上幸福的生活，应该有美满的结局。小说中男女主人公的形象鲜明生动，谢端忠厚朴实，素女温柔善良。两人真诚相助，情深意挚。小说具有浓郁的抒情气息和民间传说色彩。小说刻画人物以动作见长，通过动作让人物“立”起来，从而展示人物的心灵，使人物形象跃然纸上，给读者留下隽永而鲜明的形象，至今流传不息。

[2] 侯官：今福建省福州市闽侯县。

[3] 履：实行。

[4] 规为：设法。

[5] 畜：养。

[6] 喻：了解。

[7] 著：放置。　炊爨(cuàn)：烧火做饭。

[8] 平旦：天亮的时候。

[9] 天汉：天上的银河。

[10] 权：暂且。

[11] 窥掩：暗中偷看。

[12] 委：抛弃。

[13] 少差：稍微还可以。

[14] 采：砍柴。

【思考练习题】

1. 白水素女的故事反映了人们怎样的理想？

2. 白水素女(螺女)的故事版本有多种，结尾也不完全相同，自己比较，得出结论。

南朝梁任昉《述异记》卷上：“ 晋安郡有一书生谢端 ，为性介洁，不染声色。尝於海岸观涛，得一大螺，大如一石米斛。割之，中有美女，曰：‘予天汉中白水素女，天帝矜卿纯正，令为君作妇。’”

注：《白水素女》故事本身及后世种种螺女故事，都是它们自己时代的产物，浸透了当时人们的思想情感，表现了当时的社会生活与文化心理。

世说新语·任诞

刘义庆

刘义庆(403—444)汉族，彭城(今江苏徐州)人。字季伯，南朝宋政权文学家。《宋书》本传说他“性简素，寡嗜欲”。爱好文学，广招四方文学之士，聚于门下。刘宋宗室，袭封临川王赠任荆州刺史等官职，在政 8 年，政绩颇佳。后任江州刺史，到任一年，因同情贬官王义康而触怒文帝，责调回京，改任南京州刺史、都督和开府仪同三司。不久，以病告退，公元 444 年(元嘉二十二年)死于建康(今南京)。刘义庆自幼才华出众，爱好文学。除《世说新语》外，还著有志怪小说《幽明录》。

王子猷居山阴[1]，夜大雪，眠觉，开室命酌酒，四望皎然。因起彷徨。咏左思《招隐诗》，忽忆戴安道[2]。时戴在剡，即便夜乘小船就之[3]。经宿方至[4]，造门不前而返[5]。人问其故，王曰："吾本乘兴而行，兴尽而返，何必见戴！"

(据 1984 年中华书局余嘉锡笺疏本《世说新语・任诞》)

【注释】

[1] 王子猷：即王徽之(？—388)。王羲之第五子，字子猷，晋琅琊临沂(今属山东)人。官至黄门侍郎。为人有才器，放诞不羁。《晋书》卷八〇有传。山阴：县名，属会稽郡，治今浙江省绍兴市。

[2] 左思：字太冲，晋临淄(今属山东淄博)人，貌丑，口讷，博学善文，官秘书郎。其《招隐诗》共二首，描述其隐居之乐，见《昭明文选》。戴安道：戴逵(326—396)，字安道，晋谯郡铚县(今安徽宿县西南)人，后移居会稽剡县(今浙江嵊县西南)，善鼓琴，精绘画铸造雕刻，笃信佛教。征为国子博士，不就。《晋书》卷九四有传。

[3] 就之：到那里去。

[4] 经宿：经过一夜。方：才。

[5] 造门：到门。前：上前相见。

【思考练习题】

1. 根据此篇文章，分析魏晋南北朝社会风气。
2. 分析文章的语言特点。
3. 分析文中塑造的形象。
4. 找出文中词类活用的字。

杜十娘怒沉百宝箱(节选)

本文选自《警世通言》，《警世通言》为话本小说集，明末冯梦龙纂辑。与冯氏的另两种话本小说集《喻世明言》(《古今小说》)、《醒世恒言》合称"三言"。冯梦龙(1574—1646)，明朝人，字犹龙，又字公鱼、子犹，别号龙子犹、墨憨斋主人、吴下词奴、姑苏词奴、前周柱史，他使用的其他笔名还更多。他出生于明后期万历二年。

公子乃携酒具于船首，与十娘铺毡并坐，传杯交盏。饮至半酣，公子执卮对十娘道："恩卿妙音，六院推首[1]。某相遇之初，每闻绝调，辄不禁神魂之飞动。心事多违，彼此郁郁，鸾鸣凤奏，久矣不闻。今清江明月，深夜无人，肯为我一歌否？"十娘兴亦勃发，遂开喉顿嗓，取扇按拍，呜呜咽咽，歌出元人施君美《拜月亭》杂剧上"状元执盏与婵娟"一曲[2]，名《小桃红》。真个：

声飞霄汉云皆驻，响入深泉鱼出游。

却说他舟有一少年，姓孙名富，字善赉，徽州新安人氏。家资巨万，积祖[3]扬州种盐。年方二十，也是南雍中朋友[4]。生性风流，惯向青楼买笑，红粉追欢，若嘲风弄月，到是个轻薄的头儿。事有偶然，其夜亦泊舟瓜州渡口，独酌无聊，忽听得歌声嘹亮，风吟鸾吹，不足喻其美。起立船头，伫听半晌，方知声出邻舟。正欲相访，音响倏已寂然。乃遣仆者潜窥踪迹，访于舟人。但晓得是李相公雇的船，并不知歌者来历。孙富想道："此歌者必非良家，怎生得他一见？"展转寻思，通宵不寐。捱至五更，忽闻江风大作。及晓，彤云密布，狂雪飞舞。怎见得，有诗为证：

"千山云树灭，万径人踪绝，
扁舟蓑笠翁，独钓寒江雪[5]。"

因这风雪阻渡，舟不得开。孙富命艄公移船，泊于李家舟之傍。孙富貂帽狐裘，推窗假作看雪。值十娘梳洗方毕，纤纤玉手，揭起舟傍短帘，自泼盂中残水。粉容微露，却被孙富窥见了，果是国色天香。魂摇心荡，迎眸注目，等修再见一面，杳不可得。沉思久之，乃倚窗高吟高学士《梅花诗》二句道[6]：

"雪满山中高士卧，月明林下美人来。"

李甲听得邻舟吟诗，舒头出舱，看是何人。只因这一看，正中了孙富之计。孙富吟诗，正要引李公子出头，他好乘机攀话。当下慌忙举手，就问："老兄尊姓何讳？"李公子叙了姓名乡贯，少不得也问那孙富，孙富也叙过了。又叙了些太学中的闲话，渐渐亲熟。孙富便道："风雪阻舟，乃天遣与尊兄相会，实小弟之幸也。舟次无聊，欲同尊兄上岸，就酒肆中一酌，少领清诲，万望不拒。"公子道："萍水相逢，何当厚扰？"孙富道："说那里话！'四海之内，皆兄弟也'。"喝教艄公打跳[7]，童儿张伞，迎接公子过船，就于船头作揖。然后让公子先行，自己随后，各各登跳上涯。

行不数步，就有个酒楼，二人上楼，拣一副洁净座头，靠窗而坐。酒保列上酒肴。孙富举杯相劝，二人赏雪饮酒。先说些斯文中套话，渐渐引入花柳之事。二人都是过来之人，志同道合，说得入港[8]，一发成相知了。

孙富屏去左右，低低问道："昨夜尊舟清歌者何人也？"李甲正要卖弄在行，遂实说道："此乃北京名姬杜十娘也。"孙富道："既系曲中姊妹，何以归兄？"公子遂将初遇杜十娘，如何相好，后来如何要嫁，如何借银讨他，始末根由，备细述了一遍。孙富道："兄携丽人而归，固是快事，但不知尊府中能相容否？"公子道："贱室不足虑，所虑者，老父性严，尚费踌躇耳！"孙富将机就机，便问道："既是尊大人未必相容，兄所携丽人，何处安顿？亦曾通知丽人，共作计较否？"公子攒眉而答道："此事曾与小妾议之。"孙富欣然问道："尊宠必有妙策。"公子道："他意欲侨居苏杭，流连山水。使小弟先回，求亲友宛转于家君之前。俟家君回嗔作喜，然后图归。高明以为何如？"孙富沉吟半晌，故作愀然之色，道："小弟乍会之间，交浅言深，诚恐见怪。"公子道："正赖高明指教，何必谦逊？"孙富道："尊大人位居方面[9]，必严帷薄之嫌[10]，平时既怪兄游非礼之地，今日岂容兄娶不节之人。况且贤亲贵友，谁不迎合尊大人之意者？兄枉去求他，必然相拒。就有个不识时务的进言于尊大人之前，见尊大人意思不允，他就转口了。兄进不能和睦家庭，退无词以回复尊宠。即使留连山水，亦非长久之计。万一资斧困竭，岂不进退两难！"

公子自知手中只有五十金，此时费去大半，说到资斧[11]困竭，进退两难，不觉点头道是。孙富又道："小弟还有句心腹之谈兄肯俯听否？"公子道："承兄过爱，更求尽言。"孙富道："疏不间亲，还是莫说罢。"公子道："但说何妨。"孙富道："自古道：'妇人水性无常。'况烟花之辈，少真多假。他既系六院名姝，相识定满天下。或者南边原有旧约，借兄之力，挈带而来，以为他适之地。"公子道："这个恐未必然。"孙富道："既不然，江南子弟，最工轻薄，兄留丽人独居，难保无逾墙钻穴之事[12]。若挈之同归，愈增尊大人之怒。为兄之计，未有善策。况父子天伦，必不可绝。若为妾而触父，因妓而弃家，海内必以兄为浮浪不经之人。异日妻不以为夫，弟不以为兄，同袍[13]不以为友，兄何以立于天地之间？兄今日不可不熟思也！"

公子闻言，茫然自失，移席问计："据高明之见，何以教我？"孙富道："仆有一计，于兄甚便。只恐兄溺枕席之爱，未必能行，使仆空费词说耳！"公子道："兄诚有良策，使弟再睹家园之乐，乃弟之恩人也。又何惮而不言耶？"孙富道："兄飘零岁余，严亲怀怒，闺阁离心，设身以处兄之地，诚寝食不安之时也。然尊大人所以怒兄者，不过为迷花恋柳，挥金如土，异日必为弃家荡产之人，不堪承继家业耳。兄今日空手而归，正触其怒。兄倘能割衽席之爱[14]，见机而作，仆愿以千金相赠。兄得千金，以报尊大人，只说在京授馆，亦不曾浪费分毫，尊大人必然相信。从此家庭和睦，当无间言[15]。须臾之间，转祸为福。兄请三思。仆非贪丽人之色，实为兄效忠于万一也。"

李甲原是没主意的人，本心惧怕老子，被孙富一席话，说透胸中之疑，起身作揖道："闻兄大教，顿开茅塞。但小妾千里相从，义难顿绝，容归与商之。得其心肯，当奉复耳。"孙富道："说话之间，宜放婉曲。彼既忠心为兄，必不忍使兄父子分离，定然玉成兄还乡之事矣。"二人饮了一回酒，风停雪止，天色已晚。孙富教家僮算还了酒钱，与公子携手下船。正是：

逢人且说三分话，未可全抛一片心。

却说杜十娘在舟中，摆设酒果，欲与公子小酌，竟日未回，挑灯以待。公子下船，十娘起迎，见公子颜色匆匆，似有不乐之意，乃满斟热酒劝之。公子摇首不饮，一言不发，竟自床上睡了。

十娘心中不悦，乃收拾杯盘为公子解衣就枕，问道："今日有何见闻，而怀抱郁郁如此？"公子叹息而已，终不启口。问了三四次，公子已睡去了。十娘委决不下，坐于床头而不能寐。

到夜半，公子醒来，又叹一口气。十娘道："郎君有何难言之事，频频叹息？"公子拥被而起，欲言不语者几次，扑簌簌掉下泪来。

十娘抱持公子于怀间，软言抚慰道："妾与郎君情好已及二载，千辛万苦，历尽艰难，得有今日。然相从数千里，未曾哀戚。今将渡江，方圆百年欢笑，如何反起悲伤？必有其故。夫妇之间，死生相共，有事尽可商量，万勿讳也。"

公子再四被逼不过，只得含泪而言道："仆天涯穷困，蒙恩卿不弃，委曲相从，诚乃莫大之德也。但反复思之，老父位居方面，拘于礼法，况素性方严，恐添嗔怒，必加黜逐。你我流荡，将何底止？夫妇之欢难保，父子之伦又绝。日间蒙新安孙友邀饮，为我筹及此事，寸心如割。"

十娘大惊道："郎君意将如何？"公子道："仆事内之人，当局而迷。孙友为我画一计颇善，但恐恩卿不从耳！"十娘道："孙友者何人？计如果善，何不可从？"公子道：

“孙友名富，新安盐商，少年风流之士也。夜间闻子清歌，因而问及。仆告以来历，并谈及难归之故，渠意欲以千金聘汝。我得千金，可借口以见吾父母，而恩卿亦得所天[16]。但情不能舍，是以悲泣。”说罢，泪如雨下。

十娘放开两手，冷笑一声道：“为郎君画此计者，此人乃大英雄也。郎君千金之资，既得恢复，而妾归他姓，又不致为行李之累，发乎情，止乎礼，诚两便之策也。那千金在哪里？”公子收泪道：“未得恩卿之诺，金尚留彼处，未曾过手。”十娘道：“明早快快应承了他，不可错过机会。但千金重事，须得兑足交付郎君之手，妾始过舟，勿为贾竖子所欺[17]。”

时已四鼓，十娘即起身挑灯梳洗道：“今日之妆，乃迎新送旧，非比寻常。”于是脂粉香泽，用意修饰，花钿绣袄，极其华艳，香风拂拂，光彩照人。

装束方完，天色已晓。孙富差家童到船头候信。十娘微窥公子，欣欣似有喜色，乃催公子快去回话，及早兑足银子。公子亲到孙富船中，回复依允。孙富道：“兑银易事，须得丽人妆台为信。”公子又回复了十娘，十娘即指描金文具道：“可便抬去。”孙富喜甚。即将白银一千两，送到公子船中。

十娘亲自检看，足色足数，分毫无爽。乃手把船舷，以手招孙富。孙富一见，魂不附体。十娘启朱唇，开皓齿道：“方才箱子可暂发来，内有李郎路引一纸[18]，可检还之也。”

孙富视十娘已为瓮中之鳖，即命家童送那描金文具，安放船头之上。十娘取钥开锁，内皆抽替小箱。十娘叫公子抽第一层来看，只见翠羽明珰，瑶簪宝珥，充牣于中[19]，约值数百金。十娘遽投之江中。李甲与孙富及两船之人，无不惊诧。又命公子再抽一箱，乃玉箫金管；又抽一箱，尽古玉紫金玩器，约值数千金。十娘尽投之于大江中。岸上之人，观者如堵。齐声道：“可惜！可惜！”正不知什么缘故。最后又抽一箱，箱中复有一匣。开匣视之，夜明之珠，约有盈把。其他祖母绿、猫儿眼[20]，诸般异宝，目所未睹，莫能定其价之多少。众人齐声喝彩，喧声如雷。十娘又欲投之于江。李甲不觉大悔，抱持十娘恸哭，那孙富也来劝解。

十娘推开公子在一边，向孙富骂道：“我与李郎备尝艰苦，不是容易到此。汝以奸淫之意，巧为谗说，一旦破人姻缘，断人恩爱，乃我之仇人。我死而有知，必当诉之神明，尚妄想枕席之欢乎！”又对李甲道：“妾风尘数年，私有所积，本为终身之计。自遇郎君，山盟海誓，白首不渝。前出都之际，假托众姊妹相赠，箱中韫藏百宝，不下万金。将润色郎君之装，归见父母，或怜妾有心，收佐中馈[21]，得终委托，生死无憾。谁知郎君相信不深，惑于浮议[22]，中道见弃，负妾一片真心。今日当众目之前，开箱出视，使郎君知区区千金，未为难事。妾椟中有玉，恨郎眼内无珠。命之不辰[23]，风尘困瘁，甫得脱离，又遭弃捐。今众人各有耳目，共作证明，妾不负郎君，郎君自负妾耳！”

于是众人聚观者，无不流涕，都唾骂李公子负心薄倖。公子又羞又苦，且悔且泣，方欲向十娘谢罪。十娘抱持宝匣，向江心一跳。众人急呼捞救。但见云暗江心，波涛滚滚，杳无踪影。可惜一个如花似玉的名姬，一旦葬于江鱼之腹。

三魂渺渺归水府，七魄悠悠入冥途。

当时旁观之人，皆咬牙切齿，争欲拳殴李甲和那孙富。慌得李孙二人手足无措，急叫开船，分途遁去。李甲在舟中，看了千金，转忆十娘，终日愧悔，郁成狂疾，终身不痊。

孙富自那日受惊，得病卧床月余，终日见杜十娘在傍诟骂，奄奄而逝。人以为江中之报也。

却说柳遇春在京坐监完满，束装回乡，停舟瓜步[24]。偶临江净脸，失坠铜盆于水，觅渔人打捞。及至捞起，乃是个小匣儿。遇春启匣观看，内皆明珠异宝，无价之珍。遇春厚赏渔人，留于床头把玩。是夜梦见江中一女子，凌波而来，视之，乃杜十娘也。近前万福，诉以李郎薄倖之事，又道："向承君家慷概，以一百五十金相助。本意息肩之后[25]，徐图报答，不意事无终始。然每怀盛情，悒悒未忘。早间曾以小匣托渔人奉致，聊表寸心，从此不复相见矣。"言讫，猛然惊醒，方知十娘已死，叹息累日。

后人评论此事，以为孙富谋夺美色，轻掷千金，固非良士。李甲不识杜十娘一片苦心，碌碌蠢才，无足道者。独谓十娘千古女侠，岂不能觅一佳侣，共跨秦楼之凤[26]，乃错认李公子，明珠美玉，投于盲人，以致恩变为仇，万种恩情，化为流水，深可惜也！有诗叹云：

"不会风流莫妄谈，单单情字费人参。
若将情字能参透，唤作风流也不惭。"

【注释】

[1] 六院：指妓院。

[2] 《拜月亭》杂剧：写蒋世隆与王瑞兰，陀满兴福与蒋世隆之妹瑞莲的婚姻故事。

[3] 积祖：祖上世代。种盐：制盐。

[4] 朋友：这里泛指一同读书，无交谊的意思。

[5] 此为唐朝柳宗元的诗，但文字略有出入。

[6] 高学士：指明代诗人高启。

[7] 跳：船上跳板。打跳：铺上跳板。

[8] 入港：言语投机。

[9] 位居方面：独当一面的封疆大臣称为方面官，李甲的父亲是布政使，所以说是位居方面。

[10] 帷薄之嫌：男女之间的封建礼防。

[11] 资斧：旅费。

[12] 逾墙钻穴：代指男女之间的幽会和偷情。

[13] 同袍：这里指朋友。

[14] 衽席之爱：衽：席，卧具。这里指夫妻之爱。

[15] 间言：不和睦、离间的话。

[16] 所天：指丈夫。封建时代称君、父、夫为所天。

[17] 贾竖之：指商贾市侩。

[18] 路引：出行时的证明。

[19] 充牣(rěn)：充满。

[20] 祖母绿、猫儿眼：两种名贵的宝石。

[21] 中馈(kuì)：妇女料理家务为中馈。"收佐中馈"意即留下做妾。

[22] 浮议：没有根据的议论。

[23] 不辰：生不逢时。

[24] 瓜步：瓜步镇，在今江苏省。

[25] 息间：放下担子，过安定的生活。

[26] “共跨……句”：传说春秋时候，秦穆公把女儿弄玉嫁给萧史，夫妻感情很好，最后萧史骑龙，弄玉跨风，一同飞升。

注：这是一出著名的爱情悲剧。杜十娘不甘心被侮辱与被损害的命运，深谋远虑，巧用心机，逃出了火坑，可是强大的封建礼教和世俗的偏见仍然使她不见容于社会，结果仍然逃脱不了悲惨的命运。杜十娘所托非人，李甲懦弱无能，在金钱的诱惑和家族的压力面前，把十娘转手卖于狡诈、贪婪、阴险的孙富，十娘追求真挚的爱情和自由的婚姻生活的愿望被粉碎了，宁为玉碎，不为瓦全，刚烈的十娘以自杀的方式来捍卫女性个人的尊严，挑战恶势力，作者对此寄予了深切的同情。

【思考练习题】

1. 这篇文章表达了怎样的一种社会思想？
2. 分析文章通俗化的语言特点。
3. 分析文中杜十娘的人物形象。
4. 找出文中词类活用的字。

青梅煮酒论英雄

本文选自《三国演义》。《三国演义》，又名《三国志通俗演义》，是我国第一部章回体长篇历史小说。它根据陈寿《三国志》和裴松之注以及元代评话、杂剧、传说等资料编写而成。小说描写了汉末、三国时期复杂的军事斗争和政治斗争，以及给人民带来的苦难；成功地塑造了曹操、诸葛亮、刘备、关羽、张飞等典型形象，对智慧和勇武精神作了出色的描写，积累了古代政治、军事斗争的知识和经验，展现了波澜壮阔的社会生活画面。被世人称为“第一才子书”。作者相传为罗贯中。 罗贯中(约 1330—约 1400)，名本，贯中为其字，号湖海散人；元末明初小说家，相传为施耐庵的学生。所著小说很多，据传有十七种通俗演义，其中以《三国演义》最著名。

一日，关、张不在，玄德正在后园浇菜，许褚、张辽引数十人入园中曰：“丞相有命，请使君便行。”玄德惊问曰：“有甚紧事？”许褚曰：“不知。只教我来相请。”玄德只得随二人入府见操。操笑曰：“在家做得好大事！”諕得玄德面如土色。操执玄德手，直至后园，曰：“玄德学圃不易！”玄德方才放心，答曰：“无事消遣耳。”操曰：“适见枝头梅子青青，忽感去年征张绣时，道上缺水，将士皆渴；吾心生一计，以鞭虚指曰：‘前面有梅林。’军士闻之，口皆生唾，由是不渴。今见此梅，不可不赏。又值煮酒正熟，故邀使君小亭一会。”玄德心神方定。随至小亭，已设樽俎：盘置青梅，一樽煮酒。二人对坐，开怀畅饮。酒至半酣，忽阴云漠漠，骤雨将至。从人遥指天外龙挂，操与玄德凭栏观之。操曰：“使君知龙之变化否？”玄德曰：“未知其详。”操曰：“龙能大能小，能升能隐；大则兴云吐雾，小则隐介藏形；升则飞腾于宇宙之间，隐则潜伏于波涛之内。方今春深，龙乘时变化，犹人得志而纵横四海。龙之为物，可比世之英雄。玄德久历四方，必知当世英雄。请试指言之。”玄德曰：“备肉眼安识英雄？”操曰：“休得过谦。”玄德曰：“备叨恩庇，得仕于朝。天下英雄，实有未知。”操曰：“既不识其面，亦闻其名。”玄德曰：“淮南袁术，兵粮足备，可为英雄？”操笑曰：“冢中枯骨，吾早晚必擒之！”玄德曰：“河北袁绍，四世三公，门多故吏；今虎踞冀州之地，部下能事者极多，可为英雄？”操笑曰：“袁绍色厉胆薄，好谋无断；干大事而惜身，见小利而忘命：非英雄也。玄德曰：“有一人名称八俊，威镇九州：刘景升可为英雄？”操曰：“刘表虚名无实，非英雄也。”玄德曰：“有一人血气方刚，江东领袖——孙伯符乃英雄也？”操曰：“孙策藉父之名，非英雄也。”玄德曰：“益州刘季玉，可为英雄乎？”操曰：“刘璋虽系宗室，乃守户之犬耳，何足为英雄！”玄德曰：“如张绣、张鲁、韩遂等辈皆何如？”操鼓掌大笑曰：“此等碌碌小人，何足挂齿！”玄德曰：“舍此之外，备实不知。”操曰：“夫英雄者，胸怀大志，腹有良谋，有包藏宇宙之机，吞吐天地之志者也。”玄德曰：“谁能当之？”操以手指玄德，后自指，曰：“今天下英雄，惟使君与操耳！”玄德闻言，吃了一惊，手中所执匙箸，不觉落于地下。时正值天雨将至，雷声大作。玄德乃从容俯首拾箸曰：“一震之威，乃至于此。”操笑曰：“丈夫亦畏雷乎？”玄德曰：“圣人迅雷风烈必变，安得不畏？”将闻言失箸缘故，轻轻掩饰过了。操遂不疑玄德。后人有诗赞曰：“勉从虎穴暂栖身，说破英雄惊杀人。巧借闻雷来掩饰，随机应变信如神。”

【思考练习题】

1. 分析文中主要人物的形象。
2. 分析文章的语言特点。
3. 说出其他三国的历史典故。

王　子　安[1]

蒲松龄

蒲松龄，字留仙，一字剑臣，别号柳泉居士，淄川(今山东淄博市)人。生于 1640 年(明思宗崇祯十三年)，卒于 1715 年(清圣祖康熙五十四年)。十九岁应童子试，县、府、道均考第一，但此后屡试不第。科场不利，使蒲松龄塾师一生，在乡村过着清寒的生活，但却使他由此认识了社会的不平，以及官僚制度、科举制度的黑暗腐朽，并接近了下层民众。他以一腔孤愤创作了文言短篇小说近五百篇，集为《聊斋志异》。“用传奇法而以志怪”，借花妖鬼狐的精彩故事讽喻现实，成为中国文言小说史上的巅峰之作。此外，他还有诗近千首，词百余首，文四百多篇，戏三出，俚曲十多种，杂著五本，近人路大荒辑为《蒲松龄集》。

王子安，东昌名士[2]，困于场屋。入闱后，期望甚切。近放榜时，痛饮大醉，归卧内室。忽有人白：“报马来[3]。”王踉跄起曰：“赏钱十千！”家人因其醉，诳而安之曰：

“但请睡，已赏矣。”王乃眠。俄又有入者曰：“汝中进士矣！”王自言：“尚未赴都，何得及第？”其人曰：“汝忘之耶？三场毕矣[4]。”王大喜，起而呼曰：“赏钱十千！”家人又诳之如前。又移时，一人急入曰：“汝殿试翰林[5]，长班在此[6]。”果见二人拜床下，衣冠修洁。王呼赐酒食，家人又绐之，暗笑其醉而已。久之，王自念不可不出耀乡里。大呼长班，凡数十呼，无应者。家人笑曰：“暂卧候，寻他去。”又久之，长班果复来。王捶床顿足，大骂：“钝奴焉往！”长班怒曰：“措大无赖！向与你戏耳，而真骂耶？”王怒，骤起扑之，落其帽。王亦倾跌。妻入，扶之曰：“何醉至此！”王曰：“长班可恶，我故惩之，何醉也？”妻笑曰：“家中止有一媪，昼为汝饮，夜为汝温足耳。何处长班，伺汝穷骨？”子女皆笑。王醉亦稍解，忽如梦醒，始知前此之妄。然犹记长班落帽；寻至门后，得一缨帽如盏大，共疑之。自笑曰：“昔人为鬼揶揄，吾今为狐奚落矣。”

异史氏曰：“秀才入闱[7]，有七似焉：初入时，白足提篮[8]，似丐。唱名时[9]，官呵隶骂，似囚。其归号舍也[10]，孔孔伸头，房房露脚，似秋末之冷蜂。其出场也，神情惝恍，天地异色，似出笼之病鸟。迨望报也，草木皆惊，梦想亦幻。时作一得志想，则顷刻而楼阁俱成，作一失志想，则瞬息而骸骨已朽。此际行坐难安，则似被絷之猱[11]。忽然而飞骑传人，报条无我[12]，此时神色猝变，嗒然若死[13]，则似饵毒之蝇，弄之亦不觉也。初失志，心灰意败，大骂司衡无目[14]，笔墨无灵，势必举案头物而尽炬之；炬之不已，而碎踏之；踏之不已，而投之浊流。从此披发入山，面向石壁，再有以‘且夫’、‘尝谓’之文进我者，定当操戈逐之。无何，日渐远，气渐平，技又渐痒；遂似破卵之鸠，只得衔木营巢，从新另抱矣。如此情况，当局者痛哭欲死；而自旁观者视之，其可笑孰甚焉。王子安方寸之中，顷刻万绪，想鬼狐窃笑已久，故乘其醉而玩弄之。床头人醒，宁不哑然失笑哉？顾得志之况味，不过须臾；词林诸公，不过经两三须臾耳，子安一朝而尽尝之，则狐之恩与荐师等[15]。”

【注释】

[1] 《王子安》，选自京华出版社，1999 年版，《聊斋志异》卷九。这是一篇浸着悲剧情思与反思精神的戏剧文学。王子安沉迷科举，却困于场屋，每至放榜，即神经紧张，乃至以酒麻醉。故事写其醉卧迷离，进入幻境，在虚无缥缈中享受了一把成功的喜悦，大出风头。而在清醒的人们的眼里，这个科举迷多么可笑，又多么可怜。他们期望高中，只不过为了功名富贵，只不过为了“出耀乡里”，使唤奴仆“长班”，又多么令人不齿。“异史氏曰”、“七似”一段文字，更是千古妙文，描写科举迷的心态变迁，真是穷形尽相，细致入微，刺透骨髓。这个故事很短，但却极富反思意义，极具批判力量，对科举制度的弊害及其腐蚀下的士人，具有揭露和警醒的强烈效果。以文章读，则幽默诙谐，机趣横生，颇耐品味。

[2] 东昌：旧府名，今山东聊城市。

[3] 报马：即“报子”。科举考试发榜时，报子飞马向新科举人或进士报喜以讨赏钱。

[4] 三场：科举分初、二、三场，总称三场，各场所考不同。

[5] 殿试翰林：皇帝在宫殿里亲自主持对会试录取的贡士的考试，并亲点状元、榜

眼、探花，把他们授为翰林苑编修。

[6] 长班：也叫长随，即在官员身边随时听候吩咐的跟班、仆人。

[7] 入闱：旧称试院为闱，“入闱”即参加科举考试。

[8] 白足提篮：考生进场时须赤脚，脱去鞋袜，盛干粮食物及文具要用容易检查的篮子，都是为了防止夹带。

[9] 唱名：高声点名。

[10] 号舍：试院隔出了一长排一长排的狭小单间，编排号码，考生对号入座，称号舍。

[11] 猱(náo 扰)：猿猴。

[12] 报条：报马送来的喜报。

[13] 嗒然：沮丧的样子。

[14] 司衡：主考官。

[15] 荐师：科举时代，考生的试卷经某一阅卷的考官推荐而被录取，此考官即为“荐师”。

【思考练习题】

1. 这篇文章的主题是什么？
2. 王子安的遭遇在当时有没有代表性？作者在塑造这个形象时主要用了什么手法？
3. 从王子安的心理看，人们期待科举高中的原因是什么？
4. 作者将秀才入闱作了比喻，分别是什么？反映了什么问题？
5. 再读《司文郎》、《胡四娘》、《镜听》等文，深刻感受科举对当时人们的影响。

观雅化闲游君子邦[1]

李汝珍

李汝珍(1763？—1830？)，字松石，直隶大兴(现属北京)人。曾任河南县丞，终身未达，久寓淮上。博学多才，有诗名，尤精音韵之学，有《李氏音鉴》等作品。《镜花缘》是他晚年的作品，原拟写二百回，仅成一百回。

话说唐、多二人把匾看了，随即进城。只见人烟辏集，作买作卖，接连不断。衣冠言谈，都与天朝一样[2]。唐敖见言语可通，因向一位老翁问其何以“好让不争”之故。谁知老翁听了，一毫不懂。又问国以“君子”为名是何缘故，老翁也回不知。一连问了几个，都是如此。多九公道：“据老夫看来，他这国名以及‘好让不争’四字，大约都是邻邦替他取的，所以他们都回不知。刚才我们一路看来，那些‘耕者让畔，行者让路’光景，已是不争之意。而且士庶人等，无论富贵贫贱，举止言谈，莫不恭而有礼，也不愧‘君子’二字。”唐敖道：“话虽如此，仍须慢慢观玩，方能得其详细。”

说话间，来到闹市。只见有一隶卒在那里买物，手中拿著货物道：“老兄如此高货，却讨恁般贱价，教小弟买去，如何能安！务求将价加增，方好遵教。若再过谦，那是有意不肯赏光交易了。”唐敖听了，因暗暗说道：“九公：凡买物，只有卖者讨价，买者还价。今卖者虽讨过价，那买者并不还价，却要添价。此等言谈，倒也罕闻。据此看来，那‘好让不争’四字，竟有几分意思了。”只听卖货人答道：“既承照顾，敢不仰体[3]！但适才妄讨大价，已觉厚颜；不意老兄反说货高价贱，岂不更教小弟惭愧？况敝货并非‘言无二价’，其中颇有虚头。俗云：‘漫天要价，就地还钱’。今老兄不但不减，反要加增，如此克己，只好请到别家交易，小弟实难遵命。”唐敖道：“‘漫天要价，就地还钱’，原是买物之人向来俗谈；至‘并非言无二价，其中颇有虚头’，亦是买者之话。不意今皆出于卖者之口，倒也有趣。”只听隶卒又说道：“老兄以高货讨贱价，反说小弟克己，岂不失了‘忠恕之道’？凡事总要彼此无欺，方为公允。试问那个腹中无算盘，小弟又安能受人之愚哩。”谈之许久，卖货人执意不增。隶卒赌气，照数付价，拿了一半货物。刚要举步，卖货人那里肯依，只说“价多货少”，拦住不放。路旁走过两个老翁，作好作歹，从公评定，令隶卒照价拿了八折货物，这才交易而去。唐、多二人不觉暗暗点头。

走未数步，市中有个小军，也在那里买物。小军道：“刚才请教贵价若干，老兄执意吝教，命我酌量付给。及至遵命付价，老兄又怪过多。其实小弟所付业已刻减。若说过多，不独太偏，竟是‘违心之论’了。”卖货人道：“小弟不敢言价，听兄自付者，因敝货既欠新鲜，而且平常，不如别家之美。若论价值，只照老兄所付减半，已属过分，何敢谬领大价。”唐敖道：“‘货色平常’，原是买者之话；‘付价刻减’，本系卖者之话：那知此处却句句相反，另是一种风气。”只听小军又道：“老兄说那里话来！小弟于买卖虽系外行，至货之好丑，安有不知。以丑为好，亦愚不至此。第以高货只取半价，不但欺人过甚，亦失公平交易之道了。”卖货人道：“老兄如真心照顾，只照前价减半，最为公平。若说价少，小弟也不敢辩，惟有请向别处再把价钱谈谈，才知我家并非相欺哩。”小军说之至再，见他执意不卖，只得照前价减半付价，将货略略选择，拿了就走。卖货人忙拦住道：“老兄为何只将下等货物选去？难道留下好的给小弟自用么？我看老兄如此讨巧，就是走遍天下，也难交易成功的。”小军发急道：“小弟因老兄定要减价，只得委曲从命，略将次等货物拿去，于心庶可稍安。不意老兄又要责备。且小弟所买之物，必须次等，方能合用；至于上等，虽承美意，其实倒不适用了。”卖货人道：“老兄既要低货方能合用，这也不妨。但低货自有低价，何能付大价而买丑货呢？”小军听了，也不答言，拿了货物，只管要走。那过路人看见，都说小军欺人不公。小军难违众论，只得将上等货物、下等货物，各携一半而去。

二人看罢，又朝前进，只见那边又有一个农人买物。原来物已买妥，将银付过，携了货物要去。那卖货的接过银子仔细一看，用戥秤了一秤[4]，连忙上前道：“老兄慢走。银子平水都错了[5]。此地向来买卖都是大市中等银色，今老兄既将上等银子付我，自应将色扣去。刚才小弟秤了一秤，不但银水未扣，而且戥头过高。此等平色小事，老兄有余之家，原不在此；但小弟受之无因。请照例扣去。”农人道：“些须银色小事，何必锱铢较量[6]。既有多余，容小弟他日奉买宝货，再来扣除，也是一样。”说罢，又要走。卖货人拦住道：“这如何使得！去岁有位老兄照顾小弟，也将多余银子存在我处，曾言后来买货再算。谁知至今不见。各处寻他，无从归还。岂非欠了来生债么？今老兄又要如此。倘一去不来，到了来生，小弟变驴变马归还先前那位老兄，业已尽够一忙，那里还有工夫再还老兄。岂非下一世又要变驴变马归结老兄？据小弟愚见：与其日后买物再算，何不就在今日？况多余若干，日子久了，倒恐难记。”彼此推让许久，农人只得将货拿了两样，作抵此银而去。卖货人仍口口声声只说“银多货少，过于偏枯”。奈农人业已去远，无可如何。忽见有个乞丐走过，卖货人自言自语道：“这个花子只怕就是讨人便宜的后身，所以今生有这报应。”一面说着，即将多余平色，用戥秤出，尽付乞丐而去。

唐敖道：“如此看来，这几个交易光景，岂非‘好让不争’一幅行乐图么？我们还打听甚么！且到前面再去畅游。如此美地，领略领略风景，广广识见，也是好的。”

【注释】

[1] 秀才唐敖科举受挫，心情郁闷。他的妻弟林之洋跑海外经商，唐敖便随船出国漫游。在船上结识了满腹才学的老水手多九公，一路上见了许多名山胜景、奇花异草、珍禽怪兽。这一日来到君子国，见它城门上高悬一匾，“写着‘惟善为宝’四个大字”。选段由此写起。选自《镜花缘》第11回，人民文学出版社，1979年版。

[2] 天朝：指中国。

[3] 仰体：谨遵照办。

[4] 戥(děng等)：戥子，亦作“等子”，两头装盘或一头装盘的秤。

[5] 平水：银子作货币时，据银锭的重量和质量(即成色)计算价值。称得的重量叫“平”，质量成色叫“水”。

[6] 锱铢：古代极小数目的钱，形容微末的价值。

【思考练习题】

1. 文章体现了作者怎样的思想感情？
2. 文中所描述的是一个什么样的国度？

为奴隶的母亲

柔　石

柔石(1901—1931)，原名赵平福，又名平复，浙江宁海县人。代表作有中篇小说《二月》、短篇《为奴隶的母亲》等。

《为奴隶的母亲》是柔石最优秀的短篇小说。作品写的是野蛮的典妻制度。春宝娘在生活的逼迫下被凶狠的丈夫当作生孩子的工具租给一个秀才。她被典三年，不但原来的春宝同她生疏了，三年期满又不得不同新生的秋宝分离。作者写出了春宝娘在这个野蛮制度下非人生活的痛苦，也写出了失去孩子的母亲的悲哀。作品用白描的手法，塑造了勤劳、善良、忍辱负重的春宝娘形象，刻画了她由一个有着自己孩子，过着正常生活的母亲，沦为替地主传宗接代的工具的屈辱生活。在强烈的对比中，集中表现了她被剥夺了母爱的权利后无边的痛苦心理，深刻地控诉了万恶的封建制度不仅无情地摧残了劳动人民的肉体，而且还残酷地蹂躏着他们的心灵。小说结构自然，语言朴实，是一篇现实主义的杰作。

她底丈夫是一个皮贩，就是收集乡间各猎户底兽皮和牛皮，贩到大埠上出卖的人。但有时也兼做点农作，芒种的时节，便帮人家插秧，他能将每行插得非常直，假如有五人同在一个水田内，他们一定叫他站在第一个做标准。然而境况总是不佳，债是年年积起来了。他大约就因为境况的不佳，烟也吸了，酒也喝了，钱也赌起来了。这样，竟使他变做一个非常凶狠而暴躁的男子，但也就更贫穷下去，连小小的移借，别人也不敢答应了。

在穷底结果的病以后，全身便变成枯黄色，脸孔黄的和小铜鼓一样，连眼白也黄了。别人说他是黄胆病，孩子们也就叫他"黄胖"了。有一天，他向他底妻说：

"再也没有办法了，这样下去，连小锅子也都卖去了。我想，还是从你底身上设法罢。你跟着我挨饿，有什么办法呢？"

"我底身上？……"

他底妻坐在灶后，怀里抱着她底刚满五周[岁]的男小孩——孩子还在啜着奶，她讷讷地低声地问。

"你，是呀，"她底丈夫病后的无力的声音，"我已经将你出典了……"

"什么呀？"他底妻几乎昏去似的。

屋内是稍稍静寂了一息。他气喘着说：

"三天前，王狼来坐讨了半天的债回去以后，我也跟着他去，走到了九亩潭边，我很不想要做人了。但是坐在那株爬上去一纵身就可落在潭里的树下，想来想去，总没有力气跳了。猫头鹰在耳朵边不住地啭，我底心被它叫寒起来，我只得回转身，但在路上，遇见了沈家婆，她问我，晚也晚了，在外做什么。我就告诉她，请她代我借一笔款，或向什么人家的小姐借些衣服或首饰去暂时当一当，免得王狼底狼一般的绿眼睛天天在家里闪烁。可是沈家婆向我笑道：

"'你还将妻养在家里做什么呢，你自己黄也黄到这个地步了？'

"我低着头站在她面前没有答，她又说：

"'儿子呢，你只有一个了，舍不得。但妻——'

"我当时想：'莫非叫我卖去妻了么？'

"而她继续道：

"'但妻——虽然是结发的，穷了，也没有法。还养在家里做什么呢？'

"这样，她就直说出：'有一个秀才，因为没有儿子，年纪已五十岁了，想买一个妾；又因他底大妻不允许，只准他典一个，典三年或五年，叫我物色相当的女人：年纪约三十岁左右，养过两三个儿子的，人要沉默老实，又肯做事，还要对他底大妻肯低眉下首。这次是秀才娘子向我说的，假如条件合，肯出八十元或一百元的身价。我代她寻了好几天，总没有相当的女人。'她说：现在碰到我，想起了你来，样样都对的。当时问我底意见怎样，我一边掉了几滴泪，一边却被她催的答应她了。"

说到这里，他垂下头，声音很低弱，停止了。他底妻简直痴似的，话一句没有。又静寂了一息，他继续说：

"昨天，沈家婆到过秀才底家里，她说秀才很高兴，秀才娘子也喜欢，钱是一百元，年数呢，假如三年养不出儿子，是五年。沈家婆并将日子也拣定了——本月十八，五天后。今天，她写典契去了。"

这时，他底妻简直连腑脏都颤抖，吞吐着问：

“你为什么早不对我说？”

“昨天在你底面前旋了三个圈子，可是对你说不出。不过我仔细想，除出将你底身子设法外，再也没有办法了。”

“决定了么？”妇人战着牙齿问。

“只待典契写好。”

“倒霉的事情呀，我！——一点也没有别的方法了么？春宝底爸呀！”

春宝是她怀里的孩子底名字。

“倒霉，我也想到过，可是穷了，我们又不肯死，有什么办法？今年，我怕连插秧也不能插了。”

“你也想到过春宝么？春宝还只有五岁，没有娘，他怎么好呢？”

“我领他便了，本来是断了奶的孩子。”

他似乎渐渐发怒了。也就走出门外去了。她，却呜呜咽咽地哭起来。

这时，在她过去的回忆里，却想起恰恰一年前的事：那时她生下了一个女儿，她简直如死去一般地卧在床上。死还是整个的，她却肢体分作四碎与五裂。刚落地的女婴，在地上的干草堆上叫：“呱呀，呱呀”声音很重的，手脚揪缩。脐带绕在她底身上，胎盘落在一边，她很想挣扎起来给她洗好，可是她底头昂起来，身子凝滞在床上。这样，她看见她底丈夫，这个凶狠的男子，飞红着脸，提了一桶沸水到女婴的旁边。她简直用了她一生底最后的力向他喊：“慢！慢……”但这个病前极凶狠的男子，没有一分钟商量的余地，也不答半句话，就将“呱呀，呱呀，”声音很重地在叫着的女儿，刚出世的新生命，用他底粗暴的两手捧起来，如屠户捧将杀的小羊一般，扑通，投下在沸水里了！除出沸水的溅声和皮肉吸收沸水的嘶声以外，女孩一声也不喊——她疑问地想，为什么也不重重地哭一声呢？竟这样不响地愿意冤枉死去么？啊！——她转念，那是因为她自己当时昏过去的缘故，她当时剜去了心一般地昏去了。

想到这里，似乎泪竟干涸了。“唉！苦命呀！”她低低地叹息了一声。这时春宝拔去了奶头，向他底母亲的脸上看，一边叫：

“妈妈！妈妈！”

在她将离别底前一晚，他拣了房子底最黑暗处坐着。一盏油灯点在灶前，萤火那么的光亮。她，手里抱着春宝，将她底头贴在他底头发上。她底思想似乎浮漂在极远，可是她自己捉摸不定远在那里。于是慢慢地跑回来，跑到眼前，跑到她底孩子底身上。她向她底孩子低声叫：

“春宝，宝宝！”

“妈妈，”孩子含着奶头答。

“妈妈明天要去了……”

“唔，”孩子似不十分懂得，本能地将头钻进他母亲底胸膛。

“妈妈不回来了，三年内不能回来了！”

她擦一擦眼睛，孩子放松口子问：

“妈妈那里去呢？庙里么？”

“不是，三十里路外，一家姓李的。”

“我也去。”

“宝宝去不得的。”

“呃！”孩子反抗地，又吸着并不多的奶。

“你跟爸爸在家里，爸爸会照料宝宝的：同宝宝睡，也带宝宝玩，你听爸爸底话好了。过三年……”

她没有说完，孩子要哭似地说：

“爸爸要打我的！”

“爸爸不再打你了，”同时用她底左手抚摸着孩子底右额，在这上，有他父亲在杀死他刚生下的妹妹后第三天，用锄柄敲他，肿起而又平复了的伤痕。

她似要还想对孩子说话，她底丈夫踏进门了。他走到她底面前，一只手放在袋里，掏取着什么，一边说：

“钱已经拿来七十元了。还有三十元要等你到了后十天付。”

停了一息说：“也答应轿子来接。”

又停了一息：“也答应轿夫一早吃好早饭来。”

这样，他离开了她，又向门外走出去了。

这一晚，她和她底丈夫都没有吃晚饭。

第二天，春雨竟滴滴淅淅地落着。

轿是一早就到了。可是这妇人，她却一夜不曾睡。她先将春宝底几件破衣服都修补好；春将完了，夏将到了，可是她，连孩子冬天用的破烂棉袄都拿出来，移交给他底父亲——实在，他已经在床上睡去了。以后，她坐在他底旁边，想对他说几句话，可是长夜是迟延着过去，她底话一句也说不出，而且，她大着胆向他叫了几声，发了几个听不清楚的音，声音在他底耳外，她也就睡下不说了。

等她朦朦胧胧地刚离开思索将要睡去，春宝又醒了。他就推叫他底母亲，要起来。以后当她给他穿衣服的时候，向他说：

“宝宝好好地在家里，不要哭，免得你爸爸打你，以后妈妈常买糖果来，买给宝宝吃，宝宝不要哭。”

而小孩子竟不知道悲哀是什么一回事，张大口子“唉，唉，”地唱起来了。她在他底唇边吻了一吻，又说：

“不要唱，你爸爸被你唱醒了。”

轿夫坐在门首的板凳上，抽着旱烟，说着他们自己要听的话。一息，邻村的沈家婆也赶到了。一个老妇人，熟悉世故的媒婆，一进门，就拍拍她身上的雨点，向他们说：

“下雨了，下雨了，这是你们家里此后会有滋长的预兆。”

老妇人忙碌似地在屋内旋了几个圈，对孩子底父亲说了几句话，意思是讨酬报。因为这件契约之能订的如此顺利而合算，实在是她底力量。

“说实在话，春宝底爸呀，再加五十元，那老头子可以买一房妾了。”她说。

于是又转向催促她——妇人却抱着春宝，这时坐着不动。老妇人声音很高地：

“轿夫要赶到他们家里吃中饭的，你快些预备走呀！”

可是妇人向她瞧了一瞧，似乎说：

“我实在不愿离开呢！让我饿死在这里罢！”

声音是在她底喉下，可是媒婆懂得了，走近到她面前，迷迷地向她笑说：

“你真是一个不懂事的丫头，黄胖还有什么东西给你呢？那边真是一份有吃有剩的人家，两百多亩田，经济很宽裕，房子是自己底，也雇着长工养着牛。大娘底性子是极好的，对人非常客气，每次看见人总给人一些吃的东西。那老头子——实在并不老，脸是很白白的，也没有留胡子，因为读了书，背有些偻偻的，斯文的模样。可是也不必多说，你一走下轿就看见的，我是一个从不说谎的媒婆。”

妇人拭一拭泪，极轻地：

“春宝……我怎么能抛开他呢！”

“不用想到春宝了，”老妇人一手放在她底肩上，脸凑近她和春宝。“有五岁了，古人说：‘三周四岁离娘身’，可以离开你了。只要你底肚子争气些，到那边，也养下一二个来，万事都好了。”

轿夫也在门首催起身了，他们噜苏着说：

“又不是新娘子，啼啼哭哭的。”

这样，老妇人将春宝从她底怀里拉去，一边说：

“春宝让我带去罢。”

小小的孩子也哭了，手脚乱舞的，可是老妇人终于给他拉到小门外去。当妇人走进轿门的时候，向他们说：

“带进屋里来罢，外边有雨呢。”

她底丈夫用手支着头坐着，一动没有动，而且也没有话。

两村的相隔有三十里路，可是轿夫的第二次将轿子放下肩，就到了。春天的细雨，从轿子底布篷里飘进，吹湿了她底衣衫。一个脸孔肥肥的，两眼很有心计的约摸五十四五岁的老妇人来迎她，她想：这当然是大娘了。可是只向她满面羞涩地看一看，并没有叫。她很亲昵似的将她牵上阶沿，一个长长的瘦瘦的而面孔圆细的男子就从房里走出来。他向新来的少妇，仔细地瞧了瞧，堆出满脸的笑容来，向她问：

“这么早就到了么？可是打湿你底衣裳了。”

而那位老夫人，却简直没有顾到他底说话，也向她问：

“还有什么在轿里么？”

“没有什么了，”少妇答。

几位邻居的妇人站在大门外，探头张望的；可是她们走进屋里面了。

她自己也不知道这究竟是为什么，她底心老是挂念着她底旧的家，掉不下她的春宝。这是真实而明显的，她应庆祝这将开始的三年的生活——这个家庭，和她所典给的丈夫，都比曾经过去的要好，秀才确是一个温良和善的人，讲话是那么地低声，连大娘，实在也是一个出乎意料的妇人，她底态度之殷勤，和滔滔的一席话：说她和她丈夫底过去的生活之经过，从美满而漂亮的结婚生活起，一直到现在，中间的三十年。她曾做过一次的产，十五六年以前了，养下一个男孩子，据她说，是一个极美丽又极聪明的婴儿，可是不到十个月，竟患了天花死去了。这样，以后就没有再养过第二个。在她底意思中，似乎——似乎——早就叫她底丈夫娶一房妾。可是他，不知是爱她呢，还是没有相当的人——这一层她并没有说清楚；于是，就一直到现在。这样，竟说得这个具着朴素的心地的她，一时酸，一时苦，一时甜上心头，一时又咸的压下去了。最后，这个老妇人并将她底希望也向她说出来了。她底脸是娇红的，可是老妇人说：

“你是养过三四个孩子的女人了，当然，你是知道什么的，你一定知道的还比我多。”

这样，她说着走开了。

当晚，秀才也将家里底种种情形告诉她，实际，不过是向她夸耀或求媚罢了。她坐在一张橱子的旁边，这样的红的木橱，是她旧的家所没有的，她眼睛白晃晃地瞧着它。秀才也就坐到橱子底面前来，问她：

“你叫什么名字呢？”

她没有答，也并不笑，站起来，走到床底前面，秀才也跟到床底旁边，更笑地问她：

“怕羞么？哈，你想你底丈夫么？哈，哈，现在我是你底丈夫了。”声音是轻轻的，又用手去牵着她底袖子。“不要愁罢！你也想你底孩子的，是不是？不过——”

他没有说完，却又哈的笑了一声，他自己脱去他外面的长衫了。

她可以听见房外的大娘底声音在高声地骂着什么人，她一时听不出在骂谁，骂烧饭的女仆，又好象骂她自己，可是因为她底怨恨，仿佛又是为她而发的。秀才在床上叫道：

“睡吧，她常是这么噜噜苏苏的。她以前很爱那个长工，因为长工要和烧饭的黄妈多说话，她却常要骂黄妈的。”

日子是一天天地过去了，旧的家，渐渐地在她底脑子里疏远了，而眼前，却一步步地亲近她使她熟悉。虽则，春宝底哭声有时竟在她底耳边响，梦中，她也几次遇到过他了。可是梦是一个比一个缥缈，眼前的事务是一天比一天繁多。她知道这个老妇人是猜忌多心的，外表虽则对她还算大方，可是她底嫉妒底心和侦探一样，监视着秀才对她的一举一动。有时，秀才从外面回来，先遇见了她而同她说话，老妇人就疑心有什么特别的东西买给她了，非在当晚，将秀才叫到她自己底房内去，狠狠地训斥一番不可。“你给狐狸迷着了么？”“你应该称一称你底老骨头是多少重！”象这样的话，她耳闻到不止一次了。这样以后，她望见秀才从外面回来而旁边没有她坐着的时候，就非得急忙避开不可。即使她在旁边，有时也该让开一些，但这种动作，她要做的非常自然，而且不能让旁人看出，否则，她又要向她发怒，说是她有意要在旁人的前面暴露她大娘底丑恶。而且以后，竟将家里的许多杂务都堆积在她底身上，同一个女仆那么样。她还算是聪明，有时老妇人底换下来的衣服放着，她也给她拿去洗了，虽然她说：

“我底衣服怎么要你洗呢？就是你自己底衣服，也可叫黄妈洗的。”可是接着说：

“妹妹呀，你最好到猪栏去看一看，那两只猪为什么这样嗎嗎叫的，或者因为没有吃饱罢，黄妈总是不肯给它们吃饱的。”

八个月了，那年冬天，她底胃却起了变化：老是不想吃饭，想吃新鲜的面，番薯等。但番薯或面吃了两餐，又不想吃，又想吃馄饨，多吃又要呕。而且还想吃南瓜和梅子——这是六月里的东西，真稀奇，向那里去找呢？秀才是知道在这个变化中所带来的预告了。他镇日地笑微微，能找到的东西，总忙着给她找来。他亲身给她到街上去买橘子，又托便人买了金柑来。他在廊沿下走来走去，口里念念有词的，不知说什么。他看她和黄妈磨过年的粉，但还没有磨了三升，就向她叫：“歇一歇罢，长工也好磨的，年糕是人人要吃的。”

有时在夜里，人家谈着话，他却独自拿了一盏灯，在灯下，读起《诗经》来了：

关关雎鸠，

在河之洲，
窈窕淑女，
君子好逑——

这时长工向他问：

“先生，你又不去考举人，还读它做什么呢？”

他却摸一摸没有胡子的口边，怡悦地说道：

“是呀，你也知道人生底快乐么？所谓：‘洞房花烛夜，金榜挂名时’。你也知道这两句话底意思么？这是人生底最快乐的两件事呀！可是我对于这两件事都过去了，我却还有比这两件更快乐的事呢！”

这样，除出他底两个妻以外，其余的人们都大笑了。

这些事，在老妇人眼睛里是看得非常气恼了。她起初闻到她底受孕也欢喜，以后看见秀才的这样奉承她，她却怨恨她自己肚子底不会还债了。有一次，次年三月了，这妇人因为身体感觉不舒服，头有些痛，睡了三天。秀才呢，也愿她歇息歇息，更不时地问她要什么，而老妇人却着实地发怒了。她说她装娇，噜噜苏苏地也说了三天。她先是恶意地讥嘲她：说是一到秀才底家里就高贵起来了，什么腰酸呀，头痛呀，姨太太的架子也都摆出来了；以前在她自己底家里，她不相信她有这样的娇养，恐怕竟和街头的母狗一样，肚子里有着一肚皮的小狗，临产了，还要到处地奔求着食物。现在呢，因为“老东西”——这是秀才的妻叫秀才的名字——趋奉了她，就装着娇滴滴的样子了。

“儿子，”她有一次在厨房对黄妈说，“谁没有养过呀？我也曾怀过十个月的孕，不相信有这么的难受。而且，此刻的儿子，还在‘阎罗王的簿里’，谁保的定生出来不是一只癞虾蟆呢？也等到真的‘鸟儿’从洞里钻出来看见了，才可在我底面前显威风，摆架子，此刻，不过是一块血的猫头鹰，就这么的装腔，也显得太早一点！”

当晚这妇人没有吃晚饭，这时她已经睡了，听了这一番婉转的冷嘲与热骂，她呜呜咽咽地低声哭泣了。秀才也带衣服坐在床上，听到浑身透着冷汗，发起抖来。他很想扣好衣服，重新走起来，去打她一顿，抓住她底头发狠狠地打她一顿，泄泄他一肚皮的气。但不知怎样，似乎没有力量，连指也颤动，臂也酸软了，一边轻轻地叹息着说：

“唉，一向实在太对她好了。结婚了三十年，没有打过她一掌，简直连指甲都没有弹到她底皮肤上过，所以今日，竟和娘娘一般地难惹了。”

同时，他爬过到床底那端，她底身边，向她耳语说：

“不要哭罢，不要哭罢，随她吠去好了！她是阉过的母鸡，看见别人的孵卵是难受的。假如你这一次真能养出一个男孩子来，我当送你两样宝贝——我有一只青玉的戒指，一只白玉的……”

他没有说完，可是他忍不住听下门外的他底大妻底喋喋的讥笑的声音，他急忙地脱去衣服，将头钻进被窝里去，凑向她底胸膛，一边说：

“我有白玉的……”

肚子一天天地膨胀的如斗那么大，老妇人终究也将产婆雇定了，而且在别人的面前，竟拿起花布来做婴儿用的衣服。

酷热的暑天到了尽头，旧历的六月，他们在希望的眼中过去了。秋开始，凉风也拂拂地在乡镇上吹送。于是有一天，这全家的人们都到了希望底最高潮，屋里底空气完全地骚动起来。秀才底心更是异常地紧张，他在天井上不断地徘徊，手里捧着一本历书，好似要读它背诵那么地念去——“戊辰”，“甲戌”，“壬寅之年”，老是反复地轻轻地说着。有时他底焦急的眼光向一间关了窗的房子望去——在这间房子内是有产母底低声呻吟的声音；有时他向天上望一望被云笼罩着的太阳，于是又走向房门口，向站在房门内的黄妈问：

“此刻如何？”

黄妈不住地点着头不做声响，一息，答：

“快下来了，快下来了。”

于是他又捧了那本历书，在廊下徘徊起来。

这样的情形，一直继续到黄昏底青烟在地面起来，灯火一盏盏的如春天的野花般在屋内开起，婴儿才落地了，是一个男的。婴儿底声音是很重地在屋内叫，秀才却坐在屋角里，几乎快乐到流出眼泪来了。全家的人都没有心思吃晚饭，在平淡的晚餐席上，秀才底大妻向用人们说道：

“暂时瞒一瞒罢，给小猫头避避晦气；假如别人问起，也答养一个女的好了。”

他们都微笑地点点头。

一个月以后，婴儿底白嫩的小脸孔，已在秋天的阳光里照耀了。这个少妇给他哺着奶，邻居的妇人围着他们瞧，有的称赞婴儿底鼻子好，有的称赞婴儿底口子好，有的称赞婴儿底两耳好；更有的称赞婴儿底母亲，也比以前好，白而且壮了。老妇人却正和老祖母那么地吩咐着，保护着，这时开始说：

“够了。不要弄他哭了。”

关于孩子底名字，秀才是煞费苦心地想着，但总想不出一个相当的字来。据老妇人底意思，还是从“长命富贵”或“福禄寿喜”里拣一个字，最好还是“寿”字或与“寿”同意义的字，如“其颐”，“彭祖”等。但秀才不同意，以为太通俗，人云亦云的名字。于是翻开了《易经》，《书经》，向这里面找，但找了半月，一月，还没有恰贴的字。在他底意思：以为在这个名字内，一边要祝福孩子，一边要包含他底老而得子底蕴义，所以竟不容易找。这一天，他一边抱着三个月的婴儿，一边又向书里找名字，戴着一副眼镜，将书递到灯底旁边去。婴儿底母亲呆呆地坐在房内底一边，不知思想着什么，却忽然开口说道：

“我想，还是叫他‘秋宝’罢。”屋内的人们底几对眼睛都转向她，注意地静听着：“他不是生在秋天吗？秋天的宝贝——还是叫他‘秋宝’罢。”

秀才立刻接着说道：

“是呀，我真极费心思了。我年过半百，实在到了人生的秋期；孩子也正养在秋天；‘秋’是万物成熟的季节，秋宝，实在是一个很好的名字呀！而且《书经》里没有么？‘乃亦有秋’，我真乃亦有‘秋’了！”

接着，又称赞了一通婴儿底母亲：说是呆读书实在无用，聪明是天生的。这些话，说的这妇人连坐着都觉着局促不安，垂下头，哭笑地又含泪地想：

“我不过因春宝想到罢了。”

秋宝是天天成长的非常可爱地离不开他底母亲了。他有出奇的大的眼睛，对陌生人是不倦地注视地瞧着，但对他底母亲，却远远地一眼就知道了。他整天地抓住了他底母亲，虽则秀才是比她还爱他，但不喜欢父亲；秀才底大妻呢，表面也爱他，似爱他自己亲生的儿子一样，但在婴儿底大眼睛里，却看她似陌生人，也用奇怪的不倦的视法。可是他的执住他底母亲愈紧，而他底母亲的离开这家的日子也愈近了。春天底口子咬住了冬天底尾巴；而夏天底脚又常是紧随着在春天底身后的；这样，谁都将孩子底母亲底三年快到的问题横放在心头上。

秀才呢，因为爱子的关系，首先向他底大妻提出来了：他愿意再拿出一百元钱，将她永远买下来。可是他底大妻底回答是：

“你要买她，那先给我药死罢！”

秀才听到这句话，气的只向鼻孔放出气，许久没有说；以后，他反而做着笑脸地：

“你想想孩子没有娘……”

老妇人也尖利地冷笑地说：

“我不好算是他底娘么？”

在孩子底母亲的心呢，却正矛盾着这两种的冲突了：一边，她底脑里老是有“三年”这两个字，三年是容易过去的，于是她底生活便变做在秀才底家里底用人似的了。而且想象中的春宝，也同眼前的秋宝一样活泼可爱，她即既舍不得秋宝，怎么就能舍得掉春宝呢？可是另一边，她实在愿意永远在这新的家里住下去，她想，春宝的爸爸不是一个长寿的人，他底病一定是在三五年之内要将他带走到不可知的异国去的，于是，她便要求她底第二个丈夫，将春宝也领过来，这样，春宝也在她底眼前。

有时，她倦坐在房外的沿廊下，初夏的阳光，异常地能令人昏朦地起幻想，秋宝睡在她底怀里，含着她底乳，可是她觉得仿佛春宝同时也站在她底身边，她伸出手去也想将春宝抱近来，她还要对春宝他们兄弟两人说几句话，可是身边是空空的。

在身边的较远的门口，却站着这位脸孔慈善而眼睛凶毒的老妇人，目光注视着她。这样，她也恍恍惚惚地敏悟：“还是早些脱离罢，她简直探子一样地监视着我了。”可是忽然怀内的孩子一叫，她却又什么也没有的只剩着眼前的事实来支配她了。

以后，秀才又将计划修改了一些：他想叫沈家婆来，叫她向秋宝底母亲底前夫去说，他愿否再拿进三十元——最多是五十元，将妻续典三年给秀才。秀才对他底大妻说：

“要是秋宝到五岁，是可以离开娘了。”

他底大妻正是手里捻着念佛珠，一边在念着“南无阿弥陀佛”一边答：

“她家里也还有前儿在，你也应放她和她底结发夫妇团聚一下罢。”

秀才低着头，断断续续地仍然这样说：

“你想想秋宝两岁就没有娘……”

可是老妇人放下念佛珠说：

“我会养的，我会管理他的，你怕我谋害了他么？”

秀才一听到末一句话，就拔步走开了。老妇人仍然在后面说：

“这个儿子是帮我生的，秋宝是我底；绝种虽然是绝了你家底种，可是我却仍然吃着你家底餐饭。你真被迷了，老昏了，一点也不会想了。你还有几年好活，却要拼命拉她在身边？双连牌位，我是不愿意坐的！”

老妇人似乎还有许多刻毒的锐利的话，可是秀才走远开听不见了。

在夏天，婴儿底头上生了一个疮，有时身体稍稍发些热，于是这位老妇人就到处地问菩萨，求佛药，给婴儿敷在疮上，或灌下肚里，婴儿底母亲觉得并不十分要紧，反而使这样小小的生命哭成一身的汗珠，她不愿意，或将吃了几口的药暗地里拿去倒掉了。于是这位老妇人就高声叹息，向秀才说：

“你看，她竟一点也不介意他底病，还说孩子是并不怎样瘦下去。爱在心里的是深的；专疼表面是假的。”

这样，妇人只有暗自挥泪，秀才也不说什么话了。

秋宝一周纪念的时候，这家热闹地排了一天的酒筵，客人也到了三四十，有的送衣服，有的送面，有的送银制的狮豸，给婴儿挂在胸前的，有的送镀金的寿星老头儿，给孩子钉在帽上的，许多礼物，都在客人底袖子里带来了。他们祝福着婴儿的飞黄腾达，赞颂着婴儿的长寿永生；主人底脸孔竟是容光照耀着，有如落日的云霞反映着在他底颊上似的。

可是在这天，正当他们筵席将举行的黄昏时，来了一个客，从朦胧的暮光中向他们底天井走进，人们都注意他：一个憔悴异常的乡人，衣服补衲的，头发很长，在他底腋下，挟着一个纸包。主人骇异地迎上前去，问他是那里人，他口吃似地答了，主人一时糊涂的，但立刻明白了，就是那个皮贩。主人更轻轻地说：

“你为什么也送东西来呢？你真不必的呀！”

来客胆怯地向四周看看，一边答说：

“要，要的……我来祝祝这个宝贝长寿千……”

他似没有说完，一边将腋下的纸包打开来了，手指颤动地打开了两三重的纸，于是拿出四只铜制镀银的字，一方寸那么大，是“寿比南山”四字。

秀才底大娘走来了，向他仔细一看，似乎不大高兴。秀才却将他招待到席上，客人们互相私语着。

两点钟的酒与肉，将人们弄得胡乱与狂热了：他们高声猜着拳，用大碗盛着酒互相比赛，闹得似乎房子都被震动了。只有那个皮贩，他虽然也喝了两杯酒，可是仍然坐着不动，客人们也不招呼他。等到兴尽了，于是各人草草地吃了一碗饭，互祝着好话，从两两三三的灯笼光影中，走散了。

而皮贩，却吃到最后，用人来收拾羹碗了，他才离开了桌，走到廊下的黑暗处。在那里，他遇见了他底被典的妻。

“你也来做什么呢？”妇人问，语气是非常凄惨的。

“我那里又愿意来，因为没有法子。”

“那末你为什么来的这样晚？”

“我那里来买礼物的钱呀？！奔跑了一上午，哀求了一上午，又到城里买礼物，走得乏了，饿了，也迟了。”

妇人接着问：

“春宝呢？”

男子沉吟了一息答：

“所以，我是为春宝来的。……”

“为春宝来的？”妇人惊异地回音似的问。

男人慢慢地说：

“从夏天来，春宝是瘦的异样了。到秋天，竟病起来了。我又那里有钱给他请医生吃药，所以现在，病是更厉害了！再不想法救救他，眼见得就要死了！”静寂了一刻，继续说：“现在，我是向你来借钱的……”

这时妇人底胸膛内，简直似有四五只猫在抓她，咬她，咀嚼着她底心脏一样。她恨不得哭出来，但在人们个个向秋宝祝颂的日子，她又怎么好跟在人们底声音后面叫哭呢？她吞下她底眼泪，向她底丈夫说：

“我又那里有钱呢？我在这里，每月只给我两角钱的零用，我自己又那里要用什么，悉数补在孩子底身上了。现在，怎么好呢？”

他们一时没有话，以后，妇人又问：

“此刻有什么人照顾着春宝呢？”

“托了一个邻居。今晚，我仍旧想回家，我就要走了。”

他一边说着，一边揩着泪。女的同时哽咽着说：

“你等一下罢，我向他去借借看。”

她就走开了。

三天以后的一天晚上，秀才忽然问这妇人道：

“我给你的那只青玉戒指呢？”

“在那天夜里，给了他了。给了他拿去当了。”

“没有借你五块钱么？”秀才愤怒地。

妇人低着头停了一息答：

“五块钱怎么够呢？”

秀才接着叹息说：

“总是前夫和前儿好，无论我对你怎么样！本来我很想再留你两年的，现在，你还是到明春就走罢！”

女人简直连泪也没有地呆着了。

几天后，他还向她那么地说：

“那只戒指是宝贝，我给你是要你传给秋宝的，谁知你一下就拿去当了！幸得她不知道，要是知道了，有三个月好闹了！”

妇人是一天天地黄瘦了。没有精采的光芒在她底眼睛里起来，而讥笑与冷骂的声音又充塞在她底耳内了。她是时常记念着她底春宝的病的，探听着有没有从她底本乡来的朋友，也探听着有没有向她底本乡去的便客，她很想得到一个关于“春宝的身体已复原”的消息，可是消息总没有；她也想借两元钱或买些糖果去，方便的客人又没有，她不时地抱着秋宝在门首过去一些的大路边，眼睛望着来和去的路。这种情形却很使秀才底大妻不舒服了，她时常对秀才说：

“她那里愿意在这里呢，她是极想早些飞回去的。”

有几夜，她抱着秋宝在睡梦中突然喊起来，秋宝也被吓醒，哭起来了。秀才就追逼地问：

“你为什么？你为什么？”

可是女人拍着秋宝，口子哼哼的没有答。秀才继续说：

“梦着你底前儿死了么，那么地喊？连我都被你叫醒了。”

女人急忙地一边答：

“不，不，……好象我底前面有一圹坟呢！”

秀才没有再讲话，而悲哀的幻象更在女人底前面展现开来，她要走向这坟去。

冬末了，催离别的小鸟，已经到她底窗前不住地叫了。先是孩子断了奶，又叫道士们来给孩子度了一个关，于是孩子和他亲生的母亲的离别——永远的别离的运命就被决定了。

这一天，黄妈先悄悄地向秀才底大妻说：

“叫一顶轿子送她去么？”

秀才底大妻还是手里捻着念佛珠说：

“走走好罢，到那边轿钱是那边付的，她又那里有钱呢，听说她底亲夫连饭也没得吃，她不必摆阔了。路也不算远，我也是曾经走过三四十里的人，她底脚比我大，半天可以到了。”

这天早晨当她给秋宝穿衣服的时候，她底泪如溪水那么地流下，孩子向她叫：“婶婶，婶婶，”——因为老妇人要他叫她自己是“妈妈”，只准叫她是“婶婶”——她向他咽咽地答应。她很想对他说几句话，意思是：

“别了，我底亲爱的儿子呀！你底妈妈待你是好的，你将来也好好地待还她罢，永远不要再记念我了！”

可是她无论怎样也说不出。她也知道一周半的孩子是不会了解的。

秀才悄悄地走向她，从她背后的腋下伸进手来，在他底手内是十枚双毫角子，一边轻轻说：

“拿去罢，这两块钱。”

妇人扣好孩子底纽扣，就将角子塞在怀内的衣袋里。老妇人又进来了，注意着秀才走出去的背后，又向妇人说：

“秋宝给我抱去罢，免得你走时他哭。”

妇人不做声响，可是秋宝总不愿意，用手不住地拍在老妇人底脸上。于是老妇人生气地又说：

“那末你同他去吃早饭去罢，吃了早饭交给我。”

黄妈拼命地劝她多吃饭，一边说：

“半月来你就这样了，你真比来的时候还瘦了。你没有去照照镜子。今天，吃一碗下去罢，你还要走三十里路呢。”

她只不关紧要地说了一句：

“你对我真好！”

但是太阳是升的非常高了，一个很好的天气，秋宝还是不肯离开他底母亲，老妇人便狠狠地将他从她底怀里夺去，秋宝用小小的脚踢在老妇人底肚子上，用小小的拳头搔住她底头发，高声呼喊地。妇人在后面说：

“让我吃了中饭去罢。”

老妇人却转过头来，汹汹地答：

“赶快打起你底包袱去罢，早晚总有一次的！”

孩子底哭声便在她底耳内渐渐远去了。

打包裹的时候，耳内是听着孩子底哭声。黄妈在旁边，一边劝慰着她，一边却看她打进什么去。终于，她挟着一只旧的包裹走了。

她离开他底大门时，听见她底秋宝的哭声；可是慢慢地远远地走了三里路了，还听见她底秋宝的哭声。

暖和的太阳所照耀的路，在她底面前竟和天一样无穷止地长。当她走到一条河边的时候，她很想停止她底那么无力的脚步，向明澈可以照见她自己底身子的水底跳下去了。但在水边坐了一会之后，她还得依前去的方向，移动她自己底影子。

太阳已经过午了，一个村里的一个年老的乡人告诉她，路还有十五里；于是她向那个老人说：

"伯伯，请你代我就近叫一顶轿子罢，我是走不回去了！"

"你是有病的么？"老人问。

"是的。"

她那时坐在村口的凉亭里面。

"你从那里来？"

妇人静默了一时答：

"我是向那里去的；早晨我以为自己会走的。"

老人怜悯地也没有多说话，就给她找了两位轿夫，一顶没篷的轿。因为那是下秧的时节。

下午三四时的样子，一条狭窄而污秽的乡村小街上，抬过了一顶没篷的轿子，轿里躺着一个脸色枯萎如同一张干瘪的黄菜叶那么的中年妇人，两眼朦胧地颓唐地闭着。嘴里的呼吸只有微弱地吐出。街上的人们个个睁着惊异的目光，怜悯地凝视着过去。一群孩子们，争噪地跟在轿后，好象一件奇异的事情落到这沉寂的小村镇里来了。

春宝也是跟在轿后的孩子们中底一个，他还在似赶猪那么地哗着轿走，可是当轿子一转一个弯，却是向他底家里去的路，他却伸直了两手而奇怪了，等到轿子到了他家里的门口，他简直呆似地远远地站在前面，背靠在一株柱子上，面向着轿，其余的孩子们胆怯地围在轿的两边。妇人走出来了，她昏迷的眼睛还认不清站在前面的，穿着褴褛的衣服，头发蓬乱的，身子和三年前一样的短小，那个八岁的孩子是她底春宝。突然，她哭出来地高叫了：

"春宝呀！"

一群孩子们，个个无意地吃了一惊，而春宝简直吓的躲进屋里他父亲那里去了。

妇人在灰暗的屋内坐了许久许久，她和她底丈夫都没有一句话。夜色降落了，他下垂的头昂起来，向她说：

"烧饭吃罢！"

妇人就不得已地站起来，向屋角上旋转了一周，一点也没有气力地对她丈夫说：

"米缸内是空空的……"

男人冷笑了一声，答说：

"你真在大人家底家里生活过了！米，盛在那只香烟盒子内。"

当天晚上，男子向他底儿子说：

"春宝，跟你底娘去睡！"

而春宝却靠在灶边哭起来了。他底母亲走近他，一边叫：

“春宝，宝宝！”

可是当她底手去抚摸他底时候，他又躲闪开了。男子加上说：

“会生疏得那么快，一顿打呢！”

她眼睁睁地睡在一张龌龊的狭板床上，春宝陌生似地睡在她底身边。在她底已经麻木的脑内，仿佛秋宝肥白可爱地在她身边挣动着，她伸出两手想去抱，可是身边是春宝。这时，春宝睡着了，转了一个身，他底母亲紧紧地将他抱住，而孩子却从微弱的鼾声中，脸伏在她底胸膛上，两手抚摩着她底两乳。

沉静而寒冷的死一般的长夜，似无限地拖延着，拖延着……

1930 年 1 月 20 日

（本文选自百花文艺出版社，1986 年版，《为奴隶的母亲》）

【思考练习题】

1. 小说的主题是什么？
2. 小说描写了一个勤劳、善良、朴实的母亲，为什么这么一个母亲是奴隶呢？
3. 阅读小说，讨论分析春宝娘、前夫、秀才、大妻人物形象以及刻画人物形象时用了何种方法。
4. 怎样解读“春宝娘”在回家的路上有死的念头？怎样解读“皮贩”在别人逼债后出现的死的念头？
5. 小说的结尾有什么特点？

边　　城

沈从文

沈从文(1902—1988)，笔名休芸芸、璇若、若琳等，湖南凤凰人。他所生长的沅水流域，地处湘西，属湘、川、黔三省交界处，是苗、侗、土家等少数民族聚居的地方，地理位置偏僻，经济文化落后。沈从文就出生在这里的一个颇有名望的行伍世家。六岁进私塾，因厌于私塾无生气的教育方法和严厉的体罚制度，经常逃学，流连于湘西的自然山色之中。童年时的有趣生活成为沈从文日后创作永不枯竭的源泉。30 年代是沈从文创作最丰盛的时期，开始成为“京派”作家中的代表人物。以勤奋忠实的创作，执着地展示偏处一隅的湘西的风物地貌、人情世态，沈从文构筑了一个鲜活而富有魅力的艺术世界——“湘西世界”。因其对这一艺术世界的独特发现与审美创造，确定了沈从文在中国现代文学史上的引人注目的地位。

吃饭时隔溪有人喊过渡，翠翠抢着下船，到了那边，方知道原来过渡的人，便是船总顺顺家派来作替手的水手，这人一见翠翠就说道：“二老要你们一吃了饭就去，他已下河了。”见了祖父又说：“二老要你们吃了饭就去，他已下河了。”

张耳听听，便可听出远处鼓声已较繁密，从鼓声里使人想到那些极狭的船，在长潭中笔直前进时，水面上画着如何美丽的长长的线路，真是有意思的一个节目！

新来的人茶也不吃，便在船头站稳了。翠翠同祖父吃饭时，邀他喝一杯，只是摇头推辞。祖父说：

“翠翠，我不去，你同黄狗去好不好？”

“要不去，我也不想去。”

“我去呢？”

“我本来也不想去，但我愿意陪你去。”

祖父微笑着，“翠翠，翠翠，你陪我去，好的，你就陪我去。”

祖父同翠翠到城里大河边时，河边早站满了人。细雨已经停止，地面还是湿湿的。祖父要翠翠过河街船总家吊脚楼上去看船，翠翠却似乎有心事怕到那里去，以为站在河边较好。两人虽在河边站定，不多久，顺顺便派人把他们请去了。吊脚楼上已有了很多的人。早上过渡时，为翠翠所注意的乡绅妻女，受顺顺家的特别款待，占据了两个最好窗口，一见到翠翠，那女孩子就说：“你来，你来！”翠翠带着点儿羞怯走去，坐在他们身后边条凳上，祖父不久便走开了。

祖父并不看龙船竞渡，却为一个熟人拉到河上游半里路远近，过一个新碾坊看水碾子去了。老船夫对于水碾子原来就极有兴味的。倚山滨水来一座小小茅屋，屋中有那么一个圆石片子，固定在一个檀木横轴上，斜斜的搁在石槽里。当水闸门抽去时，流水冲激地下的暗轮，上面的圆石片便飞转起来。作主人的管理这个东西，把毛谷倒进石槽中去，把碾好的米弄出，放在屋角隅长方箩筛里，再筛去糠灰。地下全是糠灰，自己头上包着块白布帕子，头上肩上也全是糠灰。天气好时就在碾坊前后隙地里种些萝卜、青菜、大蒜、四季葱。水沟坏了，就把裤子脱去，到河里去堆砌石头，修理泄水处。水碾坝若修筑得好，还可装个小小鱼梁，涨小水时就自会有鱼上梁来，不劳而获。在河边管理一个碾坊比管理一只渡船多变化，有趣味，情形一看也就明白了。但一个撑渡船的若想有座碾坊，那简直是不可能的妄想。凡碾坊照例是属于当地员外财主的产业。那熟人把老船夫带到碾坊边时，就告给他这碾坊业主为谁。两人一面各处视察，一面说话。

那熟人用脚踢着新碾盘说：

“中寨人自己坐在高山寨子上，却欢喜来到这大河边置产业；这是中寨王团总的，值大钱七百吊！”

老船夫转着那双小眼睛，很羡慕的去欣赏一切，估计一切，把头点着，且对于碾坊中物件一一加以很得体的批评。后来两人就坐到那还未完工的白木条凳上去，熟人又说到这碾坊的将来，似乎是团总女儿陪嫁的妆奁。那人于是想起了翠翠，且记起大老过去一时托过他的事情来了，便问道：

“伯伯，你翠翠今年十几岁？”

“满十四岁进十五岁。”老船夫说过这句话后，便接着在心中计算过去的年月。

“十五岁姑娘多能干，将来谁得她真有福气！”

“有什么福气？又无碾坊陪嫁，一个光人。”

“别说一个光人；一个有用的人，两只手敌得过五座碾坊！洛阳桥也是鲁班两只手造的！……”这样那样的说着，表示对老船夫的抗议。说到后来，那人自然笑了。

老船夫也笑了，心想：“翠翠有两只手，将来也去造洛阳桥罢，新鲜事喔！”

那人过了一会又说：

“茶峒人年青男子眼睛光，选媳妇也极在行。伯伯，你若不多我的心时，我就说个笑话给你听。”

老船夫问：“是什么笑话？”

那人说：“伯伯你若不多心时，这笑话也可以当真话去听咧。”

老船夫心想：“原来是要做说客的，想说就说吧。”

接着说下去的就是顺顺家大老如何在人家面前赞美翠翠，且如何托他来探听老船夫口气那么一件事。末了同老船夫来转述另一回会话的情形。”我问他：‘大老，大老，你是说真话还是说笑话？’他就说：‘你为我去探听探听那老的，我欢喜翠翠，想要翠翠，是真话呀！’我说：‘我这人口钝得很，话说出了口收不回，口一说错了，老的一巴掌打来呢？’他说：‘你怕打，你先当笑话去说，不会挨打的！’所以，伯伯，我就把这件真事情当笑话来同你说了。你试想想，他初九从川东回来见我时，我应当如何回答他？”

老船夫记起前一次大老亲口所说的话，知道大老的意思很真，且知道顺顺也欢喜翠翠，心里很高兴。但这件事照规矩，得这个人带封点心亲自到碧溪岨家中去说，方见得慎重其事，老船夫就说：“等他来时你说：老家伙听过了笑话后，自己也说了个笑话。他说：‘下棋有下棋规矩，车是车路，马是马路，各有走法。大老走的是车路，应当由大老爹爹作主，请了媒人来正正经经同我说。若走的是马路，应当自己作主，站在渡口对溪高崖上，为翠翠唱三年六个月的歌。’一切由翠翠自己作主！”

“伯伯，若唱三年六个月的歌，动得了翠翠的心，我赶明天就自己来唱歌了。”

“你以为翠翠肯了，我还会不肯吗？”

“不咧，人家以为这件事情你老人家肯了，翠翠便无有不肯呢。”

“不能那么说，这是她的事呵！”

“便是她的事情，可是必须老的作主。人家也仍然以为在日头月光下唱三年六个月的歌，还不如得伯伯说一句话好。”

“那么，我说，我们就这样办。等他从川东回来时，要他同顺顺去说个明白。我呢，我也先问问翠翠；若以为听了三年六个月的歌，再跟那唱歌人走去有意思些，我就请你劝大老走他那弯弯曲曲的马路。”

“那好的。见了他，我就说：‘大老，笑话吗，我已说过了，没有挨打。真话呢，看你自己的命运去了。’当真看他的命运去了，不过我明白，他的命运，还是在你老人家手上捏着紧紧的。”

“老兄弟，不是那么说！我若捏得定这件事，我马上就答应了你。”

这里两人把话说完后，就过另一处看一只顺顺新近买来的三舱船去了。河街上顺顺吊脚楼方面，却发生了如下事情。

翠翠虽被那乡绅女孩喊到身边去坐，地位非常之好，从窗口望出去，河中一切朗然在望，然而心中可不安宁。挤在其他几个窗口看热闹的人，似乎都常常把眼光从河中景物挪到这边几个人身上来。还有些人故意装成有别的事情样子，从楼这边走过那一边，事实上却全为得是好仔细看看翠翠这方面几个人。翠翠心中老不自在，只想借故跑去。一会儿河下的炮声响了，几只从对河取齐的船只，直向这方面划来。先是四条船相去不远，如四枝箭在水面射着；到了一半，已有两只船占先了些；再过一会子，那两只船中间便又有一只超过了并进的船只而前，看看船到了税局门前时，第二次炮声又响，那船便胜利了。这时节胜利的已判明属于河街人所划的一只，各处便响着庆祝的小鞭炮。那船于是沿了河街吊脚楼划去，鼓声蓬蓬作响，河边与吊脚楼各处，都同时呐喊表示快乐的祝贺。翠翠眼见在船头站定、摇动小旗指挥进退、头上包着红布的那个年青人，便是送酒葫芦到碧溪岨的二老，心中便印着两年前的旧事，“大鱼吃掉你！”“吃掉不吃掉，不用你这个人管！”“好的，我就不管！”“狗，狗，你也看人叫！”想起狗，翠翠才注意到自己身边那只黄狗，早已不知跑到什么地方去，便离了座位，在楼上各处找寻她的黄狗，把船头人忘掉了。

她一面在人丛里找寻黄狗，一面听人家正说些什么话。

一个大脸妇人问：“是谁家的人，坐到顺顺家当中窗口前那块好地方？”

一个妇人就说：“是寨子上王乡绅大姑娘，今天说是自己来看船，其实来看人，同时也让人看！人家命好，有福气坐那块好地方！”

“看什么人，被谁看？”

“嗨，你还不明白，王乡绅想同顺顺打亲家呢。”

“那姑娘配什么人，是大老，还是二老？”

“说是二老呀，等等你们看这岳云，就会上楼来拜他丈母娘的。”

另有一个女人便插嘴说：“事弄成了，好得很呢。人家在大河边有一座崭新碾坊陪嫁，比雇十个长年还得力一些。”

有人问：“二老怎么样？可乐意？”

有人就轻轻地可是极肯定地说：“二老已说过了——这不必看，第一件事我就不想作那个碾坊的主人！”

“你听岳云二老亲口说吗？”

“我听别人说的。还说二老欢喜一个撑渡船的。”

“他又不是傻小二，不要碾坊，要渡船吗？”

“那谁知道。横顺人是‘牛肉炒韭菜，各人心里爱’，只看各人心里爱什么就吃什么，渡船不会不如碾坊！”

当时各人眼睛对着河里，口中说着这些闲话，却无一个人回头来注意到身后边的翠翠。

翠翠脸发火发烧走到另外一处去，又听有两个人提及这件事，且说：“一切早安排好了，只需要二老一句话，”又说：“只看二老今天那么一股劲儿，就可以猜想得出，这劲儿是岸上一个黄花姑娘给他的！”谁是激动二老的黄花姑娘？听到这个心中不免有点儿乱。

翠翠人矮了些，在人背后已望不见河中情形，只听到敲鼓声渐近渐激越，岸上呐喊声自远而近，便知道二老的船恰恰经过楼下。楼上人也大喊着，夹杂叫着二老的名字。乡绅太太那方面，且有人放小百子鞭炮。忽然有人又用另外一种惊讶声音喊着，且同时便见许多人出门向河下走去。翠翠不知出了什么事，心中有点迷乱，正不知走回原来座位边去好，还是依然站在人背后好，只见那边正有人拿了个托盘，装了一大盘粽子同细点心，在请乡绅太太小姐用点心，不好意思再过那边去，便想也挤出大门外到河下去看看。从河街一个盐店旁边甬道下河时，正在一排吊脚楼的梁柱间，迎面碰上一群人，护着那个头包红布的二老来了。原来二老因失足落水，已从水中爬起来了。路太窄了一些，翠翠虽闪过一旁，与迎面来的人仍然得肘子触着肘子。二老一见翠翠就说：

"翠翠，你来了，爷爷也来了吗？"

翠翠脸还发着烧不便作声，心想："黄狗跑到什么地方去了呢？"

二老又说："怎不到我家楼上去看呢？我已要人替你弄了个好位子。"

翠翠心想："碾坊陪嫁，希奇事情咧。"

二老不能逼迫翠翠回去，到后便各自走开了。翠翠到河下时，小小心腔中充满了一种说不分明的东西。是烦恼吧，不是！是忧愁吧，不是！是快乐吧，不，有什么事情使这个女孩子快乐呢？是生气了吧，——是的，她当真仿佛觉得自己是在生一个人的气，又象是在生自己的气。河边人太多了，码头边浅水中，船桅船篷上，以至于吊脚楼的柱子上，无不挤满了人。翠翠自言自语说："人那么多，有什么三脚猫好看？"先还以为可以在什么船上发现她的祖父，但各处寻了一阵，却无祖父的影子。她挤到水边去，一眼便看到了自己家中那条黄狗，同顺顺家一个长年，正在去岸数丈一只空船上看热闹。翠翠锐声叫喊了两声，黄狗张着耳叶昂头四面一望，便猛的扑下水中，向翠翠方面泅来了。到了身边时，狗身上已全是水，把水抖着且跳跃不已。翠翠便说："得了，狗，装什么疯，你又不翻船，谁要你落水呢？"

翠翠同黄狗各处找祖父去，在河街上一个木行前恰好遇着了祖父。

老船夫说："翠翠，我看了个好碾坊，碾盘是新的，水车是新的，屋上稻草也是新的！水坝管着一绺水，急溜溜的，抽水闸板时水车转得如陀螺。"

翠翠带着点做作问："是什么人的？"

"是什么人的？住在山上的员外王团总的。我听人说是那中寨人为女儿作嫁妆的东西，好不阔气，包工就是七百吊大制钱，还不管风车，不管家什。"

"是什么人讨那个人家的女儿？"

祖父望着翠翠干笑着，"翠翠，大鱼咬你，大鱼咬你。"

翠翠因为对于这件事心中有了个数目， 便仍然装着全不明白，只询问祖父："爷爷，什么人得到那个碾坊？"

"岳云二老！"祖父说了，又自言自语地说："有人羡慕二老得到碾坊，也有人羡慕碾坊得到二老！"

"谁羡慕呢，爷爷？"

"我羡慕。"祖父说着便又笑了。

翠翠说："爷爷，你今天又喝醉了。"

"可是二老还称赞你长得美呢。"

翠翠说："爷爷，你醉疯了。"

祖父说："爷爷不醉不疯……去，我们到河边看他们放鸭子去。可惜我老了，不能下水里去捉只鸭子回家焖紫姜吃。"他还想说："二老捉得鸭子，一定又会送给我们的。"话不及说，二老来了，站在翠翠面前微笑着。翠翠也不由不抿着嘴微笑着。

于是三个人回到吊脚楼上去。

有人带了礼物到碧溪岨。掌水码头的顺顺，当真请了媒人为儿子向驾渡船的攀亲戚来了。老船夫看见杨马兵手中提了红纸封的点心，慌慌张张把这个人渡过溪口，一同到家里去。翠翠正在屋门前剥豌豆，来了客并不如何注意。但一听到客人进门说"贺喜贺喜"，心中有事，不敢再蹲在屋门边，就装作追赶菜园地的鸡，拿了竹响篙唰唰的摇着，一面口中轻轻喝着，向屋后白塔跑去了。

来人说了些闲话，言归正传转述到顺顺的意见时，老船夫不知如何回答，只是很惊惶地搓着两只茧结的大手，好象这不会真有其事，而且神气中只象在说："那好的，那妙的，"其实这老头子却不曾说过一句话。

马兵把话说完后，就问作祖父的意见怎么样。老船夫笑着把头点着说："大老想走车路，这个很好。可是我得问问翠翠，看她自己主张怎么样。"来人被打发走后，祖父在船头叫翠翠下河边来说话。

翠翠拿了一簸箕豌豆下到溪边，上了船，娇娇地问他的祖父："爷爷，你有什么事？"祖父笑着不说什么，只偏着个白发盈颠的头看着翠翠。看了许久。翠翠坐到船头，低下头去剥豌豆，耳中听着远处竹篁里的黄鸟叫。翠翠想："日子长咧，爷爷话也长了。"翠翠心轻轻地跳着。

过了一会，祖父说："翠翠，翠翠，先前来的那个杨伯伯来作什么，你知道不知道？"

翠翠说："我不知道。"说后脸同脖颈全红了。

祖父看看那种情景，明白翠翠的心事了，便把眼睛向远处望去，在空雾里望见了十六年前翠翠的母亲，老船夫心中异常柔和了。轻轻地自言自语说："每一只船总要有个码头，每一只雀儿得有个巢。"他同时想起那个可怜的母亲过去的事情，心中有了一点隐痛，却勉强笑着。

翠翠呢，正从山中黄鸟、杜鹃叫声里，以及山谷中伐竹人嚓嚓一下一下的砍伐竹子声音里，想到许多事情。老虎咬人的故事，与人对骂时四句头的山歌，造纸作坊中的方坑，铁工厂熔铁炉里泄出的铁汁，耳朵听来的，眼睛看到的，她似乎都要去温习温习。她所以这样作，又似乎全只为了希望忘掉眼前的一桩事件而起。但她实在有点误会了。

祖父说："翠翠，船总顺顺家里请人来作媒，想讨你作媳妇，问我愿不愿。我呢，人老了，再过三年两载会过去的，我没有不愿意的事情。这是你自己的事，你自己想想，自己来说。愿意，就成了；不愿意，也好。"

翠翠不知如何处理这个崭新问题，装作从容，怯怯地望着老祖父。又不便问什么，当然也不好回答。

祖父又说："大老是个有出息的人，为人又正直，又慷慨，你嫁了他，算是命好！"

翠翠明白了，人来做媒的大老！不曾把头抬起，心跳着，脸烧得厉害，仍然剥她的豌豆，且随手把空豆荚抛到水中去，望着它们在流水中从从容容地流去，自己也俨然从容了许多。

见翠翠总不作声，祖父于是笑了，且说："翠翠，想几天不碍事。洛阳桥并不是一个晚上造得好的，要日子咧。前次那人来，就向我说到这件事，我已经告过他：车是车路，马是马路，各有规矩！想爸爸作主，请媒人正正经经来说是车路；要自己作主，站到对溪高崖竹林里为你唱三年六个月的歌是马路。——你若欢喜走马路，我相信人家会为你在日头下唱热情的歌，在月光下唱温柔的歌，象只杜鹃一样一直唱到吐血喉咙烂！”

翠翠不作声，心中只想哭，可是也无理由可哭。祖父还是再说下去，便引到死过了的母亲来了。老人说了一阵，沉默了。翠翠悄悄把头撂过一些，祖父眼中业已酿了一汪眼泪。翠翠又惊又怕，怯生生地说：“爷爷，你怎么的？”祖父不作声，用大手掌擦着眼睛，小孩子似的咕咕笑着，跳上岸跑回家中去了。

翠翠心中乱乱的，想赶去却不赶去。

雨后放晴的天气，日头炙到人肩上、背上已有了点儿力量。溪边芦苇水杨柳，菜园中菜蔬，莫不繁荣滋茂，带着一分有野性的生气。草丛里绿色蚱蜢各处飞着，翅膀搏动空气时窸窣作声。枝头新蝉声音虽不成腔，却已渐渐宏大。两山深翠逼人的竹篁中，有黄鸟与竹雀、杜鹃交递鸣叫。翠翠感觉着，望着，听着，同时也思索着：

“爷爷今年七十岁……三年六个月的歌——谁送那只白鸭子呢？……得碾子的好运气，碾子得谁更是好运气……”

痴着，忽地站起，半簸箕豌豆便倾倒到水中去了。伸手把那簸箕从水中捞起时，隔溪有人喊过渡。

翠翠第二天在白塔下菜园地里，第二次被祖父询问到自己主张时，仍然心儿忪忪的跳着，把头低下不作理会，只顾用手去掐葱。祖父笑着，心想：“还是等等看，再说下去这一畦葱会全掐掉了。”同时似乎又觉得这其间有点古怪处，不好再说下去，便自己按捺住言语，用一个做作的笑话，把问题引到另外一件事情上去了。

天气渐渐的越来越热了。近六月时，老船夫把一个满是灰尘的黑陶缸子，从屋角隅里搬出，自己还匀出闲工夫，拼了几方木板，作成一个圆盖；又锯木头作成一个三脚架子，且削刮了个大竹筒，用葛藤系定，放在缸边作为舀茶的家具。自从这茶缸移到屋门溪边后，每早上翠翠就烧一大锅开水，倒进那缸子里去。有时缸里加些茶叶，有时却只放下一些用火烧焦的锅巴，乘那东西还燃着时便抛进缸里去。老船夫且照例准备了些发痧肚痛、治疱疮疡子的草根木皮，把这些药搁在家中当眼处，一见过渡人神气不对，就忙匆匆的把药取来，善意的勒迫这过路人使用他的药方，且告给人这许多救急丹方的来源(这些丹方自然全是他从城中军医同巫师学来的)。他终日裸着两只膀子，在溪中方头船上站定，头上还常常是光光的，一头短短白发，在日光下如银子。翠翠依然是个快乐人，屋前屋后跑着唱着，不跑动时就坐在门前高崖树荫下，吹小竹管儿玩，爷爷仿佛把大老提婚的事早已忘掉，翠翠自然也似乎早忘掉这件事情了。

可是那做媒的不久又来探口气了，依然是同从前一样，祖父把事情成否全推到翠翠身上去，打发了媒人上路。回头又同翠翠谈了一次，也依然不得结果。

老船夫猜不透这事情在这什么方面有个疙瘩，解除不去，夜里躺在床上便常常陷入一种沉思里去，隐隐约约体会到一件事情(翠翠爱二老不爱大老)。再想下去便是……想到了这里时，他笑了，为了害怕而勉强笑了。其实他有点忧愁，因为他忽然觉得翠翠一切全像那个母亲，而且隐隐约约便感觉到这母女二人共同的命运。一堆过去的事情蜂拥而来，不能再睡下去了，一个人便跑出门外，到那临溪高崖上去，望天上的星辰，听河边纺织娘和一切虫类如雨的声音，许久许久还不睡觉。

这件事翠翠自然是注意不及的，这女孩子日里尽管玩着，工作着，也同时为一些很神秘不易具体明白的东西驰骋在她那颗小小的心，但一到夜里，却依旧甜甜的睡眠了。

不过一切都得在一份时间中变化。这一家安静平凡的生活，也因了一堆接连而来的日子，在人事上把那安静空气完全打破了。

船总顺顺家中一方面，则天保大老的事已被二老知道了，傩送二老同时也让他哥哥知道了弟弟的心事。这一对难兄难弟原来同时都爱上了那个撑渡船的外孙女。这事情在本地人说来并不希奇。边地俗话说："火是各处可烧的，水是各处可流的，日月是各处可照的，爱情是各处可到的。"有钱船总儿子，爱上一个弄渡船的穷人家女儿，不能成为希罕的新闻。有一点困难处，只是这两兄弟到了谁应取得这个女人作媳妇时，是不是也还得照茶峒人规矩，来一次流血的挣扎？

兄弟两人在这方面是不至于动刀的，但也不作兴有"情人奉让"，如大都市懦怯男子爱与仇对面时作出的可笑行为。

那哥哥同弟弟在河上游一个造船的地方，看他家中那一只新船，在新船旁把一切心事全告给了弟弟；且附带说明，这点念头还是两年前植下根基的。弟弟微笑着，把话听下去。两人从造船处沿了河岸又走到王乡绅新碾坊去，那大哥就说：

"二老，你运气倒好，作了团总女婿，有座碾坊。我呢，若把事情弄好了，我应当接那个老的手来划渡船了。我欢喜这个事情，我还想把碧溪岨两个山头买过来，在界线上种大楠竹，围着这一条小溪作为我的寨子！"

那二老仍然默默地听着，把手中拿的一把弯月形镰刀随意斫削路旁的草木，到了碾坊时，却站住了向他哥哥说：

"大老，你信不信这女子心上早已有了个人？"

"我不信。"

"大老，你信不信这碾坊将来归我？"

"我不信。"

两人于是进了碾坊。

二老又说："你不必——大老，我再问你，假若我不想得到这座碾坊，却打量要那只渡船，而且这念头也是两年前的事，你信不信呢？"

那大哥听来真着了一惊，望了一下坐在碾盘横轴上的傩送二老，知道二老不是开玩笑，于是站近了一点，伸手在二老肩上拍打了一下，且想把二老拉下来。他明白了这件事，他笑了。他说："我相信的，你说的全是真话！"

二老把眼睛望着他的哥哥，很诚实地说：

"大老，相信我，这是真事。我早就那么打算到了。家中不答应，那边若答应了，我当真预备去弄渡船的！——你告我，你呢？"

"爸爸已听了我的话，为我要城里的杨马兵做保山，向划渡船的说亲去了！"大老说到这个求亲手续时，好象知道二老要笑他，又解释要保山去的用意，只是"因为老的说车有车路，马有马路，我就走了车路。"

"结果呢？"

"得不到什么结果。老的口上含李子，说不明白。"

“马路呢？”

“马路呢，那老的说若走马路，得在碧溪岨对溪高崖上唱三年六个月的歌。把翠翠心子唱软，翠翠就归我了。”

“这并不是个坏主张！”

“是呀，一个结巴人话说不出还唱得出。可是这件事轮不到我了，我不是竹雀，不会唱歌。鬼知道那老人家存心是要把孙女儿嫁个会唱歌的水车，还是预备规规矩矩嫁个人！”

“那你打算怎么样？”

“我想告那老的，要他说句实在话。只一句话。不成，我跟船下桃源去了；成呢，便是要我撑渡船，我也答应了他。”

“唱歌呢？”

“这是你的拿手好戏，你要去做竹雀，你就赶快去吧，我不会捡马粪塞你嘴巴的。”

二老看到哥哥那种样子，便知道为这件事哥哥感到如何烦恼了。他明白他哥哥的性情，代表了茶峒人粗卤爽直一面，弄得好，掏出心子来给人也很慷慨作去；弄不好，亲舅舅也必一是一，二是二。大老何尝不想在车路上失败时走马路，但他一听到二老的坦白陈述后，他就知道马路只二老有分，自己的事不能提了。因此他有点气恼，有点愤慨，自然是无从掩饰的。

二老想出了个主意，就是两兄弟月夜里同过碧溪岨去唱歌，莫让人知道是弟兄两个，两人轮流唱下去，谁得到回答，谁便继续用那张唱歌胜利的嘴唇，服侍那划渡船的外孙女。大老不善于唱歌，轮到大老时也仍然由二老代替。两人凭命运来决定自己的幸福，这么办可说是极公平了。提议时，那大老还以为自己不会唱，也不想请二老替他作竹雀。但二老那种诗人性格，却使他很固持的要哥哥实行这个办法。二老说必须这样作，一切才公平一点。

大老把弟弟提议想想，作了一个苦笑。“×娘的，自己不是竹雀，还请老弟做竹雀？好，就是这样子，我们各人轮流唱，我也不要你帮忙，一切我自己来吧。树林子里的猫头鹰，声音不动听，要老婆时也仍然是自己叫下去，不请人帮忙的！”

两人把事情说妥当后，算算日子，今天十四，明天十五，后天十六，接连而来的三个日子，正是有大月亮天气。气候既到了中夏，半夜里不冷不热，穿了自家机布汗褂，到那些月光照及的高崖上去，遵照当地的习惯，很诚实与坦白去为一个“初生之犊”的黄花女唱歌。露水降了，歌声涩了，到应当回家了时，就趁残月赶回家去。或过那些熟识的整夜工作不息的碾坊里去，躺到温暖的谷仓里小睡，等候天明。一切安排都极其自然，结果是什么，两人虽不明白，但也看得极其自然。两人便决定了从当夜起始，来作这种为当地习惯所认可的竞争。

黄昏来时，翠翠坐在家中屋后白塔下，看天空被夕阳烘成桃花色的薄云。十四中寨逢场，城中生意人过中寨收买山货的很多，过渡人也特别多，祖父在渡船上，忙个不息。天已快夜，别的雀子似乎都休息了，只杜鹃叫个不息。石头泥土为白日晒了一整天，草木为白日晒了一整天，到这时节各放散一种热气。空气中有泥土气味，有草木气味，还有各种甲虫类气味。翠翠看着天上的红云，听着渡口飘来乡生意人的杂乱声音，心中有些儿薄薄的凄凉。

黄昏照样的温柔、美丽和平静。但一个人若体念或追究到这个当前一切时，也就照样的在这黄昏中会有点儿薄薄的凄凉。于是，这日子成为痛苦的东西了。翠翠在成熟中的生命，觉得好象缺少了什么。好象眼见到这个日子过去了，想要在一件新的人事上攀住它，但不成。好象生活太平凡了，忍受不住。于是胡思乱想：

“我要坐船下桃源县过洞庭湖，让爷爷满城打锣去叫我，点了灯笼火把去找我。”

她便同祖父故意生气似的，很放肆的去想到这样一件不可能事情。且想象她出走后，祖父用各种方法寻觅她都无结果，到后无可奈何躺在渡船上。

“人家喊：‘过渡，过渡，老伯伯，你怎么的！不管事！’‘怎么的？我家翠翠走了，下桃源县了！’‘那你怎么办？’‘怎么办吗，拿把刀，放在包袱里，搭下水船去杀了她！’……”

翠翠仿佛当真听着这种对话，吓怕起来了，一面锐声喊着她的祖父，一面从坎上跑向溪边渡口去。见到了祖父正把船拉在溪中心，船上人喁喁说着话，小小心子还依然跳跃不已。

“爷爷，爷爷，你把船拉回来呀！”

那老船夫不明白她的意思，还以为是翠翠要为他代劳了，就说：

“翠翠，等一等，我就回来！”

“你不拉回来了吗？”

“我就回来！”

翠翠坐在溪边，望着溪面为暮色所笼罩的一切，且望到那只渡船上一群过渡人，其中有个吸旱烟的打着火镰吸烟，把烟杆在船边剥剥的敲着烟灰，就忽然哭起来了。

祖父把船拉回来时，见翠翠痴痴地坐在岸边，问她是什么事，翠翠不作声。祖父要她去烧火煮饭，想了一会儿，觉得自己哭得可笑，一个人便回到屋中去，坐在黑黝黝的灶边把火烧燃后，她又走到门外高崖上去，喊叫她的祖父，要他回家里来。在职务上毫不儿戏的老船夫，因为明白过渡人是赶回城中吃晚饭的，人来一个就渡一个，不便要人站在那岸边呆等，故不上岸来。只站在船头告翠翠，不要叫他且让他做点事，把人渡完事后，就回家里来吃饭。

翠翠第二次请求祖父，祖父不理会，她坐在悬崖上，很觉得悲伤。

天夜了，有一匹大萤火虫尾上闪着蓝光，很迅速地从翠翠身旁飞过去，翠翠想：“看你飞得多远！”便把眼睛随着那萤火虫的明光追去。杜鹃又叫了。

“爷爷，为什么不上来？我要你！”

在船上的祖父听到这种带着娇、有点儿埋怨的声音，一面粗声粗气的答道：“翠翠，我就来，我就来！”一面心中却自言自语：“翠翠，爷爷不在了，你将怎么样？”

老船夫回到家中时，见家中还黑黝黝的，只灶间有火光；见翠翠坐在灶边矮条凳上，用手蒙着眼睛。

走过去才晓得翠翠已哭了许久。祖父一个下半天来，都弯着个腰在船上拉来拉去，歇歇时手也酸了，腰也酸了，照规矩，一到家里就会嗅到锅中所焖瓜菜的味道，且可看见翠翠安排晚饭在灯光下跑来跑去的影子。今天情形竟不同了一点。

祖父说：“翠翠，我来慢了，你就哭，这还成吗？我死了呢？”

翠翠不作声。

祖父又说："不许哭，做一个大人，不管有什么事都不许哭。要硬扎一点，结实一点，才配活到这块土地上！"

翠翠把手从眼睛边移开，靠近了祖父身边去。"我不哭了。"

两人吃饭时，祖父为翠翠述说起一些有趣味的故事。因此提到了死去了的翠翠的母亲。两人在豆油灯下把饭吃过后，老船夫因为工作疲倦，喝了半碗白酒，饭后兴致极好，又同翠翠到门外高崖上月光下去说故事。说了些那个可怜母亲的乖巧处，同时且说到那可怜母亲性格强硬处，使翠翠听来神往倾心。

翠翠抱膝坐在月光下，傍着祖父身边，问了许多关于那个可怜母亲的故事。间或吁一口气，似乎心中压上了些分量沉重的东西，想挪移得远一点，才吁着这种气，可是却无从把那东西挪开。

月光如银子，无处不可照及，山上竹篁在月光下变成一片黑色。身边草丛中虫声繁密如落雨。间或不知道从什么地方，忽然会有一只草莺"落落落落嘘！"啭着它的喉咙，不久之间，这小鸟儿又好象明白这是半夜，不应当那么吵闹，便仍然闭着那小小眼儿安睡了。

祖父夜来兴致很好，为翠翠把故事说下去，就提到了本城人二十年前唱歌的风气，如何驰名于川、黔边地。翠翠的父亲，便是当地唱歌的第一号，能用各种比喻解释爱与憎的结子，这些事也说到了。翠翠母亲如何爱唱歌，且如何同父亲在未认识以前在白日里对歌，一个在半山上竹篁里砍竹子，一个在溪面渡船上拉船，这些事也说到了。

翠翠问："后来怎么样？"

祖父说："后来的事长得很，最重要的事情，就是这种歌唱出了你。"

【注释】

[1] 本文节选自《边城》第十节、十一节、十二节、十三节。人民文学出版社，1987年版。

【思考练习题】

1. 解读《边城》对人性美、人情美的表现。
2. 分析小说中翠翠形象的塑造。
3. 简析《边城》的艺术风格。
4. 试述小说《边城》的审美体现。

透明的红萝卜(节选)

莫　言

莫言生于1955年2月17日，原名管谟业，祖籍山东高密，中国当代著名作家。北京师范大学文艺学硕士，北京师范大学教授。他自20世纪80年代中以一系列乡土作品崛起，充满着"怀乡"以及"怨乡"的复杂情感，被归类为"寻根文学"作家。2011年莫言荣获茅盾文学奖。2012年莫言荣获诺贝尔文学奖。其作品深受魔幻现实主义影响，写的是一出出发生在山东高密东北乡的“传奇”。《生死疲劳》和《蛙》这两部作品所具有的罕见的宗教情怀，使它们超越了中国作家同行，而进入了世界文学的行列。莫言的业绩，也使他当之无愧地获得了诺贝尔文学奖的殊荣。

秋天的一个早晨，潮气很重，杂草上，瓦片上都凝结着一层透明的露水。槐树上已经有了浅黄色的叶片，挂在槐树上的红锈斑斑的铁钟也被露水打得湿漉漉的。队长披着夹袄，一手里拤着一块高粱面饼子，一手里捏着一棵剥皮的大葱，慢吞吞地朝着钟下走。走到钟下时，手里的东西全没了，只有两个腮帮子象秋田里搬运粮草的老田鼠一样饱满地鼓着。他拉动钟绳，钟锤撞击钟壁，“噹噹噹”响成一片。老老少少的人从胡同里涌出来，汇集到钟下，眼巴巴地望着队长，象一群木偶。队长用力把食物吞咽下去，抬起袖子擦擦被络腮胡子包围着的嘴。人们一齐瞅着队长的嘴，只听到那张嘴一张开——那张嘴一张开就骂：“他娘的腿！公社里这些狗娘养的，今日抽两个瓦工，明日调两个木工，几个劳力全被他们给零打碎敲了。小石匠，公社要加宽村后的滞洪闸，每个生产队里抽调一个石匠，一个小工，只好你去了。”队长对着一个高个子宽肩膀的小伙子说。

小石匠长得很潇洒，眉毛黑黑的，牙齿是白的，一白一黑，衬托得满面英姿。他把脑袋轻轻摇了一下，一绺滑到额头上的头发轻轻地甩上去。他稍微有点口吃地问队长去当小工的人是谁，队长怕冷似地把膀子抱起来，双眼象风车一样旋转着，嘴里嘈嘈地说：“按说去个妇女好，可妇女要拾棉花。去个男劳力又屈了料。”最后，他的目光停在墙角上。墙角上站着一个十岁左右的男孩子。孩子赤着脚，光着脊梁，穿一条又肥又长的白底带绿条条的大裤头子，裤头上染着一块块的污渍，有的象青草的汁液，有的象干结的鼻血。裤头的下沿齐着膝盖。孩子的小腿上布满了闪亮的小疤点。

“黑孩儿，你这个小狗日的还活着？”队长看着孩子那凸起的瘦胸脯，说：“我寻思着你该去见阎王了。打摆子好了吗？”

孩子不说话，只是把两只又黑又亮的眼睛直盯着队长看。他的头很大，脖子细长，挑着这样一个大脑袋显得随时都有压折的危险。

“你是不是要干点活儿挣几个工分？你这个熊样子能干什么？放个屁都怕把你震倒。你跟上小石匠到滞洪闸上去当小工吧，怎么样？回家找把小锤子，就坐在那儿砸石头子儿，愿意动弹就多砸几块，不愿动弹就少砸几块，根据历史的经验，公社的差事都是胡弄洋鬼子的干活。”

孩子慢慢地蹭到小石匠身边，扯扯小石匠的衣角。小石匠友好地拍拍他的光葫芦头，说：“回家跟你后娘要把锤子，我在桥头上等你。”

孩子向前跑了。有跑的动作，没有跑的速度，两只细胳膊使劲甩动着，象谷地里被风吹动着的稻草人。人们的目光都追着他，看着他光着的背，忽然都感到身上发冷。队长把夹袄使劲扯了扯，对着孩子喊：“回家跟你后娘要件褂子穿着，嗐，你这个小可怜虫儿。”

他趔腿蹽脚地走进家门。一个挂着两条清鼻涕的小男孩正蹲在院子里和着尿泥，看着他来了，便扬起那张扁乎乎的脸，奓煞着手叫：“可……可……抱……”黑孩弯腰从地上捡起一个浅红色的杏树叶儿，给后母生的弟弟把鼻涕擦了，又把粘着鼻涕的树叶象贴传单一样“巴唧”拍到墙上。对着弟弟摆摆手，他向屋里溜去，从墙角上找到一把铁柄羊角锤子，又悄悄地溜出来。小男孩又冲着他叫唤，他找了一根树枝，围着弟弟画了一个大大的圆圈，扔掉树枝，匆匆向村后跑去。他的村子后边是一条不算大也不算小的河，河上有一座九孔石桥。河堤上长满垂柳，由于夏天大水的浸泡，树干上生满了红色的须根。现在水退了，须根也干巴了。柳叶已经老了，桔黄色的落叶随着河水缓缓地向前漂。几只鸭子在河边上游动着，不时把红色的嘴插到水草中，“呱唧呱唧”地搜索着，也不知吃到什么没有。

孩子跑上河堤，已经累得气喘吁吁。凸起的胸脯里象有只小母鸡在打鸣。

“黑孩！”小石匠站在桥头上大声喊他，“快点跑！”

黑孩用跑的姿势走到小石匠跟前，小石匠看了他一眼，问：“你不冷？”

黑孩怔怔地盯着小石匠。小石匠穿着一条劳动布的裤子，一件劳动布夹克式上装，上装里套一件火红色的运动衫，运动衫领子耀眼地翻出来，孩子盯着领口，象盯着一团火。

“看着我干什么？”小石匠轻轻拨拉了一下孩子的头，孩子的头象货郎鼓一样晃了晃。“你呀”，小石匠说，“生被你后娘给打傻了。”

小石匠吹着口哨，手指在黑孩头上轻轻地敲着鼓点，两人一起走上了九孔桥。黑孩很小心地走着，尽量使头处在最适宜小石匠敲打的位置上。小石匠的手指骨节粗大，坚硬得象小棒槌，敲在光头上很痛，黑孩忍着，一声不吭，只是把嘴角微微吊起来。小石匠的嘴非常灵巧，两片红润的嘴唇忽而嘬起，忽而张开，从他唇间流出百灵鸟的婉啭啼声，响，脆，直冲到云霄里去。

过了桥上了对面的河堤，向西走半里路，就是滞洪闸，滞洪闸实际上也是一座桥，与桥不同的是它插上闸板能挡水，拔开闸板能放洪。河堤的漫坡上栽着一簇簇蓬松的紫穗槐。河堤里边是几十米宽的河滩地，河滩细软的沙土上，长着一些大水落后匆匆生出来的野草。河堤外边是辽阔的原野，连年放洪，水里挟带的沙土淤积起来，改良了板结的黑土，土地变得特别肥沃。今年洪水不大，没有危及河堤，滞洪闸没开闸滞洪，放洪区里种植了大片的孟加拉国黄麻。黄麻长得象原始森林一样茂密。正是清晨，还有些薄雾缭绕在黄麻梢头，远远看去，雾下的黄麻地象深邃的海洋。

小石匠和黑孩悠悠逛逛地走到滞洪闸上时，闸前的沙地上已集合了两堆人。一堆男，一堆女，象两个对垒的阵营。一个公社干部拿着一个小本子站在男人和女人之间说着什么，他的胳膊忽而扬起来，忽而垂下去。小石匠牵着黑孩，沿着闸头上的水泥台阶，走到公社干部面前。小石匠说：“刘副主任，我们村来了。”小石匠经常给公社出官差，刘副主任经常带领人马完成各类工程，彼此认识。黑孩看着刘副主任那宽阔的嘴巴。那构成嘴巴的两片紫色嘴唇碰撞着，发出一连串音节：“小石匠，又是你这个滑头小子！你们村真他妈的会找人，派你这个笊篱捞不住的滑蛋来，够我淘的啦。小工呢？”

孩子感到小石匠的手指在自己头上敲了敲。

“这也算个人？”刘副主任捏着黑孩的脖子摇晃了几下，黑孩的脚跟几乎离了地皮。“派这么个小瘦猴来，你能拿动锤子吗？”刘副主任虎着脸问黑孩。

“行了，刘副主任，刘太阳。社会主义优越性嘛，人人都要吃饭。黑孩家三代贫农，社会主义不管他谁管他？何况他没有亲娘跟着后娘过日子，亲爹鬼迷心窍下了关东，一去三年没个影，不知是被熊瞎子舔了，还是被狼崽子吹了。你的阶级感情哪儿去了？”小石匠把黑孩从刘太阳副主任手里拽过来，半真半假地说。

黑孩被推搡得有点头晕。刚才靠近刘副主任时，他闻到了那张阔嘴里喷出了一股酒气。一闻到这种味儿他就恶心，后娘嘴里也有这种味。爹走了以后，后娘经常让他拿着地瓜干子到小卖铺里去换酒。后娘一喝就醉，喝醉了他就要挨打，挨拧，挨咬。

“小瘦猴！”刘副主任骂了黑孩一句，再也不管他，继续训起话来。

黑孩提着那把羊角铁锤，蔫儿古唧地走上滞洪闸。滞洪闸有一百米长，十几米高，闸的北面是一个和闸身等长的方槽，方槽里还残留着夏天的雨水。孩子站在闸上，把着石栏杆，望着水底下的石头，几条黑色的瘦鱼在石缝里笨拙地游动。滞洪闸两头连结着高高的河堤，河堤也就是通往县城的道路。闸身有五米宽，两边各有一道半米高的石栏杆。前几年，有几个骑自行车的人被马车搡到闸下，有的摔断了腿，有的摔折了腰，有的摔死了。那时候他比现在当然还小，但比现在身上肉多，那时候父亲还没去关东，后娘也不喝酒。他跑到闸上来看热闹，他来得晚了点，摔到闸下的人已被拉走了，只有闸下的水槽里还有几团发红发浑的地方。他的鼻子很灵，嗅到了水里飘上来的血腥味……

他的手扶住冰凉的白石栏杆，羊角锤在栏杆上敲了一下，栏杆和锤子一齐响起来。倾听着羊角铁锤和白石栏杆的声音，往事便从眼前消散了。太阳很亮地照着闸外大片的黄麻，他看到那些薄雾匆匆忙忙地在黄麻里钻来钻去。黄麻太密了，下半部似乎还有间隙，上半部的枝叶挤在一起，湿漉漉，油亮亮。他继续往西看，看到黄麻地西边有一块地瓜地，地瓜叶子紫勾勾地亮。黑孩知道这种地瓜是新品种，蔓儿短，结瓜多，面大味道甜，白皮红瓤儿，煮熟了就爆炸。地瓜地的北边是一片菜园，社员的自留地统统归了公，队里只好种菜园。黑孩知道这块菜园和地瓜都是五里外的一个村庄的，这个村子挺富。菜园里有白菜，似乎还有萝卜。萝卜缨儿绿得发黑，长得很旺。菜园子中间有两间孤独的房屋，住着一个孤独的老头，孩子都知道。菜园的北边是一望无际的黄麻。菜园的西边又是一望无际的黄麻。三面黄麻一面堤，使地瓜地和菜地变成一个方方的大井。孩子想着，想着，那些紫色的叶片，绿色的叶片，在一瞬间变成井中水，紧跟着黄麻也变成了水，几只在黄麻梢头飞蹿的麻雀变成了绿色的翠鸟，在水面上捕食鱼虾……

刘副主任还在训话。他的话的大意是，为了农业学大寨，水利是农业的命脉，八字宪法水是一法，没有水的农业就象没有娘的孩子，有了娘，这个娘也没有奶子，有了奶子，这个奶子也是个瞎奶子，没有奶水，孩子活不了，活了也象那个瘦猴。(刘副主任用手指指着闸上的黑孩。黑孩背对着人群，他脊梁上有两块大疤瘌，被阳光照得忽啦忽啦打闪电)而且这个闸太窄，不安全，年年摔死人，公社革委特别重视，认真研究后决定加宽这个滞洪闸。因此调来了全公社各大队共合二百余名民工。第一阶段的任务是这样的，姑娘媳妇半老婆子加上那个瘦猴(他又指指闸上的孩子，阳光照着大疤瘌，象照着两面小镜子)，把那五百方石头砸成柏子养心丸或者是鸡蛋黄那么大的石头子儿。石匠们要把所有的石料按照尺寸剥磨整齐。这两个是我们的铁匠(他指着两个棕色的人，这两个人一个高，一个低，一个老，一个少)，负责修理石匠们秃了尖的钢钻子之类。吃饭嘛，离村近的回家吃，离村远的到前边村里吃，我们开了一个伙房。睡觉嘛，离村近的回家睡，离村远的睡桥洞(他指指滞洪闸下那几十个桥洞)。女的从东边向西睡，男的从西边向东睡。桥洞里铺着麦秸草，暄得象钢丝床，舒服死你们这些狗日的。

“刘副主任，你也睡桥洞吗？”

“我是领导。我有自行车。我愿意在这儿睡不愿意在这儿睡是我的事，你别操心烂了肺。官长骑马士兵也骑马吗？狗日的，好好干，每天工分不少挣，还补你们一斤水利粮，两毛水利钱，谁不愿干就滚蛋。连小瘦猴也得一份钱粮，修完闸他保证要胖起来……”

刘副主任的话，黑孩一句也没听到。他的两根细胳膊拐在石栏杆上，双手夹住羊角锤。他听到黄麻地里响着鸟叫般的音乐和音乐般的秋虫鸣唱。逃逸的雾气碰撞着黄麻叶子和深红或是淡绿的茎杆，发出震耳欲聋的声响。蚂蚱剪动翅羽的声音象火车过铁桥。他在梦中见过一次火车，那是一个独眼的怪物，趴着跑，比马还快，要是站着跑呢？那次梦中，火车刚站起来，他就被后娘的扫炕笤帚打醒了。后娘让他去河里挑水。笤帚打在他屁股上，不痛，只有热乎乎的感觉。打屁股的声音好象在很远的地方有人用棍子抽一麻袋棉花。他把扁担钩儿挽上去一扣，水桶刚刚离开地皮。担着满满两桶水，他听到自己的骨头“咯崩咯崩”地响。肋条跟胯骨连在了一起。爬陡峭的河堤时，他双手扶着扁担，摇摇晃晃。上堤的小路被一棵棵柳树扭得弯弯曲曲。柳树干上象装了磁铁，把铁皮水桶吸得摇摇摆摆。树撞了桶，桶把水撒在小路上，很滑，他一脚踏上去，象踩着一块西瓜皮。不知道用什么姿势他趴下了，水象瀑布一样把他浇湿了。他的脸碰破了路，鼻子尖成了一个平面，一根草梗在平面上印了一个小沟沟。几滴鼻血流到嘴里，他吐了一口，咽了一口。铁桶一路欢唱着滚到河里去了。他爬起来，去追赶铁桶。两个桶一个歪在河边的水草里，一个被河水载着向前漂。他沿着水边追上去，脚下长满了四个棱的他和一班孩子们称之为“狗蛋子”的野草。尽管他用脚指头使劲扒着草根，还是滑到了河里。河水温暖，没到了他的肚脐。裤头湿了，漂起来，围在他的腰间，象一团海蜇皮。他呼呼隆隆淌着水追上去，抓住水桶，逆着水往回走。他把两只胳膊奓煞开、一只手拖着桶，另一只手一下一下划着水。水很硬，顶得他趔趔趄趄。他把身体斜起来，弓着脖子往前用力。好象有一群鱼把他包围了，两条大腿之间有若干温柔的鱼嘴在吻他。他停下来，仔细体会着，但一停住，那种感觉顿时就消逝了。水面忽地一暗，好象鱼群惊惶散开。一走起来，愉快的感觉又出现了，好象鱼儿又聚拢过来。于是他再也不停，半闭着眼睛，向前走啊，走……

“黑孩！”

“黑孩！”

他猛然惊醒，眼睛大睁开，那些鱼儿又忽地消失了。羊角铁锤从他手中挣脱了，笔直地钻到闸下的绿水里，溅起了一朵白菊花一样的水花。

“这个小瘦猴，脑子肯定有毛病。”刘太阳上闸去，拧着黑孩的耳朵，大声说：“过去，跟那些娘们砸石子去，看你能不能从里边认个干娘。”

小石匠也走上来，摸摸黑孩凉森森的头皮，说：“去吧，去摸上你的锤子来。砸几块，算几块，砸够了就耍耍。”

“你敢偷奸磨滑我就割下你的耳朵下酒。”刘太阳张着大嘴说。

黑孩哆嗦了一下。他从栏杆空里钻出去，双手勾住最下边一根石杆，身子一下子挂在栏杆下边。

“你找死！”小石匠惊叫着，猫腰去扯孩子的手。黑孩往下一缩，身体贴在桥墩菱状突出的石棱上，轻巧地溜了下去。黑孩子贴在白桥墩上，象粉墙上一只壁虎。他哧溜到水槽里，把羊角锤摸上来，然后爬出水槽，钻进桥洞不见了。

“这小瘦猴！”刘太阳摸着下巴说，“他妈的这个小瘦猴！”

黑孩从桥洞里钻出来，畏畏缩缩地朝着那群女人走去。女人们正在笑骂着。话很脏，有几个姑娘夹杂在里边，想听又怕听，脸儿一个个红扑扑的象鸡冠子花。男孩黑黑地出现在她们面前时，她们的嘴一下子全封住了。愣了一会儿，有几个咬着耳朵低语，看着黑孩没反应，声音就渐渐大了起来。

“瞧瞧，这个可怜样儿！都什么节气了还让孩子光着。”

“不是自己腚里养出来的就是不行。”

“听说他后娘在家里干那行呢……”

黑孩转过身去，眼睛望着河水，不再看这些女人。河水一块红一块绿，河南岸的柳叶象蜻蜓一样飞舞着。

一个蒙着一条紫红色方头巾的姑娘站在黑孩背后，轻轻地问：“哎，小孩，你是哪个村的？”

黑孩歪歪头，用眼角扫了姑娘一下。他看到姑娘的嘴上有一层细细的金黄色的茸毛，她的两眼很大，但由于眼睫毛太多，毛茸茸的，显出一副睡眼惺忪的样子。

“小孩，你叫什么名字？”

黑孩正和沙地上一棵老蒺藜作战，他用脚指头把一个个六个尖或是八个尖的蒺藜撕下来，用脚掌去捻。他的脚象螺马的硬蹄一样，蒺藜尖一根根断了，蒺藜一个个碎了。

姑娘愉快地笑起来：“真有本事，小黑孩，你的脚象挂着铁掌一样。哎，你怎么不说话？”姑娘用两个手指戳着孩子的肩头说：“听到了没有，我问你话呢！”

黑孩感觉到那两个温暖的手指顺着他的肩头滑下去，停到他背上的伤疤上。

“哎，这，是怎么弄的？”

孩子的两个耳朵动了动。姑娘这才注意到他的两耳长得十分夸张。

“耳朵还会动，哟，小兔一样。”

黑孩感觉到那只手又移到他的耳朵上，两个指头在捻着他漂亮的耳垂。

“告诉我，黑孩，这些伤疤，”姑娘轻轻地扯着男孩的耳朵把他的身体调转过来，黑孩齐着姑娘的胸口。他不抬头，眼睛平视着，看见的是一些由红线交叉成的方格，有一条梢儿发黄的辫子躺在方格布上。“是狗咬的？生疮啦？上树拉的？你这个小可怜……”

黑孩感动地仰起脸来，望着姑娘浑圆的下巴。他的鼻子吸了一下。

“菊子，想认个干儿吗？”一个脸盘肥大的女人冲着姑娘喊。

黑孩的眼睛转了几下，眼白象灰蛾儿扑楞。

“对，我就叫菊子，前屯的，离这儿十里，你愿意说话就叫我菊子姐好啦。”姑娘对黑孩说。

“菊子，是不是看上他了？想招个小女婿吗？那可够你熬的，这只小鸭子上架要得几年哩……”

“臭老婆，张嘴就喷粪。”姑娘骂着那个胖女人。她把黑孩牵到象山岭一样的碎石堆前，找了一块平整的石头摆好，说，“就坐在这儿吧，靠着我，慢慢砸。”她自己也找了一块光滑石头，给自己弄了个座位，靠着男孩坐下来。很快，滞洪闸前这一片沙地上，就响起了“噼噼啪啪”的敲打石头声。女人们以黑孩为话题议论着人世的艰难和造就这艰难的种种原因，这些“娘儿们哲学”里，永恒真理羼杂着胡说八道，菊子姑娘一点都没往耳里入，她很留意地观察着孩子。黑孩起初还以那双大眼睛的偶然一瞥来回答姑娘的关注，但很快就象入了定一样，眼睛大睁着，也不知他看着什么，姑娘紧张地看着他。他左手摸着石头块儿，右手举着羊角锤，每举一次都显得筋疲力竭，锤子落下时好象猛抛重物一样失去控制。有时姑娘几乎要惊叫起来，但什么也没发生，羊角铁锤在空中划着曲里拐弯的轨迹，但总能落到石头上。

黑孩的眼睛本来是专注地看着石头的，但是他听到了河上传来了一种奇异的声音，很象鱼群在唼喋，声音细微，忽远忽近，他用力地捕捉着，眼睛与耳朵并用，他看到了河上有发亮的气体起伏上升，声音就藏在气体里。只要他看着那神奇的气体，美妙的声音就逃跑不了。他的脸色渐渐红润起来，嘴角上漾起动人的微笑。他早忘记了自己坐在什么地方干什么，仿佛一上一下举着的手臂是属于另一个人的。后来，他感到右手食指一阵麻木，右胳膊也不由自主地抽搐了一下。他的嘴里突然迸出了一个音节，象哀叫又象叹息。低头看时，发现食指指甲盖已经破成好几半，几股血从指甲破缝里渗出来。

"小黑孩，砸着手了是不？"姑娘耸身站起，两步跨到孩子面前蹲下，"亲娘哟，砸成了什么样子？哪里有象你这样干活的？人在这儿，心早飞到不知哪国去了。"

姑娘数落着黑孩。黑孩用右手抓起一把土按在砸破的手指上。

"黑孩，你昏了？土里什么脏东西都有！"姑娘拖起黑孩向河边走去，孩子的脚板很响地扇着油光光的河滩地。在水边上蹲下，姑娘抓住孩子的手浸到河水里。一股小小的黄浊流在孩子的手指前形成了。黄土冲光后，血丝又渗出来，象红线一样在水里抖动，孩子的指甲象砸碎的玉片。

"痛吗？"

他不吱声。这时候他的眼睛又盯住了水底的河虾，河虾身体透亮，两根长须冉冉飘动，十分优美。

姑娘掏出一条绣着月季花的手绢，把他的手指包起来。牵着他回到石堆旁，姑娘说："行了，坐着耍吧，没人管你，冒失鬼。"

女人们也都停下了手中的锤子，把湿漉漉的目光投过来，石堆旁一时很静。一群群绵羊般的白云从青蓝蓝的天上飞奔而过，投下一团团稍纵即逝的暗影，时断时续地笼罩着苍白的河滩和无可奈何的河水。女人们脸上都出现一种荒凉的表情，好象寸草不生的盐碱地。待了好长一会儿，她们才如梦初醒，重新砸起石子来，锤声寥落单调，透出了一股无可奈何的情绪。

黑孩默默地坐着，目不转睛地看着手绢上的红花儿。在红花旁边又有一朵花儿出现了，那是指甲里的血渗出来了。女人们很快又忘了他，"嘎嘎咕咕"地说笑起来。黑孩把伤手举起来放在嘴边，用牙齿咬开手绢的结儿，又用右手抓起一把土，按到伤指上。姑娘刚要开口说话，却发现他用牙齿和右手又把手绢扎好了。她长长地叹了一口气，举起锤子，沉重地打在一块酱红色的石片上。石片很坚硬，石棱儿象刀刃一样，石棱与锤棱相接，碰出了几个很大的火星，大白天也看得清。

中午，刘副主任骑着辆乌黑的自行车从黑孩和小石匠的村子里窜出来。他站在滞洪闸上吹响了收工哨。他接着宣布，伙房已经开火，离家五里以外的民工才有资格去吃饭。人们匆匆地收拾着工具。姑娘站起来。孩子站起来。

"黑孩，你离家几里？"

黑孩不理她，脑袋转动着，象在寻找什么。姑娘的头跟着黑孩的头转动，当黑孩的头不动了时，她也把头定住，眼睛向前望，正碰上小石匠活泼的眼睛，两人对视了几十秒钟。小石匠说：“黑孩，走吧，回家吃饭，你不用瞪眼，瞪眼也是白瞪眼，咱俩离家不到二里，没有吃伙房的福份。”

“你们俩是一个村的？”姑娘问小石匠。

小石匠兴奋地口吃起来，他用手指指村子，说他和黑孩就是这村人，过了桥就到了家。姑娘和小石匠说了一些平常但很热乎的话。小石匠知道了姑娘家住前屯，可以吃伙房，可以睡桥洞。姑娘说，吃伙房愿意，睡桥洞不愿意。秋天里刮秋风，桥洞凉。姑娘还悄悄地问小石匠黑孩是不是哑巴。小石匠说绝对不是，这孩子可灵性哩，他四五岁时说起话来就象竹筒里晃豌豆，咯崩咯崩脆。可是后来，话越来越少，动不动就象尊小石像一样发呆，谁也不知道他寻思着什么。你看看他那双眼睛吧，黑洞洞的，一眼看不到底。姑娘说看得出来这孩子灵性，不知为什么我很喜欢他，就象我的小弟弟一样。小石匠说，那是你人好心眼儿善良。

小石匠、姑娘、黑孩儿，不知不觉落到了最后边，他和她谈得很热乎，恨不得走一步退两步。黑孩跟在他俩身后，高抬腿、轻放脚，那神情和动作很象一只沿着墙边巡逻的小公猫。在九孔桥上，刚刚在紫穗槐树丛里耽误了时间的刘太阳骑着车子“嘎嘎啦啦”地赶上来，桥很窄，他不得不跳下车子。

“你们还在这儿磨蹭？黑猴，今天上午干得怎么样？噢，你的爪子怎么啦？”

“他的手让锤子打破了。”

“他妈的。小石匠，你今天中午就去找你们队长，让他趁早换人，出了人命我可担不起。”

“他这是公伤，你忍心撵他走？”姑娘大声说。

“刘副主任，咱俩多年的老交情了，你说，这么大个工地，还多这么个孩子？你让他瘸着只手到队里去干什么？”小石匠说。

“瘦猴儿，真你妈的，”刘太阳沉吟着说，“给你调个活儿吧，给铁匠炉拉风匣，怎么样？会不会？”

孩子求援似地看看小石匠，又看看姑娘。

“会拉，是不是黑孩？”小石匠说。

姑娘也冲着他鼓励地点点头。

【思考练习题】

1. 解读文中主要人物形象，分析其特征。
2. 分析文中所表达的思想感情。
3. 结合莫言其他作品，分析莫言的艺术风格。

两个朋友

莫泊桑

莫泊桑(1850—1893)是世界文坛三大“短篇小说之王”之一。他出生于法国西南部诺曼底省的一个破落贵族家庭，童年时代受母亲的影响，培养了浓厚的文学兴趣；青年时代师承福楼拜，掌握了很高的写作技巧。1880 年发表的短篇小说《羊脂球》使他一举成名。从此，莫泊桑“像流星一样进入文坛”，在短短的 10 年之间，为世人留下了丰厚的文学遗产。有中短篇小说 300 余篇，长篇小说 6 部，此外还有诗集、游记、戏剧和相当数量的评论文章。莫泊桑从青年时代起，就患有多种疾病，1890 年精神失常，1893 年逝世，年仅 43 岁。

巴黎被包围了，挨饿了，并且已经在苟延残喘了。各处的屋顶上看不见什么鸟雀，水沟里的老鼠也稀少了。无论什么大家都肯吃。

莫利梭先生，一个素以修理钟表为业而因为时局关系才闲住在家的人，在一月里的某个晴天的早上，正空着肚子，把双手插在自己军服的裤子口袋里，愁闷地沿着环城大街闲荡，走到一个被他认做朋友的同志跟前，他立刻就停住了脚步。那是索瓦日先生，一个常在河边会面的熟人。在打仗以前，每逢星期日一到黎明，莫利梭就离家了，一只手拿着一根钓鱼的竹竿，背上背着一只白铁盒子。从阿让德衣镇乘火车，在哥隆白村跳下，随后再步行到马郎德洲。一下走到了这个在他视为梦寐不忘的地方，他就动手钓鱼，一直钓到黑夜为止。每逢星期日，他总在这个地方遇见一个很胖又很快活的矮子，索瓦日先生，罗累圣母堂街的针线杂货店老板，也是一个醉心钓鱼的人。他们时常贴紧地坐着消磨上半天的功夫，手握着钓竿，双脚悬在水面上；后来他们彼此之间发生了友谊。

有时候他们并不说话，有时候他们又谈天了；不过既然有相类的嗜好和相同的趣味，尽管一句话不谈，也是能够很好地相契的。

在春天，早上 10 点钟光景，在恢复了青春热力的阳光下，河面上浮动着一片随水而逝的薄雾，两个钓鱼迷的背上也感到暖烘烘的。这时候，莫利梭偶尔也对他身边的那个人说：“嘿！多么和暖！”索瓦日先生的回答是：“再没有比这更好的了。”于是这种对话就够得教他们互相了解和互相推重了。

在秋天，傍晚的时候，那片被落日染得血红的天空，在水里扔下了绯霞的倒影，染红了河身，地平线上像是着了火，两个朋友的脸儿也红得像火一样，那些在寒风里微动的黄叶像是镀了金，于是索瓦日先生在微笑中望着莫利梭说道：“多好的景致！”那位惊异不置的莫利梭两眼并不离开浮子就回答道：“这比在环城马路上好多了，嗯？”

这一天，他们彼此认出之后，就使劲地互相握了手，在这种异样的环境里相逢，大家都是有感慨的。索瓦日先生叹了一口气低声说：“变故真不少哟！”莫利梭非常抑郁，哼着气说：“天气倒真好！今儿是今年第一个好天气！”

天空的确是蔚蓝的和非常晴朗的。

他们开始肩头靠着肩头走起来，大家都在那里转念头，并且都是愁闷的。莫利梭接着说：“钓鱼的事呢？嗯！想起来真有意思！”

索瓦日先生问：“我们什么时候再到那儿去？”

他们进了一家小咖啡馆一块儿喝了一杯苦艾酒；后来，他们又在人行道上散步了。

莫利梭忽然停住了脚步：“再来一杯吧，嗯？”索瓦日先生赞同这个意见：“遵命。”他们又钻到另一家卖酒的人家去了。

出来的时候，他们都很有醉意了，头脑恍惚得如同饿了的人装了满肚子酒一样。天气是暖的，一阵和风拂得他们脸有点儿痒。

那位被暖气陶醉了的索瓦日先生停住脚步了：“到哪儿去？”

“什么地方？”

“钓鱼去啊，自然。”

“不过到什么地方去钓？”“就是到我们那个沙洲上去。法国兵的前哨在哥隆白村附近。我认识杜木兰团长，他一定会不费事地让我们过去的。”莫利梭高兴得发抖了：“算数。我来一个。”于是他们分了手，各自回家去取他们的器具。

一小时以后，他们已经在城外的大路上肩头靠着肩头走了。随后，他们到了那位团长办公的别墅里。他因为他们的要求而微笑了，并且同意他们的新鲜花样。他们带着一张通行证又上路了。

不久，他们穿过了前哨，穿过了那个荒芜了的哥隆白村，后来就到了好些向着塞纳河往下展开的小葡萄园的边上了。这时候大约是11点钟。

对面，阿让德衣镇像是死了一样。麦芽山和沙诺山的高峰俯临四周的一切。那片直达南兑尔县的平原是空旷的，全然空旷的，有的只是那些没有叶子的樱桃树和灰色的荒田。索瓦日先生指着那些山顶低声慢气地说：“普鲁士人就在那上面！”于是一阵疑虑教这两个朋友对着这块荒原不敢提步了。

普鲁士人！他们却从来没有瞧见过，不过好几个月以来，他们觉得普鲁士人围住了巴黎，蹂躏了法国，抢劫杀戮，造成饥馑，这些人是看不见的和无所不能的。所以，他们对于这个素不相识却又打了胜仗的民族本来非常憎恨，现在又加上一种带迷信意味的恐怖了。

莫利梭口吃地说：“说呀！倘若我们撞见了他们？”索瓦日先生带着巴黎人惯有的嘲谑态度回答道：“我们可以送一份炸鱼给他们吧。”

不过，由于整个视界全是沉寂的，他们因此感到胆怯，有点不敢在田地里乱撞了。

末了，索瓦日先生打定了主意：“快点向前走吧！不过要小心。”于是他们就从下坡道儿到了一个葡萄园里面，弯着腰，张着眼睛，侧着耳朵，在地上爬着走，利用一些矮树掩护了自己。

现在，要走到河岸，只须穿过一段没有遮掩的地面就行了。他们开始奔跑起来，一到岸边，他们就躲到了那些枯了的芦苇里。

莫利梭把脸贴在地面上，去细听附近是否有人行走。他什么也没有听见。显然他们的确是单独的，完全单独的。

他们觉得放心了，后来就动手钓鱼。

在他们对面是荒凉的马郎德洲，在另一边河岸上遮住了他们。从前在洲上开饭馆的那所小的房子现在关闭了，像是已经许多年无人理睬了。

索瓦日先生得到第一条鲈鱼，莫利梭钓着了第二条，随后他们时不时地举起钓竿，就在钓丝的头子上带出一条泼刺活跃的银光闪耀的小动物：真的，这一回钓是若有神助的。他们郑重地把这些鱼放在一个浸在他们脚底下水里的很细密的网袋里了。一阵甜美的快乐透过他们的心上，世上人每逢找到了一件久已被人剥夺的嗜好，这种快乐就抓住了他们。

晴朗的日光，在他们的背上洒下了它的暖气。他们不去细听什么了，不去思虑什么了。不知道世上其他的事了，他们只知道钓鱼。

但是突然间，一阵像是从地底下出来的沉闷声音教地面发抖了。大炮又开始像远处打雷似地响起来了。

莫利梭回过头来，他从河岸上望见了左边远远的地方，那座瓦雷良山的侧影正披着一簇白的鸟羽样的东西，那是刚刚从炮口喷出来的硝烟。

立刻第二道烟又从这炮台的顶上喷出来了；几秒钟之后，一道新的爆炸声又怒吼了。

随后好些爆炸声接续而来，那座高山一阵一阵散发出它那种死亡的气息。吐出它那些乳白色的蒸气——这些蒸气从从容容在宁静的天空里上升，在山顶之上堆成了一层云雾。索瓦日先生耸着双肩说："他们现在又动手了。"

莫利梭正闷闷地瞧着他钓丝上的浮子不住地往下沉，忽然他这个性子温和的人，对着这帮如此残杀的疯子发起火来了，他愤愤地说："像这样自相残杀，真是太蠢了。"

索瓦日先生回答道："真不如畜生。"

莫利梭正好钓着了一条鲤鱼，高声说道："可以说凡是有政府在世上的时候，一定都要这样干的。"

索瓦日先生打断了他的话："共和国就不会宣战了……"

莫利梭岔着说："有帝王，向国外打仗；有共和国，向国内打仗。"

后来他们开始安安静静讨论起来，用和平而智慧有限的人的一种稳健理由，辨明政治上的大问题，结果彼此都承认人是永远不会自由的。然而瓦雷良山的炮声却没有停息，用炮弹摧毁了好些法国房子，捣毁了好些生活，压碎了好些生命，结束了许多梦想，许多在期待中的快乐，许多在希望中的幸福，并且在远处，其他的地方，贤母的心上，良妻的心上，爱女的心上，制造好些再也不会了结的苦痛。

"这就是人生！"索瓦日先生高声喊着。

"您不如说这就是死亡吧。"莫利梭带着笑容回答。

不过他们都张皇地吃了一惊，明显地觉得他们后面有人走动；于是转过眼来一望，就看见贴着他们的肩站着四个人，四个带着兵器，留着胡子，穿着仆人制服般的长襟军服，戴着平顶军帽的大个子，用枪口瞄着他们的脸。

两根钓竿从他们手里滑下来，落到河里去了。

几秒钟之内，他们都被捉住了，绑好了，抬走了，扔进一只小船里了，末了渡到了那个沙洲上。

在当初那所被他们当做无人理落的房子后面，他们看见了二十来个德国兵。

一个浑身长毛的巨灵样的人骑在一把椅子上面，吸着一枝长而大的瓷烟斗，用地道的法国话问他们："喂，先生们，你们很好地钓了一回鱼吧？"于是一个小兵在军官的脚跟前，放下了那只由他小心翼翼地带回来的满是鲜鱼的网袋。那个普鲁士人微笑地说："嘿！嘿！我明白这件事的成绩并不坏。不过另外有一件事。你们好好地听我说，并且不要慌张。我想你们两个人都是被人派来侦探我们的奸细。我现在捉了你们，就要枪毙你们。你们假装钓鱼，为的是可以好好地掩护你们的计划。你们现在已经落到我手里了，活该你们倒运；现在是打仗呀。"

"不过你们既然从前哨走得出来，自然知道回去的口令，把这口令给我吧，我赦免你们。"

两个面无人色的朋友靠着站在一处，四只手因为一阵轻微的神经震动都在那里发抖，他们一声也不响。

那军官接着说："谁也不会知道这件事，你们可以太太平平地走回去。这桩秘密就随着你们失踪了。倘若你们不答应，那就非死不可，并且立刻就死。你们去选择吧。"

他们依然一动不动，没有开口。

那普鲁士人始终是宁静的，伸手指着河里继续又说："你们想想吧，五分钟之后你们就要到水底下去了。五分钟之后！你们应当都有父母妻小吧！"

瓦雷良山的炮声始终没有停止。

两个钓鱼的人依然站着没有说话。那个德国人用他的本国语言发了命令。随后他挪动了自己的椅子，免得和这两个俘虏过于接近；随后来了 12 个兵士，立在相距二十来步远近的地方，他们的枪都是靠脚放下的。

军官接着说："我限你们一分钟，多一两秒钟都不行。"

随后，他突然站起来，走到那两个法国人身边，伸出了胳膊挽着莫利梭，把他引到了远一点的地方，低声向他说：

"快点，那个口令呢？你那个伙伴什么也不会知道的，我可以装做不忍心的样子。"

莫利梭一个字也不回答。

那普鲁士人随后又引开了索瓦日先生，并且对他提出了同样的问题。

索瓦日先生没有回答。

他们又靠紧着站在一处了。

军官发了命令。兵士们都托起了他们的枪。

这时候，莫利梭的眼光偶然落在那只盛满了鲈鱼的网袋上面，那东西依然放在野草里，离他不过几步儿。

一道日光使得那一堆还能够跳动的鱼闪出反光。于是一阵悲伤教他心酸了，尽管极力镇定自己，眼眶里已经满是眼泪。

他口吃地说："永别了，索瓦日先生。"

索瓦日先生回答道："永别了，莫利梭先生。"

他们互相握过了手，不由自主地浑身发抖了。

军官喊道："放！"

12 枝枪合做一声响了。

索瓦日先生一下就向前扑做一堆了，莫利梭个子高些，摇摆了一两下，才侧着倒在他伙伴身上，脸朝着天，好些沸腾似的鲜血，从他那件在胸部打穿了的短襟军服里面向外迸出来。

德国人又发了好些新的命令。

他的那些士兵都散了，随后又带了些绳子和石头过来，把石头系在这两个死人的脚上；随后，他们把他们抬到了河边。瓦雷良山的炮声并没有停息，现在，山顶罩上了一座"烟山"。

两个兵士抬着莫利梭的头和脚。另外两个，用同样的法子抬着索瓦日先生。这两个尸身来回摇摆了一会儿，就被远远地扔出去了，先在空中画出一条曲线，随后如同站着似地往水里沉，石头拖着他们的脚先落进了水里。

河里的水溅起了，翻腾了，起了波纹了，随后，又归于平静，无数很细的涟漪都达到了岸边。

一点儿血浮起来了。

那位神色始终泰然的军官低声说："现在要轮到鱼了。"随后他重新向着房子那面走去。

忽然他望见了野草里面那只盛满了鲈鱼的网袋，于是拾起它仔细看了一会，他微笑了，高声喊道："威廉，来！" 一个系着白布围腰的兵士跑了过来。这个普鲁士人把这两个枪毙了的人钓来的东西扔给他，一面吩咐："趁这些鱼还活着，赶快给我炸一炸，味道一定很鲜。"

随后，他又抽着他的烟斗了。

(本文选自《莫泊桑短篇小说选》，人民文学出版社)

【思考练习题】

1．文章以"朋友"为题，包含什么样的内涵？

2．简要分析这一篇文章的主题思想。

3．小说描写了普法战争的一个场景，试分析作品中主人公的命运和结尾两位主人公所钓之鱼的命运。

文海拾贝

我国古代小说的产生与发展

"小说"这个名称，在我国是一个发展的概念，在不同的历史时期有着不同的内涵。小说的起源，比它的名称的出现要早得多。鲁迅说，我们祖先劳动休息时，"亦必要寻一种事情以消遣闲暇"(《中国小说的历史的变迁》)。原始社会我们祖先集体口头创作的神话就是小说的胚胎和萌芽。

两千多年前，庄子第一次在《外物篇》中提出"小说"这一名称，但它指的是一种浅薄琐屑的言论，并不具有文体的意义。东汉初，桓谭在《新论》里称小说是"合残丛小语"而写成的短书，从他举的实例看，这种"短书"乃指丛杂的著作，如寓言、杂记之类。班固《汉书·艺文志》将"小说家"陈于诸子之列，于是有了正式称为"小说"的作品。班固所说的小说，是"稗官"依道听途说的"街谈巷语"而造出来的，大多是指民间故事传说，即野史、杂记一类的东西。魏晋南北朝时期，小说受到了文人和高层统治者的重视，史书载曹植曾"日诵俳优小说千言"(《三国志》裴松之注引《魏略》)。又据传《列异传》的编写与好读志怪小说的曹丕有关。南朝刘义庆有《小说》十卷，殷芸有《小说》三十卷(《隋书·经籍志》注)，这时还有数量不少的志怪、志人小说。魏晋南北朝时期中国小说空前繁荣，但这时期的小说，就规模、文体来看，也还不过是一些笔记小品而已。

至唐代，小说的发展发生了很大的变化。明胡应麟说："变异之谈，盛于六朝，然多是传录舛讹，未必尽设幻语；至唐人乃作意好奇，假小说以寄笔端。"(《少室山房笔丛》卷三十六)"作意好奇"，即有意识地虚构富于传奇性的故事情节，它标志着以前"小说"中所孕育的种种小说因素，到这时才形成为独立的、具有近代意义的小说体裁。虽然在传统观念中，传奇小说仍被视为非正统的东西，但是传奇在唐代特定的社会经济、文化条件下，取得了思想和艺术上的卓越成就。与此同时，唐代在民间流行的"市人小说"和其他讲唱文学(包括俗讲和变文等)，从内容到形式对后世白话小说和创作影响也很大，例如白行简的传奇《李娃传》，就是根据民间流传的"一枝花话"改写而成的。唐代的"市人小说"与用文言写的传奇不同，是用当时的口语写的，可惜没有作品传下来。另外敦煌写卷中有一种照着图画讲唱佛经故事和历史故事的变文，一些动人作品都富于幻想、情节生动，为后来的话本文学的产生准备了条件。

到宋代，随着商品经济的发展和市民阶层的壮大，白话小说增多了，出现了"话本"。北宋孟元老的《东京梦华录》、南宋耐得翁的《都城纪胜》、吴自牧的《梦粱录》、周密的《武林旧事》等都生动记录了宋代"说话"的盛况。说话的范围分为小说(又名银字儿)、讲史、讲经、合生(或说诨话)四家。从传下的"小说"与"讲史"看，前者属于短篇，不少取材于当时的市民生活，大约有四五十种；后者属于长篇，讲历史故事，今存八种。讲历史故事因为情节长，一次讲不完，就在每次结束时留下个"扣子"，以吸引听众继续来听，这就是后来长篇章回小说的起源。

宋元话本的出现，是中国小说史的又一变迁，它在艺术上初步确立了中国古代白话小说的民族传统和民族特色。第一，话本故事性强，有头有尾，情节生动曲折，颇具吸引力；第二，它善于通过语言、行动表现人物性格，而很少作静态的心理描写；第三，它受唐代俗讲和变文的影响，常常加进"有诗为证"之类的诗词韵语，变换作品的艺术表现方式，加强了小说的表现力；第四，它语言通俗质朴，风格清新明快，具有浓厚的民间文学气息。宋元话本从思想到艺术都开拓了新的领域，把中国小说的发展推向了新的高峰。它是后世白话小说的直接源头，明代小说就是在宋元话本的基础上获得巨大发展的。如《三国演义》、《水浒传》、《西游记》、《封神演义》等就与宋元话本《三国志平话》、《大宋宣和遗事》、《大唐三藏取经诗话》、《武王伐纣平话》等有着极为密切的渊源关系。在宋元"说话"风气和宋元话本的影响下，明中叶后，一些文人和书商热衷于搜集、整理话本，甚至模拟话本的形式，创作了大量的短篇白话小说，著名的"三言"、"二拍"作为它们的代表，集中地反映出这方面的盛况。

明代小说的主流是白话小说，它的繁荣不仅是对前代小说，尤其是宋元话本的直接继承，而且为清代小说高峰的形成准备了充分的条件。

单元写作训练

短篇小说的写作

高尔基在《和青年作家谈话》中指出："一开始就写大部头的长篇小说，是一个非常笨拙的办法……学习写作应该从短篇小说入手，西欧和我国所有最杰出的作家几乎都是这样的，因为短篇小说用字精练，材料容易合理安排，情节清楚，主题明确。”

怎样写作短篇小说呢？

一、充分准备，打好基础。写作短篇小说与写作中、长篇小说一样，在写作前必须进行充分的准备。首先，在执笔写小说之前，必须具有一定的思想修养和生活积累。其次，读过较多的文艺作品，喜爱文学创作，有一定的文艺修养和文艺理论的基础常识。所以，我们要学习写作小说，必须从思想、生活、技巧各个方面下苦功，打下坚实的基础。当然，对这个问题的认识不能绝对化。这并不是说，我们要等思想、生活、技巧三关都完全过好之后再进行创作。不少青年作者的经验说明，初学写作者就是要勇于创作实践，写是最好的基本训练。不要怕失败，失败是成功之母。小说创作和其他文体的写作一样，没有什么捷径，小说的技巧只有自己从多次实践中逐步摸索出来。别人的技巧，只能作借鉴，创作还是要靠自己。

二、认识生活，熟悉人物。创作需要生活，对生活不熟悉，不理解，就无法反映和表现生活。社会生活是文学艺术的源泉，人是社会诸关系的总和，只有熟悉、理解社会生活，才能熟悉、理解各类人物。不熟悉、不理解各类人物，就无法进行以塑造人物形象为中心的小说写作。茅盾在谈他怎样开始小说创作时说：“我是真实地去生活、经验了动乱中国的最复杂的人生的一幕，终于得了幻灭的悲哀，人生的矛盾，在消沉的心情下，孤寂的生活中，而尚受生活执着的支配，想要以我的生命力的余烬从别方面在这迷乱灰色的人生内发一星微光，于是我开始创作了。我不是为的要做小说，然后去经验人生。”他还说：“好管闲事是我们做小说的人最要紧的事，你要去听，要去问。”(《创作的准备》)因此，一个小说作者应像阿·托尔斯泰说的那样：“他溶化在生活洪流之中，溶化在集体之中；他是一个参加者。”

小说写作需要的生活不是指日常生活、饮食男女之类，能成为小说素材的“生活”，至少应该有三个条件：一是具有较鲜明、生动的形象；二是具有独特性；三是具有一定的思想内涵。因此，当作者在观察生活的时候，无论对人物、对故事、对环境，都应从上述三点出发，勇敢地扬弃那些琐屑的、纷纷扰扰的“流水账”，抓住真正有用的写作素材，渗透作者的思想、感情，使生活素材逐渐变成自己的东西。

三、严格选材，深入开掘。1931 年，沙汀和艾芜写信给鲁迅，请教短篇小说的题材问题。鲁迅回信说：“只要所写的是可以成为艺术品的东西，那就无论他所描写的是什么事情，所使用的是什么材料，对于现代以及将来一定是有贡献的意义的。两位是可以各就自己现在能写的题材，动手来写的。不过选材要严，开掘要深，不可将一点琐屑的没有意思的事故，便填成一篇，以创作丰富自乐。”高尔基也说过：“在短篇小说中，正如在机器上一样，不应该有一个多余的螺丝钉，尤其不应该有多余的零件。”这就告诉我们，写短篇小说必须严格选择题材，深入开掘。那么，短篇小说怎样进行题材的选择和主题的开掘呢？

短篇小说的选材要做到：

(一)撷新去陈，根据时代需要选材。短篇小说的题材是没有什么限制的，凡是人类涉足的领域、产生的事件，都可以经过选择作为作品的题材。但是，从美学价值和社会意义来考虑，我们就必须撷新去陈，尽量选择我们这个时代、这个社会所需要的题材来写。

(二)以小见大，根据体裁特点选材。短篇小说这种体裁的形式特点，要求作者不能像写长篇小说那样写人生的纵剖面，而必须写人生的横断面。就像是横着锯断一棵树，察看年轮可以知道树龄一样，短篇小说虽写人生中的一角、一段，也就可以窥见整个人生。鲁迅、茅盾、巴金等作家为了在短篇小说中反映他们所处的时代，在写作短篇小说时，都是选取主人公人生道路上的某一段作为题材的。因此，有经验的小说家在谈创作经验时就指出，创作短篇小说必须善于“截取”、“选择”。如王蒙在《谈短篇小说的创作技巧》中就说过，短篇小说构思的很重要的一点就是要“从广阔的、浩如烟海的生活事件里，选定你要下手的部位。它可能是一个精彩的故事，它可能是一个给人留下了深刻印象的人物，它可能是一个美好的画面，它也可能是深深埋在你的心底的一点回忆，一点情绪，一点印象，而且你自己还一时说不清楚。这个过程叫作从大到小，从面到点，你必须选择这样一个‘小’，否则，你就无从构思、无从下笔，就会不知道自己写什么。”

(三)扬长避短，根据自己生活选材。一般来说，作者应该写自己熟悉的题材。因为这些题材是在自己的生活中积累的大量素材的基础上提炼出来的，写起来容易驾驭，而且能写得生动、深刻。当代小说家中的佼佼者大多是从写自己生活经历中的人和事开始走上小说创作道路的。 选材是短篇小说写作中的第一个重要的环节。选材的目的在于从大量的素材中选取可以写入小说中的题材——生活中有典型意义的片断。要达到这个目的，我们必须具有从纷纭的生活现象中“捕捉”题材的能力。这种“捕捉”生活中有典型意义的片断的能力，对于小说创作极为重要。茅盾在他的《短篇小说选集后记》中指出：“在横的方面，如果对于社会生活的各样环节茫然无知；在纵的方面，如果对于社会生活的发展方向看不清，那么，你就很少可能在繁复的社会现象中，恰好地选取了最有代表性，即具有深刻的思想的一事一物，作为短篇小说的题材。”所以，短篇小说在选材时，不能只着眼于事件的故事性和吸引力，而要着眼于把生活的侧面、片断放到整个时代的背景上去考察，要把握住社会的“纵”的和“横”的两个方面，善于从平凡的日常生活现象中捕捉住不平凡的东西，从而由时代和社会的一角反映出时代和社会的全貌，使读者从生活海洋中的一朵浪花看出奔腾澎湃的大海。

对于短篇小说题材的“开掘”——主题的提炼，同样要十分重视。“几乎在所有的情况下，作家心中首先想到的总是小说的主题，或者说思想内容。他构思小说的情节是为了表达这一主题，创造人物也是围绕着这一主题。好的小说总是有一个好的主题的。”([英]《小说家的技巧》)衡量一篇小说的美学价值，重要的并不是看题材本身，而是看作者对于题材所开掘的思想的深度——主题提炼的程度。所谓开掘，就是要深入发掘生活素材所蕴含的本质意义的东西。作者对生活素材的本质意义开掘得越深入，主题思想就越深刻，作品的教育作用也就越大，美学价值也就更高。所以说，一篇没有好的主题的小说，是无法登上大雅之堂的。

“一个文学作家应当走的‘创作过程’的道路，是和社会科学家研究过程的道路相反的。”“社会科学家把那些现象比较分析，达到了结论；文学作家却是从那些活生生的人身上——从他们相互的关系上，看明了某种现象，用艺术手段来‘说明’它，如果作家有的是正确的眼光，深入的眼光，则他虽不作结论而结论自在其中了。”(《茅盾论创作》，第 466 页)因此，小说作者的分析工作是与自己对人物、事件的观察、感受，对生活的体验、理解结合在一起的，这种分析是理性的，但是它是融化在形象思维中的。

许多小说作者的创作实践告诉我们，有的作品的主题是在人物之前产生的，而有的主题是在有了人物之后才确定的。例如茅盾创作《春蚕》，是先有了主题，“其次便是处理人物，构造故事。”(《我怎样写〈春蚕〉》)而王蒙说他的许多短篇小说并不是先有了主题然后再去写的。他说：“《夜的眼》是什么先行呢？是感觉先行，感受先行，是对城市夜景的感受先行。这里头有我个人的感觉，但又不全都是。《夜的眼》就是写一个长期在农村、在边远地区的人对大城市、对我们生活的感受。”王蒙又说：“《夜的眼》还有一个主题，这也是我在最近才明确的，就是写了我们生活中的转机。所谓‘转机’，充满了艰难，充满着历史的负担，但又开始有了新的东西，大有希望。《夜的眼》里既有负担，又有希望；既有伤痕，又有跨越伤痕向前进的努力；既有思索，又有感受；既有想不清的地方，又有相当清楚的地方。我觉得《夜的眼》里包含的东西是比较多的。”(《漫话小说创作》)

总之，我们对小说的材料必须深入开掘，对主题必须刻苦提炼。而在构思时、写作中，是不能将主题提炼、人物刻画割裂开来的。可以是主题先行，也可以是人物先行，还可以是感受先行。而且，主题可以是一个，也可以是几个，即写成多主题的小说。

四、刻画人物，塑造典型。人物的刻画和典型的塑造，是小说写作中最重要的工作。茅盾指出：“典型性格的刻画，永远是艺术创造的中心问题。”

怎样才能写出典型的人物形象呢？我们当然要充分运用叙述、描写、议论和抒情等等表达方法，采用比喻、象征、夸张、拟人等修辞手段，使人物生动、形象，活灵活现，栩栩如生。但是，仅仅这样还是很不够的。小说写作与一般记叙文写作的一个重要的不同之处，就在于小说要进行艺术概括，运用虚构、想象的典型化方法刻画人物性格，从而创造出具有个性的又体现时代精神、社会性特征的典型形象。为此，就“必须使现象典型化。应该把微小而有代表性的事物写成巨大的和典型的事物——这就是文学的任务。”(高尔基《和青年作家们的谈话》)

典型化的基本规律就是个性和共性的高度统一，使“每个人都是典型，但同时又是一定的单个人”。这就要求我们努力实现恩格斯提出的要求：“现实主义的意思是，除了细节的真实外，还要真实地再现典型环境中的典型性格人物(《马克思、恩格斯选集》第四卷，人民出版社，1972 版第 462 页)。”

在写作中，小说人物典型化的具体方法有两种。

第一种，以生活中的某一个原型为主，加以概括、想象和虚构，从而创造出典型人物。例如，鲁迅的《狂人日记》中的狂人，原型是他的一个表兄弟。鲁迅结合平时对黑暗社会的多方见闻，改造了这个疯人形象的内容，赋予人物以深刻的社会意义，从而塑造出了狂人这个艺术典型。

第二种，在广泛地集中、概括众多人物的基础上塑造出典型人物。这就是鲁迅说的“杂取种种人，合成一个”的方法。巴尔扎克在谈人物塑造时指出：“为了塑造一个美丽的形象，就取这个模特儿的手，取另一个模特儿的脚，取这个的胸，取那个的骨。艺术家的使命就是把生命灌注到所塑造的人体里去把描绘变成现实。如果他只是想去临摹一个现实的女人，那么他的作品就不能引起人们的兴趣，读者干脆就会把这未加修饰的真实扔到一边去。”

鲁迅笔下的人物大多是这样的。他说：“所写的事迹，大抵有一点见过或听到过的缘由，但绝不全用这一事实，只是采取一端，加以改造，或生发开去，到足以几乎完全发表我的意思为止。人物的模特儿也一样，没有专用过一个人，往往嘴在浙江，脸在北京，衣服在山西，是一个拼凑起来的角色。”(《我怎么做起小说来》)

有许多优秀的短篇小说作品，其中的人物都是指不出生活原型的。这种作品中的典型人物形象的塑造，可以说比用某一原型塑造人物形象更为困难，然而，一个真正的小说作者是必须掌握这种塑造典型人物形象的方法的。 以上两种塑造人物的典型化方法，有时可以在一个作品中同时运用，即可以用一种方法塑造某一人物形象，而用另一种方法塑造另外的人物形象。

在刻画小说人物时，还应注意以下三个问题。

(一)小说中的人物和真实人物不同。他是作者虚构的，而这种虚构的人物来自小说作者的心灵之中，是融有作者的血肉、灵魂、性格、气质的“臆造”的人物。小说中的人物生活在小说的国度里，这个国度是一个叙述者与创造者合而为一的世界。英国小说家福斯特在《小说面面观》中指出：小说人物在人生中的五项主要活动——出生、饮食、睡眠、爱情和死亡等方面，都有不同于真实人物的特点。只要他了解他们透彻入理，只要他们是他的创作物，他就有权要怎么写就怎么写。这就说明：小说人物由于是作者展开想象，通过虚构创造的，因此他不同于生活中的真实人物。

(二)小说人物与作者自我之间是一种既矛盾又统一的关系。莫泊桑在《谈小说创作》中告诉我们：作者写的不管是什么人物，“我们所表现的终究是我们自己”，“我们要使人物个个不同，就只有改变他们的年龄、性别、社会地位和我们‘自我’的生活情况，这‘自我’是大自然用不可越逾的器官限制所形成的。”要使读者在我们用来隐藏“自我”的各种面具下不能把这“自我”辨认出来，这才是巧妙的手法。

同时，莫泊桑又指出：我们作者“如果对人物进行了充分的观察，我们就难免相当准确地确定他们的性格，以便能预见他们在各种不同情况下的行动方式，如果我们能够说，一个具有这样性格的人，在这样的情况下会做出这样的事，但绝不能由此得出这样的结论：我们能够一个个地确定人物自己的非我们所有的思想中的一切最隐蔽的活动，那些与我们不同的本能所产生的一切神秘的希求，他那器官、神经、血液、肌肤和与我们特殊的体质所决定的暧昧的冲动。”这就是说：作者根据自己的艺术构思塑造着人物，但人物却对作者保持着相对的独立性；作者三番五次地进行艺术构思，修改自己的人物性格，要人物活起来站起来，是典型又是个性；人物性格一旦形成，一旦活起来站起来，他就要顽强地按照他的社会地位、生活环境、思想性格、个人气质来思考、说话、做事、行动，抒发内心情绪。这时候，他常常要跟他的作者发生争执，提醒作者应该怎样描写他。在这样的情况下，作者的笔就只好顺着人物自身的行动进行写作。当然，这种情况是只有在进行认真、深刻的艺术构思后才会出现，草率从事是写不出真正的小说人物的。

(三)小说人物的个性特征需要通过真实的细节描写体现出来。在小说写作中，细节描写对人物的个性化具有头等重要的意义。真实的典型的细节首先是行动方面的，也可以是语言方面的，或者是心理活动方面的，以及其他方面的。作家刘真从创作中体会到：“作品中的细节，就像活人身上的细胞，是艺术作品的灵魂，所谓作品的高度，深度，是由它的细部来决定的”。“一个细节很难构成一篇小说，可它常常是一篇小说的引线或基础。”(《首先要攻下的难关》)

学习小说写作，一定要下功夫寻找这样的细节——看似无所谓却有重要意义的细节。因为典型环境中的典型性格，正是由许多适当而具有力的典型细节来完成的。唯有把许多有典型意义的细节有机地贯穿起来，组织起来，才能达到从典型环境中描写典型性格的目的。

另外，有的作者还常常通过写人物小传分析人物性格。这种人物小传对作者掌握人物性格有一定帮助，初学者也可在习作小说时采用。

五、构思故事，安排情节。“故事是小说的基本面，没有故事就没有小说。这是所有小说都具有的最高要素。”(爱·摩·福斯特《小说面面观》)“小说家的技巧首先在于会说故事。”(伊丽沙白·鲍温《小说家的技巧》)

故事是什么呢？“故事是一些按时间顺序排列的事件的叙述——早餐后中餐，星期一后是星期二，死亡后腐烂等。就故事在小说中的地位而言，它只有一个优点：使读者想要知道下一步将发生什么。故事虽是最低下和最简陋的文学肌体，却是小说这种非常复杂肌体中的最高因素。”(爱·摩·福斯特，《小说面面观》，第22页)

然而，初学写作者必须了解，小说的故事和一般意义上的故事是有很大区别的。小说的故事都是虚构的，但是这种虚构——臆造，由于作者充分发挥了想象，并进行了巧妙的组织，读者会觉得比现实生活中的事件还要真实可信。当然，发挥想象构思故事绝对不是毫无根据地胡思乱想，胡编瞎造，而是以现实生活中的矛盾冲突作为构成作品情节的基础，从错综复杂的矛盾冲突和形形色色的生活事件中，选取最能展示人物性格的事件，经过提炼的加工改造的功夫，构成富有表现力的情节。这种提炼的加工改造，就是情节典型化的过程。它告诉我们：根据提炼出的主题，从人物性格出发虚构故事情节，这是小说构思的基本原则。学习写作小说必须懂得情节及其与故事的区别。情节是什么？爱·摩·福斯特指出：“情节是小说中较高级的一面”，“情节是小说的逻辑面”，“情节同样要叙述事件，只不过特别强调因果关系罢了。”(《小说面面观》)

传统小说的情节一般包括破题、开端、发展、高潮和结局等五个环节。当代小说的情节安排已经不受这些环节的限制。如有的没有破题，直接写开端；有的可在高潮中暗示结局。

在写作时，情节通常是由场面和线索构成的。场面，指小说中被处理在某一时间、某一地点的具体的矛盾冲突——人物之间的关系，它是比事件更为具体的生活画面。线索，指把人物活动贯穿起来完成情节发展的事物或事件。短篇小说多为一根情节线索，也有两根的，一是主线，一是次线；一是明线，一是暗线。 安排故事和情节需要使用“大纲”。一般来说，“大纲”包括：①主要人物表；②故事要点；③重要场面；④作品主题；⑤篇章结构。这样的“备忘录”式的大纲，虽然在实际写作时会有修改，但是它比没有大纲要好得多，尤其对初学写作小说的人更为重要。

六、精于首尾，善于叙述。一篇好的故事包含三个要素：一是必须简单；二是能引起读者广泛的兴趣；三是要有一个好的开头。所谓好的开头，不仅仅是个结构的问题，实际上是小说如何截取生活片断、恰当地“切入”的问题，是小说的总体构思的问题。好的开头必须直截了当，引进人物，展开故事。至于结尾，在短篇小说写作中同样重要。这是因为好的结尾可以提高和深化作品的思想意义，增强作品的感染力和艺术效果。优秀短篇小说的结尾，或给人以人生哲理的思索，或给人以希望和鼓舞，或使人掩卷深思。对于整个作品的叙述的技巧——写的技巧，同样要给予足够的重视。王蒙指出：“构思得差不多了，靠写。不仅仅是把想好的东西记录下来，固定下来。写，是创造的最重要的阶段。正是在写的过程中，你的思维活动、感情活动、内心活动才空前活跃起来。” 那么，怎样来叙写？可以像写章回体小说那样去叙写，也可以像书信那样去叙写；可以连贯性地叙写，也可以间断性地叙写，应该看到，短篇小说的叙写是十分自由的。

例文一

礼　　物

邹建平

她不停地朝候机室门口张望。飞机还有半小时就要起飞，她希望出现的人还没有出现。

她望着机场上空飘扬的五星红旗，脸上漾着幸福的红潮。她太幸运了，23 岁，成了公费留学生，眼下正要去异国学习西方工业经济。啊，“天之骄子”!在我们这个不富的国家里，又有多少人能得到这种特殊待遇呢?

临行，人们在为她干杯之后，又送来了各种礼物。然而，这些礼物没有一件能打动她的心，因为其中没有他送来的礼物。

她接到通知书那会儿，他正忙于一项设计，没时间和她多谈。这一别就是四年，临别前该有多少话要说呀，可他只说“我送你一件礼物”。

“也许，这会儿他正为我挑选礼物哩！他会买什么呢？一只小毛狗，他知道我是属狗的。一支金笔？不，他几乎每年送我一支。一条漂亮的裙子？没多大意思……”她心神不定地瞎猜。

他来了。离飞机起飞只有五分钟。

“让我好等！我还以为你不来了呢。”她有些委屈地涨红了脸。

“我……在家里找一样东西。”

“找什么?”

“送给你的礼物。”说着，他递给她一封信。

她接过信，要打开。“上飞机再看吧。或者，等飞离中国的时候。”他深情地看着她。

飞机离开了地面，送行的人和他都变成了小点。她拿出信，慢慢打开——她有些发愣：信封里装的竟是五张十元面值的国库券!

倏然间，她浑身涌起一股热流，不禁侧过身子，透过飞机的圆形舷窗，用刚才他看她的那种目光，望着即将离别的广袤的大地……

(选自《精短小说名篇赏析》(南海出版公司，1991 年版))

例文二

地　　毯

航　鹰

迟教授的专著终于出版了。他得了一笔数目不少的稿酬。

迟教授是一个潜心学术研究，缺乏生活能力的瘦老头子，自从老伴辞世以后，全靠我们几个研究生照顾了。为了给这笔难得的收入选择最佳消费方式，我们召开了几次“学术讨论会”。

迟先生家里该置的东西太多了，遭到“文革”洗劫后，家里财产几乎散尽。迟先生本人表示：“只能买最急需的物件，这东西一定要对写下一部书有好处。”

为此，我们提了一个又一个方案。但我们所提方案均遭迟先生本人否决。

我们催急了，他却一边拍着藤椅的扶手，一边望着天花板，长叹一声：“我的时间不多了……”

“那么，您到底想买什么呢?”

“我想了好久，好久了……先不告诉你们，跟我去买就是了。去，找行政科叫一辆日本工具车，费用在我的工资里扣除。”

我们好生纳闷，但知道问也没有用，只好叫来了汽车，陪他上街了。

遵他吩咐，车到百货大楼前停下。他目不旁视，径直走到电梯门口：“上！到最顶层。”顶层出售皮货、珠宝玉器、工艺品和地毯。他走到地毯旁边俯下身来，仔细打量标签上的尺码。然后，指着一块地毯说：“就买这个!”

我们几乎同声惊呼，又同时劝阻他：

“您家里什么新式家具也没有，买这么贵重的地毯干什么呢?”

“自有大用。这是钱，去交款吧!”

我接了钱，仍然不甘心地劝道：“就是买，也不用花这么多钱买这种厚地毯……”

“不不，就买厚的，薄了不管用。”

我们不好违背他的意愿，只好交了款，把地毯卷起来，抬上汽车回学校了。

到了他的宿舍楼前，我们把地毯抬到他住的二楼，等着他来开门。没想到他谢了司机，一边上楼梯一边挥手喊：“上楼，扛到三楼上去!”

“上三楼干什么?”

“听我的，上去就知道了。”

他来到自己房间正上方的三楼邻居家门外，轻轻地叩门，里面响声很大，看来没听见敲门声。他又使劲敲了几下，门才咿呀地打开了，露出青年男人的笑脸，原来是学校食堂的炊事员大戴。门虽只开了一条缝，屋里传来的高声喧笑已是震耳欲聋了。

“哟，是迟先生呀，别看咱们是楼上楼下的邻居，您可是稀客呀！快请进——”

迟先生欠欠身子说：“嗯……是这么回事，我早就想送你一件礼物，不成敬意。”

大戴脚底下打了一个踢踏舞的节拍，拍手笑着：“啊哈，听说您得了一大笔外快，邻居也跟着沾光啦！丽珠——看看谁来啦！还不快谢谢……”

忽然，他张大嘴巴说不下去了——我们把地毯扛进了屋里。

屋里有六七个男女青年，个个神采飞扬，满面红光，脑门儿冒着汗。被唤作丽珠的女主人娇喘吁吁地迎出来刚要道谢，一下子也愣住了。满屋子的人都像是被孙悟空的定身法定住了似的，顿时鸦雀无声，瞠目结舌地瞪着地毯。

女主人不好意思地说：“您的……心意我们领了。我们以后一定……”

迟先生拦住她的话头：“请赏脸，一定笑纳！快铺上，铺上!”

我们遵命打开地毯，主人夫妇欲来阻拦，迟先生正色说道：“这有什么呢？铺在你们家，和铺在我家一样嘛!”

回到二楼迟先生的房间，我们异口同声地怨他不该买地毯，更不该买了送人。

迟先生并不反驳，心满意足地仰坐在破藤椅上，望着天花板出神。听了一会儿，他笑道：“值得，再贵也值得!”又朝上一指，反问：“怎么是送给别人了呢？不是铺在我屋里的天花板上了吗?”

(选自《精短小说名篇赏析》(南海出版公司，1991年版))

写作训练

1．缩写《为奴隶的母亲》，要求把握住文章主题，刻画出人物的主要性格，字数不超过2000字。

2．以“往事”为主题构思一篇小说，形式自由选择，3000字以上。

【阅读参考书目】

1. 《山海经校译》，袁珂校译，上海古籍出版社，1985年版。
2. 《中国神话资料萃编》，袁珂、周明编，四川省社会科学院出版社，1985年版。
3. 《汉魏六朝小说选译》，滕云选译，上海古籍出版社，1986年版。
4. 《陶渊明诗文选》，李华选注，人民文学出版社，1978年版。
5. 《聊斋志异选》，张友鹤选注，人民文学出版社，1978年版。
6. 《镜花缘》，人民文学出版社，1979年版。
7. 《边城》，人民文学出版社，1987年版。
8. 《莫泊桑中短篇小说选》，人民文学出版社，1983年版。
9. 《沈从文小说选集》，人民文学出版社，1982年版。

第四单元 戏 剧

南吕·一枝花[1] 不伏老

关汉卿

关汉卿，号已斋叟，大都(今北京市)人。我国古代伟大的戏剧家，元代杂剧的奠基人。约生于13世纪初，卒于13世纪末。关汉卿地位低微，长期接触社会底层，对人民疾苦有深切的了解。他的作品多反映民族矛盾和阶级矛盾，揭露社会黑暗，表现人民的苦难和斗争，特别是对妇女的社会地位和命运更加关注。他一生从事杂剧创作和演出，写过杂剧六十五种，现存杂剧著作十八种，以《窦娥冤》、《单刀会》、《望江亭》、《救风尘》、《鲁斋郎》等最为著名。

[一枝花]攀出墙朵朵花，折临路枝枝柳[2]。花攀红蕊嫩[3]，柳折翠条柔[4]。浪子风流，凭着我折柳攀花手，直煞得花残柳败休[5]。半生来折柳攀花，一世里眠花卧柳。

[梁州第七]我是个普天下郎君领袖[6]，盖世界浪子班头。愿朱颜不改常依旧，花中消遣，酒内忘忧；分茶攧竹[7]，打马藏阄[8]，通五音六律滑熟[9]，甚闲愁到我心头。伴的是银筝女银台前理银筝笑倚银屏，伴的是玉天仙携玉手并玉肩同登玉楼，伴的是金钗客歌金缕捧金樽满泛金瓯[10]。你道我老也暂休，占排场风月功名首，更玲珑又剔透[11]。我是个锦阵花营都帅头[12]，曾玩府游州。

[隔尾]子弟每是个茅草岗沙土窝初生的兔羔儿乍向围场上走[13]，我是个经笼罩受索网苍翎毛老野鸡踏踏的阵马儿熟[14]。经了些窝弓冷箭镴枪头[15]，不曾落人后。恰不道“人到中年万事休”[16]，我怎肯虚度了春秋。

[尾]我是个蒸不烂煮不熟捶不扁炒不爆响珰珰一粒铜豌豆[17]，恁子弟谁教你钻入他锄不断斫不下解不开顿不脱慢腾腾千层锦套头[18]。我玩的是梁园月[19]，饮的是东京酒，赏的是洛阳花[20]，攀的是章台柳[21]。我也会吟诗，会篆籀[22]；会弹丝，会品竹[23]；我也会唱鹧鸪[24]，舞垂手[25]；会打围，会蹴踘[26]；会围棋，会双陆[27]。你便是落了我牙，歪了

我口，瘸了我腿，折了我手，天赐与我这几般儿歹症候，尚兀自不肯休[28]。则除是阎王亲自唤，神鬼自来勾，三魂归地府，七魄丧冥幽[29]，天哪，那其间才不向烟花路儿上走[30]！

【注释】

[1] 本文选自北京大学出版社，1998 年版，《中国文学史参考资料简编》。南吕一枝花：套数名，套数是由同一宫调的若干曲子按一定规则联缀而成的组曲。一般用第一支曲牌命名，故本套被称为“一枝花套”。

[2] “攀出……”二句：攀花折柳，喻狎妓。出墙花，喻妓女，叶绍翁《游园不值》“春色满园关不住，一枝红杏出墙来”。临路柳，亦喻妓女。

[3] 红蕊嫩：比喻妓女年轻貌美。

[4] 翠条柔：比喻妓女体态轻柔。

[5] 煞：同杀，此处有斗或弄的意思。煞得，弄得，弄到。

[6] 郎君领袖：意为花花公子的头领，与下文的“浪子班头”义同。

[7] 分茶攧竹：是当时妓院里的两种技艺。分茶，把茶均匀分注杯以待客。攧竹，指画竹。

[8] 打马藏阄：古时的两种博戏。打马，用掷骰子打马牌以决胜负。藏阄，猜测别人手中藏物的游戏。

[9] 五音六律：指音乐。五音指宫、商、角、徵、羽。六律即黄钟、太簇、姑洗、蕤宾、夷则、无射，为十二律中的阳声律。

[10] 金钗客句：金钗客，头上插戴金钗的人，指妓女。金缕，曲调名，唐代有《金缕衣》曲，词调《贺新郎》亦名《金缕曲》、《金缕歌》。金瓯，金杯，与金樽皆泛指贵重的酒杯。

[11] “你道……”三句：是假想一年轻风流子弟对“我”讲的话。意思是你老了，靠边去吧，已不能在风月场中充当主角，该让位给更玲珑剔透的年轻狎客了。占排场，指占据演戏的作场。风月功名，指风流韵事。玲珑剔透，伶俐机敏。

[12] 锦阵花营：即妇女群中。

[13] 子弟每句：意思是年轻狎客幼稚无知。子弟每，指上文假想的风流子弟。兔羔儿，兔崽子。乍，刚。围场，猎场。

[14] “我是……”句：以富有对付猎人经验的老野鸡自喻，说明它是风月场中的老手，胜过年轻的子弟们。苍翎毛，苍老的羽毛。阵马儿熟，有巧妙躲过猎马、应付捕猎的本领。

[15] 铁枪头：一作蜡枪头。

[16] 不道：不管。

[17] 铜豌豆：原是青楼勾栏中对老狎客的昵称，此处含有隐喻性格坚强的意思。

[18] 恁子弟句：恁，您，您们。锦套头，外表华美内藏奸险的圈套。

[19] 梁园：汉梁孝王在大梁营建兔园，日与宾客游乐其中，后世称梁园。这里泛指游乐场所。

[20] 洛阳花：古有洛阳牡丹甲天下之称。

[21] 章台柳：代指妓女。章台，汉代长安的街名，为妓女聚居之地。据传唐代诗人韩愈与一歌妓柳氏相爱，后韩宦游于外，置柳氏于长安，为他人所得。韩因思念而作词："章台柳，章台柳，昔日青青今在否？纵使长条似旧垂，也应攀折他人手。"

[22] 会篆籀：会写古字。篆籀，古代书体名。

[23] 弹丝品竹：演奏乐器。丝，指弦乐。品，这里是吹的意思。

[24] 鹧鸪：指"鹧鸪天"等曲调。

[25] 垂手：舞蹈名。

[26] 蹴鞠：古代踢球游戏。

[27] 双陆：一种类似下棋的博戏。

[28] 尚兀自：尚自，还自。

[29] 冥幽：阴间。

[30] 烟花路儿：指勾栏妓院。

【思考练习题】

1. 结合时代背景，分析这首曲子表达的内容是什么？
2. 分析这首曲子在艺术上的特点。
3. 解释加点的字。

(1) 盖世界浪子班头。

(2) 恰不道"人到中年万事休"。

(3) 我玩的是梁园月。

(4) 尚兀自不肯休。

张君瑞待月西厢记[1]
第三本　第二折

王实甫

王实甫，名德信，字实甫，一作实父，大都人，生卒年不详。主要创作活动约在元成宗元贞、大德年间，较关汉卿稍晚，与关汉卿一样也是由金入元的杰出的元杂剧作家。据贾仲明吊词《凌波仙》介绍，王实甫在当时就享有盛名，又曾混迹青楼，与杂剧演员、歌伎们往来。所作杂剧十四种，现仅存《西厢记》、《丽春堂》、《破窑记》三种，及《芙蓉亭》、《贩茶船》各一折；其代表作为中外驰名的《西厢记》。从现存剧目看，他擅长写"儿女风情"，剧作多以青年女性反抗封建礼教为题材。曲词清丽华美、风格优雅委婉，颇具抒情诗的韵味。他是中国戏曲史上文采派的重要代表。

(旦上，云)红娘伏侍老夫人，不得空，偌早晚[2]敢待来也。起得早了些儿，困思上来，我再睡些儿咱。(睡科)(红上，云)奉小姐言语，去看张生，因伏侍老夫人，未曾回小姐话去。不听得声音，敢又睡哩！我入去看一遭。(红唱)

【中吕·粉蝶儿】风静帘闲，透纱窗麝兰香散，启朱扉摇响双环。绛台[3]高，金荷[4]小，银釭[5]犹灿。比及[6]将暖帐轻弹，先揭起这梅红罗[7]软帘偷看。

【醉春风】则见他钗亸玉横斜[8]，髻偏云乱挽。日高犹自不明眸[9]，畅好是[10]懒、懒。(旦做起身长叹科)(红唱)半晌抬身，几回搔耳，一声长叹。

(红云)我待便将简帖儿[11]与他，恐俺小姐有多少假处[12]哩。我则将这简帖儿放在妆盒儿上，看他见了说甚么。(旦做照镜科，见帖看科)(红唱)

【普天乐】晚妆残，乌云亸[13]，轻匀了粉脸，乱挽起云鬟。将简帖儿拈，把妆盒儿按，开拆封皮孜孜看[14]，颠来倒去不害心烦。(旦怒叫)红娘！(红做意[15]云)呀！决撒[16]了也！(红唱)厌的[17]早扢皱[18]了黛眉。(旦云)小贱人，不来怎么！(红唱)忽的波[19]低垂了粉颈，氲的[20]呵改变了朱颜。

(旦云)小贱人，这东西那里将来的？我是相国的小姐，谁敢将这简帖来戏弄我？我几曾惯看这等东西？告过夫人，打下你个小贱人下截来。(红云)小姐使将我去，他著我将来。我不识字，知他写著甚么？(红唱)

【快活三】分明是你过犯[21]，没来由把我摧残；使别人颠倒恶心烦[22]。你不"惯"，谁曾"惯"？

(红云)姐姐休闹，比及你对夫人说呵，我将这简帖儿去夫人行出首[23]去来。(旦做揪住红科，云)我逗你耍来。(红云)放手，看打下下截来！(旦云)张生近日如何？(红云)我则不说。(旦云)好姐姐，你说与我听咱！(红唱)

【朝天子】张生近间，面颜，瘦得来实难看。不思量茶饭，怕见动弹；晓夜将佳期盼，废寝忘餐。黄昏清旦[24]，望东墙淹泪眼。(旦云)请个好太医看他症候[25]咱。(红云)他症候吃药不济。(红唱)病患、要安，则除是出几点风流汗。

(旦云)红娘，不看你面时，我将与老夫人，看他有何面目见夫人！虽然我家亏他，只是兄妹之情，焉有外事。红娘，早是你口稳哩，若别人知呵，甚么模样。(红云)你哄著谁哩！你把这个饿鬼弄的他七死八活，却要怎么？(红唱)

【四边静】怕人家调犯[26]，"早共晚夫人见些破绽，你我何安"。问甚么他遭危难[27]？撺断[28]得上竿，掇[29]了梯儿看。

(旦云)将描笔儿过来，我写将去回他，著他下次休是这般。(旦做写科)，(起身科，云)红娘，你将去说："小姐看望先生，相待兄妹之礼如此，非有他意。再一遭儿是这般呵，必告夫人知道。"和你个小贱人都有说话。(旦掷书，下)(红唱)

【脱布衫】小孩儿家口没遮拦[30]，一迷的[31]将言语摧残。把似[32]你使性子，休思量秀才，做多少好人家风范[33]。

(红做拾书科，唱)

【小梁州】他为你梦里成双觉后单，废寝忘餐。罗衣不奈五更寒，愁无限，寂寞泪阑干[34]。

【幺篇】似这等辰勾[35]空把佳期盼，我将这角门儿[36]世不曾[37]牢拴，则愿你做夫妻无危难。我向这筵席头上整扮[38]，做一个缝了口的撮合山[39]。

(红云)我若不去来，道我违拗他，那生又等我回报，我须索走一遭。(下)(末上，云)那书倩红娘将去，未见回话。我这封书去，必定成事。这早晚敢待来也。(红上，云)须索回张生话去。小姐，你性儿太惯得娇了！有前日的心，那得今日的心来？(唱)

【石榴花】当日个晚妆楼上杏花残[40]，犹自怯衣单，那一片听琴心清露月明间。昨日个向晚，不怕春寒，几乎险被先生馔[41]。那其间岂不胡颜[42]？为一个不酸不醋风魔汉，隔墙儿险化做了望夫山。

【斗鹌鹑】你用心儿拨雨撩云[43]，我好意儿传书寄简。不肯搜[44]自己狂为，则待要觅别人破绽。受艾焙权[45]时忍这番，畅好是奸。(云)“张生是兄妹之礼，焉敢如此！”(唱)对人前巧语花言；(云)没人处便想张生，(唱)背地里愁眉泪眼。

(红见末科)(末起云)小娘子来了？擎天柱[46]，大事如何了也？(红云)不济事了，先生休傻。(末云)小生简帖儿是一道会亲的符箓[47]，则是小娘子不用心，故意如此。(红云)我不用心？有天哩！你那简帖儿好听！(唱)

【上小楼】这的是先生命悭[48]，须不是红娘违慢。那简帖儿倒做了你的招状，他的勾头[49]，我的公案。若不是觑面颜[50]，厮[51]顾盼，担饶[52]轻慢。(云)先生受罪，理之当然。贱妾何辜？(唱)争些儿[53]把你娘拖犯[54]。

(末云)小姐几时能相会一面？(红唱)

【幺篇】从今后相会少，见面难。月暗西厢，凤去秦楼[55]，云敛巫山[56]。你也赸[57]，我也赸，请先生休讪[58]，早寻个酒阑人散[59]。

(红云)只此，再不必申诉足下肺腑。怕夫人寻，我回去也。(末云)小娘子此一遭去，再著谁与小生分剖？必索做一个道理，方可救得小生一命。(末跪下，揪住红科)(红云)张先生是读书人，岂不知此意，其事可知矣。(唱)

【满庭芳】你休要呆里撒奸[60]。你待要恩情美满，却教我骨肉摧残。老夫人手执着棍儿摩挲[61]看，粗麻线怎透得针关[62]。直待我拄著拐帮闲钻懒[63]，缝合唇送暖偷寒[64]。(云)待去呵，小姐性儿撮盐入火[65]。(唱)消息儿踏著泛[66]；(云)待不去呵——(末跪，哭云)小生这一个性命，都在小娘子身上。(红唱)禁不得你甜话儿热趱[67]，好著我两下里做人难。

(红云)我没来由分说，小姐回与你的书，你自看者。(末接科，开读科，云)呀，有这场喜事！撮土焚香，三拜礼毕。早知小姐简至，理合远接，接待不及，勿令见罪！小娘子，和[68]你也欢喜。(红云)怎么？(末云)小姐骂我都是假。书中之意，著我今夜花园里来，和他“哩也波，哩也啰”[69]。(红云)你读书我听。(末云)是四句诗：“待月西厢下，迎风户半开。隔墙花影动，疑是玉人来。”(红云)怎么见得他著你来？你解与我听咱。(末云)“待月西厢下”。著我月上来。“迎风户半开”，他开门待我。“隔墙花影动，疑是玉人来”，著我跳过墙来。(红笑云)他著你跳过墙来，你做下来[70]。端的有此说么？(末云)俺是个猜诗谜的社家[71]，风流隋何，浪子陆贾[72]。我那里有差的勾当？(红云)你看我姐姐，在我行也使这般道儿[73]。(唱)

【耍孩儿】几曾见寄书的颠倒瞒著鱼雁[74]，小则小心肠儿转关[75]。写著道“西厢待月”等得更阑，著你跳东墙“女”字边“干”[76]。原来那诗句儿里包笼著三更枣[77]，简帖儿里埋伏著九里山[78]。他著紧处将人慢，恁会云雨闹中取静，我寄音书忙里偷闲。

【四煞】纸光明玉板[79]，字香喷麝兰，行儿边湮透非春汗？一缄情泪红犹湿，满纸春愁墨未干。从今后休疑难，放心波玉堂学士[80]，稳情取金雀鸦鬟[81]。

【三煞】他人行别样的亲，俺跟前取次看[82]，更做道孟光接了梁鸿案[83]。别人行甜言美语三冬暖，我跟前恶语伤人六月寒[84]。我为头儿看，看你个离魂倩女[85]，怎发付掷果潘安[86]。

(末云)小生读书人，怎跳得那花园过也？(红唱)

【二煞】隔墙花又低，迎风户半拴，偷香手段今番按[87]。怕墙高怎把龙门跳[88]，嫌花密难将仙桂攀[89]。放心去，休辞惮；(云)你若不去呵，(唱)望穿他盈盈秋水[90]，蹙损他淡淡春山[91]。

(末云)小生曾到那花园里，已经两遭，不见那好处。这一遭，知他又怎么？

(红云)如今不比往常。(唱)

【煞尾】你虽是去了两遭，我敢道不如这番。你那隔墙酬和都胡侃[92]，证果[93]的是今番这一遭。(红下)

(末云)万事自有分定，谁想小姐有此一场好处。小生是猜诗谜的社家，风流隋何，浪子陆贾，到那里扢扎帮[94]便倒地。今日颓天百般的难得晚。天！你有万物于人，何故争此一日？疾下去波！读书继晷[95]怕黄昏，不觉西沉强掩门；欲赴海棠花下约，太阳何苦又生根？(看天云)呀，才晌午也！再等一等。(又看科)今日万般的难得下去也呵。碧天万里无云，空劳倦客身心，恨杀鲁阳贪战[96]，不教红日西沉。呀，却早倒西也，再等一等咱。无端三足乌[97]，团团光烁烁；安得后羿[98]弓，射此一轮落！谢天地，却早日下去也！……呀，却早发擂[99]也！……呀，却早撞钟也！拽上书房门，到得那里，手挽着垂杨，滴流扑[100]跳过墙去。(下)

【注释】

[1] 本文选自人民文学出版社，2002 年版，《中国古代文学作品选》。《张君瑞待月西厢记》也作《崔莺莺待月西厢记》，简称《西厢记》。写书生张珙与相国小姐崔莺莺在普救寺一见钟情，他们不顾封建势力的阻挠，挣脱礼教的束缚，经过曲折的斗争，终于在侍女红娘的帮助下，私下结合。崔母发现后，立逼张珙上京应考，于是两人被迫分离，直到张珙考中归来，两人才团圆。这部作品在我国古代戏剧中成就最高，流传最广。

[2] 偌早晚：这时候。偌，这。

[3] 绛台：烛台。绛，红色，这里指红烛。

[4] 金荷：烛台上承烛泪的铜碟，形似荷叶。

[5] 银釭：灯，这里指烛光。

[6] 比及：未及。

[7] 梅红罗：紫红色的绫罗。

[8] 钗亸玉横斜：玉钗斜坠下来。亸，下垂。玉，指玉钗。

[9] 不明眸：不肯睁开眼睛。

[10] 畅好是：正是，真是。

[11] 简帖儿：书信。

[12] 假处：装模作样。此后莺莺嗔简、掷书，一如红娘所料，盖于平时早已熟知其性情。

[13] 乌云亸：发髻斜坠。

[14] 孜孜：仔细注视的样子。

[15] 做意：故意造作的装出某种表情、姿态或动作。

[16] 决撒：拆穿、败露、被识破。

[17] 厌的：厌恶的样子。

[18] 扢皱：这里指皱眉。

[19] 忽的波：突然的。波：衬字，无义。

[20] 氲的：脸上泛起了红晕，此处含有恼怒、嗔怪的意思。。

[21] 过犯：过失。

[22] 使别人颠倒恶心烦：到反使别人懊恼。别人，红娘自指。颠倒，反倒。

[23] 出首：检举别人的犯罪行为。

[24] 清旦：清晨。

[25] 症候：疾病。

[26] 调犯：说闲话、嘲讽、作弄、讥讽之意。

[27] 问甚么他遭危难：承上文说，既然莺莺口头上说的正经，又何必管张生的病症呢？

[28] 撺断：怂恿，唆使。

[29] 掇：搬走。

[30] 没遮拦：乱闯。这里指说话不顾轻重，脱口而出，不加检点。

[31] 一迷的：一味。

[32] 把似：假如。把似……休……，是元代语法的“取舍复句”，类似现代汉语中“与其……不如……”的句式，因此也可以作与其讲。

[33] 风范：模样。

[34] 泪阑干：泪水纵横的样子。

[35] 辰勾：即水星，古人认为它很不容易看见。

[36] 角门儿：旁门。

[37] 世不曾：从来不曾，长时间没有。

[38] 整扮：打扮整齐。

[39] 撮合山：媒人的别称。

[40] 杏花残：指春末夏初。

[41] 先生馔：《论语·为政》：“有酒食，先生馔。”原意是学生应取酒食供养老师，这里带有调笑性质，意思是说莺莺几乎被张生吞下去了。

[42] 胡颜：丢脸，羞愧无颜。

[43] 拨雨撩云：即挑逗、勾引之意。就是常以云雨喻指男女欢会。

[44] 搜：检查、自责。

[45] 受艾焙：吃苦头，受折磨。艾焙，中医针灸术之一，用艾熏灼患处。

[46] 擎天柱：元剧常用来比喻国家的重臣良将。这里是张生对红娘表示倚重的奉承话。

[47] 符箓：道士的秘密文书，符咒。

[48] 命悭：命运不好。悭，欠缺。

[49] 勾头：逮捕罪犯的文书，即拘票。

[50] 觑面颜：看面子。

[51] 厮：相。

[52] 担饶：宽恕、饶恕。

[53] 争些儿：险些，差一点。

[54] 拖犯：拖累，连累。

[55] 凤去秦楼：传说秦穆公把女儿弄玉嫁给萧史，萧史善吹箫，教弄玉吹箫作凤鸣，招来凤凰，二人乘之飞去成仙，见刘向《列仙传》。这里用此典故，说明欢会难期。

[56] 云敛巫山：传说楚襄王梦游高唐，与巫山神女欢会，神女谓王曰："妾在巫山之阳，高丘之阻，旦为朝云，暮为行雨，朝朝暮暮，阳台之下。"见宋玉《高唐赋》。后人常用"巫山云雨"结指男女幽会。这句也是说欢会难期。

[57] 趄：走开。

[58] 讪：埋怨。

[59] 早寻个酒阑人散：意思是大家趁早散伙。酒阑，酒宴结束。

[60] 呆里撒奸：外作痴呆，内怀奸诈。

[61] 摩娑：抚弄。

[62] 针关：针孔。

[63] 帮闲钻懒：逢迎达官贵人消遣作乐。

[64] 送暖偷寒：在男女关系中传递消息。

[65] 撮盐入火：盐入火立刻爆炸，比喻性急。

[66] 消息儿踏著泛：比喻如果触着小姐的隐处，她就要翻脸。消息儿，机关、暗窍。泛，翻动。

[67] 热趱：紧紧的催逼。

[68] 和：连。

[69] 哩也波，哩也啰：不方便说出的话，有音无义，犹如说："如此如此"。这里暗指男女交合之事。

[70] 做下来：干下了，暗指男女欢会。

[71] 社家：宋元时代的伎艺如猜谜、杂剧、蹴鞠都有社会组织，如"商谜社"、"遏云社"、"绯绿社"、"齐云社"等，在社者或经常参与活动者都是行家、高手。社家就是这些社会组织中掌握站门技艺的高手。张生此处自夸为猜谜的高手。

[72] 风流隋何，浪子陆贾：隋何、陆贾都是汉高祖刘邦手下的谋士，多才而善辩。

[73] 道儿：诡计、圈套。

[74] 鱼雁：古代传说有鱼腹藏书，雁足传信。这里鱼雁指传递书信的人。

[75] 转关：打埋伏、使巧。

[76] "女"字边"干"：合之为"奸"字。

[77] 三更枣：佛教传说，禅宗五祖弘忍欲传法于六祖惠能，交他粳米三粒、枣子一枚，惠能悟出："师令我三更早来也。"见《传灯录》。此处指莺莺以诗句藏谜，暗约张生。

[78] 九里山：在今江苏省徐州市北。传说楚汉相争时，韩信在此设十面埋伏，击败项羽。此处比喻莺莺简帖里打了埋伏，骗过了红娘。

[79] 玉板：即玉版，一种光洁匀厚的白绵纸。

[80] 玉堂学士：即翰林学士。宋以后翰林院也称玉堂。此时张生尚未中举，这是红娘

取笑他的称呼。

[81] 稳情取金雀鸦鬟：十拿九稳等得到莺莺。稳情，保管、准定，金雀鸦鬟，指莺莺。唐•李绅《莺莺歌》：“金雀鸦鬟年十七。”

[82] 取次看：意思是小看了他。取次，轻忽、等闲、随便。

[83] 孟光接了梁鸿案：用举案齐眉的典故，“举案齐眉”本是孟光的动作，现在孟光反倒接了梁鸿献上的案，这里是讥笑莺莺主动约张生幽会。

[84] “别人行”两句：三冬暖，六月寒，是说莺莺对张生温言软语，对红娘则态度粗暴，出语伤人。

[85] 离魂倩女：唐陈玄祐《离魂记》的故事。唐代张镒把女儿倩娘许给王宙，后来张镒悔婚许给他人，倩娘不同意父亲解除婚约的行为，于是魂魄脱离躯体追赶情人，与王宙同居五年，并且生了两个儿子，后同归衡州，身魂合一。元代郑光祖将故事改为杂剧《倩女离魂》。这里以倩女比喻莺莺。

[86] 掷果潘安：传说晋代潘岳(字仁安)长得很漂亮，每次乘车出行时，许多妇女争相以果子投给他，表示爱慕。这里借指张生。

[87] 按：实行。

[88] 怕墙高怎把龙门跳：传说黄河鲤鱼倘若能跳过龙门，就能成龙。后人于是以跳龙门比喻士子考试及第，飞黄腾达。此处是双关语，指张生倘若缺乏跳墙的勇气，就无法与莺莺相见。

[89] 嫌花密难将仙桂攀：攀折月宫仙桂也是科举时代比喻读书人登科及第的典故。这句也是鼓励张生用追逐功名的劲头追求爱情。

[90] 盈盈秋水：古代诗词常用秋水比喻美人的眼睛。盈盈，清澈的样子。

[91] 淡淡春山：这里指莺莺的眉毛。说双眉好像春山一样秀美。

[92] 胡侃：胡调、扯淡。侃，调笑的意思。

[93] 证果：佛教称修炼成功为证果。这里引申为好事成就。

[94] 扢扎帮：形容动作迅速干脆。

[95] 读书继晷：努力读书。晷，日影，引申为时光。继晷，表示爱惜光阴。

[96] 鲁阳贪战：传说鲁阳公与韩国人酣战到日暮，鲁阳公举戈一挥，使太阳倒回九十里。这里借指太阳迟迟不落。

[97] 三足乌：指太阳。古代神话，传说太阳里有三只脚的金色乌鸦。

[98] 后羿：神话传说中的善射者。尧时，天上十日并出，草木焦枯，尧命后羿射之，后羿射落九日，仅留其一。

[99] 发擂：击鼓起更。

[100]滴流扑：形容物件落地的声音。

【思考练习题】

1. 分析剧中人物红娘、莺莺、张生的性格。
2. 分析此剧的语言特点。
3. 结尾处大段独白，表现了张生怎样的心情？

绿牡丹[1]
第十八出　帘试

吴　炳

吴炳(1595—1648)，又名寿元，字可先，号石渠，又称粲花主人，江苏宜兴人。出身于仕宦之家，从小就受到较好的文化教养，少年时便能填词作曲。明万历四十七年中进士，历任刑部、工部主事、福州知府等，崇祯十四年任江西提学副使。清兵南下时在湘黔边境被俘，拒降，绝食十余日而死。著有传奇《画中人》、《西园记》、《绿牡丹》、《疗妒羹》、《情邮记》，合称《粲花斋五种曲》，又名《石渠五种曲》，今均存。

(场上先摆试桌)(净上)不是一番寒彻骨，怎得梅花扑鼻香？我柳五柳为小姐亲事[2]，只得早来听考。出的题目原是“绿牡丹”，已付苍头叫小谢做去了[3]。只恐小姐利害，一双娇滴滴的秋波，端端只射着帘外，不比前次会长老人家[4]，凭我朦胧。若再叫苍头传送，可不自露破绽？不免就叫车大做这件事[5]，小姐定不疑心。好计，好计！(叫介)车大！(丑应上)若要娶妻皆面考，今生情愿再无妻。你做文字罢了，叫唤怎的？(净)有事奉央。少停苍头拿一绺纸来，烦你悄悄送来与我。(丑笑介)这是传递了。(净)不要则声，恐令妹听见。(丑)还不曾出来。(净)没奈何，只得央你，成就此事，沈家的亲准准让与你了。(丑笑介)也罢，将就帮衬你一遭。(净望介)帘内影动，想是令妹来了。(丑闪下)(旦同老旦上，唱)

【北新水令】今日个绛帷高揭新创的女开科[6]，颤金钗至公堂坐。主司推姐姐，少不得巡绰就是你老婆婆。这帘影低挪，可便似贡举院花阴锁。(净唱)

【南步步娇】只见他珠翠香风都在我身旁裹，坐起真无那[7]。(窥介)偷凭扇底睃。(起介)待我走个俏步儿，扭捏身躯，也做得风魔过[8]。(老旦出帘高叫介)兀那生员，不归号房，出外闲走，不怕瞭高的拿犯规么？(净急坐介)生员在，规矩敢言苟？告宗师，初犯从轻可。

(老旦)相公用心做。(净)晓得。(老旦入介)(净大声吟哦介)(旦唱)

【北折桂令】学蚊声聚夜成讹。(笑介)保母，你看他日里影儿，笑映日虬髯，弄影婆娑。(老旦笑介)真是好笑，倒好像羊子吃草。(净揉眼、捶腰、摩腹，作倦态介)(旦)为甚的把深眼频摩，围腰虚簸，伟腹轻挪？(老旦)这等光景，像是要睡了。(旦)再休想东床稳卧，一凭你梦到南柯。(净睡，作鼾声介)(旦)你听鼻息如何？试问江郎彩笔[9]，可送到他呵？

(老旦出帘拍案介)(净惊介)苍头，谢相公文字可完了？(老旦高叫介)柳相公，不要睡，起来作文。(净)学生原不曾睡，正在此静想提神。(唱)

【南江儿水】隐几穷非想，那里是弯肱惹睡魔？妈妈，不是我文心一霎能灰堕[10]，则我这春心一点难安妥，怎能够把琴心一谜都猜破？(老旦)快做完了罢？(净)少不得还你今朝，掌号筛锣[11]，免费催场烦琐。

(末上)文章已就催誊录，关节难通怕内帘[12]。谢相公的诗，催完在此，不免传将进去。(老旦)分付门上，闲人不许放入。(作入帘介)(末)怎么处？(丑上，手招末介)这里来！

相公与我说过了，传递的东西，待我转送。(末)如此甚好！做文章的说，叫俺相公凭他盘问，只要认定自家做的。(作付文与丑介)眼望旌捷旗，耳听好消息，(下)(丑进净桌边介)柳兄，可得意么？(净)也想在肚里了，尚未写出。(各丢眼色做照会介)(旦唱)

【北雁儿落带得胜令】为甚的眉梢故打睃？(净、丑耳语介)(旦)为甚的耳畔频相撮[13]？(丑近净作私付文介)(旦)为甚的殷勤直靠他？(净一面收文、一面望帘内介)(旦)为甚的忙遽来瞧我？(丑仍立开，作看草稿介)这草稿头一个字就妙起了。(净假谦介)(旦)保母，他两个唧唧哝哝像是传递了。(老旦作褰帘[14]大叫介)小姐说有人传递！(丑急下介)(净)那个传递？方才就是你家大官人在此看文。(老旦)小姐，难道大官人倒替他传递？(旦)不提备自家哥，怕反打入他家伙。保母，你出去搜他一搜，莫怪我检点用心多，看不的机关当面做。摩挲，休指望针眼里轻偷过。(老旦)怎好去搜他？(旦)保母，你也好罗呵，则怕你懒巡拦自犯科，懒巡拦自犯科。

(老旦出帘介)柳相公，方才真个像有弊病。(净)若疑有弊，请搜。(作伸袖解衣与老旦看介)(老旦)不见有些甚么。(高报介)搜检无弊。(入介)(旦)明明是有弊的，既搜不出，且看他诗，就是果佳，还要再考。(净私抄，低唱介)

【南侥侥令】任你清官能挣扎，怎当得猾吏巧腾挪。无赃只恐难悬坐[15]。你看我扫千军快写波[16]，扫千军快写波。

(作写完，大叫介)生员交卷！(丑上)尊作完了？(看赞介)(净作得意介)小弟自家也觉得这次文字不十分出丑，只怕难入令妹尊目。(丑)待小弟袖进去看。(净)小弟拱听发落。(丑入送旦看介)(旦大笑介，唱)

【北收江南】呀！看来是这般精妙呵，可知道破工夫值得费延俄。(丑)是用心做的了。(旦)也亏他善抄誊一字不差讹。(丑)果然誊得清。(旦)比前番佳制好还多。(丑)前番已考案首，这次该超等了。(旦)好便好，只怕不是他自己做的。(丑)妹子，你亲自监场，见谁与他传递来？(旦)你且把真情问他，把真情问他，是何人代他做这首打油歌？

(丑出介)舍妹见了尊作，只管哈哈的笑。(净)想是喜欢了。可说道好？(丑)一头笑，一头说，比前番的更好。(净)这等着实中意了？(丑)只是疑心你央人做的。(净)小弟这等才学，人不来央也够了，反去央人？(旦笑介)他只道真正称赏，抵死承认。保母，你出去问来。(老旦出介)柳相公，若不是亲做的，也要直说。(净)你们三个人，六只眼看的，搜又搜过了，难道文章会平空里飞进来？(丑)你若没有弊病，赌一咒何如？(净)我就赌咒。(作罚誓介)我晓得了。(唱)

【南园林好】假言词无端诮诃，可是要赖婚姻生端撒科[17]？妈妈，我实对你说，亲事是赖不成的。(老旦)柳相公，不要这等焦躁。(净)不是我要来考，是你家小姐约我来的。文章不好也罢了，既拙作蒙加许可，为甚的重勒掯起风波？重勒掯起风波？

(丑)待我进去，替你恳求。(丑、老旦入帘介)(老旦)你可听见他发作么？(旦笑介，唱)

【北沽美酒带太平令】他只道真个值千金七字讹[18]，便恁般弄斤两轻颠簸。只怕不辨璋獐笔底讹[19]，惹胡卢满坐。详诗意果如何？(丑)这等说起来，不当好了。妹子，你实说怎么样的？(旦笑介)他被代笔的人骗了，跳猴狲随人牵磨，演傀儡借机挑拨。受骗的，忒糊涂没些裁夺；那骗人的，太聪明也难辞罪过。(老旦)小姐只说好笑，怕他不服。明把好笑的缘故，说与大官人知道，也好回复他去。(旦笑念介)“牡丹花色甚奇特”。(丑)也明白。(旦)“非红非紫非黄白”。(丑)不是红紫，又不是黄白，准是绿的了。切题，切题。

(旦)后面二句好笑得紧，说“绿毛乌龟爬上花，恐怕娘行看不出”，分明自骂是乌龟了。(丑、老旦俱笑介)(旦)呵，呵，真么，假么，但由他认么。细思量、还认作倩人犹可。

(同老旦下)(丑出介)(净)令妹想没得说了。(丑笑介)我且问你，这首诗怎么样解？(净)总是极妙的了，何消解得？(丑)舍妹说你被人哄了，诗中把乌龟骂你。(净)那有此话？(丑)方才听舍妹念了一遍，还略有些影响，大家念一念看。(作共念介)(丑笑介)已后只叫你柳乌龟便了。这卷子是你自家供状，待我收好在那里。(净作夺破介)(丑)这头亲事，替你费了多少心机，在中说合，今日又相帮传递，大段是成的了。谁着你抄这样诗，自打破鬼！不要说你没面，连我也没面了。请了，正是：“任教挽尽西江水，难洗今朝满面羞。”(下)(净)小谢这个畜生，吃了我的饭，得了我的束脩[20]，倒来捉弄我！立时就赶他出门了！早晨来赴考时，何等兴兴，如今冷冷淡淡，教我怎生回去？不免唱只曲儿消遣则个。(唱)

【北清江引】俏娘行强占了文昌座[21]，举子才一个。夸扬识鉴精，做作威风大。只怕不中得我这俊门生也是错。(下)

【注释】

[1]　《绿牡丹》描写了两对富有才学的男女青年，克服了两个假名士的重重阻挠而结成美满姻缘的故事。老翰林沈重暮年无子，只有一女名曰婉娥，姿容端丽，兼擅诗文。沈重欲为女择一富有才学的青年为婿，便创立一个小文社，令前来会试者以“绿牡丹”为题歌赋绝句一首。纨绔子弟柳希潜请家中的塾师谢英代笔，车本高则令其妹静芳捉刀，仅顾粲自作。结果柳、车均名列前茅，而确有才学的顾粲却列榜尾。后经再次严试，柳、车二人败露，沈重器重顾粲，于是将女儿嫁给他。谢英和车静芳看了对方的诗相互爱慕，在沈重的帮助下也结为夫妇。《帘试》一出，写柳、车为了争当沈重的女婿而相互攻击。后来柳向车提出要娶其妹静芳，并以让车娶沈婉娥为交换条件，车同意。但静芳却鄙薄柳的为人，提出要隔帘面试。

[2]　柳五柳：柳希潜的号，和公尺谱的“六五六”谐音。

[3]　苍头：奴仆。汉代仆隶以深青色巾包头，故称。小谢，即谢英，是柳五柳的塾师。

[4]　会长：指沈重。

[5]　车大：车本高，号“车尚公”，与公尺谱的“尺上工”谐音，妹为静芳。

[6]　女开科：古代开科取士都由男的主持，这次由车静芳主考，所以称女开科。

[7]　坐起真无那：即坐着站着都不知如何是好。

[8]　风魔过：风魔，风流潇洒的样子。

[9]　江郎彩笔：《太平广记·梦二》记载，南朝江淹少时，梦人授以五色笔，所以文采俊发。

[10] 文心一霎能灰堕：没有心思作文。

[11] 掌号筛锣：科举考试中催交试卷的号锣。

[12] 内帘：古代乡试、会试时主司以下阅卷诸官。

[13] 耳畔频相撮：交头接耳。

[14] 褰帘：揭帘。

[15] 难悬坐：难以凭空定罪。坐，获罪、定罪。

[16] 扫千军：比喻行文酣畅。杜甫《醉歌行》：词源倒流三峡水，笔陈横扫千人军。

[17] 生端撒科：耍弄手段、制造事端以赖婚。

[18] 值千金七字讹：七字，指七言诗。

[19] 不辨璋獐：宋代钱易《南部新书》记载，唐人李林甫寡薄，祝贺人家生子应谢“弄璋”，他错写成“弄獐”，这里讽刺柳希潜未弄清诗意就冒称乱吹。

[20] 束脩：十条干肉，古代学生送给老师的报酬。

[21] 文昌座：传说文昌帝君专掌人间士子登科之事。

【思考练习题】

1. 文中的车、柳代表了什么形象？
2. 喜剧《绿牡丹》表达了作者什么样的思想？
3. 阅读《绿牡丹》全本，仔细体会戏剧的艺术。

桃　花　扇[1]
第七出　却奁

孔尚任

孔尚任(1648—1718)，字聘之，一字季重，号东塘，别号岸堂，自称云亭山人，孔子六十四代孙。少时读书石门山中。康熙二十三年(1684 年)，康熙南巡北归，至曲阜祭孔，孔尚任因御前讲经而蒙赏识，“特简为国子监博士”。康熙二十五年(1686 年)，被派随工部侍郎孙在丰往淮扬治河，历时四载。这时，他的足迹几乎踏遍南明故地，并结识了一批故老遗民。康熙三十八年(1699 年)他五十二岁时，经营十载、三易其稿的《桃花扇》脱稿，一时影响甚大。不久被罢职，回乡隐居。于康熙五十七年辞世，享年七十一岁。所作除《桃花扇》外，尚有传奇《小忽雷》(与顾彩合撰)及《湖海集》、《岸堂文集》、《长留集》等，均传世。

(杂扮保儿[2]掇马桶上)龟尿龟尿[3]，撒出小龟；鳖血鳖血，变成小鳖。龟尿鳖血，看不分别；鳖血龟尿，说不清白。看不分别，混了亲爹；说不清白，混了亲伯。(笑介)胡闹，胡闹！昨日香姐上头[4]，乱了半夜，今日早起，又要刷马桶，倒溺壶，忙个不了。那些孤老、婊子[5]，还不知搂到几时哩。(刷马桶介)

【夜行船】(末)人宿平康深柳巷[6]，惊好梦门外花郎。绣户未开，簾钩才响，春阻十层纱帐。

下官杨文骢[7]，早来与侯兄道喜。你看院门深闭，侍婢无声，想是高眠未起。(唤介)保儿，你到新人窗外，说我早来道喜。(杂)昨夜睡迟了，今日未必起来哩。老爷请回，明日再来罢。(末笑介)胡说！快快去问。(小旦[8]内问介)保儿，来的是那一个？(杂)是杨老爷道喜来了。(小旦忙上)倚枕春宵短，敲门好事多。(见介)多谢老爷，成了孩儿一世姻缘。(末)好说。(问介)新人起来不曾？(小旦)昨夜睡迟，都还未起哩。(让坐介)老爷请坐，待我

去催他。(末)不必，不必。(小旦下)

【步步娇】(末)儿女浓情如花酿，美满无他想，黑甜共一乡[9]。可也亏了俺帮衬，珠翠辉煌，罗绮飘荡，件件助新妆，悬出风流榜。

(小旦上)好笑！好笑！两个在那里交扣丁香[10]，并照菱花[11]，梳洗才完，穿戴未毕。请老爷同到洞房，唤他出来，好饮扶头卯酒[12]。(末)惊却好梦，得罪不浅。(同下)(生、旦艳妆上[13])

【沉醉东风】(生)这云情接着雨况，刚搔了心窝奇痒，谁搅起睡鸳鸯。被翻红浪，喜匆匆满怀欢畅。(合)枕上余香，帕上余香，消魂滋味，才从梦里尝。

(末、小旦上)(末)果然起来了，恭喜，恭喜！(一揖，坐介)(末)昨晚催妆拙句[14]，可还说的入情么？(生揖介)多谢！(笑介)妙是妙极了。只有一件。(末)那一件？(生)香君虽小，还该藏之金屋。(看袖介)小生衫袖，如何着得下？(俱笑介)(末)夜来定情，必有佳作。(生)草草塞责，不敢请教。(末)诗在那里？(旦)诗在扇头。(旦向袖中取出扇介)(末接看介)是一柄白纱宫扇。(嗅介)香的有趣。(吟诗介)妙，妙！只有香君不愧此诗。(付旦介)还收好了。(旦收扇介)

【园林好】(末)正芬芳桃香李香，都题在宫纱扇上；怕遇着狂风吹荡，须紧紧袖中藏，须紧紧袖中藏。

(末看旦介)你看香君上头之后，更觉艳丽了。(向生介)世兄有福，消此尤物。(生)香君天姿国色，今日插了几朵珠翠，穿了一套绮罗，十分花貌，又添二分，果然可爱。(小旦)这都亏了杨老爷帮衬哩。

【江儿水】送到缠头锦，百宝箱，珠围翠绕流苏帐[15]，银烛笼纱通宵亮。金杯劝酒合席唱。今日又早早来看。恰似亲生自养，赔了妆奁，又早敲门来望。

(旦)俺看杨老爷，虽是马督抚[16]至亲，却也拮据作客，为何轻掷金钱，来填烟花之窟？在奴家受之有愧，在老爷施之无名；今日问个明白，以便图报。(生)香君问得有理。小弟与杨兄萍水相交，昨日承情太厚，也觉不安。(末)既蒙问及，小弟只得实告了。这些妆奁酒席，约费三百余金，皆出怀宁之手。(生)那个怀宁？(末)曾做过光禄的阮圆海。(生)是那皖人阮大铖[17]么？(末)正是，(生)他为何这样周旋？(末)不过欲纳交足下之意。

【五供养】(末)羡你风流雅望，东洛才名，西汉文章[18]。逢迎随处有，争看坐车郎[19]。秦淮妙处，暂寻个佳人相傍，也要些鸳鸯被、芙蓉妆；你道是谁的，是那南邻大阮，嫁衣全忙[20]。

(生)阮圆老原是敝年伯。小弟鄙其为人，绝之已久。他今日无故用情，令人不解。(末)圆老有一段苦衷，欲见白于足下。(生)请教。(末)圆老当日曾游赵梦白[21]之门，原是吾辈。后来结交魏党，只为救护东林。不料魏党一败，东林反与之水火。近日复社诸生，倡论攻击，大肆殴辱，岂非操同室之戈乎？圆老故交虽多，因其形迹可疑，亦无人代为分辩。每日向天大哭，说道："同类相残，伤心惨目，非河南侯君，不能救我。"所以今日谆谆纳交。(生)原来如此。俺看圆海情辞迫切，亦觉可怜，就便真是魏党，悔过来归，亦不可绝之太甚，况罪有可原乎！定生、次尾，皆我至交，明日相见，即为分解。(末)果然如此，吾党之幸也。(旦怒介)官人是何说话，阮大铖趋附权奸，廉耻丧尽；妇人女子，无不唾骂。他人攻之，官人救之，官人自处于何等也？

【川拨棹】不思想，把话儿轻易讲。要与他消释灾殃，要与他消释灾殃，也提防旁人短长。官人之意，不过因他助我妆奁，便要徇私废公；那知道这几件钗钏衣裙，原放不到我香君眼里。(拔簪脱衣介)脱裙衫，穷不防；布荆人，名自香。

(末)阿呀！香君气性，忒也刚烈。(小旦)把好好东西，都丢一地，可惜，可惜！(拾介)(生)好，好，好！这等见识，我倒不如，真乃侯生畏友也。(向末介)老兄休怪。弟非不领教，但恐为女子所笑耳。

【前腔】(生)平康巷，他能将名节讲；偏是咱学校朝堂，偏是咱学校朝堂，混贤奸不问青黄。那些社友平日重俺侯生者，也只为这点义气；我若依附奸邪，那时群起来攻，自救不暇，焉能救人乎？节和名，非泛常；重和轻，须审详。

(末)圆老一段好意，也还不可激烈。(生)我虽至愚，亦不肯从井救人。(末)既然如此，小弟告辞了。(生)这些箱笼，原是阮家之物，香君不用，留之无益，还求取去罢。(末)正是“多情反被无情恼[22]”，“乘兴而来兴尽还”。(下)(旦恼介)(生看旦介)俺看香君天姿国色，摘了几朵珠翠，脱去一套绮罗，十分容貌，又添十分，更觉可爱。(小旦)虽如此说，舍了许多东西，到底可惜。

【尾声】金珠到手轻轻放，惯成了娇痴模样，辜负俺辛勤做老娘。

(生)些须东西，何足挂念，小生照样赔来。(小旦)这等才好。

(小旦)花钱粉钞费商量，(旦)裙布钗荆也不防。

(生)只有湘君能解佩[23]，(旦)风标不学世时妆。

【注释】

[1] 本文选自南开大学出版社，2001 年版，《中国古代文学名篇选读》(辽金元明清卷)。《桃花扇》是通过明末复社文人侯方域与秦淮名妓李香君的爱情故事来表现南明一代兴亡之感的历史剧。《却奁》一出是根据侯朝宗《李姬传》的有关情节点染而成的。根据《李姬传》记载，魏党余孽阮大铖屏居南京，为清议所斥，想通过侯方域疏通复社文人，不再与他为难。被李姬识破，阮大铖的希望落空。孔尚任受此情节启发，写李香君洞察阮大铖的企图，毅然却奁，帮助侯方域明辨是非，表现了她卓越的政治见识和不以利废义的高贵品德。

[2] 保儿：妓院里供使唤的男子。

[3] 龟尿龟尿：这是笑骂那些嫖客是龟、鳖。

[4] 上头：指结婚。旧时女子未出嫁时梳辫子，临出嫁时把头发拢上去，结为发髻，称上头。

[5] 孤老、婊子：妓女称长期固定的嫖客为孤老。婊子，妓女。

[6] 平康深柳巷：平康、柳巷都指妓馆。平康，唐代长安里名，妓女聚居地，新科进士往往游乐其中，后多泛指妓院。柳巷，旧时俗称妓馆聚集的地方为花街柳巷。

[7] 杨文骢：字友龙，贵阳人，崇祯时任知县，被弹劾贪污，罢官候审。弘光朝任常、镇二府巡抚，清兵南下，跟随唐王起兵，兵败被杀。善书画，有文采，为人豪侠自喜，颇推奖名士。

[8] 小旦：扮演李香君假母李贞丽。

[9] 黑甜共一乡：指一起睡熟。

[10] 丁香：即丁香结，本是丁香的花蕾，这里指衣服纽扣。

[11] 菱花：指镜子。古代多用铜制镜子，一面磨光，另一面镂铸各种图案，以菱花最为普通，所以常用菱花作为镜子的别称。

[12] 扶头卯酒：扶头，清醒头脑，振作精神。卯酒，早晨卯时前后饮的酒。

[13] 生、旦艳妆上：指侯方域和李香君。

[14] 摧妆拙句：与第六出《眠香》杨友龙送给侯李两人的诗“怀中婀娜袖中藏”对应。

[15] 流苏：彩色丝线或羽毛所作的装饰品。

[16] 马督抚：马士英，当时任凤阳督抚。

[17] 阮大铖：开始依附东林名士左光斗得官，后投靠魏忠贤，清兵南下时投降。

[18] “东洛才名”两句：东洛才名，指晋代左思花十年时间写成《三都赋》，大获成功，传抄的人很多，使得洛阳纸贵。西汉文章，指西汉一代文章大家司马迁，司马相如等人的作品。这里比喻侯方域的文章写得好，才名大。

[19] 争看坐车郎：传说潘安才高貌美，每次坐车出游，妇女们争着看他，给他投掷果品，一直满车。这里比喻侯方域风流美貌。

[20] 南邻大阮：晋代有南北阮，南阮指阮籍、阮咸叔侄等。大阮即阮籍，这里指阮大铖。嫁衣全忙，用“为她人做嫁衣裳”诗意。

[21] 赵梦白：指赵南星，明末高邑人。天启初拜吏部尚书，扶正抑邪，得罪了魏忠贤，被遣戍大同，最后卒于戍所。

[22] 多情反被无情恼：苏轼《蝶恋花·花褪残红》的词句。

[23] 湘君能解佩：出自《九歌·湘君》，这里指香君却奁。

【思考练习题】

1. 这出戏剧的主题是什么？
2. 分析剧中人物李香君的形象。
3. 剧中使用典故较多，请找出并分析。

罗密欧与朱丽叶(节选)

莎士比亚是英国文艺复兴时期最伟大的戏剧家和诗人。他一生创作了大量的作品，留存的剧本有37部，叙事长诗2首，十四行诗154首。其中剧本的影响更为深远，他因而获得“英国戏剧之父”的美誉。代表作有早期的四大喜剧《威尼斯商人》、《无事生非》、《皆大欢喜》、《第十二夜》和著名的悲剧《罗密欧与朱丽叶》，创作高峰期的四大悲剧《哈姆雷特》、《奥赛罗》、《李尔王》和《麦克佩斯》等。本文选自《莎士比亚全集》，人民文学出版社，1987年版。

第五幕

第一场　曼多亚　街道

【罗密欧上】

罗密欧　要是梦寐中的幻景果然可以代表真实，那么我的梦预兆着将有好消息到来；

我觉得心君宁恬，整日里有一种一向所没有的精神，用快乐的思想把我从地面上飘扬起来。我梦见我的爱人来看见我死了，——奇怪的梦，一个死人也会思想！——她吻着我，把生命吞进了我的嘴唇里，于是我复活了，并且成为一个君王。唉！仅仅是爱的影子，已经给人这样丰富的欢乐，要是能占有爱的本身，那该有多么甜蜜！

【鲍尔萨泽上】

罗密欧　从维洛哪来的消息！啊，鲍尔萨泽！不是神父叫你带信来给我吗？我的爱人怎样？我父亲好吗？我再问你一遍，我的朱丽叶安好吗？因为只要她安好，一定什么都是好好的。

鲍尔萨泽　那么她是安好的，什么都是好好的；她的身体长眠在凯普莱特家的坟茔里，她的不死的灵魂和天使们在一起。我看见她下葬在她亲族的墓穴里，所以立刻飞马前来告诉您。啊，少爷！恕我带了这恶消息来，因为这是您吩咐我做的事。

罗密欧　有这样的事！命运，我诅咒你！——你知道我的住处；给我买些纸笔，雇下两匹快马，我今天晚上就要动身。

鲍尔萨泽　少爷，请您宽心一下；您的脸色惨白而仓皇，恐怕是不吉之兆。

罗密欧　胡说，你看错了。快去，把我叫你做的事赶快办好。神父没有叫你带信给我吗？

鲍尔萨泽　没有，我的好少爷。

罗密欧　算了，你去吧，把马匹雇好了；我就来找你。(鲍尔萨泽下)好，朱丽叶，今晚我要睡在你的身旁。让我想个办法。啊，罪恶的念头！你会多么快钻进一个绝望者的心里！我想起了一个卖药的人，他的铺子就开设在附近，我曾经看见他穿着一身破烂的衣服，皱着眉头在那儿拣药草；他的形状十分消瘦，贫苦把他熬煎得只剩一把骨头；他的寒仓的铺子里挂着一只乌龟，一头剥制的鳄鱼，还有几张形状丑陋的鱼皮；他的架子上稀疏地散放着几只空匣子，绿色的瓦罐，一些胞囊和发霉的种子，几段包扎的麻绳，还有几朵陈年的干玫瑰花，作为聊胜于无的点缀，看到这一种寒酸的样子，我就对自己说，在曼多亚城里，谁出卖了毒药是会立刻处死的，可是倘有谁现在需要毒药，这儿有一个可怜的奴才会卖给他。啊！不料我这一个思想，竟会预兆着我自己的需要，这个穷汉的毒药却要卖给我。我记得这里就是他的铺子；今天是假日，所以这叫化子没有开门。喂，卖药的！

【卖药人上】

卖药人　谁在高声叫喊？

罗密欧　过来，朋友。我瞧你很穷，这儿是四十块钱，请你给我一点能够迅速致命的毒药，厌倦于生命的人一服下去便会散入全身的血管，立刻停止呼吸而死去，就像火药从炮膛里放射出去一样快。

卖药人　这种致命的毒药我是有的，可是曼多亚的法律严禁发卖，出卖的人是要处死刑的。

罗密欧　难道你这样穷苦，还怕死吗？饥寒的痕迹刻在你的面颊上，贫乏和迫害在你的眼睛里射出了饿火，轻蔑和卑贱重压在你的背上；这世间不是你的朋友，这世间的法律也保护不到你，没有人为你定下一条法律使你富有，那么你何必苦耐着贫穷呢？违犯了法律，把这些钱收下吧。

卖药人　我的贫穷答应了你，可是那是违反我的良心的。

罗密欧　我的钱是给你的贫穷，不是给你的良心的。

卖药人　把这一服药放在无论什么饮料里喝下去，即使你有二十个人的气力，也会立刻送命。

罗密欧　这儿是你的钱，那才是害人灵魂的更坏的毒药，在这万恶的世界上，它比你那些不准贩卖的微贱的药品更会杀人；你没有把毒药卖给我，是我把毒药卖给你。再见；买些吃的东西，把你自己喂得胖一点——来，你不是毒药，你是替我解除痛苦的仙丹，我要带着你到朱丽叶的坟上去，少不得要借重你一下哩。(各下)

第二场　维洛那劳伦斯神父的寺院

【约翰神父上】

约翰　喂！师兄在哪里？

【劳伦斯神父上】

劳伦斯　这是约翰师弟的声音。欢迎你从曼多亚回来！罗密欧怎么说？要是他的意思在信里写明，那么把他的信给我吧。

约翰　我临走的时候，因为要找一个同门的师弟作我的同伴，他正在这城里访问病人，不料给本地巡逻的人看见了，疑心我们走进了一家染着瘟疫的人家，把门封锁住了，不让我们出来，所以耽误了我的曼多亚之行。

劳伦斯　那么谁把我的信送去给罗密欧呢？

约翰　我没有法子把它送出去，现在我又把它带回来了，因为他们害怕瘟疫传染，也没有人愿意把它送还给你。

劳伦斯　糟了！这封信不是等闲，性质十分重要，把它耽误下来，也许会引起极大的灾祸。约翰师弟，你快去给我找一柄铁锄，立刻带到这儿来。

约翰　好师兄，我去给你拿来。(下)

劳伦斯　现在我必须独自到墓地里去；在这三小时之内，朱丽叶就会醒来，她因为罗密欧不曾知道这些事情，一定会责怪我。我现在要再写一封信到曼多亚去，让她留在我的庵里，直等罗密欧到来。可怜的没有死的尸体，幽闭在一座死人的坟墓里！(下)

第三场　同前凯普莱特家坟茔所在的墓地

【帕里斯及侍童携鲜花火炬上】

帕里斯　孩子，把你的火把给我走开，站在远远的地方还是灭了吧，我不愿给人看见。你到那边的紫杉树底下直躺下来，把你耳朵贴在中空的地面，听听有没有跟跄的脚步走到坟地上来发掘坟墓，要是听见有什么声息，便吹一个唿哨通知我。把那些花给我。照我的话做去，走吧。

侍童　(旁白)我简直不敢独自一个人站在这墓地上，可是我要硬着头皮试一下。(退后)

帕里斯　这些鲜花替你铺盖新床；
惨啊，一朵娇红永委沙尘！
我要用沉痛的热泪淋浪，

和着香水浇溉你的芳坟；

夜夜到你墓前散花哀泣，

这一段相思啊永无消歇！(侍童吹口哨)

这孩子在警告我有人来了。哪一个该死的家伙在这晚上到这儿来打扰我在爱人墓前的凭吊？什么！还拿着火把来吗？——让我躲在一旁看看他的动静。(退后)

【罗密欧及鲍尔萨泽持火炬锹锄等上】

罗密欧　把那锄头跟铁锹给我。且慢，拿着这封信，等天一亮，你就把它送给我的父亲。把火把给我。听好我的吩咐，无论你听见什么瞧见什么，都只好远远地站着不许动，免得妨碍我的事情；要是动一动，我就要你的命。我所以要跑下这个坟墓里去，一部分的原因是要探望探望我的爱人，可是主要的理由却是要从她的手指上取下一个宝贵的指环，因为我有一个很重要的用途。所以你赶快给我走开吧，要是你不相信我的话，胆敢回来窥伺我的行动，那么，我可以对天发誓，我要把你的骨骼一节一节扯下来，让这饥饿的墓地上散满了你的肢体。我现在的心境非常狂野，比饿虎或是咆哮的怒海都要凶猛无情，你可不要惹我性起。

鲍尔萨泽　少爷，我走就是了，决不来打扰您。

罗密欧　这才像个朋友。这些钱你拿去，愿你一生幸福。再会，好朋友。

鲍尔萨泽　(旁白)虽然这么说，我还是要躲在附近的地方看着他；他的脸色使我害怕，我不知道他究竟打算做出什么事来。(退后)

罗密欧　你无情的泥土，吞噬了世上最可爱的人儿，我要擘开你的馋吻，(将墓门掘开)索性让你再吃一个饱！

帕里斯　这就是那个已经放逐出去的骄横的蒙太古，他杀死了我爱人的族兄，据说她就是因为伤心他的惨死而夭亡的。现在这家伙又要来盗尸发墓了，待我去抓住他。(上前)万恶的蒙太古！停止你的罪恶的工作，难道你杀了他们还不够，还要在死人身上发泄你的仇恨吗？该死的凶徒，赶快束手就捕，跟我见官去！

罗密欧　我果然该死，所以才到这儿来。年轻人，不要激怒一个不顾死活的人，快快离开我走吧；想想这些死了的人，你也该胆寒了。年轻人，请你不要激动我的怒气，使我再犯一次罪；啊，走吧！我可以对天发誓，我爱你远过于爱我自己，因为我来此的目的，就是要跟自己作对。别留在这儿，走吧；好好留着你的活命，以后也可以对人家说，是一个疯子发了慈悲，叫你逃走的。

帕里斯　我不听你这种鬼话；你是一个罪犯，我要逮捕你。

罗密欧　你一定要激怒我吗？那么好，来，朋友！(二人格斗)

侍童　哎哟，主啊！他们打起来了，我去叫巡逻的人来！(下)

帕里斯　(倒下)啊，我死了！——你倘有几分仁慈，打开墓门来，把我放在朱丽叶的身旁吧！(死)

罗密欧　好，我愿意成全你的志愿。让我瞧瞧他的脸；啊，茂丘西奥的亲戚，尊贵的帕里斯伯爵！当我们一路上骑马而来的时候，我的仆人曾经对我说过几句话，那时我因为心绪烦乱，没有听得进去；他说些什么？好像他告诉我说帕里斯本来预备娶朱丽叶为妻；他不是这样说吗？还是我做过这样的梦？或者还是我神经错乱，听见他说起朱丽叶的名字，所以发生了这一种幻想？啊！把你的手给我，你我都是登录在恶运的黑册上的人，我要把你葬在一个胜利的坟墓里；一个坟墓吗？啊，不！被杀害的少年，这是一个灯塔，因为朱丽叶睡在这里，她的美貌使这一个墓窟变成一座充满着光明的欢宴的华堂。死了的人，躺在那儿吧，一个死了的人把你安葬了。(将帕里斯放下墓中)人们临死的时候，往往反会觉得心中愉快，旁观的人便说这是死前的一阵回光返照；啊！这也就是我的回光返照吗？啊，我的爱人！我的妻子！死虽然已经吸去了你呼吸中的芳蜜，却还没有力量摧残你的美貌；你还没有被他征服，你的嘴唇上、面庞上，依然显着红润的美艳，不曾让灰白的死亡进占。提伯尔特，你也裹着你的血淋淋的殓衾躺在那儿吗？啊！你的青春葬送在你仇人的手里，现在我来替你报仇来了，我要亲手杀死那杀害你的人。原谅我吧，兄弟！啊！亲爱的朱丽叶，你为什么仍然这样美丽？难道那虚无的死亡，那枯瘦可憎的妖魔，也是个多情种子，所以把你藏匿在这幽暗的洞府里做他的情妇吗？为了防止这样的事情，我要永远陪伴着你，再不离开这漫漫长夜的幽宫；我要留在这儿，跟你的侍婢，那些蛆虫们在一起；啊！我要在这儿永久安息下来，从我这厌倦人世的凡躯上挣脱恶运的束缚。眼睛，瞧你的最后一眼吧！手臂，作你最后一次的拥抱吧！嘴唇，啊！你呼吸的门户，用一个合法的吻，跟网罗一切的死亡订立一个永久的契约吧！来，苦味的向导，绝望的领港人，现在赶快把你的厌倦于风涛的船舶向那巉岩上冲撞过去吧！为了我的爱人，我干了这一杯！(饮药)啊！卖药的人果然没有骗我，药性很快地发作了。我就这样在这一吻中死去。(死)

【劳伦斯神父持灯笼、锄、锹自墓地另一端上】

劳伦斯　圣芳济保佑我！我这双老脚今天晚上怎么老是在坟堆里绊来跌去的！那边是谁？

鲍尔萨泽　是一个朋友，也是一个跟您熟识的人。

劳伦斯　祝福你！告诉我，我的好朋友，那边是什么火把，向蛆虫和没有眼睛的骷髅浪费着它的光明？照我辨认起来，那火把亮着的地方，似乎是凯普莱特家里的坟茔。

鲍尔萨泽　正是，神父；我的主人，您的好朋友，就在那儿。

劳伦斯　他是谁？

鲍尔萨泽　罗密欧。

劳伦斯　他来多久了？

鲍尔萨泽　足足半点钟。

劳伦斯　陪我到墓穴里去。

鲍尔萨泽　我不敢，神父。我的主人不知道我还没有走；他曾经对我严辞恐吓，说要是我留在这儿窥伺他的动静，就要把我杀死。

劳伦斯　那么你留在这儿，让我一个人去吧。恐惧临到我的身上；啊！我怕会有什么不幸的祸事发生。

鲍尔萨泽　当我在这株紫杉树底下睡了过去的时候，我梦见我的主人跟另外一个人打架，那个人被我的主人杀了。

劳伦斯　(趋前)罗密欧！嗳哟！嗳哟！这坟墓的石门上染着些什么血迹？在这安静的地方，怎么横放着这两柄无主的血污的刀剑？(进墓)罗密欧！啊，他的脸色这么惨白！还有谁？什么！帕里斯也躺在这儿？浑身浸在血泊里？啊！多么残酷的时辰，造成了这场凄

惨的意外！那小姐醒了。(朱丽叶醒)

朱丽叶　啊，善心的神父！我的夫君呢？我记得很清楚我应当在什么地方，现在我正在这地方。我的罗密欧呢？(内喧声)

劳伦斯　我听见有什么声音。小姐，赶快离开这个密布着毒氛腐臭的死亡的巢穴吧；一种我们所不能反抗的力量已经阻挠了我们的计划。来，出去吧。你的丈夫已经在你的怀中死去；帕里斯也死了。来，我可以替你找一处地方出家做尼姑。不要耽误时间盘问我，巡夜的人就要来了。来，好朱丽叶，去吧。(内喧声又起)我不敢再等下去了。

朱丽叶　去，你去吧！我不愿意走。(劳伦斯下)这是什么？一只杯子，紧紧地握住在我的忠心的爱人的手里？我知道了，一定是毒药结果了他的生命。唉，冤家！你一起喝干了，不留下一滴给我吗？我要吻着你的嘴唇，也许这上面还留着一些毒液，可以让我当作兴奋剂服下而死去。(吻罗密欧)你的嘴唇还是温暖的！

巡丁甲　(在内)孩子，带路；在哪一个方向？

朱丽叶　啊，人声吗？那么我必须快一点了结。啊，好刀子！(攫住罗密欧的匕首)这就是你的鞘子；(以匕首自刺)你插了进去，让我死了吧。(扑在罗密欧身上死去)

【巡丁及帕里斯侍童上】

侍童　就是这儿，那火把亮着的地方。

巡丁甲　地上都是血；你们几个人去把墓地四周搜查一下，看见什么人就抓起来。(若干巡丁下)好惨！伯爵被人杀了躺在这儿，朱丽叶胸口流着血，身上还是热热的好像死得不久，虽然她已经葬在这里两天了。去，报告亲王，通知凯普莱特家里，再去把蒙太古家里的人也叫醒了，剩下的人到各处搜搜。(若干巡丁续下)我们看见这些惨事发生在这个地方，可是在没有得到人证以前，却无法明了这些惨事的真相。

【若干巡丁率鲍尔萨泽上】

巡丁乙　这是罗密欧的仆人；我们看见他躲在墓地里。

巡丁甲　把他好生看押起来，等亲王来审问。

【若干巡丁率劳伦斯神父上】

巡丁丙　我们看见这个教士从墓地旁边跑出来，神色慌张，一边叹气一边流泪，他手里还拿着锄头铁锹，都给我们拿下来了。

巡丁甲　他有很重大的嫌疑；把这教士也看押起来。

【亲王及侍从上】

亲王　什么祸事在这样早的时候发生，打断了我的清晨的安睡？

【凯普莱特、凯普莱特夫人及余人等上】

凯普莱特　外边这样乱叫乱喊，是怎么一回事？

凯普莱特夫人　街上的人们有的喊着罗密欧，有的喊着朱丽叶，有的喊着帕里斯；大家沸沸扬扬地向我们家里的坟上奔去。

亲王　这么许多人为什么发出这样惊人的叫喊？

巡丁甲　王爷，帕里斯伯爵被人杀死了躺在这儿；罗密欧也死了；已经死了两天的朱丽叶，身上还热着，又被人重新杀死了。

亲王 用心搜寻，把这场万恶的杀人命案的真相调查出来。

巡丁甲 这儿有一个教士，还有一个被杀的罗密欧的仆人，他们都拿着掘墓的器具。

凯普莱特 天啊！——啊，妻子！瞧我们的女儿流着这么多的血！这把刀弄错了地位了！瞧，它的空鞘子还在蒙太古家小子的背上，它却插进了我的女儿的胸前！

凯普莱特夫人 嗳哟！这些死的惨象就像惊心动魄的钟声，警告我这风烛残年，快要不久于人世了。

【蒙太古及余人等上】

亲王 来，蒙太古，你起来虽然很早，可是你的儿子倒下得更早。

蒙太古 唉！殿下，我的妻子因为悲伤小儿的远逐，已经在昨天晚上去世了；还有什么祸事要来跟我这老头子作对呢？

亲王 瞧吧，你就可以看见。

蒙太古 啊，你这不孝的东西！你怎么可以抢在你父亲的前面，自己先钻到坟墓里去呢？

亲王 暂时停止你们的悲恸，让我把这些可疑的事实审问明白，知道了详细的原委以后，再来领导你们放声一哭吧；也许我的悲哀还要远远胜过你们呢！——把嫌疑犯带上来。

劳伦斯 时间和地点都可以作不利于我的证人；在这场悲惨的血案中，我虽然是一个能力最薄弱的人，但却是嫌疑最重的人。我现在站在殿下的面前，一方面要供认我自己的罪过，另一方面也要为我自己辩解。

亲王 那么快把你所知道的一切说出来。

劳伦斯 我要把经过的情形尽量简单地叙述出来，因为我的短促的残生还不及一段冗繁的故事那么长。死了的罗密欧是死了的朱丽叶的丈夫，她是罗密欧的忠心的妻子，他们的婚礼是由我主持的。就在他们秘密结婚的那天，提伯尔特死于非命，这位才做新郎的人也从这城里被放逐出去；朱丽叶是为了他，不是为了提伯尔特，才那样伤心憔悴。你们因为要替她解除烦恼，把她许婚给帕里斯伯爵，还要强迫她嫁给他，她就跑来见我，神色慌张地要我替她想个办法避免这第二次的结婚，否则她要在我的寺院里自杀。所以我就根据我的医药方面的学识，给她一服安眠的药水；它果然发生了我所预期的效力，她一服下去就像死了一样昏沉过去。同时我写信给罗密欧，叫他就在这一个悲惨的晚上到这儿来，帮助把她搬出她寄寓的坟墓，因为药性一到时候便会过去。可是替我带信的约翰神父却因遭到意外，不能脱身，昨天晚上才把我的信依然带了回来。那时我只好按照着预先算定她醒来的时间，一个人前去把她从她家族的墓茔里带出来，预备把她藏匿在我的寺院里，等有方便再去叫罗密欧来；不料我在她醒来以前几分钟到这儿来的时候，尊贵的帕里斯和忠诚的罗密欧已经双双惨死了。她一醒过来，我就请她出去，劝她安心忍受这一种出自天意的变故；可是那时我听见了纷纷的人声，吓得逃出了墓穴，她在万分绝望之中不肯跟我去，看样子她是自杀了。这是我所知道的一切，至于他们两人的结婚，那么她的乳母也是与闻的。要是这一场不幸的惨祸，是由我的疏忽所造成，那么我这条老命愿受最严厉的法律的制裁，请您让他提早几点钟牺牲了吧。

亲王 我一向知道你是一个道行高尚的人。罗密欧的仆人呢？他有什么话说？

鲍尔萨泽　我把朱丽叶的死讯通知了我的主人，因此他从曼多亚急急地赶到这里，到了这座坟堂的前面。这封信他叫我一早送去给我家老爷；当他走进墓穴里的时候，他还恐吓我，说要是我不离开他赶快走开，他就要杀死我。

亲王　把那封信给我，我要看看。叫巡丁来的那个伯爵的侍童呢？喂，你的主人到这地方来做什么？

侍童　他带了花来散在他夫人的坟上，他叫我站得远远的，我就听他的话；不一会儿工夫，来了一个拿着火把的人把坟墓打开了。后来我的主人就拔剑跟他打了起来，我就奔去叫巡丁。

亲王　这封信证实了这个神父的话，讲起他们恋爱的经过和她的去世的消息；他还说他从一个穷苦的卖药人手里买到一种毒药，要把它带到墓穴里来准备和朱丽叶长眠在一起。这两家仇人在哪里？——凯普莱特！蒙太古！瞧你们的仇恨已经受到了多大的惩罚，上天借手于爱情，夺去了你们心爱的人；我为了忽视你们的争执，也已经丧失了一双亲戚，大家都受到惩罚了。

凯普莱特　啊，蒙太古大哥！把你的手给我；这就是你给我女儿的一份聘礼，我不能再作更大的要求了。

蒙太古　但是我可以给你更多的；我要用纯金替她铸一座像，只要维洛那一天不改变它的名称，任何塑像都不会比忠贞的朱丽叶那一座更为卓越。

凯普莱特　罗密欧也要有一座同样富丽的金像卧在他情人的身旁，这两个在我们的仇恨下惨遭牺牲的可怜的人儿！

亲王　清晨带来了凄凉的和解，
太阳也惨得在云中躲闪。
大家先回去发几声感慨，
该恕的该罚的再听宣判。
古往今来多少离合悲欢，
谁曾见这样的哀怨辛酸！(同下)

【思考练习题】

1. 如何理解剧本的主题思想？
2. 体会并概括莎士比亚语言的特点。
3. 罗密欧在朱丽叶墓中的大段独白，体现了他怎样的心理活动？
4. 罗密欧与朱丽叶的爱情悲剧，揭示了怎样的矛盾冲突？
5. 比较鉴赏《罗密欧与朱丽叶》与《孔雀东南飞》。

文海拾贝

中国传统文化的瑰宝——戏剧

中国戏剧是中国传统文化的瑰宝。在林林总总的世界文化艺术宝库中，中国戏剧(曲)与希腊的悲喜剧、印度梵剧，并称为世界三大古老戏剧。而中国戏剧又以其独特的民族风格，深刻的思想内涵，魅人的艺术特色，丰富的表现形式闻名于世。

中国戏曲起源很早，它综合了古代歌舞，古代说唱和古代俳优们的滑稽诙谐的表演形式，经过漫长的发展，至宋金时期才形成比较完整的体系。唐代是中国戏曲形式过程中的一个重要过渡时期。在唐玄宗时，宫廷中出现了教练歌舞艺人的专门处所，称为“梨园”。像《兰陵王》、《踏摇娘》一类的歌舞戏，以及以滑稽问答嘲讽为形式的“参军戏”，具有一定叙事性、情节性的戏剧冲突。

宋代杂剧是中国最早的戏剧形式。宋代出现了集中的市民游艺区，叫瓦舍和勾栏，经常演出歌舞和角抵戏，影戏、说唱、滑稽戏和百戏杂技一类的杂剧。南宋以后，杂剧在浙江永嘉逐渐发展演变为一种完整的戏剧形式，称为“南戏”，已有舞、曲、白诸种表演手段，并用曲、白代言说出一个完整的故事情节和人物，并有了完整的剧本。现存的南戏剧本，如四大传奇《荆钗记》、《白兔记》、《杀狗记》、《拜月记》和南戏中最优秀剧目《琵琶记》。

元杂剧是在宋剧的基础上，以北方流行的曲调说唱，又称为“北曲”、“元曲”。元杂剧的剧本体制，一般由四折组成，碰到比较复杂的人物和故事，再加一个短小的“楔子”。四折戏规定用不同的宫调，由一个演员主唱，演员的行当男主唱叫末，女主唱叫正旦，配角称外末、冲末、外旦、净等。著名元杂剧作家关汉卿的《窦娥冤》、王实甫的《西厢记》是元杂剧的代表作。南戏与北方盛行的元杂剧并列分流，成为当时我国南北戏剧的两朵奇葩。

进入明代后，南戏吸收元杂剧的优点，形成四种主要声腔，戈阳腔、余姚腔、海盐腔、昆山腔。从而推动了明代传奇的创作。传奇一直是明清两代主要戏曲演出形式。清传奇色彩纷呈，据知作品有二千余种，其中以《紫钗记》、《牡丹亭》、《南柯记》、《邯郸记》四大传奇而名世的汤显祖，被誉为“中国十六世纪的莎士比亚”。

清代中叶以后，传奇由多种声腔并存争艳演为昆曲独尊，至近代，昆曲因过于脱离群众，渐失舞台优势，而让位给各种新兴的民间地方戏曲。各种地方戏曲包括近代京剧等剧种的勃兴，标志中国戏曲进入一个新的阶段。

在思想内容方面，中国古代戏曲以颂扬德、智、勇的理想性格为主。中国有着几千年的大一统的局面，儒学统治中国长达两千年之久，因此中国古代戏曲中便出现了许多以儒家思想为基础的思想人物。孔子把君子之道归纳为三条：“君子道者三，我无能焉：仁者不忧，知者不惑，勇者不惧”(《论语·宪问》)。这也就是理想人物的三种理想品格：德、智、勇。德主要是“忠”、“孝”、“节”、“义”等儒家之道。元杂剧《霍光鬼谏》中的霍光，明传奇《鸣凤记》中的夏言、杨继盛，清代秦腔《回府刺字》中的岳飞，都是“忠”的典范。元代南戏《琵琶记》中的赵五娘，明代传奇《十孝记》中的郭巨、王祥等，都是“孝”的榜样。元杂剧《秋胡戏妻》中的梅英，明传奇《娇红记》中的王娇娘，清传奇《桃花扇》中的李香君都是贞节的女性。元杂剧《赵氏孤儿》中的程婴，公孙许臼，清传奇《清忠谱》中的颜佩韦等，则是可歌可泣的义士。这些忠、孝、节、义虽有其局限性，但仍有值得褒扬和借鉴之处。智，也是一种值得推崇的品格。在古代戏曲描写政治、军事斗争的作品中，智取计胜的故事很多。元杂剧《博望烧屯》、《隔江斗智》，明传奇《七胜记》，清代楚曲《祭风台》都歌颂了诸吏断案的智慧。元杂剧《灰阑记》、《鲁斋郎》中的包公，清传奇《双熊梦》中的况钟，传统地方戏《清官册》中的寇准，他们断案的机智都是使观众最感兴趣的地方。在古代戏曲的爱情剧中，机智聪明更是被作为青年男女的重要品格。如吴炳《绿牡丹》、李渔《风筝误》的女主角心地聪慧，机智过人；关汉卿《望江亭》中的谭记儿，《救风尘》中的赵盼儿，都以惊人的智慧战胜了强大的对手。还有许多古代戏曲，表现和歌颂英雄豪杰的勇武。元杂剧《单刀会》中的关羽，《三夺槊》中的尉迟恭，都勇武豪壮，所向披靡。大量的戏曲作品中所描写的梁山好汉，瓦岗英雄和杨家将们，也都勇猛彪悍，武艺高强。这些英雄豪杰都是理想化的人物，表现了人们对英雄的思慕和景仰，在人们的心目中占有崇高的地位。

中国古代戏曲中在很大程度上还反映了中国人民的善美必胜的强烈而深沉的传统思想观念。汤显祖《牡丹亭》中的杜丽娘还魂重生，与柳梦梅终结良缘；无名氏《同窗记》中的梁山伯和祝英台死后化蝶，双双飞舞；《赵氏孤儿》中的赵氏一家被杀，但孤儿长大以后为全家报了血海深仇。正如王国维所说："吾国人之精神，世间的也，乐天的也。故代表其精神之戏曲小说，无往而不著此乐天之色彩，始于悲者终于欢，始于离者经于合，始于困者终于亨。"善恶有报，善美必胜是中国人民一种突出的审美心理，也反映了中国人民的追求美好强烈愿望。

"诗言志"道出了诗的抒情性内涵，同样受中国传统文化的影响，中国戏曲以抒情为主，重抒情是古代戏曲的民族特点。元代著名杂剧《梧桐雨》、《汉宫秋》就主要是通过主人公的抒情歌唱把他们复杂的内心感情写得酣畅淋漓，有声有色，取得了激动人心的艺术效果。古代戏曲中不但重视抒写剧中人的感情，而且还常常借剧中人倾吐作者的感慨和情怀。在元杂剧中窦娥高唱着："从今后把金牌势剑从头摆，将滥官污吏都杀坏。"《竹叶舟》中吕洞宾鄙夷地说："你则看凌烟阁那个是真英武，你则看金谷乡都是些乔男女"。俨然是作者呼声，是作者借剧中人物之口倾吐个人内心情感和愿望。沈自征《渔阳三弄》实即借杜默、杨慎、张建封三人的怀才不遇报写作者的痛苦和怒愤，长歌当哭，一吐为快。徐渭《狂鼓吏》实即借祢衡骂曹以骂世。诸如此类，不一而足。可见抒情成分在古代戏曲中表现得多么显著，唯其如此，这些戏曲作品打动了读者，打动了观众，使之和剧中人产生了强烈的共鸣，因而赢得人们的喜爱，也促成了优秀戏剧作品的历久不衰。除了抒情之外，中国戏曲常带有明显叙述的痕迹。如关汉卿《救风尘》中周舍的上场诗："酒肉场中三十载，花星正照二十年。一生不识柴米价，只少花钱共酒钱。"这分明是作者对人物的叙述。王实甫《西厢记》中莺莺拈香时由张生的唱词叙述众僧神魂颠倒的动作，李好古《张生出海》中龙女自叙其衣裙、蛾眉、发髻、首饰，实际上都是变相的作者叙述。

此外，中国古代戏曲多运用点线串珠式的结构。即把一个集中固定的边点变为无数个呈线状流动变化的地点，把一段集中短暂的时间变为不受限制的呈线状流动变化的时间，把一个板块内纵横交错的复杂情节和网状矛盾线索拉成不枝不蔓的单线纵向发展。在这种单线发展中，一场就是一个点，一个点一般不生枝蔓，只在矛盾双方展开，完成一个中心动作和矛盾冲突，而这种矛盾冲突又常常是人物内心感情的变化。一场连一场，一点连一点，时间、地点、情节连续变化，组成点线串珠式结构。如孟称舜《娇红记》包含着王娇娘和申纯之间的误会性冲突，父母造成障碍的冲突，第三者插足的冲突，豪强势力破坏的冲突等复杂的矛盾冲突，这些冲突不是糅合在一块，暴露在观众面前，而是把它分成几十出，拉成单线分别加以描写呈给观众。时间、地点、人物、情节连续性强，这就形成了有头有尾，一气贯穿的特点。同时这种结构形成又具有曲折多变，富有节奏性的艺术魅力。

中国古代戏曲的语言颇具匠心，独树一帜。它除具有戏剧语言的动作性、性格化和诗化的特征外，还有歌舞性，本色和机趣的特点。中国戏曲是一种歌舞剧，因而歌词要讲究声律，有的道白虽不用歌唱，但也要“字句长短平仄，须调停得好，令情意婉转，音调铿锵，虽不是曲，却要美听。”(王骥德《曲律》)而且剧中人的唱白要适合他的形体动作，亦即歌舞务求和谐统一。所谓本色即戏曲语言的本体特征。它要求语言通俗，情真语切，自然动人。矫揉造作，晦涩生硬的语言自然失其本色。“机趣”之说，历来为古人所重视。李渔《闲情偶寄》中说：“‘机趣’二字，填词家必不可缺少。‘机者’，传奇之精神，‘趣者’，传奇之风致，少此二物，如泥人土马，有生形而无生气。”戏曲语言的机趣，是指其发自天然的，生气勃勃的独特精神风致。活泼、幽默、风趣的人物语言不失其机趣。中国戏曲语言可称歌舞、本色、机趣之典范。

中国戏曲舞台表演形式丰富多彩，是集唱、念、做、打、舞于一体的综合艺术。具体说来有以下特点。

第一，歌舞性。主要以歌唱为主，配以动作舞蹈，是节奏动作，造型的和谐统一。

第二，虚拟性。中国戏曲舞台上的时空、场景一般不用物化的形式表现出来，往往通过演员的动作表演展现出来，因而具有虚拟性的特点。比如乘船、骑马等，戏剧舞台上都不出现实物，而通过演员的表演让观众仿佛感觉到它们的存在，这种虚拟表演可以使戏曲打破舞台的限制，扩展戏曲的表演时空，灵活展现丰富多彩的生活面貌。

第三，程式性。所谓程式就是有一定规范的表现形式。在角色方面，戏曲人物分为若干行当，每行当有每行当的要求，不同人物的出场各有特定的表现动作。这种程式适合于多种表演要求，是戏曲表演的共性特征。

第四，综合统一性。综合性在于它综合运用诗歌、音乐、舞蹈、美术、雕塑、建筑等多种艺术成分和手段，使之合成一个有机的整体。

第五，情境性。通过美的境界，抒写美的情感，是中国戏曲的极致所在。中国戏曲以情动人不言而喻。其戏境之设置，演技之选择无不为抒情服务。

中国戏曲是中国古代灿烂文化的一朵瑰丽的奇葩，我们不但要从理论上加以深刻认识和理解，而且在实践上要努力改进和提高，让这朵奇葩愈加发出其灼灼光华！

单元写作训练

戏 剧 欣 赏

戏剧是中国文学艺术宝库中的一颗璀璨的明珠，从唐参军、元杂剧、明传奇，一直到京剧在清代的兴盛，戏剧经历了漫长发展轨迹，作为一种艺术形态，戏剧一直存在于中国的文化传统里，并且对民族的文化心态产生着潜移默化的作用。学会欣赏戏剧对于领受戏剧文化底蕴，增强人文素养，善莫大焉。

那么，怎样欣赏戏剧呢？

一、整体把握戏剧的内容和形式

戏剧艺术是生活的象征，是一种审美创造，它比实际生活更典型、更精粹，因而也更美。戏剧艺术的最高境界不是生活表面的摹本，而是对生活底蕴、精髓的深刻揭示与激荡人心的审美表现。好的戏剧留给欣赏者的印象应当不仅使人看见了生活本来的面貌，而且让人感受到生活应当是什么样子。戏剧需要对生活中的素材加以提炼和加工，发挥剧作家自身的艺术创造性。中国清代的戏剧理论家李渔提出戏剧应当立主脑、密针线、减头绪，即不让戏剧因为散了形而失了神。因而欣赏戏剧要领会其整体性。比如莎士比亚的《威尼斯商人》中安东尼奥为成全朋友，向犹太商人夏洛克借钱，契约规定，借了钱若还不上就要从借钱人身上割下一磅肉来。这看起来有些荒诞，但在情节展开的过程中莎士比亚让人们了解到犹太人在信奉天主教的国度里，从来都处在被蔑视、被欺压的地位，甚至在他们向他借钱的时候，也没有忘记侮辱他。因此作为犹太人夏洛克的报复心理是由来已久的、十分刻毒的。但却有着真实的现实原因和心理依据。我们说戏剧是以一个完整体向世人传达它的寓意的。完整是指所有的戏剧因素都要符合内在统一的要求，彼此之间存在着严密的有机的联系，共同表达着对戏剧主导意味的阐释。再比如让我们假想一下，《窦娥冤》里的窦娥死后平静入土，不再化作鬼神复仇了；《秦香莲》里的秦香莲也以宽大为怀，不再要求处死忘恩负义的夫君了，那么这样的戏还能给观众留下什么印象呢？所以对于戏剧欣赏来说，细节的体会固然重要，但整体的把握才是更重要的。

在综合思考中，认识戏剧内在结构的有机性、戏剧情节的合理性，人物心理动机和外在行为的可信性，戏剧主题的深刻性，从而达到审美愉悦的目的，并实现情操的陶冶。戏剧欣赏需要发挥欣赏者自身的主观能动性，西方戏剧理论家有一种说法叫做有一千个读者就有一千个哈姆雷特，说的就是欣赏者由于生活阅历、知识水平、个人修养、审美素质的不同所造成的带有必然性的欣赏差异。就是说你理解的哈姆雷特可以和别人不同，但对其本质的理解应该不会大相径庭，如果你说哈姆雷特跟麦克白差不多，恐怕就比较荒谬了。所以欣赏戏剧要有一个整体的客观的标准。

我们说把握戏剧的整体性还表现在戏剧中综合了许多其他艺术成分，比如文学、音乐、舞蹈、绘画、灯光、布景、造型、装置等，因此欣赏戏剧还要注重这些表现形式。

二、领略戏剧的时空

中国传统戏剧具有写意性特点，如以鞭代马、安步当车，在舞台上跑上一圈就等于跨越了千山万水，舞台上站立了几个兵卒就等于集合了千军万马。戏剧从来都不可能是实有生活的照搬，它应当是最具有审美意趣，最能显示人性深度的一段生活的集中再现。娱乐性特征决定了戏剧时空的假定性。在现代戏剧中舞台的假定性被极大地发挥着作用，如在戏剧《万水千山》中，红军二万五千里长征的故事被集中在不到三个小时的舞台时空中，作了概括、典型、凝练的表现，在艺术上充分发挥了以小衬大，以少胜多的效果。

舞台的时空除了表明人物活动于其中的自然时空之外，多半还具有象征性的诗意特点，它是为了烘托人物情绪、氛围，构筑戏剧情境而存在的。在欣赏戏剧的过程中一定注意到戏剧时空的转换，否则就比较难以理解戏剧情节的发展。在舞台上时空的转换主要通过幕与幕之间的场景来完成。舞台有时也利用暗转即灯光暗淡后实现场景的转换。有时则利用剧中人的台词交代幕与幕之间已经发生的事情。了解戏剧时空的转换目的还是为了对戏剧的情节发展和整体意韵有一个清晰、准确的把握。一句话，领略戏剧时空转换，可以更好地了解剧情。

三、洞察戏剧的动作

戏剧动作大体分为外部动作和内部动作两种。在戏剧舞台上观众通常会看到角色的出场，他们的打斗、肢体的活动等，这一般属于外部动作，外部动作外显于形体，具有直观性、形象性的特点，观众可以看得见。有时候我们无法用肉眼看到角色的动作，但是却能感到其内心的活动，并由此引发了情感变化或情绪波澜，这就是内心动作。内心动作作用于心理，观众虽看不见但感受得出。有些外部动作往往是内心动作的外化，而内心动作则是外部动作的依据。为此，对戏剧动作要做到明察秋毫，充分把握。有的戏剧理论家认为戏剧当中角色所说的语言也是动作的一种，并称其为“言语动作”，这是因为戏剧的语言不是客观的叙述而是带有角色主观色彩和心理内涵的话语表达，这其中既是一种对话行为的模仿，也是一种角色主观意图、心态情感的显露，所以也应当引起重视。

戏剧动作与生活中一般形态的动作大不相同，这是因为它首先要有艺术的美感，要有艺术的提炼和加工，做到既真实、自然，又优美、生动。

戏剧动作的设置首先要符合人物的身份、心理和性格，一个性格沉稳的人处在平和心态下，一般不会有大幅度的形体动作，一个活泼顽皮的青年，若是一行一动都有规有矩，观众看了就不觉得顺眼。其次，戏剧动作必须符合戏剧的整体风格，并显现艺术效果。悲剧主人公的动作要求庄重、典雅，即使像李尔王那样在暴风雨中咆哮，也不给人以过分和轻狂之感，反而会令人生出悲怜之情；相反，喜剧主人公的动作就需要不同程度的夸张变形，哪怕是主人公像达尔丢夫一样假装道貌岸然。那种“假”的痕迹，“虚”的成分，也要有所显现。再者，戏剧动作之间要有因果关联：做什么？为什么做？怎样做？这是戏剧动作的必要的分解步骤。在舞台上动作之间不是互相孤立的而是不断过渡、彼此联系，整场演出实际上是由动作组成的有机动态系统的合理运行。由此可见，洞察戏剧的动作，才能把握人物形象，领会戏剧思想内涵。

四、共同参与戏剧情境

戏剧情境是戏剧存在的基本要素，它透过情节发展所形成的戏剧场面和人物境况显现出来，是一种包含了情绪色彩的艺术氛围。中国当代戏剧理论家谭霈生认为：戏剧情境的构成主要包含下列三种因素：戏剧人物处身其中的富有情绪；感染力的时空环境；对主人公命运发生重要影响的戏剧事件——情况有定性的人物关系。

当人们坐在剧场里欣赏戏剧艺术时，实际上欣赏者与欣赏对象之间就处在了一个共同的时空里，剧情的发展给人以“正在发生”的真实感。演员直观的表演与观众微观的心理感应互动，彼此的情感交互作用，形成了一个共同的心理环境——特定的“情绪场”。这个“场”的概念，在物理上是封闭的，在心理上却是开放的，这是戏剧情境赖以生成的基础。

在戏剧的欣赏中，观众的情绪参与常常显得十分重要。从本质上讲，观众不是戏剧单纯的享受者和旁观者，而是那种与作者、演员合作一起创造戏剧的参与者。在契诃夫的剧作《樱桃园》的结尾中，旧日的贵族郎涅芙斯卡雅和弟弟噶耶夫，无奈地卖掉了祖业樱桃园。这象征着旧生活的一去不返，而他们内心的依恋却那么明显。作为观众，你不是站在旧贵族的立场去惋惜那过去的好时光，而是这样的戏剧情境调动了你关于自己的满怀留恋的情绪记忆，它让你想到很多不忍舍弃的事物。这种无奈的心绪不忍的情感，对于很多人都是具有普遍意义的。

此外，还应具有正确的戏剧欣赏态度，那就是既有情绪感悟也有理性认知。强调情绪感悟，是因为戏剧的审美过程总是伴随情境的发展过程而进行，超脱于情境之上的戏剧欣赏，可能与艺术的美感相隔甚远；而强调理性认知，是因为戏剧在情境之中还包含了更丰富的内涵，这就需要欣赏者透过剧情认识戏剧主题的深刻性，对其揭示人性的深度、反映生活的广度、艺术价值的高度、人文内涵的幅度等有一个基本的把握。

戏剧欣赏与其他艺术欣赏一样，有一个说法就是“外行看热闹，内行看门道”。其实没有天生的内行，只有看的多了，把握了戏剧欣赏的基本规律，积累了丰富的鉴赏经验，那么对戏剧艺术就比较容易看出优劣得失了，所得到的印象也就比较合乎实际了。祝愿你学会欣赏戏剧。

作品赏析

《哈姆雷特》赏析

陈清晖

悲剧《哈姆雷特》是莎士比亚戏剧创作的最高成就。我们首先来看看他的现实性。

虽然《哈姆雷特》的剧情发生在中世纪的丹麦，但是从剧中我们可以联想起英国的现实。剧中所发生的种种冲突，恰恰真实地反映了16世纪末17世纪初英国的社会矛盾。

在悲剧一开场时，莎士比亚描写的就是一个动荡不安的局面。丹麦王的突然死去，鬼魂的出现，种种现象都给人一种劫难临头的感觉。从这一切可以看出，当时是一个乱世，也难免要发生非常变故。

当权的国王克劳狄斯，在这乱世中扮演了一个丑恶的角色。他狠毒的害死了亲哥哥，篡夺了王兄的王位，又诱骗了王后，高高地坐在王位上。他分明是一个杀人犯、是一个万恶不赦的小人。但是，他掩饰着内心的丑恶，在众人面前，带着仁慈贤明的假面具。为了试探哈姆雷特发疯的原因，耍手段派人刺探。为了达到目的，自己躲在暗处，不公开对付哈姆雷特，暗地里却两次安排借刀杀人的诡计，试图杀害哈姆雷特。从克劳狄斯的卑鄙行径可以看出，他并非一般的封建朝廷的暴君。他有封建君主专制的暴虐，也有原始积累时期资产阶级冒险家的狡诈。

克劳狄斯身为国王，却荒淫无度，每天只知道饮酒作乐。朝臣们也都致力于取悦君王。我们以一个典型的官僚波罗涅斯为例，他身为御前大臣，却昏庸无道，一味地告密、献计、偷听，为了卑鄙的勾当连自己的女儿也出卖，最后连自己的性命也没有保全。这一切都是腐朽的官僚制度的产物。罗森格兰兹和吉尔登斯吞是哈姆雷特的两个老同学，为了奉承主子，甘当国王的密探，出卖朋友。

总之，这些统治者的形象是：徒有冠冕堂皇的外表，内心却阴险狡诈，他们被利欲冲昏头脑，为了谋私利，不惜做伤天害理之事。旧的封建关系已经被瓦解了，统治集团受到了新的资产阶级利己主义的恶习的影响。一股强大的社会恶势力正是由这样一批统治者形成的。

哈姆雷特是悲剧的主人公，也是文艺复兴时期人文主义的典型形象。他虽然身为王子，是封建统治集团中的一员，但他就读的德国威登堡大学是人文主义运动的中心。在这里，新思想新文化熏陶着哈姆雷特，他对世界和人生有新的看法，这新的看法是与传统的教会观念不同的。

他鄙视尊卑贵贱、等级森严的封建关系，渴望真诚相待的平等关系。他有美好的理想，而且多才多艺。他一向待人诚恳，光明磊落。他是具有进步思想和优秀品德的好青年。

在哈姆雷特眼中，父亲就像神一样，是个英明治国的君主。父母相亲相爱，拥有奥菲丽娅的纯真爱情，很多好朋友在自己的周围，这是哈姆雷特理想的生活。经历了宫廷变故以后，现实的丑恶原形毕露，哈姆雷特也从幻想中醒来。残酷的现实给他的精神以沉重的打击，他变得很忧郁，这是理想破灭后的一种精神状态，并不是哈姆雷特的天性。

忧郁和精神危机并没有击垮哈姆雷特，反而使他更加清醒了，他从幻想中解脱出来，回到了现实中，他敢于同社会罪恶作斗争，用它深刻而有力的思考去分析现实，准备采取行动，完成父亲交给他的复仇任务。

克劳狄斯暴露了自己的真面目，独自在祷告的时候，哈姆雷特没有杀了他，有人认为这是哈姆雷特优柔寡断、生性软弱的表现，是悲剧的根源。因此，也有人把哈姆雷特看作行为犹豫的典型。但是，事实上哈姆雷特并不是这种人，他有志气，对人生有积极的看法。在哈姆雷特眼里，世界上存在着众多的罪恶，克劳狄斯的罪恶只不过是其中的一桩。他的责任不仅仅是为父报仇，而是如他自己说的“要负起重整乾坤的责任”。

按照人文主义理想，哈姆雷特自觉地担负起重整乾坤的义务。他行动犹豫的原因应该是：在一个伟大的目标面前，他想采取行动但却不知如何去行动。在最后，他虽然替父复仇了，但自己也与敌人同归于尽，没有完成重整乾坤的任务。这也使他意识到现实的冷酷。

哈姆雷特之所以不能完成重整乾坤的任务，有两方面原因。客观上，反动势力过于强大，而哈姆雷特所代表的先进力量比较弱小。主观上，人文主义思想本身具有局限性，当理想与现实产生矛盾时，难免要陷入精神痛苦之中。

哈姆雷特面对强大的恶势力，没有想到广大人民群众是改革现实的根本力量，而只想到“我”，孤军奋战，这注定是要失败的。

不少旧思想的重担在哈姆雷特身上存在着，这些旧思想使他在斗争中不能抓住时机，使自己处于消极的被动的地位。

哈姆雷特本身有弱点，但仍是一个比较完整的理想人物的形象，该剧本既是对社会矛盾的揭示，也是对人文主义的理想的人物的歌颂，对人民与反动统治作坚决的斗争起到了鼓舞作用。

写作训练

观看话剧《日出》，写一篇评析性的文章。

【阅读参考书目】

1. 《中国文学史参考资料简编》，北京大学出版社，1988 年版。
2. 《中国古代文学作品选》，人民文学出版社，2002 年版。
3. 《中国古代文学名篇选读》，南开大学出版社，2001 年版。
4. 《莎士比亚全集》，人民文学出版社，1986 年版。
5. 《元人杂剧选》，顾肇仓选注，人民文学出版社，1962 年版。
6. 《西厢记》，王实甫著，王季思校注，人民文学出版社，1957 年版。
7. 《牡丹亭》，汤显祖著，人民文学出版社，1982 年版。
8. 《桃花扇》，孔尚任著，人民文学出版社，1958 年版。
9. 《曹禺选集》，曹禺著，人民文学出版社，1978 年版。
10. 《外国文学作品选》，郑克鲁编，复旦大学出版社，1999 年版。

第五单元 实用写作

行政公文

行政公文，是国家行政机关公文的简称，是国家机关、企事业单位、社会团体在处理各种公务中形成的，具有特定格式的各种公务文书的统称。它具有高度的政策性、法定的权威性、作者的法定性、体式的规定性和明显的时效性等特点。

2000 年 8 月 24 日，国务院办公厅发布了新的《国家行政机关公文处理办法》，新的办法吸收了近年来国家行政公文理论研究成果，克服了原有《办法》一些矛盾和缺陷，较好地实现了公文作为“公务活动的重要工具”的职能作用的转变，为更好地使国家行政机关公文处理工作规范化、制度化、科学化奠定了基础。

新的《办法》规定公文为十三种：①命令；②决定；③公告；④通告；⑤通知；⑥通报；⑦议案；⑧报告；⑨请示；⑩批复；⑪意见；⑫函；⑬会议纪要。下面主要介绍其中最常用的七种。

通知　通报

一、通知

(一)通知的概念

通知是批转下级机关的公文，转发上级机关和不相隶属机关的公文，传达要求下级机关办理和需要有关单位周知或执行的事项，任免人员时使用的公文。

(二)通知的特点

1. 广泛性

在所有公文中，通知的使用是最广泛的。任何一级机关、企事业单位、群众团体，无论是上级领导机关的重要决策，还是日常的行政工作，都可以使用通知。

2. 使用频率高

因为通知适用范围广泛，行文简便，写法多样，所以在现行公文中使用频率最高。

3. 种类多

按其内容性质分，有批示性通知、发布性通知、告知性通知、会议通知、转发批转通知、任免聘用通知等。

(三)通知的种类

1. 批示性通知

批示性通知又称发文通知，通常有三种形式。

(1) 批转通知，即对下级机关的公文，加批语式通知下发，要求所属单位执行或参照执行。

(2) 转发通知，即对上级机关、同级机关或不相隶属机关的公文，加按语式通知转发下去。

(3) 颁发(印发)通知，即职能部门发布有关法规，印发有关文件，加说明式通知下发。

2. 指示性通知

对下级机关工作有所指示和安排，而根据公文内容不适宜用“命令”和“指示”行文的，可用“通知”。

3. 告知性通知

告知性通知主要用来将最近决定的有关事项告知受文单位。如人事调整，机构的设立及撤销，机关单位隶属关系变更等。

4. 会议通知

召开比较重要的会议之前，把有关事项告知给有关单位和人员时使用的通知。

(四)通知的基本格式

通知一般由标题、主送机关、正文三部分组成。

1. 标题

通知一般为完全标题。有的通知标题根据具体情况写明“联合通知”、“紧急通知”、“重要通知”、“补充通知”等。转发、批转类通知，其标题由“批转”或“转发”二字加被转发、批转的文名称构成。

2. 主送机关

通知通常有特定的受文者，要标明主送机关。有些在大众媒介上发布的告知性通知，因受文范围广，可不注主送单位名称。

3. 正文

通知的正文一般包括前言、主体、结尾三部分。

通知的前言应写明发通知的原因、根据和目的。主体要求使用叙述的语言，将通知有关的事项简明扼要地交代清楚。根据其内容情况，主体文可篇段合一，也可多段行文或分条列项写出。通知的结尾一般提出号召、希望、要求等。不同种类的通知的正文写法又不完全相同。

批示性通知正文一般包括转发对象和批示意见两个部分。转发对象部分要写明被转发的公文的名称及原发单位名称。批示意见据实际情况，可长可短。此外，还要分别表明转发的目的，如要求下级“参照执行”、“遵照执行”、“研究执行”、“认真贯彻执行”等。

指示性通知的事项内容一般较为丰富，要分条列项地写，指示要明确，要切合实际。

二、通报

(一)通报的概念

通报是表彰先进，批评错误，传达重要精神或情况时使用的公文。

(二)通报的特点

1. 内容的特定性

通报所反映的内容通常是具体的正反典型事例、工作中出现的新情况或有一定影响的事情。

2. 反映事物的典型性

通报内容必须具有典型意义，或在全局性工作中有一定的代表性。

(三)通报的种类

1. 表扬性通报

主要用于表彰先进，即选择典型，在一定范围内加以表扬，号召大家学习。

2. 批评性通报

主要用于批评错误，揭露问题，处理责任事故，达到惩戒、教育的目的。

3. 情况通报

主要用于传达上级指示或会议精神，通报工作与活动的进展情况及动向、问题。

(四)通报的基本格式

通报一般由标题、主送机关、正文组成。

1. 标题

通报一般为完全式标题。有的可省略发文机关，如《关于××情况的通报》。

2. 主送机关

通报一般需要写明主送机关，如果受文范围较广，可省略不写。

3. 正文

通报的正文通常由以下部分组成。

(1) 主要事实。

这一部分主要写明典型事例发生的时间、地点、有关人物或单位、事情的主要经过和情节、表现等。叙述事例文字应详略得当，表述要简洁平实。

(2) 分析事例的教育意义。

这一部分应着重指出通报事例的重要意义或严重后果，揭示其中实质性问题，从现象到理论加以认真分析，使人们对其有较为完整的认识。此部分内容要注意分析，要切合实际，议论要有分寸。

(3) 提出要求。

根据不同的实际情况，表明发文机关对事件或人物作出的处理、表彰决定，向下级机关提出要求、应采取的措施和规定。

例文一

关于印发《职业介绍服务规程(试行)》的通知

各省、自治区、直辖市劳动(劳动人事)厅(局):

为进一步规范劳动部门职业介绍机构的服务方式，完善服务功能，提高工作质量，我们制定了《职业介绍服务规程(试行)》，现印发给你们，请在劳动部门开办的职业介绍机构中，根据具体情况，有计划、有步骤地试行。试行中的情况和问题，请及时报告我部就业司。

劳动部

一九九八年一月六日

例文二

国务院办公厅转发财政部关于农业综合开发若干政策的通知

国办发[1994]72 号

各省、自治区、直辖市人民政府，国务院各部委、各直属机构:

财政部《关于农业综合开发的若干政策》已经国务院同意，现转发给你们，请贯彻执行。

国务院办公厅

一九九四年五月二十三日

例文三

××公司关于地址迁移的通知

我公司已迁至北京市鼓楼西大街甲××号办公，新开户银行：北京市地安门分理处，账号××—××，原来的开户银行及账号7月1日撤销。特此通知

××公司
×年×月×日

例文四

××总公司关于×××同志职务任免的通知

××分公司：

经总公司研究决定：任命×××同志为××分公司经理，免去其××室主任职务。

××总公司
×年×月×日

例文五

国务院办公厅关于表彰奖励中国女子足球队的通报

各省、自治区、直辖市人民政府，国务院各部委、各直属机构：

中国女子足球队是我国体育战线上的一支优秀队伍，长期以来，刻苦训练，锐意进取，在历次重大比赛中都获得了好的成绩，为我国体育事业的发展做出了贡献。中国女子足球队在第三届世界杯女子足球赛中，发扬为国争光、不畏强手、团结协作、顽强拼搏的精神，荣获亚军，为祖国赢得了荣誉，受到了全国人民的称赞。为此，国务院决定对中国女子足球队给予表彰并予以奖励。

各地区、各部门要认真学习中国女子足球队热爱祖国、无私奉献、坚忍不拔、团结拼搏的优秀品质和高尚情操，更紧密地团结在以江泽民同志为核心的党中央周围，高举邓小平理论伟大旗帜，振奋精神、开拓进取，立足本职、扎实工作，为建设有中国特色社会主义伟大事业全面推向21世纪而努力奋斗。

国务院办公厅
一九九九年七月十二日

报　　告

一、报告的概念

报告是下级机关向上级机关汇报工作，反映情况，提出意见或建议，答复上级机关的询问时使用的公文。

二、报告的特点

(一)汇报性

报告是下级机关向上级机关反映本机关工作中的基本情况，工作中取得的经验教训、存在问题以及今后工作的设想等，以使上级机关掌握基本情况，及时对工作进行指导的公公文，所以汇报性是报告的特点之一。

(二)陈述性

报告是向上级汇报情况，行文一般使用叙述说明手段，直陈其事。报告中有时也适当加以分析，提出看法，但不多讲道理，以陈述为主。

三、报告的种类

(一)工作报告

把前一阶段某项工作的基本情况、取得的成绩、存在的问题、经验教训阐述清楚，并作出恰当的分析和判断，对下一步工作提出具体意见的报告。

(二)情况报告

就某一问题或某一偶发事件，向上级写的情况汇报。

(三)呈转报告

向上级机关提出自己的工作安排、设想和建议，期望得到上级的认可和采纳，转有关单位执行的报告。

四、报告的基本格式

报告一般由标题、主送机关、正文组成。

(一)标题

报告一般用完全式标题，有时可以省略发文机关，如《全国物价大检查总结报告》。

(二)主送机关

写明主送的领导机关名称。

(三)正文

报告的正文一般由以下几部分组成。

1. 报告的缘由

以简要概括的语言，写明报告的原因、依据和目的。要开门见山，直陈其事。而后用“现将有关情况报告如下”之类承启语，转入报告主体。

2. 报告的事实和问题

本部分为报告的核心、主体。要重点写明工作进展情况，采取的措施及取得的成效，存在的问题与不足，对今后工作的意见；或写明事情发生的基本情况，对事情作出准确分析、评价、说明处理结果或提出处理意见，等等。

3. 结束语

报告的结束语常见的有两种，一种是根据报告的事实或问题提出几点建议或意见，供领导参考；另一种是用“特此报告”或“请指正”、“请审查”等作结束语。呈转报告常用“以上报告如无不妥，请予批转执行”等结束语。

例文

中国人民银行关于严格禁止各单位模仿人民币样式印刷内部票券的报告

国务院：

据吉林省人民银行报告：吉林市一些企业单位，模仿人民币样式印刷内部使用的票券，以致有的票券已经流入市场，对货币流通很不利。

我们认为，模仿人民币样式印发内部票券的做法是违法的，应当坚决制止，拟请国务院责成吉林省人民政府迅速派人对吉林市一些企业单位模仿人民币印发内部票券的情况进行检查，查清楚共印制了多少？有多少流通到市场上去了？对于流入市场的票券要采取有效措施迅速收回。印发这种票券的企业单位，不仅应负经济上的责任，企业领导人还应当进行深刻检讨。为了防止其他地方再发生这类问题，我们建议明确规定以下几条，通令全国执行。

一、一切企业、事业单位和机关、团体，印刷和使用内部核算的票券，必须经上级主管部门批准，并且一律不允许模仿人民币的样式，不许不注明用途混入市场；违者以扰乱金融论处。

二、各企业、事业单位和机关、团体，应检查一下现在使用的内部票券，有没有模仿人民币样式和不注明用途的现象。如有这类票券，应当限期全部销毁，并向当地党政机关领导作出检查报告；违者按情节轻重论处。

三、所有的印刷厂，一律不准承印模仿人民币样式的票券。已经承印的应立即停止，并报告当地党政领导机关，把票版和成品全部销毁。以后如再承印这种票券，以扰乱金融论处。

以上报告，如无不当，请批转各省、自治区、直辖市执行。

中国人民银行
19××年×月×日

请示 批复

一、请示

(一)请示的概念

请示是下级机关向上级机关请求指示、批准时使用的公文。

(二)请示的特点

1. 期复性

请示是请求上级给予指示并期待上级批复的公文，期复性是它的特点之一。

2. 单一性

请示要求一文一事，因此具有内容集中、单一的特点。

(三)请示的种类

1. 请求指示的请示

在工作中遇到重大或疑难问题，请求上级机关给予明确指示。

2. 请示批准的请示

凡需上级批准才能办理的事项，或工作中遇到必须处理但本机关无权处理的问题，都必须请求上级批准。

3. 请求批转的请示

对涉及范围较广，带有普遍性、全面性的问题，或较为重大、紧急的事项，需通过上级机关批转，发至有关单位贯彻执行时，使用批转性请示。

4. 请求帮助的请示

本单位应办或上级交办的事项，需一定人力、物力、财力，本单位难以解决，请求上级帮助解决时，使用请求帮助性请示。

(四)请示的基本格式

请示一般由标题、主送机关、正文组成。

1. 标题

请示一般为完全式标题。也可以省略发文机关，如《关于实验技术人员职务工资问题的请示》。

2. 主送机关

请示的主送机关一般只写一个。如需同时送达其他上级机关，可用“抄送”的形式。

3. 正文

请示的正文一般由以下部分组成。

(1) 请示缘由。

主要写明提出请示的原因、理由。要求理由充分，清楚明白。

(2) 请示事项。

即要求上级给予指示、批准的具体内容。请示事项要求真实、具体、准确，不能含糊笼统。要提出自己的看法和建议，不能只是提出问题，而是期待给予答复。

(3) 请示结束语。

一般可用“特此请示”、“专此请示”、“以上请示当否，请批复”等。

无论何种类型的请示，写作时都需要注意不多头主送，不越级请示。

(五)请示与报告的区别

请示与报告都是上行文，都要反映情况，陈述意见，使用时要明确两者的区别。

1. 行文目的不同

请示的主要目的是向上级请求指示和批准，它需要上级机关的回复；报告的主要目的是供上级了解情况，以便上级加强领导，它一般不需要回复。

2. 行文时限不同

请示必须事前行文，请求批复。按照组织原则和职权范围，不能先斩后奏；报告则事前、事中、事后都可以行文。

3. 内容结构不同

请示一般要求一文一事，内容具体单一，行文结构较为稳定；报告内容广泛，可一文一事，也可反映多方面的情况，结构不拘一格。

二、批复

(一)批复的概念

批复是上级机关答复下级机关请示事项时使用的公文。

(二)批复的特点

1. 针对性

批复一般是针对下级机关请示事项表明态度，提出意见和办法，内容单纯，针对性强。

2. 指示性

上级机关的批复都是依据党和国家的有关方针政策和下级请示内容，有原则地、实事求是地给予明确的答复，因此带有指示性。

(三)批复的种类

1. 同意性批复

即对下级机关的请示表明肯定性意见的批复。

2. 否定性批复

上级机关出于全面考虑，不同意下级机关的请示的批复。这类批复要求充分讲明不同意的理由。

3. 指示性批复

在同意下级请示的同时，又对下级的工作作出有指导意义的指示性意见。

4. 解答性批复

对下级机关的疑问作出解答的批复。

(四)批复的基本格式

1. 标题

批复的标题一般为完全式标题。

2. 主送机关

一般为“请示”的来文单位。

3. 正文

批复的正文由以下部分组成。

(1) 批复依据。

批复的开头通常要引述请示的来文作为批复的依据。如“×年×月×日来文收悉”，或“×年×月×日《关于××的请示》收悉”等。

(2) 批复内容。

针对请示的事项，作出明确具体的答复。答复事项针对性要强，表达准确。否定性批复一定要阐明不同意的理由。

(3) 结束语。

一般用“特此批复”、“此复”为结束语。

例文一

××市金沙区交通分队
关于绵阳路禁行4吨以上汽车的请示

金交［1989］第15号

××市公安局：

我区辖内主要马路绵阳路路面狭窄(仅 6 米)。近年来，马路两侧商店日渐增多，行人拥挤，往往占用马路行走，与自行车和汽车争道，以致交通经常堵塞，引发交通事故多起。为了保证附近单位及行人的安全，拟从 5 月 1 日起禁止 4 吨以上汽车在绵阳路通行。上述车辆可绕道于附近的两英路行驶。如无不妥，请予批准为盼。

(公章)
一九八九年四月一日

例文二

××市公安局
关于绵阳路禁行 4 吨以上汽车的批复

××[1989]20 号

金沙区交通分队：

你队 4 月 1 日《关于绵阳路禁行 4 吨以上汽车的请示》(金交［1989］第 15 号)悉。经与有关部门研究，同意绵阳路禁止行驶 4 吨以上汽车(包括卡车、客车)，由 1989 年 5 月 1 日零时起实施。请做好设置标记等事宜，并注意交通疏导。实行后的情况望及时了解并报告。此复。

(公章)
一九八九年四月十四日

抄报：××市人民政府公交办。

抄送：××市城建局，××市金沙区人民政府。

函

一、函的概念

函是平行机关或不相隶属机关之间相互商洽工作，询问和答复问题，请求批准和答复审批事项时使用的公文。

二、函的特点

(一)功能的多用性

函是行政公文中用途最为广泛的文种之一。它主要用于平行机关或不相隶属机关之间的行文，也可以用于上下级之间的公务联系。

(二)写作的灵活性

函在写作上的灵活性表现在，一是其篇幅短小，简便自由；二是笔调灵活多样，与其他公文相比，限制相对要小一些。

三、函的种类

(一)商洽函

商洽函是平行机关或不相隶属机关之间商量和接洽工作，或请求协助解决某一问题的函。

(二)询问函

询问函是向下级机关、平行机关或不相隶属机关询问工作情况或某一问题，或征求意见的函。

(三)请示函

请示函是向上级机关就一般事宜请示询问或请求批准的函。

四、函的基本格式

函一般由标题、主送机关、正文组成。

(一)标题

函的标题一般为完全式标题，要写明是“函”，还是“复函”。如《××市人事局关于商调×××同志的函》，《国务院办公厅关于公开发布天气预报有关问题的复函》。

(二)主送机关

写明受函单位名称。

(三)正文

函的正文一般由以下部分组成。

1. 开头

要开门见山，直截了当。如果是发函，开头应说明发函的目的、根据或理由。如果是复函，开头则先引述来文，然后用“经研究，现将有关问题函复如下”等，过渡到下文。

2. 主体

写明所商洽、询问、请示或答复的具体内容。要求明确具体，条理清晰。

3. 结尾

函一般使用得体的收束语作结尾。如，给下级发函常用“以函复为要”、“以函复为盼”等；给平级发函常用“以函复为荷”、“盼复”等，给上级发函常用“恳请函复”等，给上级回函常用“特此回复”、“专此回复”等。

例文一

××公司关于选派技术人员进修的函

××大学：

我公司属于新建公司，为提高专业人员的业务水平和科研能力，经研究决定选派×××、×××、×××三位同志分别到你校中文系、计算机系、外语系进修一年，进修费用按国家规定的标准，由公司财务科统一一次付清。能否接受，请予函复。

附件：3 名技术人员情况登记表。

××公司

×年×月×日

例文二

××市××公司
关于请求在官汕路宁江桥头兴建
办公营业大楼的函

××［1988］30 号

××市城乡建设委员会：

我公司经市计委[1988]83 号文件批准，兴建一幢办公营业大楼。该楼由××市设计室设计，××城建工程队施工，第一期工程总造价 48 万元，资金来源属于自筹。该楼将建于官汕路宁江桥头北边，建筑面积 4086 平方米，占地面积 660 平方米。四至：东至骆屋队水田，西至宁江东堤，南至官汕路，北至本公司家属宿舍。建筑物高八层，框架结构，坐北向南。请准予作永久性建筑物兴建。

附件：一、××市计委［1988］83 号批文。

二、办公营业大楼设计施工图纸。

(公章)

一九八八年五月七日

会 议 纪 要

一、会议纪要的概念

会议纪要是记载、传达会议情况和议定事项时使用的公文。

二、会议纪要的特点

(一)提要性

会议纪要的依据是会议材料和会议记录，但它又不同于会议记录，它不能事无巨细，有闻必录。纪要必须对会议进行归纳整理，择取其要，提炼出精华，概括出主要精神，归纳出主要事项，成为“纪要”。

(二)指导性

会议纪要所记载的内容，是传达贯彻会议精神的主要依据，它一经下发，对有关机关和单位具有指导作用。

(三)法定性和权威性

会议的议定事项反映了主持单位和与会人员的共同意志，具有法定性和权威性，对与会单位或下属单位具有约束力。

三、会议纪要的种类

(一)指示性会议纪要

指示性会议纪要是以会议研究通过的对有关方针政策的具体贯彻意见，对某方面工作的具体部署和要求为内容的会议纪要。

(二)研讨性会议纪要

研讨性会议纪要是学术部门或团体召开会议，研究讨论一些学术性问题所形成的会议纪要。

(三)凭据性会议纪要

凭据性会议纪要的主要内容是参加会议的有关方面会谈的结果。其主要作用是向上级汇报，给有关方面知照及本单位留存作凭据。

四、会议纪要的基本格式

会议纪要一般由标题、正文两部分组成。

(一)标题

会议纪要的标题一般有两种形式，一是单一式的，如《××公司生产销售会议纪要》；二是复合式的，即正、副标题式。正标题概括会议主要精神，副标题一般为会议名称和文种组成。如《党员文艺家要加强党的观念——首都部分文艺工作者座谈会议纪要》。

(二)正文

会议纪要的正文一般由以下部分组成。

1. 会议概况

在会议纪要开头部分，以简要的文字写出会议的时间、会期、会址、主持人、参加人员、主要议程和议题等。

2. 会议精神和决定事项

根据会议的原始材料，经分析、概括、加工、整理，把会议的主要精神和成果反映出来，具体地写出会议研究的问题、讨论的意见、作出的决定等，这一部分为会议纪要的主体。

这一部分常见的写法如下。

(1) 综合记述式。即开门见山地把会议概况、议题、主要讨论意见和决议事项简明扼要地按顺序叙述出来。

(2) 归纳分类式。即把诸多问题分类整理，按其内容联系和逻辑关系等归纳成几个方面，突出会议的中心和目的。

(3) 发言摘要式。即按与会人员发言的内容依次摘要整理，如实地反映出会议讨论情况、不同的观点和发言人的主要意见。

3. 会议的希望

会议纪要的结尾，一般要提出希望、号召，要求执行会议精神。有些则是正文写完就是全文的结束。

例文

关于协调解决沙面大街56号首层房屋使用权问题的会议纪要

××年 2 月 2 日上午，市政府办公厅×××主任主持召开会议，协调解决沙面大街 56 号首层房屋使用权问题。参加会议的有省政府办公厅交际处、广东胜利宾馆、市商委、市国土房管局、二商局、市外轮供应公司等有关部门的负责同志。

会议认为，沙面大街 56 号首层房屋使用权的问题，是在过去计划经济和行政决定下形成的历史遗留问题。早几年曾多次协调，虽有进展，但未有结果。最近，按照省、市领导同志“向前看”、“了却这笔历史旧账”的批示精神，在办公厅的协调下，双方本着尊重历史，面对现实，互谅互让的原则，合情合理地提出解决这宗矛盾的方案。

经过协商、讨论，双方达成了一致的认识。会议决定如下事项。

一、市外轮供应公司应将沙面大街 56 号房屋的使用权交给胜利宾馆。

二、考虑到市外轮供应公司在 56 号经营了 30 多年，已投入了不少资金，退出后，办公地方暂时难以解决，决定给予其商品损耗费、固定资产投资和搬迁费等一次性补偿费用共 95 万元。其中省政府办公厅和广东胜利宾馆负责 80 万元；考虑到省政府领导曾多次过问此事和省、市关系，另 15 万元由广州市政府支持补助。

三、省政府办公厅和胜利宾馆的补偿款于 1994 年 2 月 7 日前划拨给市外轮供应公司。市政府的补助款于 3 月 5 日左右划拨，市外轮供应公司应于 2 月 15 日开始搬迁，2

月20日前搬迁完毕并移交钥匙。

四、市外轮供应公司原搭建的楼阁按房管部门规定不能拆迁。空调器和电话等 2 月20日前搬迁不了的，由胜利宾馆协助做好善后工作。

会议强调，双方在房屋使用权移交中要各自做好本单位干部群众的工作，团结协作，增进友谊，保证移交工作顺利进行。

××市政府办公厅
××年×月×日

【思考与练习】

一、名词解释

1. 会议纪要　2. 通报　3. 函　4. 通知

二、简答题

1. 报告与请示有何区别？
2. 简述会议纪要的写作格式。
3. 通报有哪些特点？
4. 公告与通告有何区别？
5. 行政公文的写作要求是什么？

事务应用文

事务应用文是党政机关、企事业单位、社会团体及个人在日常事务中使用的具有实用性、事务性和一定惯用格式的应用文体。它具有交流情况，部署和联系工作，总结经验，规范行为，留存备查等作用。事务应用文包括的种类很多，有一般书信、专用书信、规章制度、计划、总结、会议记录、简报、调查报告、毕业论文、求职文书、学术论文等。本章主要介绍其中最常用的五种。

计　划

一、计划的概念

计划是国家机关、企事业单位、社会团体及个人对今后一段时间的工作、生产与学习提出预想的目标，并制定出实现这个目标的具体步骤、方法和措施所使用的应用文。

制订计划，是一种科学的工作方法。“凡事预则立，不预则废。”有了计划，可以做到胸中有全局，奋斗有目标，行动有遵循，减少盲目性，被动性，增强自觉性。

计划，是一个统称，常见的设想、规划、打算、安排、意见、要点、方案等，都属于计划。只是由于内容等方面的不同，往往选用不同的名称。

二、计划的特点

(一)预见性

制定计划一定要有科学的预见，依据对客观实际情况的精确分析，对未来一定时期的工作做出预想性安排。预见是否准确，直接影响所制订计划的成败。

(二)可行性

计划是为了实现而制订的。计划的各项指标及措施、方法的设置安排必须在必要而且可能的前提之下。达不到目标的计划是一纸空文。所以计划必须具备现实可行性。

(三)明确性

计划是效果检验的依据，因而计划中目标、任务、步骤、措施、方法都必须十分明确，不能含糊。明确的计划可以使人行有所依，查有所据。

三、计划的分类

按照不同的标准，计划主要可分为以下几类。

(一)按性质划分，有专题计划、单项计划、综合计划等。

(二)按内容划分，有工作计划、生产计划、购销计划、教学计划、科研计划、学习计划等。

(三)按时间划分，有长期的计划、中期的计划、短期的计划，包括年度计划、学期计划、季度计划等。

(四)按范围划分，有国家计划、部门计划、单位计划、个人计划等。

四、计划的基本格式与写法

计划的写作有条文式和表格式，有的两者兼用。

计划没有一成不变的模式，但任何计划在写作中都应体现内容构成的三要素。条文式计划是将三要素分解成若干条目，然后依内容的逻辑顺序逐条用文字表述。表格式计划是将三要素具体分解成表格的若干栏目。条文加表格式计划中，有的以文字叙述为主，列表格作为依据；有的以表格为主附文字作为说明。下面对条文式计划的格式加以详细说明。

条文式计划一般包括标题、正文、落款三个部分。

(一)标题

计划的标题一般是由四个要素组成，即单位名称、适用时间、计划内容和文种，如《××市 2001 年工作要点》；也可由计划内容加文种组成，如《关于提高生产质量的计划》；可由计划单位名称、计划内容加文种组成；也可由计划时间、计划内容加文种组成。

(二)正文

计划的正文一般包括开头、主体、结尾三部分。

1. 开头

开头是计划的前言部分，主要阐明制订计划的背景、根据、目的、意义、指导思想等，篇幅的详略长短要根据工作的重要程度、内容的多少来确定，总体上要求简练概括。

2. 主体

计划的主体一般由目标、措施、步骤三部分构成，分别回答“做什么”、“怎么做”、“什么时间做完”的问题，有人将此称作计划的“三要素”。

目标，是计划工作、活动要达到的标准和要求，常被称作“目标任务”。它是对前言提出的总目标、总任务的分解与具体化，提出的应该是明确目标、主要任务与重要指标。

措施，是完成目标、任务的具体方法。如采取哪些手段，需创造什么条件，运用哪些方法，具体作哪些分工等。

步骤，主要指时间分配、人力物力财力的调度安排。如实现目标任务过程中所应作的时间安排，各个阶段任务的划分，各项任务的完成时限等。其他，如有关检查、落实、评比、修改计划等事项，可以分别写在条文里，也可在措施步骤后面单独写。

3. 结尾

结尾即计划的结语。一般包括补充性说明，为完成目标任务而提出的希望、号召与建议，或执行计划应注意的事项等，收束全文。有的计划也可无结语，主体收束，全文收尾。

(三)落款

在正文的右下方写上制订计划者的名称或名字，并署上日期。如作为文件外发者，还要加盖公章。

五、计划的写作要求

(1) 要符合党和国家的方针政策。制订计划必须以有关的方针政策为依据，要有全局观念，处理好全局与局部，长远和目前，国家、集体、个人三者的利益关系。

(2) 要从实际出发，量力而行。计划中的指标、措施，都应从本单位实际情况出发，指标的提出要留有余地，经过努力能够实现。

(3) 要力求具体、明确。计划的内容具体，才利于实施，利于检查。一般不发议论，不叙述过程。要明确写出做什么，怎样做，达到什么标准。

例文

×××××学校文秘专业实习计划

为了贯彻理论联系实际的教学原则，加强实践教学，使学生通过社会实践，运用课堂学到的知识，提高应用能力，培养创业能力和创新精神，根据教学计划，本学期安排《秘书学概论》和《应用写作》两门学科的专业实习。

一、内容和要求

(一)了解基层单位秘书部门(办公室)的一般性工作；

(二)了解机关文秘工作的内容及处理办法；

(三)了解机关文书的制发、运转程序；

(四)根据实习情况，学习编写简报；

(五)通过社会调查，写出调查报告。

二、时间安排

2003 年 11 月 14 日至 12 月 3 日共 3 周，分两阶段。第一阶段(14 日至 26 日)两周校外实习；第二阶段(28 日至 12 月 3 日)校内实习，整理材料，写出总结和调查报告，小组交流，选出优秀者(每组两人)班上宣读。

三、实习安排

实习地点及分组安排表(略)。

四、组织领导与实习管理

(一)由文化基础教研室负责实习领导，由××、××、××三位老师带队并担任专业辅导员。

(二)聘请各实习点秘书为业务指导教师，协助完成实习中的教学工作。

(三)校外实习期间，由实习单位统一领导，服从实习单位作息时间表。

五、实习生注意事项

……

××××学校实训处

2003 年 6 月 8 日

总　　结

一、总结的概念

总结是党政机关、企事业单位、社会团体及个人对前一阶段社会实践活动进行系统回顾、分析评价，并从中得出规律性认识以指导今后工作的一种事务文书。

总结是对自身实践活动的回顾，又是人们思想认识从感性阶段向理性层次不断提高的过程。人们可以通过总结更深刻更全面地认识过去，更理智更坚定地走向未来，更顺利地开展以后的工作。

二、总结的特点

(1) 针对性。总结必须对本单位、本部门、本地区的工作实际进行检查、回顾和评价，并提出适合本单位或本部门特色的未来努力方向。

(2) 客观性。总结必须注重内容的客观性，以客观发生和存在的事实为分析研究的基础，保证事实的确凿无误。

(3) 理论指导性。总结必须用科学的分析方法，提炼归纳出规律性的东西，用以指导今后的实际工作。

三、总结的分类

(1) 按性质划分，有专题总结、综合总结。

(2) 按内容划分，有学习总结、工作总结、思想总结、科研总结、项目总结等。

(3) 按范围划分，有地区总结、行业总结、单位总结、班组总结、个人总结等。

(4) 按时间划分，可分年度总结、半年总结、季度总结、月份总结等。

四、总结的基本格式

总结一般由标题、正文、落款三部分组成。

(一)标题

最常见的是由单位名称、时间、主要内容和文种组成，如《××港务局 2002 年工作总结》。有的标题由总结主要内容或主要观点概括而成。此种标题不标明“总结”二字，如《半年生产，全年供应》。这种标题简明扼要，突出重点，主要适用于写经验总结。还有的采用双题，正题用来概括文章主旨和重心，副题具体说明单位、时间和文种，如《改变经营方式，提高经济效益——××商厦经验介绍》。

(二)正文

总结的正文部分主要包括基本情况的概述、现有成绩与不足、经验或教训的总结、改进意见与设想等几方面的内容。

(1) 基本情况概述，就是简要交代工作的时间、背景、事情的经过、基本成绩与收获等，为下一步的分析研究提供基本情况，给读者以总体认识。

(2) 现有成绩与不足，是总结的重要内容。一般先肯定成绩，叙述成绩表现在哪些方面，主要收获有哪些，列出确切的数据与典型事例，概括并阐述取得上述成绩的基本做法。同时，还要客观地指出工作中存在的不足，并分析这些工作失误的原因及其危害。

(3) 经验教训的总结，是通过对实践活动过程进行分析，找出经验和教训，认真挖掘日常工作中深层次的内涵，将具体问题上升到一定的理论高度，从而总结出某些规律，用以指导今后的工作。

(4) 改进意见与设想，是在总结经验教训的基础上，明确今后的方向，提出改进的措施与建议。

总结正文的写法，没有一成不变的模式。因总结目的的不同，总结内容的侧重点和结构安排也不尽相同，可灵活掌握，根据需要而选用纵式、横式或纵横式结构。

(三)落款

总结的落款一般是署名和日期。单位名称在标题中已出现的，正文后可不必再署。标题中没有单位名称的，要在正文右下方署明单位名称及年月日。凡单位向上呈报的文件式总结，署名之前可写上“以上总结，如有不当请指正”之类的结语，落款处还应加盖公章。凡上级下发的总结，一般都要鉴印，以示负责。

五、总结的写作要求

(1) 实事求是，一分为二。写总结必须从实际出发，实事求是地反映客观情况；同时也应坚持一分为二的观点，既肯定成绩，也指出缺点和不足。

(2) 点面结合，抓住重点。不论何种总结，都应既有较为系统全面的回顾与评价，又有典型事例或突出经验的详细介绍与分析。或以成绩为主，注重经验总结；或以问题为主，侧重提供教训。切忌面面俱到。

(3) 突出个性，注重特色。任何单位、个人都有自己的特点。对生活进行独到的观察、理解，抓住本单位最突出、最能反映客观事物本质的特点，就能写出具有个性特色的总结。

例文

半年生产，全年供应(节录)

沈阳市人民政府

沈阳市是北方地区的重工业城市，无霜期短，复种指数低，在蔬菜产销上存在着半年生产、全年吃菜的矛盾。去年，我们根据以放为主、放管统一的指导思想，初步探索出蔬菜半年生产、全年供应的途径。实现了淡季人日均吃菜 250 克以上，秋大白菜人均供应 31 千克，收购价格比上年提高 8.46%，国有商业的销售价只比上年增长 0.086%。回顾过去的一年，我们主要有以下体会。

第一点体会是：要保证半年生产、全年供应，就必须在稳定蔬菜基地面积的同时，积极建二线菜田，发展保护地生产，以解决菜源问题。

要解决全年均衡供应，必须首先解决菜源问题。近两年来，特别是去年，我们采取了四项措施抓菜源。一是在稳定 16 万亩蔬菜基地的同时，在远郊县区发展二线菜田，作为基地面积的补充。从 19××年开始，我们在与沈阳接壤的新民县大民屯……新建二线菜田 2.2 万亩，共投资 110 万元。二是发展保护地生产……每建一亩大棚给 1000 元、一亩温室给 1500 元额度的贴息。19××、19××两年拿出 2000 万元额度的贴息贷款，保护地面积发展到 4.2 万亩。

第二点体会是：要保证半年生产、全年供应，就必须在控制物价指数的同时，发挥价值规律的调节作用，以引导生产和经营。

一是提高前期菜收购价，稳定中期价，保护后期价，引导农民提早延晚，排开市场。二是重新规定批零差率，并实行价格补贴的办法。对批发价在 0.8 元以下的执行 30%～35%的批零差率，0.80 元以上的执行 25%～30%的批零差率……

第三点体会是：要保证半年生产、全年供应，就必须在发挥国有商业主导作用的同时，发挥农贸市场的补充作用。

我们通过引进帮销，引导菜农减少盲目性，增强计划性。引进环节采取了四条措施。①建立信息网，及时为本市与外地的贩运户提供需求、价格等信息。②建立固定的供应关系，按市场需要组织货源。③建立贩运管理小组，指导贩运活动。④派人外出引进，开辟货源。

第四点体会是：要保证半年生产、全年供应，就必须在市场管理上发挥作用，市、区共同负责，保证市场的繁荣。

具体做法是承担一个责任，下放两个权力，承包三项任务，达到四个目标。

调 查 报 告

一、调查报告的概念

调查报告是根据一定的目的，对某一事件、某一情况、某一问题进行调查研究和综合分析后写成的书面报告。调查报告也称为“调查”、“考察报告”，是机关和其他社会工作中常用的一种应用文体。

没有调查就没有发言权。调查研究是我们解决问题，搞好工作的一种好方法。职业院校的学生，将来要奔赴各条战线，要学会调查研究，也要学会写作调查报告。

二、调查报告的特点

(1) 针对性。调查报告的目的是研究问题，解决问题，推动工作，写作目的非常明确。现实中，多是上级机关或调查人员，针对社会生活中的一些重大问题或群众关心且迫切要求解答的问题，调查研究，写出报告，所以调查报告有很强的针对性。

(2) 典型性。调查报告的材料必须是典型的，以便从中探索事物的发展规律，寻求解决矛盾的方法，以点带面，给全局的工作提供借鉴。

(3) 真实性。真实是调查报告的生命。调查报告中的事实必须真实准确。要用铁的事实说话，无论是事件背景、原因、过程、人物都必须是真实的。不能有任何虚假伪造，否则就失去了调查报告的意义。

(4) 时效性。调查报告是根据现实需要，抓住某一典型事物或社会生活的某个侧面，进行调查研究，及时地回答并解决现实生活中提出的迫切问题。因此，调查须迅速，报告须及时，具有较强的时效性。

三、调查报告的分类

调查报告的种类很多，按内容分，主要有以下几类。

(一)社会现状调查报告

这类调查报告，通常以反映社会政治、经济、文化等领域的现状为主要内容，以揭示现实的社会问题为主要任务，侧重于描述社会的现实状况，帮助领导和有关部门了解全面情况，实施正确决策。

(二)典型经验调查报告

主要是介绍先进单位和个人的典型经验。这类调查报告，重在“经验”和“做法”。

而这些经验和做法，一定要具有典型性和代表性，具有普遍意义，可以以点带面，指导工作。

(三)揭露问题调查报告

这类调查报告主要是针对现实社会中出现的带有倾向性的问题，揭露一些突出的反面典型事例，查清事实，分析原因，说明危害和后果，以引起有关单位和社会上的注意，从而采取措施预防和解决问题。

(四)新生事物调查报告

这类调查报告主要以现实生活中涌现出来的新事物、新思想、新观念等为对象，介绍其产生的背景和特点，描述其产生、成长、发展、壮大的过程，展现其积极作用和意义，揭示其发展规律和方向，以推进新生事物的成长和推广。

此外，还有历史事实调查报告、反映情况调查报告及研究性和预测性调查报告等。

四、调查报告的基本格式

调查报告一般由标题、前言、主体、结尾四部分组成，其中，前言、主体、结尾三部分统称为正文。

(一)标题

调查报告的标题，一般用简明扼要、高度概括的语言点出调查报告的主题。常用的有以下四种类型。

(1) 公文式标题。这类标题往往鲜明醒目地揭示文章的主题，在开头使用介词“关于”构成由“关于调查对象+调查内容+文种”的标题形式，如《关于大学生消费现状的调查》。

(2) 文章式标题。这类标题比较灵活，标题中不出现“调查报告”或“调查”、“考察”等字样。可以直接概括全文的基本观点和中心内容，如《农村劳动力的剩余及其出路》。

(3) 提问式标题。通常是提出一个暗示调查报告主题的问题作为标题，以吸引读者的注意力，如《××厂破产的原因何在？》

(4) 双标题。双标题即由主标题和副标题构成，主标题概括基本观点或中心内容，副标题补充说明调查的对象、地点、范围或事由，如《莫把“温饱”当小康——来自黑龙江农村的调查报告》。

(二)前言

前言也称导语、引言、概述等，着重介绍基本情况，提出问题。常见的有三种形式。

交代调查报告的目的、时间地点、对象范围和方法步骤等，即说明为什么做这个调查和写这篇调查报告、并为调查报告的可信度提供佐证。

着重介绍被调查对象的基本情况，说明全文的主要内容和重要问题。

概述调查研究的基本结论和成果，肯定意义，点明要点，对全文起到提纲挈领的作用。

(三)主体

这是调查报告的核心部分，是前言的引申和展开，也是结论的根据所在。主要包括调查报告的基本事实、主要情况、取得的突出成绩和存在的主要问题以及成因，经过分析得出的基本经验教训和发展规律与前景预测等。

主体的结构形式通常有“横式结构”、“纵式结构”和“纵横综合式”三种。横式结构，即把调查得来的材料进行归纳整理，按事物的性质分类，从不同侧面说明问题。纵式结构，即按事物的发生、发展、结局的先后顺序进行组织，也可以按“提出问题——分析问题——解决问题”的认识过程，由浅入深、层层深入地逐次展开。纵横综合式，即综合运用横式和纵横式结构，互相穿插组织安排材料。一般而言，在叙述事实时多用纵式结构，在议论时多用横式结构。

(四)结尾

调查报告的种类不同，内容不同，结尾的写作方法也不同。常见的结尾方式是：根据调查而作的分析，得出结论，并提出相应的对策和建议。也有的调查报告，以总结全文、深化主旨作为结尾。也有一些调查报告在主体部分已把有关内容讲清楚了，就不再另立结尾部分。

五、调查报告的写作要求

(一)深入调查研究，广泛占有材料

深入实际的周密调查，是写好调查报告的基础。调查前应做好充分准备，查阅相关资料，拟定调查提纲，设计好调查目的、要求、对象、方法、重点等各个环节。调查时应深入、全面、系统。收集资料时要注意材料的真实性、典型性，注意材料的广度和深度。

(二)认真分析研究，找出规律性的东西

调查研究是一个整体，把调查得来的东西，加以分析综合，上升到理论，就是研究。对材料的研究，要用科学的方法，分清现象与本质，主流与支流，成绩与缺点，主要矛盾与次要矛盾，从事物发展过程中找出起支配作用的本质的东西。

(三)选好题目，找准切入点

选题是否切中时弊，角度是否恰当，是一篇文章成败的关键。调查报告更是如此。好的调查报告，一般具有“大处着眼，小处着手”的特点。即首先要胸有全局，善于从全局的角度发现社会亟须解决、群众普遍关注的问题，以此作为写作的起点。其次要选好角度，一般从“情理之中，意料之外”处下手，而不能一味重复、抄袭他人；或者从自己最熟悉的方面，从小处下手，而不能好高骛远。

例文一

女中专生的昨天、今天和明天

沈蔚涵

有一首歌的歌词道：“男女各占半边天”，但当今现实社会中，我们有目共睹的是——

绝大多数的领导者是男性，很多单位不欢迎女性，有的领导甚至把女同志当作包袱。女性，从老师的宠儿到领导的包袱，这期间，她们都想些什么？我对还有一个学期就将毕业的 20 位女中专生进行了调查，从中，我们可以了解她们的昨天，认识她们的今天，预知她们的明天。

昨天，她们胸怀大志

读高中以前，大多数女生感到与男生是平等的，在我调查的 20 位女中专生中，有 18 位认为“从前，与男生在一起，是彼此平等”，占总人数的 90%，只有 2 人认为“要男孩子保护自己”。可见，少年时代的女性，对男性的依赖性不大。调查中，有 50%的女生认为自己那时很聪明，她们胸怀大志，学习刻苦。15 位女生希望将来能干一番事业，占总人数的 75%。一位女生说：“那时，我目空一切，坚信自己将来能像居里夫人一样为人类做出重大贡献。”

由此，我们不难发现：昨天，女中专生们幻想的明天是事业的成功。

然而，随着时间的推移，女中专生们原先的幻想变得模糊了，事业的位置开始发生了动摇。

今天她们进退两难

在我调查的 20 个人中，有 15 位女生现在感到男生比女生行，在问及“现在外出活动时，你是否希望有男生同行”时，只有一人说“不”，有 9 人则作了肯定的回答。这说明，随着年龄的增长，女生与男生不再像从前那样平等，女生对男性的依赖性在增强，同时，女生对自己的要求有所降低，20 人中有 11 位认为“女性在多方面较强是不必要的”，占了总数的 55%，没有人认为很有必要。对于多方面都较强的女性，有 75%的女生态度是“敬佩，但不效仿”，甚至有 2 位认为“没有什么了不起”，只有 3 人表示“赞赏、羡慕”。

平衡的杠杆发生了倾斜，大多数女生不希望自己太强，承认自己也甘心情愿做个弱者，再加上生理上的种种原因，就难怪那么多单位领导不欢迎女性了。女同志如果工作干不好，不仅自己原谅自己，社会也原谅她们，因为“毕竟是女的”，没有人会责骂她们懦弱，不中用。领导者是明白人，都懂得这个道理。

那么，在经济体制改革的今天，女性就存在着失业的危险了，女中专生们是如何看待这个问题的？调查的结果出乎意料，竟有 15 人不害怕会失业，其中 10 人认为“自己有能力另找工作”，占有 15 人中的 67%，只有 4 人因为“想一心一意做贤妻良母”，其中又有 3 位相信“肯定会有人养活自己”。看来，大多数女中专生仍是自信的，只要有机会，她们便会完善、充实自己。在问及“中专两年，你的态度是什么”时，有 18 人回答是“实实在在学点东西”，占 90%；有 9 人想毕业后“继续深造，拿大专文凭”，占 45%；有 19 人对“当领导因你是女性而不信任你的工作能力时，你是否会努力改变他们的偏见”的问题作了肯定的回答，占 95%。她们志向依旧，却顾虑重重；自信自强，却勇气不足。一方面，想显示、证实自己的工作才能；另一方面，又不敢鹤立鸡群，出类拔萃，真可谓进退两难。

那么，天平的砝码将会加在哪边呢？通过调查，可以预知……

明天她们继承传统

在中国，“女子无才便是德”的时代虽然已经过去，但几千年的传统思想仍对现代人产生着巨大的影响，女中专生虽在动摇中，但砝码将会加在传统势力这一边，不信请看：

调查的20个人中，有16人“最大的愿望是建立一个美满家庭”，占80%，只有一人回答是“事业成功”。有 13 人“将来可能愿意为了丈夫的事业而放弃自己的一切”，有 3 人则很肯定地说“愿意”，共占了总人数的80%。有位女生说：“到了这个年龄，我们都不再编织事业的美梦，而是编织家庭的美梦了。”有位成绩不错的女生说：“我不企望有大建树，只求平平静静度过一生。”这就是今天大多数女中专生幻想中的明天。

是喜？是悲？喜哉，保持了某些传统美德！悲乎，不敢挣脱罗网！

调查结束了，结果说明，“男女各占半边天”的时代还没真正到来，传统思想仍束缚着人们，包括女中专生，而传统也就培养了女性的依赖性，依赖性又培育了女性的惰性，使她们不想创造，不敢独闯。

从昨天的雄心勃勃，到今天的徘徊，是一种成熟，还是一种怯懦？真正实现“男女各占半边天”，不仅需要社会的努力，更需要女性自己的努力，自身的不断完善。

例文二

2004年毕业生就业市场调查报告

吴正佳　谢晓庆　张成　朱红军

(三峡大学招生及就业指导处)

为了充分了解毕业生就业市场的供求状况，更广泛地搜集毕业生需求信息，为我校毕业生就业开辟新的就业渠道。11 月 10 日—12 月 11 日我处以“巩固原有就业市场，开辟新的就业渠道”为目标，组织各学院分管毕业生工作的副书记及相关老师组成8个小组分赴华东、华南、西南、东北、东南等地区进行了毕业生就业市场调研。

此次毕业生市场调研的区域既有经济发达的长江三角洲和珠江三角洲地区，如上海、广州、深圳；又有西部大开发的地区，如四川、重庆、云南等省市；还有东北等老工业基地，其调研地区范围较为广泛，调研结果基本能够反映当前毕业生就业市场的一些动向。各调研组共走访了300多家用人单位，其中既有水利、电力、教育、医疗行业等我校毕业生传统的就业单位，还包括了一汽集团、美的集团、格力空调、科龙集团、格兰仕集团、佳能公司等一批国有大中型企业、新兴的民营企业和合资企业，共收集毕业生需求信息3000余条。

此次调研获得了校友及用人单位的大力支持，既宣传了三峡大学，增进了与用人单位的了解，又开辟了不少新的就业渠道，对明年毕业生市场供求状况也有了一个宏观的认识，同时，还收集了用人单位对于我校专业结构、课程设置以及人才培养模式等有价值的建议，为进一步做好我校毕业生就业工作打下了良好的基础。

一、当前毕业生就业市场的基本情况和分析

1. 近几年毕业生就业市场基本情况

2003年全国高校毕业生212.2万人，比2002年净增67万人，增幅达46.2%。加上整

个社会就业工作面临着城镇新增劳动力 1000 万人，国有企业和集体企业下岗职工登记失业人员近 800 万人，农村多余劳动力向城镇转移规模达到 1000 万人以上的情况。“三峰叠加”的局面，客观上造成高校毕业生外部环境很不宽松，特别是今年上半年突发的“非典”疫情，给就业工作的联系、洽谈带来了严重的障碍，给本来形势就非常困难的就业工作又增加了更大的困难。一时间，高校毕业生就业形势异常严峻。2004 年高校毕业生 280 万人，比 2003 年又净增 68 万，增幅达 32%，加上过去数年未能就业的一部分毕业生沉淀到下一年度竞争就业岗位，2004 年全国实际需要就业的普通高校毕业生有可能突破 300 万人，毕业生就业工作压力进一步加大。同时，从全国的就业形势看，劳动力总量供大于求的局面将长期存在，城镇登记失业率有可能进一步上升，下岗失业人员数量居高不下，结构性矛盾将更加突出，农村多余劳动力转移规模加大等，在一定程度上还有可能加剧毕业生就业工作的压力和难度。2004 年我校应届毕业生为 5240 人，其中本科 3874 人，专科 1366 人，比 2003 年增加 1594 人，2004 年高校毕业生就业形势更加严峻。

2. 就业市场宏观形势分析

(1) 中国经济的飞速发展为毕业生就业提供了一个广阔的空间和舞台。我国的 GDP 仍保持在 7%以上，而到 2010 年 GDP 要比 2000 年翻一番。GDP 每增长一个百分点，会带动约 80 万人至 100 万人就业岗位。2003 年中国经济增长率比较乐观，最少在 8.5%以上，这样，就为今后毕业生就业提供了一个非常广阔的空间和舞台。

(2) WTO 的加入，客观上需要更多的高级专门人才。国际竞争的核心是人才竞争，全面建设小康社会需要数以亿计的高素质劳动者，数以千万计的专门人才和一大批拔尖创新人才。我国是一个人口大国，劳动者素质偏低，我国高等教育的毛入学率去年刚达到 15%，而世界平均水平为 17.8%，发达国家为 61.1%，我国 2000 年从业人口中，具有专科及以上学历的仅占 5%，而 1998 年 OECD 国家为 26%，我国正处于全面建设小康社会，经济改革和结构调整在向纵深发展，各项事业急需大批人才。

(3) 国家重点发展战略，客观上刺激了毕业生需求。西部大开发、振兴东北老工业基地等战略的提出在为中国寻找新的经济增长点的同时也为就业提供了新的契机。支持东北地区等老工业基地振兴，是十六大从全面建设小康社会全局着眼提出的一项重大战略任务。东北老工业基地的企业改造、管理革新，对各类人才的需求比较大。特别是基础设施的建设，传统制造业的复苏，对机械类、土建类、水利电力类毕业生的需求呈上升趋势。

(4) 电力公司改革导致新一轮的电力投资热，为水利类、电力类专业毕业生就业提供新的契机。我国电力体制将实施厂网分开，重组发电和电网企业，将分为华能、华电、大唐、国电、中电等发电企业，国家电网和南方等电网企业，实行竞价上网，建立电力市场运行规则和政府监管体系，初步建立竞争、开放的区域电力市场，实行新的电价机制。新的机制将催生大批就业岗位，为电力类高校提供广阔的就业市场。另外，水电工程咨询顾问公司、中国电力工程咨询顾问公司、中国水电建设工程、葛洲坝水电建设公司和众多的水电施工单位仍然是中国水电工程设计和施工的生力军，对工程设计和施工类毕业生有着强大的吸纳能力。

(5) 国家重点工程的建设急需大批高校毕业生。国家投资的重点工程建设项目如西电东送、西气东输、青藏铁路、南水北调，都取得了显著的进展。国家将继续加大投入，比如南水北调工程进入全面实施阶段。中线、东线工程年内实现全面开工，点多、线长、面广的南水北调工程将从明年起进入投资高峰。西部地区重点工程建设稳步推进。到今年年末，西部大开发重点工程达 50 项，总投资规模累计 7000 多亿元。同时，为缓解电力紧张局面，国家有关部门批准建设 13 个电站项目。中国今年还启动了 5300 多个县级及农村公路建设项目，建设总里程约为 7.8 万公里，总投资 750 亿元。大批的建设项目急需大量的专业人才，只要高校毕业生树立正确的求职观念，就业前景是广阔的。

(6) 非公有制经济发展迅速刺激了毕业生需求。十六届三中全会的召开，为非公有制经济的发展创造了更加良好的发展空间。非公有制单位正在成为大学生就业的重要渠道。据武汉市人事局统计，从 2000 年至 2002 年，在武汉市每年接收的毕业生中，到三资、私营等非公有制单位就业的毕业生分别占武汉市当年接收毕业生总数的 51.5%、56.9%、55.0%。不仅武汉市如此，我国沿海等许多地区的非公有制单位已成为大学生就业的主渠道。如浙江省，据初步统计，在已就业的毕业生中，到非公有制单位就业的毕业生近 50%，温州地区达 80%。随着人事代理和社会保障体系的逐步完善，非公有制企业将吸引更多的毕业生去施展自己的才华。

(7) 研究生扩招为毕业生就业带来出路。2004 年全国研究生招生总规模安排 33 万人左右，比 2003 年实际招生约增长 20%，法律、MBA、MPA 等也将成为热点。统计表明，今年全国考研人数达到 46 万，其中在职考研人数达 26 万。

(8) 八大热门专业仍保持较强的需求。电子技术、生物工程、航天技术、新能源新材料为代表的高新技术人才；信息技术人才；机电一体化专业人才；农业科技人才；环境保护技术人才；生物工程研究与开发人才；经贸人才；律师人才。

(9) 女性进入最佳就业期。未来五年第三产业的发展、教育进入快速的发展等都对女大学毕业生就业产生积极的影响，女生集中的外语、财务、会计、师范类等专业在未来五年中将是社会需求量增大的阶段。

(10) 医药行业回暖、汽车等行业略增长。从前几年的情况看来，该领域一直呈现“慢热”状态，市场总体热度不高。而今年该领域状态明显回升。究其原因，主要是近几年的医药产业在不断发展，民营企业发展迅猛，非典是一个契机，今年可以说是该行业积聚几年来的井喷期。多个薪资调查显示，生物制药收入位列最高，特别是医药代表、中高级管理和技术研发等职位的薪酬收入可达到行业平均水平的 1.5～2 倍。在各个人才网站的行业排名中，生物、制药、保健、医药不断跳升，已经进入前十位。另外，通信市场的激烈竞争，促使该领域职位数也明显上扬。

二、对毕业生就业市场基本认识与分析

(一)市场机制在毕业生就业工作中发挥更加重要的作用

随着社会经济的发展，特别是社会主义市场经济的逐步完善，市场不仅在资源配置方面发挥着基础性作用，其机制也越来越多地体现在高校毕业生就业中。经济的发展状况直接影响到社会的就业状况，经济结构的调整直接影响社会对于人才结构的需求状况，进而影响到高校专业的设置和人才培养模式，最终影响毕业生就业。经济发展状况不同的地区，对于人才的需求层次是不同的，比如此次调研的珠江三角洲地区是中国区域经济中最

具生机和活力的重要增长极之一。2002 年珠江三角洲地区实现国内生产总值、外贸出口、实际利用外资分别占全国总量的 9.2%、34.6%和 27.1%。其第一产业在国民经济中所占比重低于全国平均水平 9.6 个百分点；而三产所占比重则高于全国平均水平 11.6 个百分点，其经济发展正处于工业化的中高级阶段，因此像机械、电子、电气工程及自动化、信息技术、计算机技术、国际经济、技术经济等高新技术专业人才的需求量较大，而传统的基础学科人才需求量相对较少。而对于社会经济欠发达的西部地区来说，农业、教育、医疗卫生等专业人才需求较多。随着经济的发展，市场机制对于高校专业结构的调整和人才培养模式的指向标作用越来越明显，不少新兴的专业和领域都是因为市场的需求而应运而生的，比如珠江三角洲地区由于工业发达，用电量很大，输电线路专业在当地供不应求。不仅如此，由于其城市化进程加快，对于输电线路的安全和美观又提出了更高的要求，输电工程由架空线路输送方式转为地下电缆输送方式将是发展趋势。这一市场变化将导致对地下输电缆设计施工的旺盛需求。又如物流专业，在经济不发达的阶段并不明显，而随着市场经济和外向型经济的不断发展，现在也出现供不应求的状况。市场机制对于毕业生就业的影响是深远的，因此我们的人才培养和毕业生工作应当主动地去适应市场发展，而不是被动地要市场来适应我们。

(二)社会对人才质量的要求进一步提高

随着知识经济的到来和我国加入 WTO，社会对人才质量的要求越来越高，对于高校毕业生来讲，其质量的好坏直接影响到未来国家发展和竞争力。以往 60 分万岁，勉强能拿个大学文凭的那种毕业生将被社会所淘汰。而今，只单纯拥有毕业证和学位证的普通本科生也越来越不适应社会对人才的要求。现代社会趋向于需要那种“诚信为本，才智并举，具有一定创新能力”的综合性人才。从本次调研情况看，大部分用人单位对于专业知识扎实、政治素质好、动手能力强、外语水平高的毕业生颇为青睐。从学生专业知识来讲，对本专业知识只是一般性认识，基础不扎实是不够的；只单纯了解本专业知识，对本专业知识所涉及的其他领域不了解也是不够的。我校就业市场面向电力行业，很多专业可考虑针对电力行业需求，对课程设置进行适当改造。比如，成都的一些水利水电单位就希望水工专业的学生要增加一些监理、工程概预算等方面的知识。输电线路工程专业则应在超高压、特高压以及电缆等方面予以加强。在秘书专业中开设电力概论等课程，将其改造为电力秘书则可大大提高需求量。从政治素质来讲，在学校积极向党组织靠拢，担任学生干部，具有较强的组织协调能力的学生进入单位后发展的空间更大，许多我校这样的校友现在都已经成为所在单位的领导或业务骨干；从外语水平来看，由于我国的经济正逐步走向国际化，对于毕业生的外语水平要求逐渐提高，不仅要求四级、六级，而且更看重学生的实际运用语言的能力，不少外资企业更是要求能懂几门外语的人才。我国外资除欧美一些发达国家外主要还有日本、韩国，应适当开设一些二外课程，如日语、韩语、德语、法语等可提高就业机会。谈到动手能力，许多毕业生到单位后，单位还要花许多人力和财力对他们进行重新培训，用人的成本增高。因此，高校在专业课程设置时应加强实践环节的课程。

(三)企事业单位用人机制趋向更加灵活，毕业生就业呈现多样化

国有企事业单位的改革特别是人事制度的改革，使得社会的用人机制呈现多样化趋势。同时，正规与非正规就业，固定与临时就业，全时与部分时间就业也已成为现实的状况，企事业单位的用人自主权进一步增大，用人单位与个人之间的传统关系正在被打破。

从地区性来看，为了占领人才资源的高地，吸引更多的优秀人才到本地区就业，不同的地区也制定了不同的人才引进政策。从调查看，北京、上海等大城市对于求职者的学历、籍贯审批较严，一般只接收本科以上的本省市生源，对于特殊的急需人才则可开绿灯。而如福建、广东等沿海省份用人机制则较为灵活，如福州市和厦门市原则上只接收本科及以上学历毕业生，但只要用人单位接收，将不受生源地、专业、毕业生时间和审批截止时间限制，另外只要愿意到该市工作但无接收单位的应届毕业研究生和普通高校本科毕业生，可先将户口迁入该市，后找工作，并由政府人事部门所属人才服务机构提供毕业生人才档案和户籍代理。从专业性来看，大部分城市对于一些新兴的热门专业，如电力、电子、计算机科学、信息科学、环境工程、建筑工程等专业在人才引进方面政策宽松，而对一些传统基础学科和专业则有较大限制……

(《高教参考》2004年第5期)

毕 业 论 文

一、毕业论文的概念

毕业论文是高等院校毕业生提交的有一定学术价值的文章。作为对学习成果的综合性总结和检阅，它是大学生完成学业的标志性作业，也是检验学生掌握知识的程度、分析问题和解决问题基本能力的一份综合性答卷。同时，它也是大学生从事科学研究的最初尝试，是在教师指导下所取得的科研成果的文字记录。

就其内容来讲，毕业论文有三种类型：一种是提出学科中某一问题，综合别人已有的结论，指明进一步探讨的方向；另一种是解决学科中现存的某一问题，用自己的研究成果加以回答；再一种是既提出学科中的某一问题，又对这一问题，用自己的研究成果，给予部分的回答。不管是哪一类型，都要注重对客观事物作理性分析，指出其本质，提出个人的学术见解和解决某一问题的方法和意见。

就其形式来讲，毕业论文具有议论文所共有的一般属性特征，论点、论据、论证是文章构成的三大要素。文章主要以逻辑思维的方式为展开的依据，强调在事实的基础上，经过严谨的推理，得出令人信服的科学结论。

二、撰写毕业论文的意义和目的

大学是高层次的教育，培养出来的人才应该既有较扎实的基础知识和专业知识，又能发挥无限的创造力，具有开拓精神；既能运用已有的知识熟练地从事一般性的专业工作，又能不断解决实际工作中出现的新问题，而且还能对人类未知的领域大胆探索，不断向科学的高峰攀登。通过撰写毕业论文，可以使学生了解科学研究的全过程，了解收集、整理

和利用材料的方法；掌握观察、调查、作样本分析的技巧；提高操作仪器的能力。可以说，撰写毕业论文使学生直接参与和亲身体验了科学研究工作的各个环节，是一次系统的、全面的实践机会，而且由于有教师的指导与传授，可以减少摸索中的一些失误，少走弯路，能更快地提高学生的科研能力。

让大学生撰写毕业论文的目的，主要有三个方面。

一是让学生对已学知识进行最后的巩固和深化。撰写毕业论文的过程，同时也是专业知识的学习过程，而且是更生动、更切实、更深入的学习。首先，撰写论文是结合科研课题，把学过的专业知识运用于实际，在理论和实际结合过程中进一步消化、加深和巩固所学的专业知识，并把所学的专业知识转化为分析和解决问题的能力。其次，在搜集材料、调查研究、接触实际的过程中，在可以印证学过的书本知识的同时，也可以学到许多课堂和书本里学不到的新知识。

二是对学生进行一次全面的考核。撰写毕业论文是在校大学生最后一次知识的全面检验，是对学生基本知识、基本理论和基本技能掌握与提高程度的一次总测试。写好一篇毕业论文，既要系统地掌握和运用专业知识，还要有较宽的知识面，并有一定的逻辑思维能力和写作功底。这就要求学生既要具备良好的专业知识，又要有深厚的基础课和公共课知识；既有理论掌握的深度，又有实际运用的能力。而这些知识和能力，在毕业论文中将会得到集中的体现。因此，通过学生的毕业论文，可以对学生的知识和综合能力做到全面的了解。正是从这个角度上，我们说，毕业论文是检验学生掌握知识的程度、分析问题和解决问题基本能力的一份综合性答卷。

三是对学生进行科学研究基本功的训练。通过对毕业论文的写作，使学生初步掌握进行科学研究的基本程序和方法，培养和提高综合运用所学知识独立地分析问题和解决问题的能力，为以后撰写专业学术论文打下良好的基础。此外，学生在毕业论文写作过程中，对所学专业的某一侧面和专题作了较为深入的研究，会形成自己的学术观点，培养学习的志趣，这对于他们今后坚定自己的学术信仰，确定具体的专业方向也大有裨益。

三、撰写毕业论文的步骤

完成毕业论文的撰写可以分两个步骤，即选择课题和研究课题。

(一)选择课题

选题是论文撰写成败的关键。因为，选题是毕业论文撰写的第一步，它实际上就是确定“写什么”的问题，亦即确定科学研究的方向。如“写什么”不明确，“怎么写”就无从谈起。因此，可以说，选好课题是毕业论文成功的一半。

好的课题，要具备以下几个方面的特点。

1. 方向正确

选择课题，除了要与专业对口之外，还要具有科学价值和现实意义。选题要符合科学研究的正确方向，要有理论价值和现实的指导意义或推动作用，也要具有新颖性，有创新。一项毫无意义的研究，即使花很大的精力，表达再完善，也将没有丝毫价值。具体地说，学生可从以下三个方面来选题。首先，可以从寻找前人研究的不足处和错误处选题，在前人已提出来的研究课题中，许多虽已有初步的研究成果，但随着社会的不断发展，还有待于丰富、完整和发展，这种补充性或纠正性的研究课题，是具有科学价值和现实指导意义的。其次，要从寻找科学研究的空白处和边缘领域中选题，科学研究还有许多没有被开垦的处女地，还有许多缺陷和空白，这些都需要填补。选题应有独特的眼光和超前的意识去思索，去发现，去研究。最后，可以从现实的弊端中选题，学习了专业知识，不能仅停留在书本上和理论上，还要下一番功夫，理论联系实际，用已掌握的专业知识，去寻找和解决工作实践中亟待解决的问题。

2. 条件充分

选题还要切实可行。如果主客观条件不具备，即使选题再有价值，再新颖，也是不能如愿完成的。因此，在选题时要充分考虑各种主客观条件。具体地说，可从以下三个方面来综合考虑。首先，要有充足的资料来源。在缺少资料的情况下，是很难写出高质量的论文的，正所谓“巧妇难为无米之炊”。选择一个具有丰富资料来源的课题，对课题深入研究与开展很有帮助。其次，要有浓厚的研究兴趣，选择自己感兴趣的课题，可以激发自己研究的热情，调动自己的主动性和积极性，能够以专心、细心、恒心和耐心的积极心态去完成。最后，要能结合发挥自己的业务专长，每个学生无论能力水平高低，工作岗位如何，都有自己的业务专长，选择那些能结合自己工作、发挥自己业务专长的课题，对顺利完成课题的研究大有益处。同时还要充分了解学术界的研究现状。如本课题已有的研究成果，还存在哪些问题，尚待研究或解决的问题及迫切程度，社会需要和科学发展的趋势。另外，只有把主客观两方面的条件结合起来，才能选出最适合自己的课题。

3. 大小得当

毕业论文虽然是对学生学习成果的综合性总结和检阅，但它不必要也不可能囊括学生在学习期间掌握的全部知识，更不可能解决本学科的全部问题。论文的作者只要在毕业论文中论述了某一基本问题的某一重要侧面，或是对某些基本的理论、原理有比较系统的整理，在文章当中表现出了能运用所学基础和专业知识来分析和解决问题的学术水平和运用能力，就已经达到了写作论文的目的。因此，毕业论文的选题不宜过大。课题过大，问题难以研究深入，可能导致面面俱到，蜻蜓点水；也可能导致虎头蛇尾，草草收尾。当然，题目也不可过小。题目过小，不能充分挖掘自己的潜力，发挥自己的才能，论文达不到应有的水平和深度，也反映不出自己的实际功底的能力。所以在选题时，要根据本人的专业基础和时间及其他相关因素，如资料条件、经费许可和指导力量等，综合考查以选择大小适当的课题。

4. 难易适度

选择的课题难易要适度。如果课题难度过小，学生就会失去一次科学研究规范训练的机会，达不到写作毕业论文的目的。难度大的课题虽然更有科学价值，但是如果力不胜任，论文也会难以完成。所以选题时只能在本课题原有研究和本人知识、经验的基础上，选择经过自己的研究和探讨能够实现的课题。因此，课题既要有一定的难度，有一定的工作量，又要结合自己的知识水平和实际能力。

5. 时间适中

选题不宜过早，在自己对本学科领域的学术研究状况知之甚少，自己的专业知识还较单薄的情况下，是很难进行合理选题的。选择的课题有可能略显肤浅或者失之偏颇。选题也不宜过晚，过晚，就会显得仓促，很难保证有充分的时间积累材料，也无暇把问题考虑成熟，研究透彻。一般情况下，从毕业的前一学年考虑比较合适，这时既有了一定的专业基础，不至于在选题时茫然无从，又可以比较从容地准备，读书、积累材料，也有足够的时间和精力对课题进行深入探讨。

(二)研究课题

选好课题后，接下来的工作就是研究课题，研究课题一般程序是：搜集资料、研究资料，明确论点和选定材料，最后是执笔撰写、修改定稿。

1. 搜集资料

搜集资料是研究课题的基础工作。

搜集资料一般有三种方法：一是查阅现成的资料；二是做实地调查研究；三是进行实验与观察。首先，查阅图书馆等地方的现成资料。要掌握图书分类法，善于利用书目、索引，熟练使用其他工具书，如年鉴、文摘、表册、数字等。其次，做实地调查研究。调查研究能获得最真实可靠、最丰富的第一手资料，调查研究时要做到目的明确、对象明确、内容明确。调查的方法有：普遍调查、重点调查、典型调查、抽样调查。调查的方式有：开会、访问、问卷。最后，进行实验与观察。实验与观察是搜集科学资料数据、获得感性知识的基本途径，是形成、产生、发展和检验科学理论的实践基础，这种方法在理工科、医类等专业研究中较为常用，运用此方法时要认真全面记录。搜集资料越具体、细致越好，最好在进行搜集工作之前，把想要搜集资料的文献目录、详细计划都先列出来，以便于更好地进行搜集工作。

2. 研究资料

研究资料是研究课题的重点工作。

考生要对所搜集到手的资料进行全面浏览，并对不同资料采用不同的阅读方法，如通读、选读、研读。

通读即对全文进行阅读；选读即对有用部分、有用内容进行阅读；研读即对与研究课题有关的内容进行全面、认真、细致、深入、反复的阅读。在研读过程中要积极思考。要以书或论文中的论点、论据、论证方法与研究方法来触发自己的思考，要眼、手、脑并用，发挥想象力，进行新的创造。

在研究资料时，还要做好资料的记录。

3. 明确论点和选定材料

明确论点和选定材料是研究课题的核心工作。

在研究资料的基础上，学生提出自己的观点和见解，根据选题，确立基本论点和分论点。提出自己的观点要突出新创见，不能只是重复前人观点或人云亦云。同时，还要防止贪大求全的倾向，生怕不完整，大段地复述已有的知识，那就体现不出自己研究的特色和成果了。

根据已确立的基本论点和分论点选定材料，这些材料是自己在对所搜集的资料加以研究的基础上形成的。组织材料要注意掌握科学的思维方法，注意前后材料的逻辑关系和主次关系。

4. 执笔撰写

执笔撰写是研究课题的关键工作。下笔时先要拟定论文提纲，拟定提纲包括题目、基本论点、内容纲要。内容纲要包括大项目即大段段旨、中项目即段旨、小项目即段中材料或小段段旨。拟定提纲有助于安排好全文的逻辑结构，构建论文的基本框架。

5. 修改定稿

修改定稿是研究课题的保障工作。

通过这一环节，可以看出写作意图是否表达清楚，基本论点和分论点是否准确、明确，材料用得是否恰当、有说服力，材料的安排与论证是否有逻辑效果，大小段落的结构是否完整、衔接自然，句子词语是否正确妥当，文章是否合乎规范。

总之，撰写毕业论文是一种复杂的思维活动，对于缺乏写作经验的学生来说，确有一定的难度。因此，学生要对困难有充分的心理准备，不怕麻烦，不怕吃苦，并要虚心向指导教师求教。

四、毕业论文的一般格式

毕业论文的格式与其他各类论文的格式大致相近，但也有一些不同。其格式构成如下。

1. 封面

由于毕业论文的篇幅一般都比较长，而且一般都是以单行本递交学位审定委员会，最后以单行本存档的，因此要求有封面，封面设计装帧要美观大方，并提供论文的主要信息，封面的主要内容有标题(标题要求直接、具体、醒目、简明扼要)；指导教师的名称、职称；作者及其所在单位；申请的学位、课题的专业方向；完成论文的时间等。

2. 目录

目录又称目次，毕业论文一般篇幅较长，需写出目录，使人一看就了解论文的大致内容。目录一般另页排在扉页之后。由论文的章、节、条、款、附录等的序号、题名和页码组成，目的是使读者(论文审阅者)阅读方便。

3. 摘要

毕业论文有两种不同的摘要：一种是放在毕业论文目录之后、正文之前的摘要，与一般论文的提要写法相近，比较简短；另一种是提供给学位评定委员会专用的比较详细的摘要，可达两三千字。其内容除了包括一般论文的那些项目之外，还应概括地介绍论文的要点、研究的思路和方法、过程，以便学位委员会了解作者的研究能力和写作意图。摘要要有高度的概括力，全面反映论文的要点，文字要简洁、明确、畅达。一般在中文摘要之后还要将其译成英文，并要附有关键词(一般为3～7个，中间以“；”隔开)。

4. 引言

引言也叫绪言、绪论。毕业论文的引言与一般的论文相比有几点不同：一是对课题和选择这一课题的原因、意义或背景、研究的方法作较详细的说明；二是对同论文内容有关的主要文献进行综述，以反映研究工作的范围和作者对文献的分析、综合判断能力。对待文献要根据主题加以选择，突出重点；三是对研究工作的规模、工作量作概括说明。这三点增加后，内容增多，表述时应简明扼要。

5. 正文

正文是毕业论文的核心内容，包括绪论、本论、结论三大部分。绪论部分主要说明研究这一课题的理由、意义，要写得简洁。要明确、具体地提出所论述课题，有时要写些历史回顾和现状分析，本人将有哪些补充、纠正或发展，还要简单介绍论证方法。本论部分是论文的主体，即表达作者的研究成果，主要阐述自己的观点及其论据。这部分要以充分有力的材料阐述观点，要准确把握文章内容的层次、大小段落间的内在联系。篇幅较长的论文常用推论式(即由此论点到彼论点逐层展开、步步深入的写法)和分论式(即把从属于基本论点的几个分论点并列起来，一个个分别加以论述)两者结合的方法。结论部分是论文的归结收束部分，要写论证的结果，做到首尾一贯，同时要写对课题研究的展望，提及进一步探讨的问题或可能解决的途径等。

6. 参考文献

参考文献即撰写论文过程中研读的一些文章或资料，要选择主要的列在文后。

7. 附录

附录置于正文之后，是对正文所作的重要补充，也能体现研究工作的数量和质量。凡正文部分没有使用与只使用了部分的与论文有关的重要数据和资料，诸如各类统计表、较复杂的公式推导、计算机打印输出件、术语符号的说明等，都可作为说明论文的有用信息置于附录中。因此，有些毕业论文特别是学位论文，附录甚至比正文还长。

求 职 文 书

一、求职文书的概念

求职文书是指求职者在求职应聘过程中为获得理想职位而撰写使用的专用文书。

现在，求职文书已经成为当代学子求职应聘中不可缺少的文字工具和自我宣传与推销的手段，它的主要作用是向用人单位介绍本人情况，表明求职意图，同时也客观地使用人单位对自己有所了解、留有印象，为求职的成功作铺垫、打基础。

二、求职文书的特点

随着就业市场的日渐成熟，求职竞争日趋激烈，求职者的自我推销意识不断增强，各种求职的方法技巧也在不断地变化提高。在这种社会背景中兴起的求职文书，自然新潮而富有个性。但再新潮再个性化的求职文书，也都有传统与共性的一面。一般求职文书的基本特点如下。

(一)目的明确

求职文书的写作，源自求职应聘的现实需要，往往写作目的明确，目标专一。作者之所以要明确表示自身的求职意愿，适时突出自己的专长优势，目标都是一个：巧妙地推销自己，实现求职的目的。

(二)内容真实

求职文书由于是自我介绍与推销，为求得某一理想职位，求职者总想将自己较完美地一面展示给用人单位，这无可厚非。但是，这种对“完美”的追求，一定要建立在实事求是的基础上，要讲究诚信，展现真我，不允许有“塑造”或拔高的虚假成分。

(三)形式新颖

当今的求职文书，可借助多样化的表现手法，声像文字并用。多种手段的巧妙利用，新潮的文体设计与组合，不仅能反映求职者的文字表现能力，还能展示人的其他特长，显示独特创意，体现个人风采。使求职文书以简明、新颖、时尚的形式，博得用人单位好感，在求职的道路上助人一臂之力。

三、求职文书的分类

求职文书，按不同文种的特点及其在求职中的作用，可将其大致分为两类。

(1) 求职书信：包括求职信、应聘信。

(2) 求职材料：包括毕业生就业推荐表、求职登记表、应聘申请表、个人简历及综合自荐材料等。

四、求职文书的格式与写作要求

(一)求职书信

1. 求职信

(1) 求职信的概念。

求职信是求职者主动向用人单位推介自己，表明求职意图，希望对方予以录用的一种专用书信。

(2) 求职信的基本格式。

求职信又称求职自荐书，一般由标题、称谓、正文、结尾、落款、联系办法和附件几部分组成。

① 标题。标题可写“求职书”或“致××的自荐信”，打印件的题目位置要居中，字体要略大。手写信件则可不用标题。

② 称谓。求职信不同于一般书信，它往往带有“私”事“公”办的味道，故称呼时应郑重得体。可在标题的下一行顶格写收信单位负责人或人事主管部门领导的姓氏和职务，以示对该单位有所了解；无法得知姓名的，可称“厂长”或“经理”先生等，称呼前

加上“尊敬的”三个字，以示尊重。

③ 正文。在开头问候和致谢的礼仪用语后，应首先说明自己写信的目的，表述要简洁明确，富有吸引力。正文作为求职信的主体部分，主要自荐个人的基本情况；求职目标和自身特长；以及干好工作的决心。

④ 结尾。主要表示希望被录用的期望，也包括结尾的敬语。

⑤ 落款。落款的内容有两项：署名后面要用“敬上”的字样，讲究礼仪；另外还要写上求职的年、月、日。

⑥ 联系办法。主要是主动地给对方留下地址、邮编、电话、传呼、E-mail 地址等，方便对方与自己联系，得到回音。

⑦ 附件。附件宜精不宜多，主要包括学习成绩单、实习鉴定、大型比赛和活动的获奖情况、各种能力水平测试的等级证书。

(3) 求职信的写作要求。

① 重点展己之长。求职信要围绕自己的长处，将自己在校期间的主要成绩、特长、专业优势及潜在能力等“闪光点”展示给对方，让对方了解自己的能力、特长和优势所在，给对方留下良好的印象。

② 内容真实得体。求职的自我推销，所涉及内容必须真实得体，要力戒浮夸，保持可信度，给用人单位留下实在而可靠的印象。证明性材料应加盖公章，有关证书要附上复印件(必要时还要向用人单位出示证书原件)，以表明自己的真诚和真才实学，引起用人单位的注意和重视。

③ 篇幅长短适中。求职信一般以两页纸为好，太短说不清问题，没有特色，缺乏影响力；过长容易使对方感到烦躁，没那么多时间看。在写作中语言要简练，措辞要得当，尊谦要有度，要紧紧抓住读信人的心理，视情况选择最有代表性、最能说明问题、最能证明自己能力的材料随求职信寄给用人单位，先声夺人。

④ 切合职业要求。求职信的写作要有的放矢。拟稿前，自己对求职的意向和目的要有清醒认识，对用人单位的情况也要有一定了解，一旦确定了自己的求职方向，就应针对用人单位的性质、特点、需要，有针对性地介绍自己。这种“量体裁衣”的方式，会比“天女散花”般的自我推销，具有更大的成功机会。

⑤ 文面整洁美观。求职信的文面应整洁美观，这是给人的第一印象，非常重要。如果你的字写得不好，最好打印，打印的文稿要注意排版格式，字体搭配，讲究文面的规范优美；如果你写得一手好字，那最好是自己誊写，这样既可以显示自己的书法特长，又可以给对方留下办事认真负责的印象。无论采用何种方式，都要注意信纸信封的质地，追求内容的和谐得体和文面形式的整洁与完美。

2. 应聘信

(1) 应聘信的概念。

应聘信是求职者为取得某一职位，向公开招聘的单位表明任职兴趣与条件的专用书信。

应聘信与求职信都是求职者为谋求职务而向用人单位进行自我推销的书信，但二者又有明显的区别。一是前提不同，求职信是在不明确对方是否用人的情况下撰写的，可同时发向几个目标单位；而应聘信则是对某一个具体单位招聘信息的呼应。二是作用不同，求职信像是“投石问路”；应聘信则像是“敲门砖”，更接近目标。三是内容的侧重有所不同，求职信对自己情况的介绍全面而宽泛；应聘信则目标明确，内容针对性强，并需要附送有关材料。

(2) 应聘信的基本格式。

应聘信的基本格式及内容主要包括以下几项。

① 标题。应聘信一般应有标题，以示郑重。题目应居中而写。

② 称谓。招聘单位大多指定了受理部门或联系人，称谓最好按广告启事上指定的联系人来写，只要在前加上“尊敬的”敬语即可。

③ 正文。正文的形式不拘，但需涵盖如下内容：一是写明求聘消息的来源、本人应聘的岗位；二是介绍本人的基本情况、符合岗位要求的知识、才能、特长，及做好这份工作的设想；三是表达希望得到进一步考察的愿望；最后是以致谢和祝词结尾。

④ 落款。写明学校及专业名称，署上姓名和日期。

⑤ 联系方式。给对方留下自己的地址、邮编、电话、电子信箱等。

⑥ 附件(学历学位证书、各种资格证书和荣誉证书的复印件)。

(3) 应聘信的写作要求

① 开门见山，表明目的。

② 有的放矢，突出优势。

③ 简明扼要，用语恰当。

④ 自尊自信，诚恳持重。

五、求职材料

(一)求职材料的概念

求职材料是用于求职的有关个人材料的总称。主要指求职者填写编撰的文字材料，包括所毕业学校的毕业就业登记表、职业中介机构的求职登记表、用人单位的应聘申请表、及求职者自己撰写、编撰的自荐材料等。

(二)求职材料的作用

求职材料能够全面反映求职者的专业知识、能力特长、学习与工作成果等基本情况，是用人单位认识、考察和录用求职者的重要依据，在求职的过程中具有重要作用。它在求职或应聘中常随求职信与应聘信一并寄往用人单位，在学校推荐及自荐中是留给招聘人员的必不可少的文字材料，面试时它是主试者案头的重要参考，用人单位决定录用人选的会议上，它又是与会人员传阅、比较和挑选的重要依据。

(三)求职材料的分类

求职材料主要分为三大类：一是格式化表格，二是个人简历，三是求职或应聘用的其他文字材料。格式化表格包括高校毕业生就业推荐表，毕业生求职登记表，应聘申请表等，这些表格多是预设栏目统一印刷的。个人简历是综合求职材料的核心项目，主要内容包括个人的学历、工作简历、外语水平、已有的科研成果、个人特长与爱好以及个人近照等。求职用的其他文字材料则包括求职信，应聘信及所获得的各种与求职应聘岗位相关的水平等级证书与职业等级证书等。

(四)求职材料的基本格式与写作要求

1. 高校毕业生就业推荐表

这是由教育行政部门或学校统一印制的专用表格，在推荐毕业生就业时使用。这种表格因由官方编制并加盖公章，具有一定的规范性和权威性，用人单位非常看重。此外，有的就业推荐表中设有用人单位及其主管部门接受意见的栏目，该表就兼有就业协议书的功能。

就业推荐表的格式一般分为题目、正文和附文三部分。题目多为《××学校毕业生就业推荐表》，下设姓名、专业、班级、填表日期等栏目。正文主要内容是：本人及家庭基本情况、学习成绩、奖惩情况、自我鉴定等。附文主要是系部意见、学校意见、通信地址、联系人电话等栏目。作协议书的推荐表还设有用人单位意见及主管部门意见栏。

就业推荐表的写作要求：一是实事求是。毕业生要如实填写每一项内容，不可弄虚作假或言过其实。二是写好自我鉴定。即要对自己作一个全方位的评价，写一篇真实具体、简练概括的总结性短文。自我鉴定由开头、主体和结尾三部分组成，其中主体部分又分若干方面，可分别介绍本人在校期间思想、学习、工作、社会实践、爱好特长等方面的情况，客观展现自己知识、能力、性格、特长诸方面的优势，这是自我鉴定的核心内容。三是注意书写规范。文面要整洁，字体要流利，格式要讲究，手写稿要无涂改、无污染；机写要用打印稿，不能用复印件。

2. 求职登记表、应聘申请表

求职登记表是由职业中介机构印刷的专门表格，应聘申请表是用人单位发放的专门表格，主要用途都是用于了解求职者的基本情况，如任职条件、求职意愿、待遇要求等。前者，毕业生可向正规的职业中介机构索要；后者，毕业生可到招聘现场或招聘单位领取，也可直接去人去函索要。

这两种表格各个单位虽然印制的不尽相同，但大同小异，大都包含以下内容：性别、年龄、政治面貌、身体条件、联系方式等基本情况；毕业学校、所学专业、外语水平、专业特长、个人简历等任职条件；待遇和职位要求等。

填写这类表格，要注意不留空缺，仔细回答表格中提出的所有问题，让对方全面了解自己的情况。要注意斟酌字词，以恰当得体的文字表述，给对方留下良好的印象。可适当补充，尽展个人优势，如附上各类获奖证书与职业、水平证书等。

3. 个人简历

个人简历是求职者以简明的形式和简洁的文字对自己的教育背景、优点、能力和成果的概括介绍，它反映求职者的成长过程与现实情况，是个人求职材料的总汇，在求职材料中占有重要的地位。个人简历主要包括表格式简历、简述式简历、个人资料库式简历等。

表格式简历与简述式简历比较简单、明了和传统，它们或利用表格或利用文字回顾个人经历，顺便介绍自己的优势和特长，主要是回顾“过去的我”。个人资料库式简历相比而言则内容充实、格式新颖、编排灵活。它重点反映个人的任职资格与工作能力。除了设置基本情况、学习经历外，还可分设知识结构、专业所长、社会实践、在校任职、性格特点、奖惩情况等栏目，全面而又重点地展示自己，主要突出“现在的我”。个人简历的写作要扬长避短，突出强项；要简洁明了，条理清晰；要精心编排，整体设计；要注意文面，做到简明整洁、规范合体。

4. 综合自荐材料

综合自荐材料是顺应人才市场的日臻成熟和求职竞争的日趋激烈而由求职者不断创新、逐渐完善所形成的求职自荐的材料体系。它实际是求职者自编的比较完备的个人档案。综合自荐材料在内容形式上不拘一格，为毕业生施展才华、表现创意、张扬个性、突显优势提供了一方天地。

自荐材料由单一的自荐信到多个文种，由手写到打印，由单色到彩色，由单纯的文字到图文并茂，由薄薄的两页到厚厚的小册子，迅速发展。目前，除网络、电视上的自荐文字与画面外，又出现了毕业生自制的富有创意的“自荐光盘”。“自荐光盘”的片头是精美的三维动画设计，综合自荐材料主页随优美的音乐出台，一个个画面伴随着“话外音”依次展示各种自荐材料，以及自荐者参加音乐、舞蹈、演讲、朗诵、社会公益活动的场景等动态画面。

书册式综合求职材料主要包括以下内容。

(1) 封面。封面设有四个项目：一是标题“求职书”或“求职材料”；二是姓名与学校、专业名称；三是求职意向；四是联系方法。

(2) 导语。导语应文字精练，富有创意。可选用名人名言、格言警句或自拟富有哲理的题记。

(3) 目录。

(4) 求职书。

(5) 基本情况。该项目一般制成表格，使之具有直观性。其内容包括姓名、性别、出生年月、民族、籍贯、政治面貌、爱好特长、家庭地址及主要成员情况等。左上角贴上经过你精心挑选的彩照。

(6) 个人简历。

(7) 成绩单与实习鉴定。

(8) 毕业论文与毕业设计摘要或简介(包括评语)。

(9) 班主任评语、院系组织意见及联系方法。

(10) 推荐信(附推荐人联系方法)。

(11) 英语等级证书、计算机等级证书、奖学金证书以及教育行政部门、劳动培训部门、行业主管部门颁发的普通话等级证书、商务英语证书、国际会计证书、各种上岗证、培训证、技能鉴定合格证、驾驶证、运动员等级等与所求职务有关的证书的复印件。

(12) 获奖证明。三好学生、优秀学生干部、优秀党(团)员证书，以及工作、学习、劳动、社会实践、文体活动等各方面的奖状、证书的复印件。

(13) 卷末语。卷末语文字要简短而优美，以情动人，要表现和流露出自己的理想追求与报效祖国建功立业的心声。

综合求职材料的写作要求，主要有以下几点。

(1) 主题鲜明。毕业生应尽早搜集整理和获取求职所需的各种个人材料，当求职意向确定后，要根据求职目标确定综合求职材料的主题，即为自己设计一个总体形象。然后再紧扣主题去选材、剪裁、编排、塑造，把一个集德、能、勤、绩于一身的充满“真实的我”呈现在用人单位的面前，充满自信地接受挑战。在材料的处理上，切忌博而不专，因面面俱到导致重点不明，优势难显。

(2) 新颖独特。综合求职材料从内容到形式都应不落俗套，要通过活跃缜密的构思，体现求职者的个性化色彩和创新精神。如“求职书”的封面，有人在醒目的标题旁加上了“青春的足迹”、“向您汇报”、“我的自白”、“你知道我在等你吗？”等，作引题或副题；有人则在封面上印上一匹奔腾的千里马，旁书：“小骥奋蹄，志在千里，期盼伯乐，带我出枥。”

(3) 装帧精美。综合求职材料一般用激光打印机或彩色打印机打印，纸张宜好，版式宜活，页面可用花边，线条装饰，文中标题可用方框或用不同字号，以使标题突出。复印件要清晰，红纸张要与正文用纸大小相同。材料中还可穿插安排几幅自己的美术、摄影作品，反映自己的艺术情趣。

(4) 适时变通。综合求职材料采用模式组合式结构，有的模块(如求职信)可以单独使用，有的则要根据不同的需要与其他不同的模块搭配使用。在求职情况发生变化时，应及时修改，增删有关内容，或更新版式。要审时度势，机敏应变，以求常用常新。

例文一

求　职　信

尊敬的张厂长：

您好！

感谢您在百忙之中展开这封信，为我打开了一扇希望之窗。

我是一名即将毕业的大学生，想在贵厂谋求一份工作。从十多年寒窗走出的我，也许还有些稚嫩，却正渴望着将知识回报社会。故不揣冒昧，毛遂自荐，向您呈上这封信。

我学的专业是“模具设计与制造”，三年的勤奋和拼搏换来了丰硕的成果：各科平均成绩达 90.5 分，其中冲压与塑料成型机械、塑料模塑工艺及模具设计、模具制造工艺、模具数控加工、模具 CAD/CAMD、多工位级进模与冲压自动化、企业管理与技术经济等主要课程成绩均在 95 分以上，实习成绩全优，毕业论文《超小型模具的电脑设计》已在本院学报上发表，并荣获本年度全市优秀大学生优秀成果二等奖。更重要的是，在掌握知识和能力的同时，我学会了如何做人，树立起了积极进取、乐观向上的生活态度。作为学生会学习部长，在师生之间架起了一座沟通心灵与智慧的桥梁，被评为优秀学生干部和市三好学生。

现实生活中的我，热情开朗又沉着稳健，能与他人友好相处。踏实肯干又兴趣广泛，曾获校运会 100 米短跑第二名，校“五四”演讲比赛第三名，在报刊上发表诗文 7 篇。

上个月报上刊登贵厂先进事迹的长篇报道后，我曾随在贵厂工作过的校友进厂参观。厂里严格的管理、先进的设备、优美的环境，特别是对技术创新的热情和对人才的重视，给我留下了深刻而美好的印象。我希望依靠自己的努力，特别是自己在新产品开发上面的实力，能成为贵厂光荣的一员。

如果说，我的过去是一种准备、熔炼和蕴积，那么，我的未来愿在贵厂奋斗、拼搏和奉献。恳望您将我收入您的麾下，相信您和我都不会失望。

盼望着您的答复

谢谢

自荐人：×××

××年×月×日

联系地址：×××学院××系

邮编：

电话：

电子邮箱：

例文二

求 职 信

尊敬的领导：

您好！感谢您在百忙之中能抽空审阅我的求职信。

我十分珍惜求学生涯的学习机会，四年里本着严谨的求学态度，认真学习了专业知识，掌握了专业技能，涉猎了丰富的相关课外知识，有较强的自学能力和解决实际问题的能力。

学习专业技能固然重要，但能力培养也必不可少。在校期间能积极参加各项活动，在四年的大学生活中，严格要求自己，不断进取。入学以来我一直担任班长，繁忙的工作不仅培养和锻炼了我的工作能力，更加锻炼了我解决问题的能力，使我面临问题的时候能够冷静分析，缜密思考，而这一切对我专业的选择都产生了深刻的影响。我在做好本职工作的同时，还积极参加学校组织的各项活动，并鼓励同学参与，为他们出谋划策。我与同学紧密团结，相信集体的力量是强大的，只有大家拧成一股绳，才能把各项工作做好。

在生活方面，热情待人，对于自己的过错勇于承担责任，受到老师、同学的一致好评。能够吃苦耐劳、诚实、自信、敬业。具有较强的责任心，并且脚踏实地努力办好每一件事。一滴滴汗水是面对昨日舒心的微笑，也是走向未来丰沛的信心。我要用我那双冷静善于观察的眼睛，那颗真诚而热爱事业的心，用那双善于操作而有力的手，那双发誓踏平坎坷的脚，一如继往地发扬对工作求真务实，锐意进取，开拓创新的工作作风和对事业执着追求的精神，磨砺前行。诚然，缺乏经验是我的不足，但我拥有饱满的热情以及“干一行爱一行”的敬业精神。

我热爱贵公司所从事的事业，殷切地期望能够在您的领导下，为这一光荣的事业添砖加瓦，并且在实践中不断学习、进步。一个合作机会，对我来说是一次良好的开端。我期望着您的佳音。祝贵单位事业蒸蒸日上，屡创佳绩！

此致

敬礼！

求职人：×××

××年×月×日

例文三

应　聘　书

××公司人事部：

我希望获得昨日《××晚报》所刊的市场营销部部长助理职位，在您详看我的材料之前，请允许我根据招聘条件列出正面的提要，希望这样能节约您宝贵的时间。

公司的要求	我的情况
1. 大专以上学历	1. ××高等职业学院毕业生
2. 营销或相关专业	2. 现代管理与市场营销专业
3. 年龄 25 岁以下	3. 年龄 22 岁
4. 身高 1.60 米以上	4. 身高 1.65 米
5. 未婚女性	5. 女性、未婚
6. 会普通话	6. 有国家普通话一级乙等证书

我自信有能力做好这份工作。

(应聘材料附后)

应聘人：×××

2004 年 6 月 8 日

联系地址：××学院××系

邮编：

电话：

电子邮箱：

【思考练习题】

一、名词解释

1. 简报　2. 报头　3. 报体　4. 报尾　5. 总结　6. 学术论文　7. 调查报告

二、简答

1. 简报的基本格式是怎样的？
2. 一般总结的正文包括那些基本内容？
3. 规划、计划、方案、安排、设想，各有什么特点？
4. 比较求职信与应聘信的异同。
5. 写调查报告应注意哪些问题？

三、写作

1. 写一份学习经验总结。
2. 结合个人学习情况，制订一份本学期的学习计划。
3. 根据自己的学业积累和爱好，自行选题，写一篇学术论文。

礼 仪 文 书

社会生活是一种群体生活。人与人之间，团体单位与团体单位之间，国家与国家之间，为了各自的生存、发展，相互之间必然有来往，而在交往中一定要有规矩和礼仪。所谓没有规矩不成方圆，没有礼仪不成体统。我国是礼仪之邦，自古以来就十分讲求礼节。在社会交往中反映一定的礼节、仪式的文字，就是礼仪文书。

礼仪文书有两个显著特点：一是礼节性；二是规范性。社交场合要十分注重礼节，一旦失礼或施礼不当，往往会导致不良后果。因此，用于这种交往的文书，必须注意长幼有序，上下有别，亲疏分明，做到有“礼”有“节”。礼仪文书具有约定俗成的格式和特定的语言文字表达要求。撰写时必须按照规范格式和要求行文，不能随意标“新”立“异”。

礼仪文书的种类繁多，我们在此主要介绍日常生活、工作和社交活动中常用的四类礼仪文种。

祝词　贺信

一、祝词

(一)祝词的概念

祝词是对人或事表示良好祝愿的言辞、文章或讲话稿。祝词也可写作祝辞。

祝词是国际、国内人际关系交往活动中不可缺少的重要手段和工具。祝词常用于举行典礼(如奠基、毕业、结婚等)，召开重要会议，庆祝重大节日和祝贺寿诞等事宜和活动。凡是值得庆祝、纪念的会议或活动，举行招待外宾的国宴、酒会及其他仪式上，单位或个人都可发表祝贺、希望的讲话，用以增添喜庆、友好、热烈的气氛。

(二)祝词的写法和要求

祝词的结构主要由标题、称谓、开头、主体、结尾五个部分组成。

1. 标题

祝词的标题写在正文的上方，常见的有以下三种类型。

(1) 用文种做标题，如“祝词”、“祝酒词”等。

(2) 用文章中心内容做标题，如“二十一世纪的希望”、“新年三愿”等。

(3) 用事由和文种做标题，如“在庆祝××公司成立五周年纪念会上的祝词”、“元旦祝词”、“新春祝词”等。

2. 称谓

祝贺个人的，按一般书信称谓书写；祝贺集体的，常用泛称，如“同志们、朋友们”、“各位来宾，各位同志”；在有外国首脑以及男女外宾参加的集会或宴会上，则先写对外国首脑的称谓，接着写“女士们，先生们”，然后再写“同志们，朋友们”等。总之，要注意不同对象的不同称谓，以及称谓的先后顺序。

3. 开头

简要地说明祝贺的对象、祝贺的原因，一般要表达致词者的心情。

4. 主体

具体陈述祝贺的内容，主要是根据不同的祝贺对象，或肯定工作中取得的成绩，或赞颂品德，或指出被祝贺之事的意义、作用等。

5. 结尾

这部分要写希望、祝愿之语，如会议祝词，写“祝会议圆满成功”；如寿诞祝词，写“祝您健康长寿”；如节日祝词，写“祝节日愉快”、“祝新年快乐”等。

祝词的写作要求如下。

(1) 语言要简练并富有感情色彩，遣词造句要蕴含鼓励、希望、褒扬之意，力求典雅大方，自然得体，切忌使用辩论、谴责的词句和语气。

(2) 为达到祝词的最佳表达效果，语句一般要热情，充满希望，富有感染力，体现真情实感，要能激励对方，使其感到温暖、愉快和鼓舞。

(3) 要了解祝贺者与祝贺对象的关系，颂扬和祝贺的内容要恰如其分，要有针对性，避免瞎吹滥捧，浮言巧语。

二、贺信

(一)贺信的概念

贺信是表示庆贺的书信。某个单位或个人做出了巨大贡献，某单位召开重要会议，某工程竣工，某重大科研项目获得成功，某项重大任务保质保量的提前完成，某重要人物的寿辰等，都可以使用贺信的形式表示祝贺。贺信是社会交往不可缺少的礼仪性书面形式，也是增进友谊、交流感情的重要手段。

(二)贺信的写法和要求

贺信的书写格式和一般书信基本相同，有称呼、正文、结尾、署名和日期几个部分。不同点在于一般书信不写标题，而贺信则要在正文第一行中间写上“贺信”两个字。以使祝贺的意思更鲜明。

贺信的内容可分若干段落陈述，一般要写进如下内容。

(1) 简述当前的形势，说明对方所取得成绩的社会背景，或重要会议召开的历史条件等。

(2) 写出祝贺的具体事实。概括说明对方在哪些方面取得成绩，分析取得成绩的主客观原因。如果是祝贺重要会议的召开，应说明会议的内容及其重要性；如果是祝贺某科研项目获得成功，应指出其作用及意义；如果是祝贺寿辰的，应颂扬对方的贡献和品德。

(3) 表示热烈的祝贺、赞颂。充分表达自己欢欣鼓舞的心情，也可展望未来，表示决心，或提出希望和要求。

贺信的写作要求如下。

(1) 主题明确，内容切实，要充分肯定成绩，肯定先进的思想和高尚的品德。

(2) 感情要真挚饱满，笔调要热情喜悦，要有赞美之词，恭贺之语。评价成绩要实事求是，切不可言过其实。表示决心要切实可行，切不可空喊口号。

(3) 篇幅短小，语言精练、明快、通俗、流畅，不堆砌华丽辞藻。祝颂之语要掌握分寸，过多溢美之词会使对方不安，自己也难避吹捧献媚之嫌。

例文一

祝　词

××商行：

正值我市成为内地开放城市之际，贵行落成开业，这是我们商业界，也是全市人民的一件喜事。在此谨向你们致以热烈的祝贺！

商业部门是搞活经济的中坚力量。作为营业面积居我市前列的贵行，对满足人民群众的物质需求，繁荣我市经济贸易，定会起到重要的作用。

祝贵行开业大吉，生意兴隆！

此致

敬礼！

××市××商场全体员工

2002年2月18日

例文二

祝　酒　词

各位来宾，朋友们：

春暖花香时节，大家汇集山城，举行××促进会成立大会，共谋食品开发大计。三天来，经大家共同努力，会议取得了圆满成功。在此，我代表×××，以东道主身份，向大会表示热烈祝贺，对各位表示感谢和敬意。

民以食为天，食品业是永不萧条的产业，食品开发是兴旺发达的事业。××促进会的成立，为食品业进一步走向世界提供了新的契机，必将为我国食品业的发展与繁荣做出积极的贡献。

现在我提议：

为××促进会的正式成立，

为今后我们之间的密切合作和友谊，

为诸位的身体健康、家人幸福，

干杯！

例文三

贺 信

××公司全体同志：

欣闻九月三日是贵公司成立十周年纪念日，谨此表示热烈的祝贺。

十年来，贵公司全体同志在党的领导下，发扬了艰苦创业、勇于开拓、自力更生的可贵精神，在短短时间内，不仅为祖国的农业建设提供了了新产品，而且培养了大批的技术人才，支援了兄弟单位。

几年来，贵公司在技术力量方面，给我厂以无私的帮助和支援。为此我们表示衷心的谢意，并决心以实际行动向贵公司全体同志学习，努力钻研技术，提高产品质量，为达到同行业的先进水平而努力。

最后，祝贵公司在改革开放新形势下取得更大的成就。

此致

敬礼！

××××厂

×年×月×日

欢迎词、欢送词

一、欢迎词、欢送词的含义

欢迎词、欢送词是在迎送宾客时，出于礼节的需要而使用的专用礼仪文书。它们同属于讲话稿。

欢迎词是在酒会、宴会、茶话会、晚会及其他形式的集会上，主人为欢迎宾客的到来而发表的讲话稿。

欢送词是在宾客结束工作或其他活动，临别前，主人在迎送集会或宴会上表示送别的讲话稿。

二、欢迎词、欢送词的格式和写法

欢迎词、欢送词虽然名称各异，内容也不尽相同，但其写作格式和写法却基本相同。

(一)标题

写在第一行，居中排列。一般只要写明什么人在什么场合的讲话即可。如《×××主席在欢迎×××总统宴会上的讲话》。有时也可以只写明在什么场合的讲话，而把讲话的姓名写在标题之下。

(二)称呼

欢迎词、欢送词的称呼要写在标题下第一行的顶格，都要用尊称，姓名要用全名，一般还要在姓名前面加上表示亲切、尊重的修饰语，如“尊敬的”、“亲爱的”、“敬爱的”等；姓名后可加职衔。对在场的其他主客人员，用“女士们、先生们”或“朋友们、同志们”等泛称。称呼要根据主客之间关系的亲疏程度而定，要因人而异，不要千篇一律。

(三)开头

欢迎词的开头，首先要用热情洋溢的语言为客人的到来表示欢迎，一般还要说明致词者是代表个人还是代表集体的，用词要充分体现致词者的友好与热情。

欢送词的开头一般要对客人在工作或某项活动中作出的努力或贡献给予肯定性的评价，并表示送别之情。

(四)主体

主体部分，写致词的中心内容。主体内容的写作，往往根据欢迎词、欢送词使用的场合或使用的方式的不同有所区别。

1. 欢迎词

(1) 用于外交礼仪方面的欢迎词，可在主体部分赞扬对方某方面的贡献成绩，赞颂对方为发展双方的友好往来，以及在经济或技术、文化方面的合作所作的努力等。

(2) 用于欢迎专家、学者来讲学、指导的欢迎词，可以介绍专家、学者在业务或学术上的造诣、成就等。

(3) 用于欢迎新生、新兵、新参加工作人员的欢迎词，可以介绍本单位的基本情况，表达对新来者的希望和要求。

2. 欢送词

(1) 用于外交礼仪方面的欢送词，主体部分要对客人来访期间取得的成绩和为进一步发展双方的友好关系及工作上的合作做出的贡献，给予充分的肯定和赞扬，并阐明来访的深远意义和影响。

(2) 为欢送结束工作的外请人员或专家、学者而写的欢送词，可以回顾彼此相处时建立的友谊，对他们给予的帮助、指导表示谢意，对他们的学术水平、技术能力表示钦佩，也可要求他们提出批评、指导意见和建议。

(3) 为欢送学生毕业、军人退伍、工作人员调离岗位等而写的欢送词，可以回顾相处时在学习、工作或训练中所取得的成绩和建立的友谊，表示惜别之情。

(五)结尾

欢迎词、欢送词的结尾可以对主体文的内容做出总结，也可以就某个问题提出希望或阐明意义、影响等，最后再一次表示良好的祝愿。结尾一般要使用富于激励性、鼓舞性的语言，才能起到振奋人心、激励向上的作用。

三、欢迎词、欢送词的写作要求

(一)把握好文体的特点

欢迎词、欢送词实际上都是演讲稿，都是特定的讲话人在宴会、集会或其他场合中面对宾客或主人及其他有关公众，用有声的口头语言和富有表现力的态势语言发表演讲的文稿。因此，在具体的写作中，除要考虑讲话人的身份与职务、听众对象以及合适的内容之外，还必须注意把握演讲稿这类文体的社会性、有声性、整体性、临场性等特点，而且要注意篇幅不宜过长。

(二)用语要礼貌

欢迎词、欢送词是出于礼仪的需要而使用的，因此，用语要热情而有礼貌，以示亲切与尊敬。对于不便直言而又非讲不可的话，要善于运用婉辞，力求做到既不失礼貌又坚持原则。

(三)感情要真挚

贵客光临，诚心欢迎。主人热情接待，作为宾客要诚心感谢。这种感情要通过语言表达出来，使欢迎词、欢送词的字里行间洋溢着真挚动人的感情。如果满纸套话，没有实实在在的内容，就会给人以虚伪空洞的感觉。对于成绩、作用等评价要中肯、恰当，不应过分渲染。

(四)正确表达自己的原则立场

欢迎(送)者与被欢迎(送)者，主与客都是代表自己的国家或单位讲话的。因此，在讲话中，既要表示友好之情，又不可丧失自己的原则立场。尤其是对当前国内外重大问题，对两国的关系表明立场与看法时，措辞要十分慎重，必要时要讲得非常委婉，绝不能信口开河。

例文一

×××经理在光明商厦开业典礼上的欢迎词

女士们、先生们，亲爱的顾客朋友们：

早上好！光明商厦全体员工热烈欢迎您的光临，并向您致以崇高的敬意！

早上的一切都是美好的。感谢您把这一天最美好的时光留在了光明商厦。

无论您是谁，无论您来自哪里，只要您步入光明，就是我们的朋友，就是我们的“上帝”。我们都将竭诚接待，热情服务，向您献上我们的真诚和爱意。今后您若工作繁忙，只要打个电话，我们就会按照您的吩咐，把温暖送到您的家里。

女士们，先生们，亲爱的顾客朋友们，再一次感谢您把最美好的时光留在我们光明商厦！

例文二

×××厂经理在30周年厂庆会上的欢迎词

女士们、先生们：

值此×××厂 30 周年厂庆之际，请允许我代表×××厂，并以我个人的名义，向远道而来的贵宾们表示热烈的欢迎！

朋友们不顾路途遥远，专程前来贺喜并洽谈贸易合作事宜，为我厂 30 周年厂庆增添了一份热烈和祥和，我由衷地感到高兴，并对朋友们为增进双方友好关系作出努力的行动，表示诚挚的谢意！

今天在座的各位来宾中，有许多是我们的老朋友，我们之间有着良好的合作关系。我厂建厂 30 年能取得今天的成绩，离不开老朋友们的真诚合作和大力支持。对此，我们表示由衷的钦佩和感谢。同时，我们也为能有幸结识来自全国各地的新朋友感到十分高兴。在此，我谨再次向新朋友们表示热烈欢迎，并希望能与新朋友们密切协作，发展相互间的友好合作关系。

“有朋自远方来，不亦乐乎”。在此新朋老友相会之际，我提议：

为今后我们之间的进一步合作，

为我们之间日益增进的友谊，

为朋友们的健康幸福，

干杯！

例文三

欢送词

尊敬的女士们、先生们：

首先我代表××，对你们访问的圆满成功表示热烈的祝贺！

明天，你们就要离开××了，在即将分别的时刻，我们的心情依依不舍。大家相处的时间是短暂的，但我们之间的友好情谊是长久的。中国有句古话：“海内存知己，天涯若比邻。”千山万水无阻于我们友谊的发展，隔不断彼此之间的联系。我们欢迎各位女士、先生在方便的时候再次来××作客，相信我们的友好合作会日益加强。

祝大家一路顺风，万事如意！

【思考练习题】

一、名词解释

1. 欢迎词　2. 欢送词　3. 祝词　4. 贺信

二、简答

1. 祝词的写作要求是什么？
2. 贺信的内容主要应包括哪些方面？
3. 欢迎词与欢送词的写作要求是什么？
4. 礼仪文书有什么特点？

第六单元 口才训练

朗读

一、概述

我国电影界流传着这样一段趣事：在一次朋友聚会的时候，著名电影艺术家赵丹用方言为大家绘声绘色地吟诵了一段文字，结果使满堂宾客为之动容，有的女宾竟泪流满面。当他告诉大家自己朗诵的只不过是宴会的菜谱时，大家都拍案叫绝。这个故事告诉我们，无论是什么作品，出色的朗读，会使你情不自禁地被吸收，会在不知不觉中进入一种美好的意境之中，获得高尚的艺术享受，甚至触动心灵，丰富情感，陶冶美好的情操。这，就是朗读的感人魅力。通过朗读练好自己的声音，做到发声美，这是口才好的重要方面，也是口语训练的重要内容。

(一)朗读的含义

所谓朗读，就是把书面的文字作品转化为发音规范的有声语言的再创作活动。

(二)朗读的特点

1. 声音性

朗读运用的是有声语言，所以声音性是它同书面语的根本区别。朗读是自觉地运用语音技巧，对书面语言进行再加工，把静止的视觉形象的文字，转变为生动活泼的、听觉可以接受的有声语言。人们就是从朗读的语流声中“听”到作者对社会生活的认识、感受、志趣、情怀的。

2. 规范性

朗读必须体现有声语言的规范性。主要体现在三个方面，即：

(1) 规范的语言——以北京语音为标准音；

(2) 规范的语汇——以北方方言为基础方言；

(3) 规范的语法——以典范的现代白话文著作为语法规范。

3. 创造性

国外文学家曾说过“语言不等于言语”，“言语要比语言的材料(词汇、语法)丰富得多”。这里所说的言语，指口头语言。所谓言语比语言丰富，就在于它可使人们直接感受到语音所给予的动感。朗读者把书面语言无法表达的内容，如语气、语调、语势、语感和情感的变化等生动地再现出来，并以此感染听众。这本身就是一种创造，所以说朗读具有创造性。

(三)朗读的作用

1. 能培养敏锐的语感

所谓语感，有两方面的含义：既是指对语言信息接收和储存的能力，又是指对于语言信息发出、驾驭的能力。汉语语法复杂多变，通过对典范作品的诵读，可以在潜移默化中接受到严格的、规范性的书面语言的指导和熏陶，使人感受到汉语的丰富和优美，从而培养其敏锐的语感，使口语语流更加畅通。

2. 能促使普通话水平提高

朗读要求普通话语音必须准确规范。在朗读练习中，将已学过的语音知识应用于实践，可以完成普通话从音素——音节——字词以至句子整个综合训练过程，帮助我们纠正发音。

朗读在推动语言规范化方面的作用不可低估，我们常发现这样一种现象：有人平日说话，满口方言，可一拿起文章朗读，却基本符合普通话语音要求，这不正说明朗读的规范化作用吗？由此我们可以得出这样的结论，学习和掌握普通话，达到语言规范化要求，完全可以通过朗读来实现，我们绝不可放过这条捷径。同时，朗读可以使声带、语调等得到全面锻炼，使说出的话更加优美动听，从而提高了普通话的表达水平。

3. 能提高我们的鉴赏力和语言表现力

俗话说：“书读百遍，其义自现。”一方面，反复的诵读，不仅使我们能准确地把握文章的构思立意、布局谋篇，而且能进一步熟悉作品的思想内容，感情基调，加深对作品深层次的理解，从而提高对各种作品的鉴赏能力。

另一方面，在朗读的过程中，我们能仔细分析和深深体味作品反映现实、阐明事理、抒发感情的艺术技巧。当我们通过自己的有声语言加以表达时，绝不仅仅是“念字出声”的无思维活动，而是动员了自己全部能力的再创作，作品的精华会被吸收、储存，积累到一定程度时，其效果就会显现出来。慢慢地我们感到，自己的语汇丰富了，思维敏捷了，下笔有神了，出口成章了，表达生动了。总之，我们的语言表现力明显提高了。

4. 能陶冶我们的素养情操

文字作品是作者对现实生活亲身体验和思索的结晶。常用来做朗读材料的作品，多出自古今中外的名家高手，是脍炙人口的佳作。其中所体现的那种文章结构美，艺术形象美，风格情调美，理想境界美，等等，不仅使我们获得生活知识，丰富阅历，拓展视野，提高文化素养，而且还获得艺术美的享受、使我们的灵魂得到净化、情操得以陶冶、道德人格更加完善、人生的价值目标更加明确、激发我们奋发向上、拼搏进取。

(四)朗读的要求

1. 准确

准确包含以下内容。

(1) 用普通话朗读，声、韵、调准确。普通话是汉民族的共同语，优美动听，表现力强，用普通话朗读，能给人以美感。如果普通话不准，或者满口方言，就会影响听众对原文的理解，更谈不上美感。

(2) 忠于原作、不丢字、不添字、不改字、不错字、不吃字(即字音含糊不清带过)。应该熟悉作品，对把握不准的字音要通过字典查清楚。

2. 流利

朗读时，一定要做到不破句、不破词、不重复、不打顿、有层次、有节奏、流利通畅，让人听清楚、听明白。把词拆开读，或者句子读不连贯，就会大大影响朗读效果。

3. 响亮清楚

朗读时发音要响亮，口齿要清楚，吐字要清晰。就是要把每个字都清清楚楚地传到听众耳中。响亮清楚是朗读的基本要求，也是朗读者必须掌握的基本功。要做到这一点必须掌握科学的发声方法，加强吐字归音的练习，使声音圆润优美，响亮清晰，提高发音质量，努力增强朗读效果。

4. 把握好感情基调

文字作品的感情基调是朗读的依据，要把握好。朗读要带感情，要结合内容，运用自己的有声语言，以情带声，以声传情，声情并茂。但感情的表达必须受主题和基调的制约，语调的装腔作势，缺乏理性的“感情泛滥”，对表演效果的过度追求，都违背朗读的基本要求，是不可取的。

5. 正确运用朗读技巧

停顿、重音、升降、快慢等是语调的四大要素，都属于朗读技巧。朗读时要求做到重音准确鲜明，停顿适当，句调自然，快慢相宜，从而给听众以抑扬多变、错落有致、和谐悦耳的美感。运用好朗读技巧，是提高朗读效果的有力保证。

【课堂训练一】

根据要求，朗读下面两篇作品，注意人物语言和情节描写。

狼和小羊

狼来到小溪边，看见小羊正在那儿喝水。

狼非常想吃小羊，就故意找茬儿，说：“你把我的水弄脏了！你安的什么心？”

小羊吃了一惊，温和地说：“我怎么会把您喝的水弄脏呢？您站在上游，水是从您那儿流到我这儿来的，不是从我这儿流到您那儿去的。”

狼气冲冲地说：“就算这样吧，你总是个坏家伙！我听说，去年你在背地里说我的坏话！”

可怜的小羊喊道：“啊，亲爱的狼先生，那是不会有的事，去年我还没有生下来呢！”

狼不想再争辩了，龇着牙，逼近小羊，大声嚷道：“你这个小坏蛋！说我坏话的不是你就是你爸爸，反正都一样。”说着就往小羊身上扑去。

落 花 生

许地山

我们家的后园里有半亩空地，母亲说：“让它荒着怪可惜的，你们那么爱吃花生，就开辟出来种花生吧。”我们姐弟几个都很高兴，买种、翻地、浇水，没过几个月，居然收获了。

母亲说：“傍晚我们过一个收获节，请你们父亲也来尝尝我们的新花生，好不好？”我们都说好。母亲把花生做成了好几样食品，还吩咐就在后园的茅亭里过这个节。

晚上天色不太好，可是父亲也来了，实在很难得。

父亲说：“你们爱吃花生么？”

我们争着答应：“爱！”

“谁能把花生的好处说出来！”

姐姐说：“花生的味美。”

哥哥说：“花生可以榨油。”

我说：“花生价钱便宜，谁都可以买来吃。这就是它的好处。”

父亲说：“花生的好处很多，有一样最可爱：它的果实埋在地里，不像桃子、石榴、苹果那样，把鲜红嫩绿的果实高高地挂在枝头，使人一见就生爱慕之心。你们看它矮矮地长在地上，等到成熟了，也不能立刻分辨出来它有没有果实，必须挖出来才知道。”

我们都说是，母亲也点点头。

父亲接下去说：“所以你们要像花生，它虽然不好看，可是很有用，不是外表好看而没有实用的东西。”

我说：“那么，人要做有用的人，不要做只讲体面，而对别人没有好处的人了。”

父亲说：“对。这是我对你们的希望。”

我们谈到夜深才散。花生做的食品都吃完了，父亲的话却深深地印在我的心上。

二、朗读的准备

朗读前，要做好以下准备工作。

(一)念准字音

朗读是通过有声语言形式将文字作品的丰富内涵再现出来。声音是看不见，摸不着的，而且稍纵即逝。如果字音念不准，听众会莫名其妙、不知所云，甚至会产生误解，闹出笑话。因此，必须不放过一切生字、生词，对多音多义字、异读字、特殊读音字，要认真查阅工具书，把每个字弄清楚、弄明白。

【课堂训练二】

朗读下文，注意念准字音。

可爱的小鸟

王文杰

没有一片绿叶，没有一缕炊烟，没有一粒泥土，没有一丝花香，只有水的世界，云的海洋。

一阵台风袭过，一只孤单的小鸟无家可归，落到被卷到海里的木板上，乘[1]流而上，姗姗[2]而来，近了，近了！……

忽然，小鸟张开翅膀[3]，在人们头顶上盘旋了几圈，“噗啦”[4]一声落到船上。许是累了？还是发现了“新大陆”？水手撵[5]它不走，抓它，它乖乖地[6]落在掌心。可爱的小鸟和善良的水手结成了朋友[7]。瞧，它多美丽，娇巧的小嘴，啄[8]理着绿色的羽毛，鸭子样的扁脚，呈现出春草的鹅黄。水手们把它带到舱里，给它“搭铺”，让它在船上安家落户，每天，把分到的一塑料桶淡水匀给它喝，把从祖国带来的鲜美的鱼肉分给它吃，天长日久，小鸟和水手的感情日趋笃厚[9]。清晨，当第一束[10]阳光射进舷窗[11]时，它便敞开美丽的歌喉，唱啊[12]唱，嘤嘤[13]有韵，宛如春水淙淙[14]。人类给它以生命，它毫不悭吝[15]地把自己的艺术青春奉献给了哺育[16]它的人。可能都是这样？艺术家们的青春只会献给尊敬他们的人。

小鸟给远航生活蒙上了一层浪漫色调[17]，返航时，人们爱不释手，恋恋不舍地想把它带到异乡。可小鸟憔悴[18]了，给水，不喝！喂肉，不吃！油亮的羽毛失去了光泽。是啊[19]，我们有自己的祖国，小鸟也有它的归宿，人和动物都是一样啊[20]，哪儿[21]也不如故乡好！

慈爱的水手们决定放开[22]它，让它回到大海的摇篮去，回到蓝色的故乡。离别前，这个大自然的朋友与水手们留影纪念。它站在许多人的头上，肩上，掌上，胳膊[23]上，与喂养过它的人们，一起融进那蓝色的画面……

【语音提示】

[1]乘 chéng　[2]姗姗 shānshān　[3]翅膀 chìbǎng　[4]噗啦 pūlā　[5]撵 niǎn　[6]乖乖 guāiguāi　[7]朋友 péngyǒu　[8]啄 zhuó[9]笃厚 dǔhòu[10]束 shù　[11]舷窗 xuánchuāng　[12]啊ɑ　[13]嘤嘤 yīngyīng　[14]淙淙 cóngcóng　[15]悭吝 qiānlìn　[16]哺育 bǔyù　[17]色调 sèdiào　[18]憔悴 qiáocuì　[19]啊ɑ　[20]啊ɑ　[21]哪儿 nǎr　[22]放开 fàngkāi　[23]胳膊gēbo

(二)深刻理解作品

朗读虽属口语表达艺术，朗读得好离不开朗读技巧，但对作品理解不深，也会影响朗读效果。理解作品，可以从以下几点做起。

1. 了解作品

朗读前，要弄清作者与这篇作品的具体历史时期、社会条件、特定环境、思想状况、何种心境、创作动机等问题，便于从根本上理解作品。只有这样，对朗读时感情的把握、语调的运用才能适中，才能读出感情的韵味。

【课堂训练三】

朗读朱自清《荷塘月色》和《绿》，分析写作背景和作者的思想感情，读出真情实感。

2. 明确主题

主题，是作品内容的集中和升华。在掌握文章基本内容的基础上，应明确全文的主题。不仅要了解写了什么人、什么事，而且要明确作者为什么要写这些人、这些事，作者的态度是歌颂的还是暴露的。朗读者弄清这一点，才能具有鲜明的态度、真实的感情，这是朗读的灵魂。

【课堂训练四】

朗读下文，分析主旨，注意感情表达。

人，又少了一个

三年前，也是冬天。一个骨瘦如柴的女人来到我家门前。

她头发蓬乱，脸色苍黄，穿着一件空荡荡的破旧花棉袄，一条褪色的灰布裤子，手中提着一个白布口袋。她轻轻推开我家虚掩的大门，缩缩瑟瑟地探进头来。我正站在窗口。

“太太，我不是叫花子。我只是要点米。我的孩子饿得直哭！”她没等我回答，就自我介绍下去：“我也是大学毕业的。哪，你看。”她抖着手由内衣口袋中掏出身份证来。“这上面都写着的。这是我以前的照片！”

出于好奇，我接过她的身份证。那是一个富态的中年女子的照片：光亮细碎的发鬈，整整齐齐地贴在头上。淡淡的双眉，弯在那一双满足的眼睛之上。衣襟上还盘着一个蝴蝶花扣。

我端详着照片的时候，她就一个人絮絮叨叨地讲了下去：“我先生坐了牢。我就一个人带着四个孩子，饱一天，饿一天。我替人洗衣服，付了房钱，喝稀饭都不够！孩子们饿得抱着我哭。我只有厚着脸皮出来讨点米。我只要米，不要钱。我不是叫花子，我是凭一双手吃饭的人！太太！唉！我真不好意思，我开不了口，我走了好几家，都说不出口，又退了出来了！我怎么到了这一天！”她撩起衣角来拭眼泪。

我将她的口袋装满一袋米。她抖动着两片龟裂的嘴唇说道：“这怎么好意思？您给我这么多！这怎么好意思！谢谢。太太，我不晓得怎么说才好。我——我直想哭！”她淌着泪背着一袋米走了。

三年后的今天，我又看见了那个女人。她正站在巷口一家人家门前。我打那儿经过。她皱缩得更干小了！佝偻着背，靠在门框上。脸上已经没有三年前那种羞怯的神情了。咧着一嘴黄牙，阴森森地笑着。用一种熟练的讨乞声调高声叫道：“太太，做做好事，赏一点吧！太太，做做好事，赏一点吧！”

只听见门口当啷一响，是金属落地的声音。接着是一声吆喊：“一角钱拿去！走，走，谁叫你进来的？你这个女人，原来还自己洗衣服赚钱，现在连衣服也不洗了，还是讨来的方便！”

那女人笑嘻嘻的：“再赏一点吧，太太，一角钱买个烧饼都不够！”

“咦，哪有讨饭的还讨价还价的？走，走，在这里哼哼唧唧的，成什么样子？”

那女人的嘴笑得更开了：“再给我一点就走，免得我把您地方站脏了，再多给一点！”

砰的一声，大门被踢上了。那女人回过头来，冷笑了一声，然后漠然地望了我一眼。她已经不认得我了。

3. 理清脉络层次

文章作者从写作角度出发形成了自然段落，朗读时应研究段落之间的内在联系，分析篇章结构，理清脉络、层次，使作品中的人物、事件的来龙去脉在头脑中清晰起来，这样朗读时就可以根据脉络层次适当地变换语调、安排停顿。

4. 找出关键性的字、词、句

文章的“文眼”有时就体现在关键性的几个字、词或句子上，找到了它们，对理解内容、分析结构都大有帮助，也可以更好地为朗读做准备。这些关键性的字、词、句朗读时要重读，这样会增强表达效果。

【课堂训练五】

朗读《桂林山水》，划分结构层次，找出关键词句。

桂林山水

人们都说：“桂林山水甲天下。”我们乘着木船，荡舟漓江，来观赏桂林的山水。

我看见过波澜壮阔的大海，欣赏过水平如镜的西湖，却从没看见过漓江这样的水。漓江的水真静啊，静得让你感觉不到它在流动；漓江的水真清啊，清得可以看见江底的沙石；漓江的水真绿啊，绿得仿佛那是一块无瑕的翡玉。船桨激起的微波，扩散出一道道水纹，才让你感觉到船在前进，岸在后移。

我攀登过峰峦雄伟的泰山，游览过红叶似火的香山，却从没看见过桂林这一带的山。桂林的山真奇啊，一座座拔地而起，各不相连，像老人，像巨象，像骆驼，奇峰罗列，形态万千；桂林的山真险啊，危峰兀立，怪石嶙峋，好像一不小心就会栽倒下来。

这样的山围绕着这样的水，这样的水倒映着这样的山，再加上空中云雾迷蒙，山间绿树红花，江上竹筏小舟，让你感到像是走进了连绵不断的画卷，真是“舟行碧波上，人在画中游”。

(三)感受情思

1. 形象感受

朗读中的形象感受，是指由于作品中的词句概念对朗读者内心的刺激而引起的对客观事物的感知、体会和思考。它包括眼、耳、鼻、舌、身方面的感觉和时间、空间、运动方面的知觉，是“感之于外，受之于内”而形成的，这是朗读好文章的重要因素。形象感受主要实词的作用十分重要，要妥善处理好。

范文一

《卖火柴的小女孩》开头三句：“天冷极了，下着雪，快黑了。”这些词句刺激读者的视觉感官，透过这些白纸黑字，朗读者仿佛看到了天色、雪花，从而感到“冷”。

范文二

杨朔《荔枝蜜》中的片段：“……热心肠的同志送给我两瓶。一开瓶子塞儿，就是那么一股甜香；调上半杯一喝，甜香里带着股清气，很有点鲜荔枝的味儿。喝着这样的好蜜，你会觉得生活都是甜的呢。”

这是嗅觉想象引起的嗅觉感受。当我们读到此时，也情不自禁地会抽一下鼻子，吸一口气，似乎一股香甜味扑面而来，其实我们并没有闻到什么，只是几个字词给我们的刺激而已。

【课堂训练六】

分析理解长篇小说《红岩》中下面一段文字的形象感受。

一阵狂风卷过，寒风阵阵袭来，站立在签子门边的余新江浑身发冷，禁不住颤抖了一下。屋瓦上响起了哗哗的声音，击打在人心上。是暴雨？这声音比暴雨更响，更加嘈杂，更加猛烈。“冰雹！”余新江听见有人悄声喊着，他也侧耳听着屋瓦上的响声，在沉静的寒气里，在劈打屋顶的冰雹急响中，忽然听出一种隆隆的轰鸣。这声音夹杂在冰雹之中，时大时小。余新江渐渐想起，刚才在冰雹之前的狂风呼啸中，似乎也听到过这种响声，只是不如现在这样清晰，这样接近，因为他专注地观察敌人，所以未曾引起注意。这隆隆的轰鸣，是风雪中的雷声么？余新江暗自猜想着：在这隆冬季节，不该出现雷声啊！难道是敌人在爆破工厂，毁灭山城了么？忽然，余新江脸上露出狂喜，他的手心激动得冒出了汗水，他忽然一转身，面对着一室的人，眼里不可抑制地涌出滚烫的泪水。

“听！解放军的炮声！”

2. 逻辑感受

人们通常把作品中全篇各层次、段落、语句之间的内在联系，称为逻辑关系。这内在联系，如同文气，顺畅地贯彻全篇；犹如经络，紧密地布满全身。无论组合的先后顺序，还是情节矛盾的连绵起伏，都在朗读者的头脑中形成强烈的感受，这种感受，通常叫做逻辑感受。

逻辑感受通常从虚词中获得。“不但”、“而且”、“因为”、“所以”这些虚词似乎看不见、摸不着，没有什么实在意义，但它却对议论文体发展脉络，贯通文气，连接层次、语句等起着重要作用，有人曾形象地把其比喻为文章的“鹊桥”。如果朗读议论性文体时，能抓住这些虚词，并理清它们之间的关系，会收到事半功倍之效。

逻辑感受体现在两个方面：一是语言要准确，不能含糊其辞；二是语言脉络要清晰，不能模棱两可。

【课堂训练七】

任选《拿来主义》中某一片段，找出“虚词”，弄清逻辑关系，体味感受，朗读。

(四)再现情景

再现情景是借助于联想和想象，把文字符号所反映的客观事物展现在眼前，使朗读者处于如见其人、如闻其声、身临其境的虚幻境界之中的内心活动。

朗读再现情景，不仅要求展现活动的画面、立体的形象，而且还要求朗读者因景动情，这是再现情景的核心。因为朗读必须要以情感人、“而要感动别人，自己要先受感动。要点燃听众的心头之火，自己就必须是一团火”。就是说，要把作者倾注在作品中的感情，变成自己的感情，把作者的恨变成自己的恨，把作者的爱变为自己的爱。

如贺敬之《放声歌唱》中有一段：

是什么样的神明
施展了
这样的魔力，
生活啊，
怎么会来得
这样神奇？——
长安街的
夜景啊，
怎么竟这样迷人？
大兴安岭的
林场啊，
怎么竟如此美丽？
一片汪洋的
淮河两岸。
怎么会
万顷麦浪？
百里无人的
不毛之地，
怎么会
烟囱林立？
为什么
沙漠
大敞胸怀，
喷出
黑色的琼浆？
为什么
荒山

高举手臂，
捧献出
万颗宝石？
啊，我的曾是贫穷而孤独的
乡村，
今夜
为什么
笑语喧哗？
我的曾是满含忧愁的
城镇，
为什么
灯火辉煌
彻夜不息？

这节诗通过对景物的描绘，歌颂了在党的领导下，共和国翻天覆地的变化，抒发了诗人的爱国激情。朗读时，要凭借想象的翅膀，让眼前呈现长安街的夜景，大兴安岭的林场，淮河两岸的万顷麦浪，不毛之地的林立烟囱，直至笑语喧哗的乡村，灯火辉煌的城镇。

当我们依次对作品中的形象进行想象时，作品的内容就得到了充实，作品的时空得到了无限扩展。我们的眼前呈现出了祖国万里江山繁花似锦的醉人景象。我们会深深地热爱脚下这片国土，诗人的爱国激情会变为我们自己的爱国激情，这样，自己的感情会渐渐丰富起来，燃烧起来，在朗读时就容易感染听众。人们常说：诗人应不失赤子之心。而朗读者如果没有赤子之心，也是朗读不好的。

(五)标写朗读符号

在正确理解文章并引发自己情感的基础上，我们确定了文章的感情基调。根据语音技巧，我们还可以找到文章中词句的轻重音、停顿的位置，掌握停顿时间的长短，朗读时就能正确把握，更快地提高朗读水平。

常见的朗读符号如下：

停顿：/(稍停) //(一般停顿) ///(较长停顿)

重音：.

韵脚：•

句调：→(平直调) ↗(高升调) ↘(低降调) ⤻(曲折调)

(六)试读

反复试读也是准备工作的一个重要步骤。试读可以纠正不正确的读音，及时发现一切影响朗读效果的现象。在试读练习中，随着文章内容的发展，感情的变化，适当调整语调的高低快慢、轻重缓急。试读还可以进一步加深对文章内容的理解，在理解的基础上又可以进一步修改朗读的不当之处。

【课堂训练八】

根据要求，对下文进行朗读前的准备。

春

朱自清

盼望着，盼望着，东风来了，春天的脚步近了。

一切都像刚睡醒的样子，欣欣然张开了眼。山朗润起来了，水涨起来了，太阳的脸红起来了。

小草偷偷地从土里钻出来，嫩嫩的，绿绿的。园子里，瞧去，一大片一大片满是的。坐着，躺着，打两个滚，踢几脚球，赛几趟跑，捉几回迷藏。风轻悄悄的，草软绵绵的。

……

“吹面不寒杨柳风”，不错的，像母亲的手抚摸着你。风里带来些新翻的泥土的气息，混着青草味儿，还有各种花的香，都在微微湿润的空气里酝酿。鸟儿将巢安在繁花绿叶当中，高兴起来了，呼朋引伴地卖弄清脆的喉咙，唱出宛转的曲子，跟轻风流水应和着。牛背上牧童的短笛，这时候也成天嘹亮地响着。

雨是最寻常的，一下就是三两天。可别恼。看，像牛毛，像花针，像细丝，密密地斜织着，人家屋顶上全笼着一层薄烟。树叶儿却绿得发亮，小草儿也青得逼你的眼。傍晚时候，上灯了，一点点黄晕的光，烘托出一片安静而和平的夜。在乡下，小路上，石桥边，有撑起伞慢慢走着的人，地里还有工作的农民，披着蓑戴着笠。他们的房屋，稀稀疏疏的，在雨里静默着。

天上风筝渐渐多了，地上的孩子也多了。城里乡下，家家户户，老老小小，也赶趟似的，一个个都出来了。舒活舒活筋骨，抖擞抖擞精神，各做各的一份儿事去。“一年之计在于春”，刚起头儿，有的是工夫，有的是希望。

春天像刚落地的娃娃，从头到脚都是新的，它生长着。

春天像小姑娘，花枝招展的，笑着，走着。

春天像健壮的青年，有铁一般的胳膊和腰脚，领着我们上前去。

三、朗读技巧训练

所谓朗读技巧，是指朗读时因表情达意的需要而运用的朗读方法。如停连、轻重、语气、节奏、语速都属朗读技巧的内容，我们在此谈谈它们的训练方法。

(一)停连

朗读并不是毫无间歇地将作品连续读下去，而是连中有停、停中有连、停连结合的。停，就是停顿，指朗读语流中的声音中断；连，是连接，指朗读语流中的声音延续。

停连既是生理上的需要，也是语意、语法表达的需要。合理地使用停连，会使语意和思想感情的表达更加清晰、准确。停连中停的位置不同，表达的语意也有很大的差别。

例如：

下雨天/留客天/留我不留？

下雨/天留客/天留/我不留。

下雨天/留客天/留我不？/留。

英国人/文学家。

英国/人文学家。

停连一般分语法停连和逻辑停连两大类。在此，我们主要谈谈停顿问题，顺便地谈一下连接问题。

1. 语法停顿

语法停顿是反映一句话里语法关系的停顿，主要分两种。

(1) 句逗停顿。

一般说来，凡是有标点符号的地方，就要有适当的停顿。其停顿的长短同标点符号基本一致。大体是：句号、问号、叹号大于分号，冒号大于逗号，逗号大于顿号。句中的破折号、省略号也表示一定的停顿，章节、段落之间的停顿相对最长。如：

这时候叶子与花也有一丝的颤动，/像闪电般，/霎时传过荷塘的那边去了。//叶子本是肩并肩密密地挨着，/这便宛然有了一道凝碧的波痕。//叶子底下是脉脉的流水，/遮住了，/不能见一些颜色；/而叶子却更见风致了。///(用“/”、“//”、“///”表停顿时间的长短，下同)

(朱自清《荷塘月色》)

一般地，根据标点符号采取不同的停顿，就能够使说话顿挫有度，语意层次分明。

当然，标点符号之间的停顿，也不能绝对化，如：

老刘不耐烦地说：“走吧，走吧，/我们不欢迎你来！”//

两个“走吧”之间虽有标点，但由于说话人的感情所致，这个地方不应该停顿，而应一直连接下去。

(2) 语组停顿。

语组停顿是指没有标点的地方，按照词语间的语法关系所作的停顿。语组停顿比句逗停顿的时间略短些。一般情况下，主谓之间、动宾之间、修饰成分与中心语之间，都可以有停顿。例如：

梅雨潭/闪闪的/绿色/招引着/我们，我们/开始/捕捉她/离合的/神光了。

夕阳/把水面/映得/通红，把天空/也染成/万道彩霞。

2. 逻辑停顿

为了突出某一事物，强调某一观点或语意，或表达某种感情，在没有标点符号的地方作适当的停顿；或在有标点的地方却一口气接着读，改变了语法停顿的位置，这就是逻辑停顿。这种停顿是由说话人的意图和感情决定的，所以没有确定的规律和固定的位置。试看下面的停顿：

遵义会议//纠正了/第五次反“围剿”斗争中所犯的/“左”倾机会主义性质/的严重的/原则错误，//团结了/党和红军，//使得/党中央和红军主力/胜利地完成了长征，/转到了/抗

日的前沿阵地，//执行了/抗日民族统一战线的新政策。///

(毛泽东《中国共产党在民族战争中的地位》)

“遵义会议”之后没有标点，但为了突出这次会议的地位，强调它在我党历史上的伟大意义，要有一个逻辑停顿，而且时间要长一些。“纠正了”、“团结了”、“所犯的”、“性质的”、“严重的”、“使得”、“转到了”、“执行了”等词之后都没有标点，但都要停顿，因为在读这些词之后稍有停顿，可以把“遵义会议”几方面的历史意义更有层次地表达出来。

逻辑停顿又可以分为强调停顿和感情停顿。

(1) 强调停顿。

强调停顿是为了强调某一内容而采取的停顿。它能引起听众的特别注意，并给人以回味的余地。如《荷塘月色》中的一句话，可作如下停顿：

这时候/最热闹的//要数/树上的蝉声/与水里的蛙声；//但//热闹/是它们的，//我//什么也没有。

其中“但”和“我”后面的停顿是强调停顿，起到了加重哀愁气氛的作用，突出了作者在文中流露出来的既有难得偷闲片刻逍遥的淡淡的喜悦，又带着淡淡的哀愁。如果不采用强调停顿来朗读此句，便没有这种表达效果。

(2) 感情停顿。

强调停顿带有一定的理智因素，是朗读者为强调某一内容而有意识地决定的，感情停顿完全是朗读者的感情所导致的停顿。如：

但忽然得到一个可靠的消息，说柔石和其他二十三人，已于二月七日夜或八日晨，在龙华警备司令部//被枪毙了，他的身上中了十弹。

原来如此！……

(鲁迅《为了忘却的记念》)

这一段，在“被枪毙了”的前面没有标点，和前面一个介词结构“在龙华警备司令部”连起来也不长，不停顿，不会影响表达内容，但是，凡是带着真挚感情朗读这段文章的人，却会情不自禁地停顿更长一段时间，这就突出了作者当时的悲愤之情。

感情停顿是由朗读者的感情决定的，常通过急吸急呼或屏气等呼吸方法来表达。这种停顿并不是感情的休止，更不是中断，而是感情的延续和延伸。恰当的感情停顿，可以收到“此时无声胜有声”的艺术效果。

【课堂训练九】

朗读下面文章，处理好各种停连。

松树的风格(节选)

陶 铸

我对松树怀有敬佩之心不自今日始。自古以来，多少人就歌颂过它，赞美过它，把它作为崇高的品质的象征。

你看它不管是在悬崖的隙间也好，不管是在贫瘠的土地上也好，只要有一粒种子——

这粒种子也不管是你有意种植的，还是飞鸟衔来、大风吹来的，只要它一落地，就随处茁壮地生长起来。它既不需要谁来施肥，也不需要谁来灌溉。狂风吹不倒它，洪水淹不没它，严寒冻不死它，干旱旱不坏它。它只是一味地无忧无虑地生长。松树的生命力可谓强矣！松树要求于人的可谓少矣！这是我每看到松树油然而生敬意的原因之一。

我对松树怀有敬意的更重要的原因却是它那种自我牺牲的精神。你看，松树的干是用途极广的木材，并且是很好的造纸原料；松树的叶子可以提炼发油；松树的脂液可以制松香、松节油，是很重要的工业原料；松树的根和枝又是很好的燃料。更不用说在夏天，它用自己的枝叶挡住炎炎烈日，叫人们在如盖的绿荫下休憩；在黑夜，它可以劈成碎片做成火把，照亮人们前进的路。总之一句话，为了人类，它的确是做到了“粉身碎骨”的地步了。

要求于人的甚少，给予人的甚多，这就是松树的风格。

人到中年(片段)

谌　容

傅家杰就这样无言地守了一个下午。黄昏时，陆文婷好像又好了一些，她把头转向傅家杰，双唇动了动，努力要说什么的样子。

“文婷，你想说什么呀？你说吧！”傅家杰攥住她的手哀求道。

她终于说话了：

“给园园……，买一双白球鞋……”

“我明天就去买。”他答道，泪水不由自主地滴了下来，他忙用手背擦去。

她望着他，还想说什么的样子。半天，才又说出几个字来：

“给佳佳扎、扎小辫儿……”

“我，给她扎！”傅家杰吞泣着。他透过泪水模糊的眼望着妻子，希望她把想说的话都说出来。可是，她闭上嘴，她像已经用尽了力气，再也不开口了。

(二)轻重音

我们在说话或朗读时，对语句中的每个词不是平均用力，有的用力较大，念得较重；有的用力较小，念得较轻。念得较重的叫重音，念得较轻的叫轻音，不轻不重的叫中音(或次重音)。

在朗读中，能否把握好轻重音，对作品思想内容和感情的表达影响很大。有的人朗读效果不好，就是因为没有把握好重音。

重音可分为词重音和语句重音两大类。

1. 词重音

词的重音是指多音节词里重读的音节。这类重音，大都有比较固定的轻重格式，且有一定的规律。读错了，就让人感到别扭，甚至造成误解，所以，正确地掌握词重音对学好普通话和朗读都很重要。

词的重音可分为以下几种格式。

(1) 重轻式。

轻声的双音节词大都属于这种格式，如：

站着、算了、走过、好嘛、弟弟、妈妈、星星、坐坐、桌子、木头、屋里、山上、这边、拿来、出去、这个、消息、扫帚、钥匙、窗户、应付、招呼、清楚、关系、分量、胳膊、行李、动静、东西等。

(2) 轻重式。

双音节词的人名，带前缀的形容词、副词、动宾式、主谓式和大部分联合式、偏正式合成词，一般都是第一个音节读得较轻，第二个音节读得较重。如：

陈涉、吴广、第一、初三、高高、红红、司令、动员、丢脸、出席、缺德、民主、自动、性急、自愿、眼馋、上下、左右、开关、国旗、牙膏、冰凉、打倒、撤退等。

(3) 中轻重式。

三音节的人名、地名、音译词、尾部叠音的形容词，前正后偏的合成词等，一般第一个音节次重读，第二个音节轻读，第三个音节重读。如：

李自成、孙中山、杏花村、地中海、法兰西、暖烘烘、走不动、差不多、收拾完等。

(4) 中轻中重式。

四音节的专有名词(固定词组)和叠音的形容词、象声词等，一般第一、三音节次重读，第二音节轻读，第四音节重读。如：

清华大学、百货公司、罗马尼亚、高高兴兴、干干净净、稳稳当当、稀里哗啦、叮叮当当、嘻嘻哈哈等。

(5) 重轻中轻式。

这一格式，大都是双音节动词的重叠。如：

收拾收拾、打听打听、交代交代、指导指导、批评批评、商量商量等。

以上五种格式，只是就一般情况而言的，例外是难免的。如“道德、朋友、声音、忘记、黄瓜、绿豆”等词，在口语中一般读重轻式。像“跑起来”、“爬进去”等词读重轻式。这一些都需要朗读者注意。

此外还应注意，这里的“轻读”与普通话里的“轻声”不同：轻声是指有的音节在一定声音里失去原调，变成了一种既短又轻的调子。而轻读只是音量较小，并不一定失去原调。

2. 语句重音

语句重音是指句子中读得较重的词语，它往往是句子的重心所在。同一句话，由于读得重音不同，表达的意思也随之变化。如：

我知道你的秘密了。(别人可能不知道)

我知道你的秘密了。(不要再骗我了)

我知道你的秘密了。(不是别人的)

我知道你的秘密了。(这不算什么秘密)

由这个例子可以看出，重音不同，句子所蕴含的潜台词也不同，因此，在朗读时就应注意体会作者的原意是什么。

语句重音又可分为语法重音和逻辑重音。

(1) 语法重音。

语法重音是指用平常说话的音量按句法结构的特点读出来的重音。它不表示什么特殊的思想感情，所以也叫自然重音或句法重音。语法重音有一定的规律，且位置一般比较固定。如一般在语句中，谓语、中心语的修饰部分，疑问代词和指示代词都要重读。例如：

① 风停了，雨住了，太阳出来了。(谓语重读)

② 中国共产党是伟大光荣正确的党。(定语重读)

③ 我们一定要把敌人彻底、干净地消灭掉。(状语重读)

④ 他这个人简直坏透了。(补语重读)

(表示趋向的补语不重读，前边的动词重读。如“请你站起来”、“滚出去”等)

⑤ 什么事使你这样高兴。(疑问代词重读)

⑥ 他谁也不告诉。(指示代词重读)

另外，表示并列、选择、递进、转折、因果、条件、假设、目的等的词语常重读。在此不一一举例。

(2) 逻辑重音。

为了突出语意或表达某种思想感情而用强音量读出来的音叫逻辑重音，也叫“感情重音”或“强调重音”。这种重音没有固定的位置，它是根据表达的需要，由说话人的思想、感情、目的及特定的语境所决定的。一般说来，逻辑重音有以下几种作用。

一是突出话语重点，表示语音内容。例如：

小王到北京开会去了。(强调谁去了)

小王到北京开会去了。(强调到何处去了)

小王到北京开会去了。(强调干什么)

二是句中运用修辞手法的地方一般都重读。例如：

① 比喻重读。

重读的是喻体而不是本体。

a. 鱼像海军陆战队，已登陆好几天，肉像潜水艇士兵，会长期伏在水里。

(钱钟书《围城》)

b. 要论中国人，必须不被搽在表面的自欺欺人的脂粉所诓骗，却看看他的筋骨和脊梁。自信力的有无，状元宰相的文章是不足为据的，要自己去看地底下。

(鲁迅《中国人失掉自信力了吗》)

② 夸张重读。

a. 白发三千丈，缘愁似个长。

(李白《静夜思》)

b. 问君能有几多愁，恰似一江春水向东流。

(李煜《虞美人》)

③　并列重读。

我们自古以来，就有埋头苦干的人，有拼命硬干的人，有为民请命的人，有舍身求法的人……

（鲁迅《中国人失掉自信力了吗》）

④　反语重读。

也有解散辫子盘得平的，除下帽来，油光可鉴，宛如小姑娘的发髻一般，还要将脖子扭几扭，实在标致极了。

（鲁迅《藤野先生》）

⑤　双关重读。

空对着，山中高士晶莹雪，

终不忘，世外仙姝寂寞林。

（曹雪芹《红楼梦》）

这是双关重读，表面上是说冰雪的雪，树林的林，实际上是指薛宝钗和林黛玉，“薛”、“雪”音相似，“林”则音同字同。

⑥　仿词重读。

那几年？我不就改造成家庭妇男了吗？不信，你们问问文婷，我什么不干？什么不会？

（谌容《人到中年》）

三是表达某种强烈的感情。例如：

好个国民政府的“友邦人士”，是些什么东西！

别了，我爱的中国，我全心爱着的中国。

3. 表现重音的方法

(1)　加强音量和气势，使字音高亢、响亮、饱满、有力。加强音量，并不是大喊大叫，而应做到“音高要声轻，轻而不浮”。

(2)　适当延长音节的音长，使字音震撼人心，富于感染力。

(3)　重音轻读，控制声带，运用较强的呼吸，使气大于声，把重音轻轻地有力地读出来，使字音亲切、柔和、悦耳动听。

【课堂训练十】

体会下面诗歌中重音的表现方法。

我的“自白书”

陈　然

任脚下响着沉重的铁镣，

任你把皮鞭举得高高，

我不需要什么自白，

哪怕胸口对着带血的刺刀！

人，不能低下高贵的头，
只有怕死鬼才乞求“自由”；
毒刑拷打算得了什么！
死亡也无法叫我开口！

对着死亡我放声大笑，
魔鬼的宫殿在笑声中动摇；
这就是我——一个共产党员的自白，
高唱凯歌埋葬蒋家王朝！

(“·”为加强音量，“——”为拖长音节，“﹏﹏”为重音轻读)

【课堂训练十一】

朗读下面的诗，体会其中的逻辑重音。

时　间

沙　金

时间像调皮的精灵来去无踪，
看我们怎样驾驭，操纵？
一松手，它就从身边溜走，
紧握它，就像抓住飞驰骏马的马鬃。
它给我们满头的白发，
也能使我们返老还童。
它让幻想结成丰硕的果实，
也让丰满的硕果腐朽化脓。
时间，从不侍候那些“老爷”，
说空话的人，拖拉的作风。
你要玩弄它，它就把你玩弄。

(三)节奏

所谓节奏，是在朗读过程中所显示出来的轻重缓急、抑扬顿挫等声音形式的回环往复。

1. 节奏的类型

常见的节奏类型有：

(1) 紧张型——急促、紧张、气急、音短；

(2) 轻快型——多扬少抑，多轻少重，多连少停，轻快、欢畅；
(3) 高亢型——语调多扬，语流稍快，语势向高峰推进，语气高昂或爽朗；
(4) 低沉型——语势抑闷、沉重；语音缓慢，偏暗；
(5) 凝重型——多抑少扬，语音沉着、坚实、有力，语流平稳、凝重；
(6) 舒缓型——气长而稳，语音舒展自如。

2. 节奏的转换方法

常见的节奏转换方法主要有三种。

(1) 欲扬先抑，欲抑先扬；
(2) 欲慢先快，欲快先慢；
(3) 欲轻先重，欲重先轻。

需要强调的是，诗歌的节奏感格外强烈，尤其是格律诗，字句的多少，平仄的安排，韵脚的选用，都有严格的规定。所以朗读时必须遵循诗歌的节奏规律，读出与之合拍的节奏速度。

【课堂训练十二】

朗读下列作品，体会其节奏的类型。

囚　歌

叶　挺

为人进出的门紧锁着，
为狗爬出的洞敞开着。
一个声音高叫着——
爬出来吧，给你自由！
我渴望自由，
但我深深地知道——
人的身躯怎能从狗洞子里爬出！
我希望有一天，地下的烈火，
将我连这活棺材一齐烧掉，
我应该在烈火与热血中得到永生！

早春呈水部张十八员外二首(其一)

韩　愈

天街小雨润如酥，
草色遥看近却无。
最是一年春好处，
绝胜烟柳满皇都。

(四)语气

语气是口语表达时的口气。它是思想感情、词句篇章、语言形式三者的结合。在口语表达中，语气直接体现了口语表达者的思想感情、个性特点以及对问题的立场、观点和态度。

语气在句子中主要表现在句调上。这种句调主要是由声音的高低升降变化形成的，它贯穿于整个句子中，只是在句尾表现得特别明显。在朗读中，是否清楚明白，是否鲜活动听，语气是一个很重要的条件。如果一篇文章用一个腔调读下来，毫无变化，那么就显得平淡无味，再好的作品也令人昏昏欲睡了。

句调可分为四种：平直调、高升调、曲折调和低降调。

1. 平直调

平直舒缓，整个句子没有显著的高低变化，句末音节拖长拉平。这种句子大都是说明意见、叙述事实的陈述句，多用来表示庄重、严肃、思索、冷淡、厌恶等感情。如：

攀登科学高峰是没有什么捷径可走的。(严肃)

我家的后面有一个很大的花园，相传叫百草园。(叙述)

你说的这些跟我没关系。(冷淡)

2. 高升调

前低后高，整个句子后半句明显升高，句末音节上昂。这种句子大都是疑问句，短促的命令句，或是表示号召、鼓动、呼唤、惊讶、愤怒、紧张、警告，或是出乎意料等语气情调。说这种句子时，人们的情绪往往是紧张的，所以声音也就随着心理的紧张而升高。如：

周总理，你在哪里？↗

(柯岩《周总理，你在哪里》)

门板刚刚抬出病囚房，一阵急雨似的声音，猛然激荡在黑暗的监狱的屋顶，激荡在整个监狱的夜空：

打倒反动的国民党！↗
中国共产党万岁！↗
共产主义是不可战胜的！↗
同志们，为我们报仇啊！↗

(杨沫《青春之歌》)

3. 曲折调

在表示讽刺、讥笑、诙谐、不满、双关、踌躇或心情比较特殊的情况下，语调大都有曲折变化，呈波浪形。根据句子的不同内容有时表现为首尾低、中间高；有时表现为首尾高、中间低；有时表现为由低到高，再由高到低，又由低到高。曲折调的位置，有时在句尾，有时在句首或句中。如：

但段政府就有令，说他们是“暴徒”！↗但接着就有流言，说她们是受人利用的。↗

惨象，已使我目不忍视了；流言，尤使我耳不忍闻。我还有什么话可说呢？↗

(鲁迅《记念刘和珍君》)

说什么“桃↗色事件”，说什么共产党↗杀共产党。↗无耻啊！无耻啊！

(闻一多《最后一次的讲演》)

4. 低降调

先高后低，不是明显急剧下滑，而是逐渐降低，句末音节念得短而低，多用来表示肯定、坚定、自信、赞叹、请求、祝愿或心情沉重等语气。如：

革命烈士永垂不朽！↘

真是太漂亮了！↘

快给我吧！↘

以上是句子的四种基本调式。在朗读中，要想取得好的表达效果，必须考虑场合、对象、时机等因素，灵活恰当地运用。

附带说明一下标点表语气的情况。朗读时，在读完一句之前就要注意句末标点，以便根据各种不同的标点而作不同的处理。例如：

句号——语音降低。

问号——语音升高。

感叹号——语音降低而沉着有力。

冒号——语音稍降而含有期待的口气。

逗号——语音稍升。

引号——有时可在前面加读“所谓”二字。

括号——括号内文字不读，或读得低而稍快。

破折号——有时在读后面文字之前要作较长停顿。

省略号——有时读为“等”或“等等”，有时拖长语音。

书名号——把书名读得重一点儿慢一点儿。

着重号——用比较缓慢和特别加重的口气读。

隐讳号(也有人叫虚缺号)——“××”有时读为“某某”，有时读为“若干”。

【课堂训练十三】

朗读下列一段诗歌，注意句调的表达。

为什么有人
不许我们缅怀你伟大的一生？
为什么有人
不许我们赞颂你不朽的业绩？
但此刻，
长街静穆，万民伫立，
一颗心——一片翻腾的大海，
一双眼——一道冲决的大堤。
多少人喊着你，
扑向灵车；
多少人跑向你，
献上花束，表达由衷的敬意；

多少人想牵动你的衣襟，
把你唤醒；
多少人想和你攀谈
知心的话题……

(李瑛《一月的哀思》)

【课堂训练十四】

朗读下面的作品，体会人物语言和把握好朗读的语气。

上将与下士

刘云喜译

乔治·华盛顿是美利坚合众国的第一任总统。就是他领导美国人民为了自由、为了独立浴血奋战，赶走了统治者。

乔治·华盛顿是个伟人，但并非后来人所想象的，他专做伟大的事，把不伟大的事都留给不伟大的人去做。实际上，他若在你面前，你会觉得他普通得就和你一样，一样的诚实、一样的热情、一样的与人与善。

有一天，他身穿没膝的大衣，独自一人走出营房。他所遇到的士兵，没一个人认出他。在一处，他看到一个下士领着手下的士兵筑街垒。

“加把劲！”那个下士对抬着巨大水泥块的士兵们喊道：“一、二，加把劲！”但是，那下士自己的双手连石块都不碰一下。因为石块很重，士兵们一直没能把它放到位置上。下士又喊：“一、二，加把劲！”但是士兵们还是不能把石块放到位置上。他们的力气几乎用尽，石块就要滚落下来。

这时，华盛顿已经疾步跑到跟前，用他强劲的臂膀，顶住石块。这一援助很及时，石块终于放到了位置上。士兵们转过身，拥抱华盛顿，表示感谢。

“你为什么光喊加把劲而让自己的手放在衣袋里呢？”华盛顿问那下士。

“你问我？难道你看不出我是这里的下士吗？”

“哦，这倒是真的！”华盛顿说着，解开大衣纽扣，向这位鼻孔朝天，背绞双手的下士露出他的军服。“按衣服看，我是上将。不过，下次再抬重东西时，你就叫上我！”

你可以想象，那位下士看到站在自己面前的华盛顿本人，是多么羞愧，但至此他也才真正懂得：伟大的人之所以伟大，就在于他决不做逼人尊重的人所做出的那种倒人胃口的蠢事。

(《青年文摘》1993年第2期)

(五)语速

所谓语速，指的是朗读时吐字发音的和缓与急迫，也就是说话的快与慢。语速的缓急是表情达意的又一重要手段，一般说来，它与语言的内在节奏是一致的。

语速的快慢是相对的，一般可分为快速、中速、慢速三种。

1. 快速

表现紧张的场面、动作或心理活动及表现机警、活泼、热情、质问、争辩、斥责、叫喊、惊惧、愤怒等的句子，一般用快速。如：

鲁侍萍：我前几天还见着她！

周朴园：什么？她就在这儿？此地？

……

鲁侍萍：老爷，您想见一见她么？

周朴园(连忙)：不，不，不用。

（曹禺《雷雨》）

上例中周朴园的话都应快读。第一句表现了周朴园惊异的心情，因为他认为鲁侍萍早已死了。因此，在朗读这句话时，速度就比较快，三个问句之间连接比较紧密。第二句话表现了周朴园内心的紧张，他连忙拒绝，因此，三个“不”之间没有停顿且语速很快。

2. 中速

一般性的叙述、说明、议论或心情比较平静，感情没有多大变化的句子，用中速。如：

在首都北京的中心，有一座城中之城，这就是举世闻名的紫禁城。现在人们叫它故宫。紫禁城是明朝和清朝两代的皇宫，是我国现存的最大最完整的古代宫殿建筑群，有五百多年的历史了。

这是一段说明文，是对我国故宫博物院的介绍，不带有明显的感情色彩，宜用中速。

3. 慢速

表现幽静、肃穆的环境，稳定平静的场面、动作或心理活动，沉重、悲痛、悼念、悲伤、沉郁的心情或闲谈、絮语、暗示、嘲讽等，一般用慢速。如：

周总理啊，周总理，全国人民都在哀悼您，都在呼唤您，都在想念您。八亿双眼睛都想看一看您，八亿颗心哪，都在为您哭泣。人们手捧讣告热泪流，千言万语涌上心头，哀思无处难以诉说。

（《敬爱的周恩来总理永垂不朽》解说词）

这段解说词，是以极其沉痛的心情写出来的，充满了对周总理的悼念之情，表达了全国人民深切的悲痛，读起来要用慢速。但慢中有慢，读“全国人民都在哀悼您，都在呼唤您，都在想念您”时，应一个分句比一个分句慢。读“八亿双眼睛都想看一看您，八亿颗心哪，都在为您哭泣”时，也是越读越慢。这样，就给人一种沉痛的压抑感，表达了人民对总理的深切思念。

【课堂训练十五】

朗读下文，根据内容需要恰当处理好语速及其变换。

她的一双小手几乎冻僵了。呵，哪怕一根小小的火柴，对她也是有好处的！她敢从成把的火柴里抽出一根来，在墙上擦了，来暖和暖和她的小手吗？她终于抽出来了一根！火柴燃起来了，冒出火来了！她把小手拢在火焰上。多么温暖多么明亮的火焰啊，简直像一支小小的蜡烛。这是一道奇异的火光！小女孩觉得自己好像坐在一个大火炉前面，大火炉装着闪亮的铜脚和铜把手，火烧得旺旺的，暖融融的，多么舒服啊！唉，怎么回事呢？她刚把脚伸出去，想让脚也暖和一下，火柴灭了，火炉不见了。她坐在那儿，手里只有一根烧过了的火柴梗。

(安徒生《卖火柴的小女孩》)

【课堂训练十六】

朗读高尔基的《海燕》，体会语速的变化。

【思考练习题】

1. 名词解释

(1) 停连　(2) 重音　(3) 节奏　(5) 语气

2. 什么是朗读？朗读有什么特点？

3. 朗读的要求有哪些？

4. 运用停连轻重的技巧朗读下面的作品。

骄傲的孔雀

孔雀很美丽，可是很骄傲。只要看到谁长得漂亮，它就抖动羽毛，展开尾巴，炫耀自己的美丽。

有一天，孔雀昂着头，挺着胸脯，拖着美丽的长尾巴，沿着湖边散步。树上的花喜鹊很礼貌地向它点头问好，它理也不理。

忽然，孔雀发现湖里有一只鸟，跟它一模一样，十分漂亮。它立刻停住脚步，展开尾巴。那美丽的尾巴抖动着，像一把五彩洒金的大扇子。谁知湖里的那只鸟也停住脚步，展开尾巴。那美丽的尾巴也抖动着，像一把五彩洒金的大扇子。

骄傲的孔雀有点生气了，它睁大了圆圆的眼睛，抖了抖头上的翎毛。湖里的那只鸟也睁大了圆圆的眼睛，抖了抖头上的翎毛。骄傲的孔雀可真生气了。它昂着头，挺着胸脯，向前迈了一大步，没想到一下子跌进湖里去了。

孔雀不会游泳，它在湖里挣扎了半天，好容易抓住了一个树根，爬上岸来。它回头朝湖里看看，这回可高兴了。湖里的那只鸟，浑身湿淋淋的，还在发抖呢！

树上的花喜鹊格格地笑起来。孔雀看了花喜鹊一眼，不高兴地说："丑喜鹊，你笑什么！"花喜鹊拍拍翅膀，说："骄傲的孔雀，湖里的那只鸟就是你自己的影子啊！你骄傲得连自己也看不起了！"

5. 朗读下面的三首诗，体会其中的感情、意境，分析用韵情况。

乡　愁

余光中

小时候，
乡愁是一枚小小的邮票，

我在这头，
母亲在那头。

长大后，
乡愁是一张窄窄的船票，
我在这头，
新娘在那头。

后来呵，
乡愁是一方矮矮的坟墓，
我在外头，
母亲呵在里头。

而现在，
乡愁是一湾浅浅的海峡，
我在这头，
大陆在那头。

再别康桥

徐志摩

轻轻的我走了，
正如我轻轻的来；
我轻轻的招手，
作别西天的云彩。

那河畔的金柳
是夕阳中的新娘；
波光里的艳影，
在我的心头荡漾。

软泥上的青荇，
油油的在水底招摇；
在康河的柔波里，
我甘心做一条水草！

那树荫下的一潭，
不是清泉，是天上虹；
揉碎在浮藻间，

沉淀着彩虹似的梦。

寻梦？撑一支长篙，
向青草更青处漫溯；
满载一船星辉，
在星辉斑斓里放歌。

但我不能放歌，
悄悄是别离的笙箫；
夏虫也为我沉默，
沉默是今晚的康桥！

悄悄的我走了，
正如我悄悄的来；
我挥一挥衣袖，
不带走一片云彩。

沙 扬 娜 拉

——赠日本女郎

徐志摩

最是那一低头的温柔，
像一朵水莲花不胜凉风的娇羞，
道一声珍重，道一声珍重，
那一声珍重里有甜蜜的忧愁——
沙扬娜拉！

6. 听《守财奴》(高中教材第三册)录音后，练习朗读，注意区分人物的语调语气。
7. 听《雷雨》(高中教材第五册)录音，练习朗读，掌握好节奏和语速。
8. 运用朗读技巧，选择一篇优美的散文或故事，朗读给同学听。

演　　讲

一、演讲的特点

演讲包括“讲”和“演”两个方面。“讲”是指在各种场合的发言、致词等；“演”是在“讲”中借助姿态、手势等增强表达效果的手段。演讲以讲为主，演为辅。

演讲可以用来交流思想和感情，表达见解主张，也可以用来介绍情况、传播知识，它具有宣传、教育的作用。随着社会的发展，人们的社会活动日益频繁，某些文字表达要被“说”所取代，对听说能力的要求将愈来愈高。因此，练习演讲，提高口头表达能力，对于我们的工作、生活、交际都具有十分重要的意义。

演讲的特点如下。

(一)社会性

演讲是一种社会活动，它不是个人的自言自语，而是面对一定的听众进行的。演讲的内容受到社会的制约，它必须反映千百万群众所关心的问题，反映群众所熟悉的情况和应该被群众所知道的事物。

范例一

1999 年 5 月 8 日凌晨，以美国为首的北约竟然违背国际法准则，悍然用 5 枚导弹轰炸我驻南斯拉夫大使馆。事件发生后，在一次以爱国颂为主题的演讲比赛中，一位发言者在开头这样点明他演讲的中心，这一全世界人民所关心的话题：“高山怒吼，大海咆哮！日月呜咽，天地同悲！以美国为首的北约轰炸我驻南大使馆，造成了 3 人死亡，20 多人受伤的严重后果，这不仅撕下了他们维护世界和平的面纱，并且在世界人民面前暴露了他们刽子手的本质。……”

(二)有声性

演讲是通过有声语言来传情达意的，因此，演讲的用语一般要“上口入耳”。所谓“上口”，就是演讲时要像平常说话那样亲切自然。所谓“入耳”，就是叫人听起来没有障碍，如同听平常说话一样。

演讲“上口入耳”，并不是单纯的技巧问题，而是和思想内容密切相关的。说得顺口，意思也必须清楚。要做到：话说在口里，出在心里；意思传到听众耳里，印在心里。因此，演讲除了注意语言的材料和形式外，还要注意思想感情的表达，以便发挥演讲的有声性这一特点。

范例二

不愿从师者会理直气壮地问：“教师能攀登哥德巴赫猜想的高峰吗？教师能指挥千军万马驰骋疆场吗？教师能写出名垂千古的经典名著吗？教师能通过劳动戴上百万元户的桂冠吗？”多么美丽而富有吸引力的排比！但是非常遗憾，我只能说：“这些都不能！教师只能是挂着一身粉笔灰，安于贫穷，甘于默默无闻，乐于兢兢业业，做一块托起摩天大厦的基石！曾经有一位中学教师充满感情地说：“教师职业是神圣的，这神圣就在于甘愿吃亏！(停顿)做教师的有许多人不怕累和苦，也不眼红钱财，但唯有一条，他们死活也摆脱不了的，那就是对学生的爱——为了学生，四大皆空。”

(三)鼓动性

演讲往往具有一种迫切性，所以言辞应具有很强的鼓动力量。我们的演讲如果能使人流泪，使人怒吼，使人振奋，则必须在演讲中选择最容易使人情绪变化的例子，简要明了地概括出它的实质，指出与听众的利害关系。在修辞上，比较多地使用反复、排比、反问等修辞方法和祈使句式，来增强鼓动性和现场效果。

范例三

家乡的孩子正在等待着我们，等待着我们带着知识回到他们身边，等待我们使他们的身边开满幸福的花朵！因此步入师院，我们应该感到既走对了路又入正了门，做一个师范生光荣，戴着师范学院的校徽自豪！(热烈的掌声)

作为教师，我们的生命将在一批又一批的学生身上延续，我们的青春将在一代又一代青年身上发光！从这一点来说，我们的价值是无穷大！(热烈的掌声)有人把当代大学生的路归结为三条：第一条是“黑”路(攻读博士)；第二条是“红”路(当干部)；第三条是“黄路”(经商捞实惠)！这几条路似乎都不是我们师范生走的路，然而我要说：我们走的是通往未来的绿色的路！我们肩负着培养下一代的重任，我们走的是希望之路！(掌声)

(四)临场性

讲是面对听众发表讲话。既是“面对”，就有一定的场合，演讲者的讲话就不能不顾及临场的情况。所以，一般在演讲前，都要先对将来演讲的情景作一番设想，或者当听众对演讲的内容作出某些反应时，演讲人要根据这些反应来调整自己的演讲。

范例四

四川省青年“五四”演讲比赛，《请看，我们头顶的月亮》的作者获一等奖。该作者发言时才发现，他前一个发言者的开头和他准备的开头一样，他再照准备的开头讲是无味的，于是他“临场”发挥，灵机一动改用如下的开头：“各位同胞：1995 年上海某单位派遣了一个考察团浩浩荡荡奔赴法国，其主要使命，是考察法国的豆腐生产。难道他们不知道豆腐——大豆为原料的豆腐，乃是我们的国粹？无独有偶，次年 5 月，就在我们的豆腐考察团千里迢迢取回‘豆腐真经’的那个塞纳河畔，同样有一个考察团来到我们这个东方古国，其中一项重要任务，竟然是考察具有 1700 多年制作历史的中国豆腐！”演讲者以这个故事引出自己演讲的主题“抛弃盲目崇洋心态，树立民族自尊心和自信心”。

【课堂训练一】

演讲的成功，首要因素是选择一个热门话题，也就是群众最关心最感兴趣的话题。如果现在让你参加演讲，你认为当前的热门话题有哪些？

【课堂训练二】

假设你参加一次以歌颂祖国为主题的演讲比赛，你认为登台后演讲前应有些什么心理准备？

【课堂训练三】

假设你在演讲过程中，有人给你递条子，你将怎么办？接还是不接？如果接后看还是不看？如果看后，回答还是不回答？如果回答应怎样回答？

二、演讲稿的写作

演讲稿一般分为开头、主体、结尾三部分。现分别加以说明。

(一)开头

开头也叫开场白。或开门见山，或交代背景，或从生活中的事例或切身体会入题，或用设问激发听众思考，或引用名言警句来点出讲话的内容……但都要从有利于沟通与听众的思想感情，吸引听众的注意力去考虑，使听众能顺利听下去。

范例五

邵守义同志说："严肃认真的演讲者，总是认真地对待演讲的开头，无论是一个出乎寻常的举动，发出几声感叹，或是几句简短的开场白，都力图和听众的心挨得近些，扣动其心弦，使其感到演讲者可亲、可敬、可爱。"

怎样使你的演讲一下子就能扣住听众的心弦呢？根据演讲时间、地点、听众、讲题的不同，开场白的写作方式是多种多样的，归纳起来，大致有以下几种。

1. 提问式开场白

提问式开场白，也叫"问题引路"。演讲者一上台便向听众提出一个问题，请听众和自己一道思考。这样，可以立即引起听众的注意，使他们一边迅速思考，一边留神听。这不仅有利于集中听众的思想，而且有利于控场。同时，听众带着问题听讲，将大大增加他们对演讲内容认识的深度和广度。

范例六

上海幼儿师范学校教师戴晓雪，在一次演讲中就采用了这种开场白："同志们，首先允许我冒昧地提个问题：'在座的各位都讲真话吗'？"此问让人为之一震，也中正题，取得了良好的效果。

【课堂训练四】

请同学们以提问式开场白写一段演讲稿的开头。

2. 悬念式开场白

悬念式开场白也叫"故事式开场白"。即开头写一个生动精彩、情节扣人心弦的小故事；或举一个触目惊心的事实来制造悬念，使听众对故事发展和人物命运深表关切，从而仔细听下去。

范例七

李燕杰同志的演讲《爱情与美》是这样开头的："前年 4 月，北京一家公司的团委书记要我去作报告，我因教学紧张推脱不去。这个团委书记恳切地说：'李老师，你一定要去，我们这次是请你去救命。'我很纳闷……"这么一开头，听众也会纳闷了：到底发生了什么事，非他去不可？这样开场，吸引力极强。

【课堂训练五】

请同学们以悬念式开场白写一段演讲稿的开头。

3. 套近乎式开场白

演讲者根据听众的社会阅历、兴趣爱好、思想感情等方面的特点，描述自己的一般生活经历或学习、工作中遇到的问题，甚至写自己的烦恼、自己的喜乐。这样容易给听众一种亲切感，他们会自然而然地把你当成“自家人”而乐于听你的演讲。

范例八

北京航空学院的项金红同志，一次应邀到某体育学院给新生讲慰问云南边防部队的观感。一开始，他就介绍了自己学生时代曾是学院田径代表队的队员，使听众觉得他也是同行，有共同语言。双方的感情距离一下子拉近了。

【课堂训练六】

请同学们以“套近乎”式开场白写一段演讲稿的开头。

4. 赞扬式开头

人们一般都有爱听赞扬性语言的心理，“说几句让听众感到舒服的话能收到奇功异效”(法国作家雷曼麦语)。演讲者在开场说几句赞扬性的话，可尽快缩短与听众的感情距离。运用这种技巧，会使演讲者受益匪浅。

范例九

1996 年 11 月，蔡顺华同志应家乡宜城县团委的邀请，为家乡一千多名青年作了题为《在改革大潮中创造有价值的人生》的演讲。开场白幽默且充满赞美之情：“曾经有人问我：你最喜欢哪首歌？我脱口回答：《回娘家》！是的，宜城是我的娘家，是我母亲的土地。我热爱宜城，赞美宜城，也许首先是因为我们宜城人外表美。古代宜城有个大文学家叫宋玉的写道：‘天下之美者在楚国，楚国之美者在臣里，臣里之美者为臣东邻之女。臣东邻之女，增之一分则太高，减之一分则太矮，施朱则太赤，著粉则太白。’宋玉说天下最美的人在楚国，楚国最美的人在宜城，宜城最美的人是我家东边隔壁的那位姑娘啊。增加一分就太高了，也就是说她不能穿高跟鞋了(听众大笑)，减少一分又太矮了，抹点胭脂太红了，擦点粉又太白了。各位老乡，你们说我们宜城人美不美啊？”(热烈鼓掌)

【课堂训练七】

请同学们以赞扬式开场白写一段演讲稿的开头。

5. 新闻式开场白

新闻式开场白，即一开讲就发布一条引人注目的新闻，以引起全场听众的高度重视。

范例十

《人生的航线》这篇演讲的开头：“在 4 月 22 日上午，一架飞机越过了台湾海峡。那是他，李大维，驾机起义，飞向祖国大陆。可是，时间仅隔了 13 天，却有歹徒劫持中国民航飞机，强使其改变航向。蓝色的天空中，划出两道方向不同的航线。我突然觉得，这航线不正是人生的航线吗？”

在短短 13 天内发生的两起事件，当时不仅在国内，而且在国际上都是引人注目的重大新闻，听众自然急切地想听演讲者究竟怎样评价它。

但运用这种方式开场要注意两点：一是新闻必须真实可靠，切不可故弄玄虚。否则，愚弄听众只会引起反感。二是事件要新，不能用早已过时的“旧闻”充当新闻。

【课堂训练八】

请同学们以新闻式开场白写一段演讲稿的开头。

6. 道具式开场白

道具式开场白，也叫实物式开场白。即开讲之前先展示某种实物，给听众以新鲜、形象的感觉，引起他们的注意，能够一下子抓住听众的注意力，收到意想不到的效果。

范例十一

《做教育改革的弄潮儿》的演讲，演讲者一上讲台，就先展示出齐白石的名画《雏鸡》。当听众的目光全被吸引过去之后，演讲者才开口：“请看，在这幅一米之长、一尺多宽的画面上，齐白石先生只画了三只黑茸茸、憨乎乎的小鸡，其余皆为空白。这些空白，给我们留下了无限广阔的想象和再创造的天地。看到了这幅画，你是否感到了春天的无限生命力呢？”

【课堂训练九】

请同学们以道具式开场白写一段演讲稿的开头。

7. 渲染式开场白

运用形象的、充满感情的语言开头，创造适宜的环境气氛，调动起听众相应的感情，进而吸引听众。

范例十二

恩格斯《在马克思墓前的讲话》的开头：“3 月 14 日下午两点三刻，当代最伟大的思想家停止思想了。让他一个人留在房里还不到两分钟，等我们再进去的时候，便发现他在安乐椅上安静地睡着了——但已经是永远地睡着了。”

这个开场白，只用了短短的两句话，便把听众引进了一个庄严、肃穆、沉痛的气氛中，激发了人们对革命导师的敬仰、悼念之情，有利于听众接受演讲者在正文中所欲展开的论述。

当然，上述七种方法只是相对区分开来的，在写作中，有时可同时运用其中的两种方法。如赞美式与“套近乎”式，悬念式与新闻式，就往往同时并用。

古人说，文有文法，然文无定法。诚如邵守义同志所说的：“讲究演讲的开头是重要的……但又是无定局，无公式的，全在演讲者根据情况灵活的安排。”

【课堂训练十】

请同学们以渲染式开场白写一段演讲稿的开头。

(二)主体

主体部分是演讲稿的主要内容，是“躯干”。它的作用在于就开头部分提出的问题或观点进行论证和分析。它的任务在于解决问题，阐明观点，说服教育听众。这一部分的写作，要求条理清楚，意思明白，合乎情理，既有严密的逻辑性，又要变化有序，生动感人。可以作有条理的安排，或用并列式：即对演讲中心所谈及的几个主要方面分别进行论述，从不同的角度来阐明中心；或用层层递进式：即根据分析问题时逻辑思维的自然顺序，采用由此及彼，一步跟一步，一步深一步进行的方法；或按照事物发展的顺序及人们认识的过程来引导听众深入地认清观点，并给听众一个鲜明的概念。当然，也可以兼用上述几种方法来安排。

主体部分的安排，除了条理清楚之外，还要做到“曲”。有句话说得好：“文似看山不喜平。”演讲也贵有悬念，以保持听众的心理兴奋，但这种兴奋也不宜“飞流直下”，“一贯到底”，它必须以波状曲线的形式向前发展。在未达到最高潮以前，一定要在各段中造成一个接一个的小高潮，以起伏不定的情感曲线，使听众处于有张有弛的心理节奏中，从而有效地保持心理的兴奋。

一篇演讲稿，往往是叙述、议论、抒情等不同成分的有机组合。要使演讲稿有波澜起伏，乃至达到“曲径通幽”的效果，就必须根据内容和思想发展，前后予以统筹调整，做到层次分明，逐层深入，衔接自然平滑，节奏张弛有致，以保持能不断地给听众清晰新鲜的刺激。

那么，如何使演讲稿“曲”呢？这就要从结构上下功夫。主体部分的结构主要有以下几种情形。

1. 高峰突起式

我们经常看到风平浪静的大海、宽阔的水面一波又一波的荡漾，但碰到岸边巨大的礁石，却突然溅起几丈高的雪浪花，那情景会使人惊讶不已。有的演讲，也有这种感觉。开始部分，从内容到演讲者的表情，都是平静的、舒缓的，以静雅之美感染听众。但到中间部分，却雷霆万钧，风涛劈岸，以壮烈之美征服听众。对此我们称之为高峰突起式的结构艺术。这固然与演讲者临场的发挥有密切关系，但演讲稿的内容组织安排却是一个基础，没有这一基础，演讲者故作声情也不会收到好的效果。

范例十三

《再朝前走一步》就属此种形式。开始从孩子学走路谈起，摔倒了，父亲鼓励他爬起来再朝前走一步。由此联想到现实生活中的现象。有的学生连考三年而未被录取，他泄气了，退却了，没有再朝前走一步；有一失足青年，一度重新踏上了新生活，但没能再朝前走一步，终于又落入罪恶泥坑……这些令人深思与惋惜的事实，演讲时，感情必须是沉郁的。接着作者叙述了中国女排在东京夺魁战关键的第五局打到 14:15，日本队领先的事实，将演讲内容推向高峰：

“这时，女排姑娘们已经精疲力竭了。陈招娣曾经救起了多少险球，为了祖国的荣誉，她咬紧牙关，再垫起一个险球；孙晋芳已经传出了多个好球，为了尝尝世界冠军的滋味，她不顾腰伤，又传出了一个好球；郎平，七场比赛中已经抡臂扣杀了几百次，为了

'三大球'首次冲向世界，再一记，又一记重扣，终于连夺三分！在雄壮的国歌声中，她们登上了高高的冠军领奖台。"

这一内容，且不必推想临场听众会受到多大震撼，我们现在看了这段文字，心也会为之战栗了！高峰突起式的结构艺术，即便是听众受到短时间的震撼，也会由此联想、回味全篇的内容，留下完整的、深刻的印象。

2. 波浪起伏式

扬抑手法的运用，会造成波浪起伏的结构艺术形式。从演讲内容看，批评性的内容，属于抑；表扬性的内容，正面的内容，属于扬。一抑一扬，就是一波一折。一篇演讲稿若是几波几折，通篇看就形成波浪起伏的局势。

范例十四

《自信——女性崛起的灵光》就是运用了抑扬手法，内容起伏多变、跌宕多姿。

"女人是什么？"作者在讲述这个问题时，先是抑——女人的名字是弱者。在五千年历史的天平上，女人的分量轻如鸿毛，从来就是摆设和附庸。而后又是扬——列举了古代中外举世闻名的女英雄、女强人，在她们身上看到了女性自强、自立、自信的灿烂灵光。再之后又是抑——当今社会虽然消除了阻碍女性发展的社会制度，但封建社会给妇女造成的自轻自贱意识的罗网仍束缚着女性的发展。最后又是扬——列举当今的女科学家、女大学生、女演员、女教师、女演讲家的事实，说明当今社会女性正在崛起。这篇演讲稿通篇看，两抑两扬，造成波澜起伏的结构态势。

3. 层层剥笋式

笋的表层是粗糙的，愈向里层愈精细白嫩，以此比喻演讲的一种结构形式，即"层层剥笋式"。按照这种结构形式组织材料时，先从事实、现象谈起，然后分析事例、提示本质，挖掘根源、表明观点，步步逼近、层层深入，犹如进山览景，一步一步，渐入佳境。

范例十五

《"豆芽菜"的苦恼》采取了这种结构，收到了好的效果。"豆芽菜"是个比喻，是说当代的独生子女被父母养着像豆芽菜那样纤细、柔弱，经不起风吹雨打。作者先描绘了自然界中豆芽菜的形象，进而联系到当今的中小学生就像豆芽菜，具体叙述了种种表现；又进一步阐述了其危害性，强烈地呼吁：

"我们希望爸爸妈妈不要给我们制造拐棍，不要给我们强行规定爱好和努力的框框，不要束缚我们的思想。大胆地让我们投身到大自然中去，投身到社会中去，去观察，去思考，去学习，辨别美丑，去接受一些实际的锻炼！"

这些呼吁是最后的，也就是这篇演讲的主旨。像层层剥笋一样，直到最后才显露出最佳部分。

以上三种结构形式，似可以看出结构中的一些规律，即清代明伦所论述的："文忌直，转则曲；文忌弱，转则健；文忌腐，转则新；文忌平，转则峭；文忌窘，转则宽；文忌散，转则聚"；"文忌浅，转则深；文忌涩，转则畅；文忌闷，转则醒。求转笔，于此文，思过半矣。"总之，在结构机制中，古人强调了一个"转"字。这是深谙结构艺术之精巧的。

从心理学角度看，也是必须讲究结构艺术的。听众并不可能始终保持集中的注意力，如果内容层次不断更新，结构上曲折多变，那么，就会不断激起听众第二次、第三次的注意力，使整篇演讲自始至终都能吸引听众。

(三)结尾

结尾，也是演讲稿的一个重要的不可缺少的部分。俗话说：“编筐编篓，难在收口。”演讲稿的结尾是不易写好的。它要求写得切实、清晰、干净利落、深刻有力，而不能拖泥带水、画蛇添足。

那么究竟怎样正确结束演讲呢？有人说，成功的演讲应像跌宕起伏的海浪，一个高潮接着一个高潮，当演讲结束时，这个高潮便达到了顶峰。这种说法并不夸张。每个演讲者在准备演讲的结束用语时，都应想到如何构筑一个“高潮”甚至“顶峰”的问题。

下面，介绍几种较恰当的结束演讲的方法。

1. 利用总结结束演讲

用总结概括结束演讲，这是最普遍使用的方法。演讲者要善于在演讲结束时简洁、扼要地对自己已阐述的思想进行总结，这有助于听众加深对这些思想的印象。

范例十六

美国独立战争初期，在北美弗吉尼亚州召开了关系美国命运的第二次大陆会议，在对英国殖民主义者是战还是和的关键问题上，年轻演讲员佩特瑞克·亨利审时度势，力排众议，发表了《诉诸武力》的著名演讲，痛斥保守派的和平幻想：“我们的兄弟们此刻已经开赴战场！我们岂可在这里袖手旁观，坐视不动！难道无限宝贵的生命、无限美妙的和平，最后只能以镣铐和奴役为代价来获取吗？全能的上帝啊，这事断断不可。我不知道其他人在这件事上有何高策，但是对我自己来说，不自由则毋宁死！”“不自由则毋宁死”，作者在结尾用这精练的一句话点明了演讲的宗旨，总结了这次演讲的思想内容。这一点睛之笔集中体现了亨利对自由的向往，对英殖民者的仇恨和为正义而献身的精神。

范例十七

《少点陶醉，多点反省》的结尾是：“让我们团结起来，根除陶醉，加强反省，埋头苦干，为建设一个民主、自由、富强的社会主义强国而努力工作吧！”

2. 利用赞颂或祝愿的话结束演讲

一般人都喜欢听赞颂的话，因此，相互间的赞颂成了人们交往的最好手段。而真诚的祝愿则易引发对方的情绪感应，从而产生情感传导的效果。用赞颂或祝愿的话结束演讲，是一个行之有效的方法。通过这些赞颂祝愿的话，会场的活跃气氛可达到一个新高潮；演讲者与听众的关系变得更融洽；演讲者的思想会给听众留下一个满意的印象。

范例十八

1937年“七七”事变后，蒋介石派其重要智囊蒋百里去谒见墨索里尼，谋求阻止意大利加入日德防共协定。可蒋到罗马多日，墨索里尼始终没有表示愿意接见蒋。蒋为完成使命，请中国大使馆以欢迎蒋的名义设宴，请意大利政坛要人参加。席间，蒋趁机发表了一篇热情洋溢的演说，赞美了罗马文明。最后他发出自己真诚的祝愿说：“国际上的友敌无情，唯中意关系，自有史以来，只有交好，从无敌意。愿一同起立，尽此一杯，为着国际外交政治中罕有珍贵的中意友好关系，继续共同努力！”(与宴人士全体举杯尽饮，掌声历久不止)这段结尾既有热烈的颂扬又有真挚的祝愿。宴会后的第二天，意大利外长便派员到我国大使馆索取蒋百里先生的演讲稿。演讲稿送去后不到三天，百里先生就收到了墨索里尼定期接见的请柬。

应注意，运用赞颂的话不能过分夸张和庸俗捧扬，否则有哗众取宠之嫌。

3. 利用名人的话或逸事结束演讲

两千多年前，亚里士多德就把权威看作是使人信服的三大手段之一，因此，恰当地运用权威或名人的话或逸事结束演讲也是个行之有效的方法。它可以把演讲推向一个新高潮，给演讲者的思想提供最有力的证明。

范例十九

1942 年初，美国处于日本偷袭珍珠港之后的困难时期，美国的自由、独立和安全受到严重威胁。美总统罗斯福在华盛顿诞辰纪念日向全国发表了关于战争进展的谈话。这次谈话的结束就引用了华盛顿当年激励将士经受考验、百折不挠、奋战取胜的话语：“在这危急中，只能打胜仗的军人和只能共欢乐的爱国者，才会在为国服役上退缩，所以，现在坚持下来的人是值得人们爱戴和感激的。专制制度像地狱一样是不容易战胜的；然而可自慰的是：‘牺牲越难忍受，胜利就越光荣。’这就是美国人在 1776 年说的话，这也是美国人今天说的话！”“牺牲越难忍受，胜利就越光荣”，华盛顿这一名言被罗斯福总统用来结束自己的演讲，其效果如同 18 世纪一样激起了 20 世纪 40 年代美国人民的爱国激情和热潮。

利用名人的话或逸事要有针对性，能深化自己演讲的主题。

4. 利用诗歌结束演讲

用诗歌结束演讲不仅使演讲显得典雅而富有魅力，而且听众听了也会产生清新和优美的感觉。演讲者可利用“现在，让我们共同欣赏×××的著名诗句……”等话加强、深化、总结自己的思想，结束自己的演讲。

范例二十

一位同学在毕业生联欢晚会上的演讲这样结尾：“为了表达我的心情，下面我给大家献上一支《等到明年这一天》的歌：‘只有离别时刻，才知时光短暂，纵有万语千言，难述心中留恋，今宵我的歌声，永远把你陪伴，明朝你的思念，也会把我挂牵。再见，再见，等到明年这一天。’”这位同学将自己对同窗和母校的依恋之情及希望和决心融进了这首歌中，也留在了大家心里，这比啰里啰唆表一通决心效果要好得多。

范例二十一

《让世界充满爱》的结尾：“请让我以一首富有情感的歌词结束我的演讲：‘再没有

心的沙漠，再没有爱的荒原，只要人人都献出一点爱，世界将会变得更加美好！’”

5. 利用幽默结束演讲

除某些庄重的演讲场合外，利用幽默(语言或动作都可以)结束演讲都是可取的。它为演讲增添欢声和笑语，使演讲更富趣味，并给听众留下一段愉快的回忆。这对听众加深对演讲者思想的印象是很有帮助的。

范例二十二

台湾著名的电视节目主持人，人称“光头谐星”的凌峰在 1990 年中央电视台春节联欢晚会上的即兴演讲就幽默诙谐，妙趣横生，赢得观众阵阵掌声和笑声。他的结尾也别具特色：“接下来按规矩我迎接挑战，带来一首歌曲，叫做《小丑》。在我的人生观看来，我认为每个人都在扮演着许多次的小丑，有的时候在孩子面前；有的时候在父母面前；有的时候在爱人面前；有的时候在领导面前。我呢，是在观众面前。给大家带来一首《小丑》——掌声有没有就无所谓了。”(笑声、掌声)

利用幽默时应自然、真实，绝不要矫揉造作、装腔作势。

6. 利用呼吁、号召结束演讲

利用呼吁、号召结束演讲，是许多有经验的演讲者在实践中总结出的有效方法之一。这种方法对一些“使人信”(相信)和“使人动”(行动)的演讲来说，效果尤为显著。演讲者通过对与听众有共同思想、共同愿望、共同利益和共同语言的某问题的阐述，使演讲达到一定高潮。然后，利用一些感情激昂、动人心弦的号召对听众的理智和情感进行呼吁，既能实现激励和感召听众的目的，又能使听众明了自己的行动方向。

范例二十三

演讲词《我们也有老的时候》痛斥了某些不孝子孙虐待老人的丑恶行径，最后向人们发出真切强烈的呼吁：“朋友们，我亲爱的同胞们！赡养和关怀老人是我们做儿女的应尽的义务，孝敬父母是最起码的人之常情。岁月悠悠，人生易老。我们都有老的时候。我诚恳地奉劝各位同胞：请把你的孝心献给父母！”这强烈的呼吁合情合理，怎能不激起听众的同感，引起他们的深思，怎能不让那些“不孝子孙”们扪心自问！

7. 利用动作结束演讲

演讲单靠言辞是不够的。在演讲中，演讲者的动作——无声语言是与听众交流思想的重要媒介之一，利用动作结束演讲是一种具有独特风格的方法。它可更加吸引听众的注意力，给听众留下深刻而永久的印象。

范例二十四

有位演讲者在结束自己的演讲时，他穿上外套，戴好帽子，拿起手套，而后诙谐地对听众说：“女士们，先生们，我已经结束了自己的演讲，你们呢？”他的出人意料的绝技立刻博得了全场听众的掌声。

8. 利用表决心、发誓言结束演讲

这种结尾，能充分表达演讲者鲜明的立场和不达目的誓不罢休的决心，从而有力地鼓舞广大听众向着既定的目标前进、战斗。

范例二十五

《新时代的流行色》是这样结尾的："青年朋友们，我们肩负着历史的重托。是千里马，就应嘶风长鸣；是龙种，就应冲腾起舞。当今的世界有着千变万化的流行色，我们要争当出头鸟，竞作弄潮儿，把我们的青春、热血、大智大勇，自觉投入到新时代的大熔炉里去，为中华的第三次腾飞发光发热吧！"

范例二十六

《在新生开学典礼大会上教师代表的发言》的结尾：

同学们，亲爱的同学们：

你如果是蜜蜂，我们甘当采蜜的花朵；

你如果是花朵呢，我们一定做好护花的绿叶；

你如果是幼苗，我们一定当好称职的园丁；

你如果是卫星，我们一定当好把你送上万里征程的火箭；

你如果是火箭呢，我们一定当好一名火箭兵，用我们瘦弱的肩膀，顶着你们踏上辉煌的前程。

新的学期开始了，你们从迈进中学长河走向大学校门，我们就做好你们过河的桥墩。

你们是学生，我们是……我们是……

我们是你们的知心人！

以上是几种结束演讲的具体方法。无疑，正确结束演讲的方法很多。世上没有一种适合于任何特殊情况的结束演讲的方法。每个演讲者都可以根据自己的特点和喜好，演讲的时间、地点、课题、听众等因素选择适合于"这次"演讲的结束方法。只要演讲者记住，你的结尾要恰到好处，不要把话说尽，应让听众有回味的余地即可。当然你还必须把握住这样一条原则：全部思想内容一经表达清楚，就一定要及时、利落地收场，且结束的方法一定要有效地为自己演讲的思想和目的服务。

(四)注意的问题与修改定稿

1. 注意的问题

除了以上结构、语言等方面的写作技巧之外，起草演讲稿还必须注意以下三个问题：

(1) 先动脑，后动笔。

动笔之前，要先仔细考虑一下每个层次、每个段落如何表达。譬如，如何开头，怎样结尾，先讲什么，后讲什么，什么地方详讲，什么地方略讲，什么重点讲，怎样突出重点，怎样过渡照应，怎样前后衔接等。总之，"先思而后行"，才能事半功倍。

(2) 前后呼应，一脉贯通。

在起草初稿的过程中，演讲者的思路要清晰，能把握要领，明了细目，使整个演讲稿不管在思想上还是在语脉上，都做到前后连贯，通篇顺畅。

(3) “趁热打铁”，一气呵成。

起草初稿时，先不要考虑修改的问题，而要轻松自然地写下去，最好能一气呵成。切忌写写停停，停停写写。

2. 修改定稿

修改，是写演讲稿的最后环节。人们常说：“善写不如善改。”从这个意义上说，一篇好的演讲稿是改出来的。

然而，修改并不是一件容易事。因为，我们在起草初稿时几乎是竭尽全力了。要修改就要“更上一层楼”。所以说，写难，改更难。

通常，修改要从如下几个方面入手。

(1) 主题思想、观点。

这是演讲稿的灵魂，是演讲成功的关键所在。所以修改时，首先要看看主题是否具有深度，是否具有普遍的指导意义等。

(2) 演讲稿的结构。

内容虽然决定形式，但形式的好坏，可以反过来影响内容的表达。所以要对演讲稿的结构进行一番检查。比如，看看通篇是否逻辑严密；层次是否清楚；各段衔接过渡是否自然畅通；开头和结尾是否简洁有力；是否互相照应，是否能引起听众的兴趣；等等。

(3) 材料和语言。

在演讲稿的修改过程中，要根据主题表达的需要，对材料的选择再作一次审定，该添的添，该删的删。在语言表达上，要着意推敲，潜心润色，努力使词语完备润美，做到像古人那样“语不惊人死不休”。

在演讲稿全部修改完之后，还要带感情地将讲稿读一遍，自己当自己的听众，看看自己是否被感动；听听有无生硬和不连贯的地方；有无易被听众听错或误解的地方。然后，再根据时间限制试讲一遍，看一下有无超出或不足限定时间的问题。最后，经过全面检查、修改，到自己认为比较满意时，就可以把演讲稿正式誉清定稿了。

【课堂训练十一】

请同学们写一篇以《千里之行，始于足下》为题的演讲稿。在写作时，要尽量结合前面学过的开头、主体、结尾的几种不同方法，选取最佳方法。

【课堂训练十二】

建议小组或班级、学校搞一次演讲比赛活动，以提高同学们演讲稿写作及演讲的水平。

三、临场演讲的技巧

演讲还可以分为备稿演讲和即席演讲两种。

备稿演讲是指在演讲前早已做好了各种准备的演讲，包括稿件准备、心理准备和演讲前的练习准备。即席演讲是指演讲者在正式演讲前几分钟最多十几分钟才得知演讲内容，稍做心理准备后即开始的演讲。这种形式的演讲难度大，要求较高。

其实，不管是哪种演讲，凡是成功的演讲，除了与演讲的内容、演讲者的素质、语言、仪表有关之外，还有技巧问题。现在将一般的演讲技巧略讲一下。

先说说备稿演讲和即席演讲共有的一些技巧。

(一)“蔑视”听众，增强自信

“蔑视”听众，并不是让你去“轻视”和“小看”听众，而是教你运用“心理战术”学会给自己“壮胆”，从而提高演讲的自信心。

自信，是一个人取得成功的起码条件，也是取得演讲成功的首要前提。心理学研究表明，一个人自信心的强弱，主要来自他对自身的认识和评价。他把客观事物的力量看得越小，那么他自身的力量就显得越大，他的自我认识和评价就越好，他征服客观事物的自信心也就越强。反之，他自身就感到渺小，在客观事物面前，就显示不出自身的力量。因此要提高演讲者对自身的评价，增强自信，就必须纠正他面对听众的畏惧态度。“精神胜利法”正可谓对症下药。其方法，在演讲前充分发掘和肯定自身的优势。准时、适度“贬低”听众水平，形成一种心理优势。“蔑视”听众的方法，在使用初期也会出现一些“副作用”：演讲者易给人一种居高临下的感觉。但随着“怯场”者自信心的增强，当他们不再为“怯场”所困扰，而把主要精力转移到演讲的方法和技巧上以后，上述“症状”便可很快得到消除。

(二)亮相得体

第一印象是演讲者在讲坛上给听众的最初印象，是听众认识演讲者的起点，具有最鲜明、最强烈、最牢固的特点。它会左右听众对演讲者一系列特性作出的解释。心理学指出，当人们获得了某人少量的信息资料后，就力图对他的大量特性作出判断，以形成一个统一的一致印象。听众也是如此，他们常根据对演讲者的第一印象来评判演讲者的品质和才学，并以这种判断、评估为衡量演讲的信度。听众如果满意演讲者的第一印象，就会考虑接受演讲的观点、立场。因此，演讲者上场时务必大方、自信，表现出充满信心的样子，上场后可先环视一下全场，而后开始演讲。缩手缩脚或忸怩作态，乃是上场亮相的大忌。

较好的亮相有以下几种。

1. 微笑型

在《庆祝建国五十周年》演讲大会上，一位演讲者面带笑容，满怀喜悦、自豪的心情，迈着轻盈的步伐走到演讲台上，接着用充满激情的目光环视了一下会场的四周，然后演讲开始。

这种亮相，以演讲者自身的喜悦情绪，首先感染影响了听众，有“未闻其人，先感其情”之效果。

2. 问候型

在《庆祝国际老人节》演讲大会上的一位青年演讲者，迈着矫健的步伐走到演讲台前，首先一个规规矩矩的立正，接着面向坐在台前的长者、领导，一个恭恭敬敬的九十度鞠躬。人未开口，一副温文尔雅，关心、敬重老人的形象立刻展示在众人面前，给演讲起到了铺垫作用。

3. 严肃型

在《愤怒声讨以美国为首的北约悍然轰炸我驻南使馆的滔天罪行》演讲大会上，发言者个人都是迈着雄壮有力的脚步，大踏步走到演讲台前，满面严肃、冷峻和愤怒。

(三)脱稿演讲

脱稿演讲是控场的基础，这既有利于增强听众对演讲者的信服感，也有助于演讲者与听众进行更好的面对面的交流。我们观察一下优秀的演讲家，他们演讲时无不是脱稿演讲的。脱离讲稿有助于自己表达感情，吸引听众的注意力。值得一提的是，所谓脱稿演讲并不是不用讲稿，甚至不做准备。讲稿此时是备用的，它起“提示”或道具的作用。

范例二十七

有一次陈毅在演讲时，台后边的同志看到他不时拿起个无字的稿子看，然后又接着演讲。会后有个同志不解地问陈毅，陈毅解释说，我不拿稿子怕别人说我不认真、不严肃，其实我是认真准备的。可见，对于优秀的演讲家来说，稿子甚至不起“提示”作用，它只不过是一种道具罢了。

范例二十八

闻一多1946年7月15日在李公朴公祭大会上的演讲:

“这几天，大家晓得，在昆明出现了历史上最卑鄙、最无耻的事情！李先生究竟犯了什么罪，竟遭如此毒手？……有什么理由拿出来讲啊！有事实拿出来说啊！(闻先生声音激动了)为什么要打要杀，而且又不敢光明正大地来打来杀，而偷偷摸摸地来暗杀！(鼓掌)这成什么话？(鼓掌)

“今天，这里有没有特务？你站出来！是好汉的你站出来！你出来讲！凭什么要杀死李先生！(厉声，热烈的鼓掌)杀死了人，又不敢承认，还要诬蔑人，说什么‘桃色事件’，……无耻啊！无耻啊！(热烈的鼓掌)”

这段话作者显然是虽有准备，却是完全脱稿而讲的。因而它的作用也特别大，像匕首、投枪一样，刺向中国民党反动派的心脏。

(四)动静结合

演讲者不仅要把目光、动作的变化作为表达感情的一种方式，而且要把它作为吸引听众注意力的重要手段。要以恰当的目光、潇洒的动作影响听众，使他们不出现分心的现象。一般来说，听众的注意力持续大约30～40分钟，如果你的演讲很乏味呆板的话，那么听众可能很快就厌倦了。相反，你的表情、动作非常有魅力，很吸引人，听众即使是听上两三个小时也会觉得太短了。因此如果一直目光游移不定，或动作过频，就会引起听众的不舒服感。

范例二十九

在演讲中把动静结合起来，列宁堪称典范。他静的时候，两眼凝视听众，嘴唇紧闭；他动的时候身子时而前俯，时面后仰；他的左手习惯地插在背心处，右手自然在挥动，做出优美有力的动作。时过多年，高尔基描述了他那迷人的艺术：“他动作轻巧而灵活，手势简洁而有力，与他那言语不多，但思维丰富的讲演完全相吻合。”

(五)变换节奏

演讲者应用抑扬顿挫的语调和疾缓快慢的不同速度进行演讲，重点之处可放慢速度，以便引起听众的重视。听众注意力分散时，可骤然提高音量或停顿一下，使听众感到新奇而不由自主地把转移了的注意力集中到演讲者身上。

范例三十

李燕杰在上海给青年作《美与心灵》的演讲时，首先用平缓的语气讲述了什么是美；美在不同时代的不同标准，又讲了雷锋生平一系列全心全意为人民服务的事迹，说明雷锋是心灵美的典范，这时听众似乎有点“烦”了。忽然，李燕杰话题一转，用严肃、激动的语言，高昂的声调，轻快的节奏说到了上海前几天发生的一件事。一个儿童落水，桥上近百人，当然不乏青年人都站在桥上，一边观看孩子在水中挣扎，一边尖声地说：“谁想入党，机会来了。”“谁出200元钱我去救人。”结果一个怀孕4个月的中年妇女，脱掉外套，跳入水中，救出了小孩。而有人却趁机偷了这位中年妇女外套里的钱。讲到这里，李燕杰气愤地说：“如果这位小偷在这里的话，你敢把钱包交出来吗？”结果全场群情顿时激愤，掌声雷动。

(六)设置悬念

在必要的地方设置悬念可以引发听众的好奇心，激起听众的情绪，调动听众的情绪。设置悬念应注意的问题是不能故弄玄虚，应精心选择既能扣住主题，又不为听众所共知的东西作为设置悬念的依托。同时，要选择在听众兴趣正浓之际戛然而止，使悬念最大限度地发挥其奇异功效。

范例三十一

有一次李燕杰同志在演讲时，看见大厅门口站着几个人，显然他们是想听听就走。李燕杰想，怎样才能把他们的兴趣调动起来呢？他随手举起一张照片，说：“看，这是我在外国和留学生的合影。”当时人们对国外留学生的生活还很神秘，都想看清是在什么背景下照的相，于是坐着的向前倾，站着的不由得向前迈了几步，大厅门口的几个人也很自然地进来了。可以说李燕杰是用了一张小照片设了个悬念，把听众吸引住的。

(七)巧妙穿插

一次精彩的演讲，常以几段巧妙的穿插给人留下至深的印象。

穿插有两点作用：①集中注意力。演讲注意力分散有两种情况，一是人们尚未进入“听你讲”的情境，这使演讲在一开始就处于不利的状态；二是你讲的东西太抽象，不易理解。这时运用穿插，可帮助你从多方面、多角度，生动而形象地表现你的主题。②增强吸引力。演讲者总是力求自己的演讲好上加好，总希望出现这样的场面：每个听众的表情都跟演讲的情境相吻合，而且演讲者不厌其烦地希望听到多多的掌声。听众能否做到这一点，取决于演讲者。没有固定的听众，只有不开窍的演讲家。

1. 幽默

幽默在演讲中有着重要作用。它可以帮助你消除面对听众时的紧张感；可以帮助你委婉地表达自己的意见；可以帮助你巧妙地解除窘境；可以帮助你善意地说服别人。演讲过程中使用幽默，能使你的演讲情趣盎然，引人入胜。

范例三十二

爱迪生在向公众讲述他小时候被列车管理员拽聋了耳朵时，不无幽默地说："我真得谢谢那位先生，他终于使我清静下来，不必堵着耳朵搞实验了。"

幽默不仅在一般演讲场合中得到广泛应用，而且在政治演讲场合中也开始广泛地应用起来。据说较早在政治场合中应用幽默方法的是林肯总统。他的枕边经常放着一本《哈罗笑话集》，他能熟练地把幽默恰如其分地应用于各种场合。

2. 名人警句

在演讲中穿插名人警句，不单是为了演讲辞的华丽，更重要的是为自己的议题提出权威性的依据，增强精神感召力。引用原文，要准备无误，更不要以讹传讹。

范例三十三

著名演员、毛泽东的扮演者古月，一次在山东某大学进行演讲。因为大家对毛泽东的深切怀念和古月惟妙惟肖的模拟讲话，使大家如痴如醉，激动万分。这时"毛泽东"即兴又朗诵了《菩萨蛮·黄鹤楼》词："茫茫九派流中国，沉沉一线穿南北，烟雨莽苍苍，龟蛇锁大河。"(原文应是龟蛇锁大江)最后一句，使大家一愣，然后意识到眼前的到底是古月，于是激动顿时全无，叹息不已，失望不已。

范例三十四

但丁说："走你的路，让别人去说吧。"莎士比亚说："走自己的路，让别人说去吧。"如果这两句话引用说明有误，将导致整个演讲的效果不佳。

3. 寓言典故

在相同的情况下，运用寓言典故是最有说服力的。

范例三十五

古人常用寓言来表述自己的观点。梁惠王问孟子："我对治理国家可谓费尽心机，考察一下邻国，没有一个君主像我这样对待百姓的，可是为什么邻国的百姓不见少，我的百姓不见多呢？"孟子说："大王喜爱战争，让我用战争作比喻吧。两军交战的时候，有两个士兵弃甲而逃，一个跑了五十步就停下来了，另一个跑了一百步才停下来，因为自己跑了五十步就笑话跑了一百步的人，对不对呢？"梁惠王说："不对，跑五十步只不过没跑一百步罢了，但这也是逃跑呀！"孟子说："如果大王懂得这个道理，那就不要希望你的百姓增加了。"孟子在这里批评梁惠王的意图已经很明显了，意即你梁惠王的"政绩"与别的国王没有多么大的差别，老百姓在哪里都是一样的。

古人成功的演讲范例，给我们提供了宝贵的经验。"引经据典"已成为我们论证的固定形式之一。

引经据典要注意以下三个问题。

(1) 由于“经”、“典”都是文言文，所以应尽量翻译成白话文。若是直接穿插文言文，听众自己还有个反省、暗译的过程，这样就会影响演讲的效果。

(2) 翻译应尽量保持直译。

(3) 抓住寓言和典故的核心，删除不必要的重复和陪衬，尽量使寓言、典故短小精悍，说明问题。

4. 道具

道具本来是戏剧中所需要的物品，但因为演讲也有“演”的性质，所以道具也被借鉴来了。

演讲中的道具具有自己的特点。

(1) 它是你身旁或身上的物品。

(2) 它是小的，容易拿取的。

演讲不需要大道具，也不需要花大精力去准备，它小而易取，让人看起来和谐自然，无做作之感。

范例三十六

卡耐基在一次关于劳伦斯的演说中，打开刚出版的《查泰莱夫人的情人》一书，里面有两张纸立刻燃烧起来，这是他从魔术师那里学到的方法。然后，他就合拢书说道：“大家已经看到，这本书的热情太高了，它差点引起火灾。”观众一通大笑。他这次演讲给大家留下了深刻的印象。

演讲中穿插小道具是为了增强听众的视觉效果，提高听众的注意力。为了达到这个目的，是需要动一番脑筋的。

范例三十七

卡耐基说他有一次参加演讲，台下乱哄哄的，他灵机一动说：“现在是七点钟，开始演讲。”他举起了一只手，伸出了七根手指头。听众一看，原来他的五个手指间夹着两支钢笔。

穿插道具应注意不要太大、太奇，以免分散听众的注意力。穿插是演讲的一个辅助手段，因而穿插不宜过多，以免造成累赘之感。

(八)随机应变

在通常情况下，除即兴演讲外，演讲者对听众对象、演讲场合事先都有一定的了解，对演讲的内容也都是经过精心准备的。但是及至临场，由于各种原因，演讲的场景如场内气氛、秩序，听众情绪、注意力等，常常是有变化的。这就需要演讲者善于随听众的情绪因势利导，依照演讲的情绪变化而随机应变，这样才能调整演讲内容，有效控场，收到事半功倍的效果。

范例三十八

有一年夏季，美国总统布什访问匈牙利，原准备在广场向群众作书面演讲。当他下飞机乘车来到广场时，雨下个不止，广场好像人的海洋，数千人在雨中等待欢迎他。轮到布什演讲时，他笑容可掬地走到麦克风前，一边呼唤：“女士们，先生们，”一边向群众挥动双臂致意。就在这一刹那间，惊人之举发生了：只见布什从衣袋里掏出讲稿，双手举过头顶，嚓嚓几下把它撕成碎片。并声明说：“讲稿太长，为使大家少淋雨，改为即兴讲话。”话音刚落，人群中立刻爆发了一片掌声和欢呼声。可见，布什的审时度势取得了极佳的效果。

(九)遇乱不惊

1. “卡壳”

开会了，主持人请你作即席演说。于是，稍做准备你就登上讲台。只见会场人头攒动，黑压压一片，几百双眼睛像探照灯的光束朝你射来。你口讷了，心慌意乱地讲了几句，只觉脑子里一片空白，讲不下去了。这就是人们常说的“卡壳”现象。“卡壳”如何解脱？下列两点可供参考。

(1) 想想讲题。

你的“卡壳”很可能是被那份既定的讲稿牵着鼻子走造成的，也可能是你即兴发挥如脱缰之马无法收回造成的。但现在那份“完美无缺”的讲稿在你脑海里已支离破碎了。怎么办？应当机立断，使自己从讲稿的拘囿中挣脱出来，反思讲题并紧扣讲题，利用自己脑中“库存”的信息，用自己的话讲下去，讲到底。

(2) 宽松解脱。

终于，你“卡”住了。你可以移动一下话筒的位置，或者调节一下它的高度，也可端起茶喝上一口。还可以与听众交流，你可以说：“说到这里，不知在座的各位是否有同感？”这些无伤大雅的附加动作与平等交流，是难以觉察的缓兵之计。在你延宕几分钟后，下面的话也许就“跳”了出来。至此，你如仍然无可逆转地“断档”了，晾在台上，怎么办？你只得寻求宽松解脱。

范例三十九

听说“铁娘子”撒切尔夫人有顶美丽的遮阳帽，在这位女首相访问西德的一家工厂时，被一阵突如其来的风吹得不知去向了。在这个有损于领袖形象的意外面前，撒切尔夫人举起双手，脸上立刻显出幽默、甜美的笑容，记者摄下了这个饶有风趣的镜头。撒切尔夫人用的就是“宽松解脱”。

范例四十

据报载，杨澜、赵忠祥两人在主持“正大综艺”之余，曾到南方某个大城市主持一次文艺晚会。想不到当杨澜、赵忠祥两人各手持话筒，面带微笑从幕后走到台前的一瞬间，身穿旗袍的杨澜因脚踩在话筒线上而一个趔趄跌倒在地上。全场观众以及摄像师都惊呆了，杨澜从地上爬起来后，浑身疼痛且脑子一片空白。但是沉着老练的杨澜临场说了几句话，迅速地使自己镇静了下来，并且想起了自己该做的事、该说的话。她当时是这样说的：“哎呀，真是人有失足，马有失蹄啊，刚才我的狮子滚绣球的节目不算怎么精彩吧，但是精彩的节目在下面。”台上台下为其精彩的“过渡语言”而顿时响起雷鸣般的掌声。

2. 失言

演讲者的失言通常是在潜意识或情感作用下，自觉或不自觉地说出来的失言。话一出口，有时当时意识到此话不当说，有时立即意识不到，需经别人提醒才能反应过来。怎么办？

(1) 将计就计。

这种方法就是把特殊出现的情况作特殊处理，而万变不离其宗。

范例四十一

一个推销员当众推销他的铁锅，他滔滔不绝地讲述他的铁锅如何结实，质量如何好。为证实起见，他举起一只铁锅往地上一摔，没想到这只锅竟摔破了，他马上接着说："看，像这样的铁锅我们一只也不卖。"

(2) 顺水推舟。

这种方法就是不承认自己是失言而是特意这么说的，而这么说又是有道理的。

范例四十二

传说民国时期一个军阀召集手下文僚训话，他把"文墨之士"说成了"文黑之士"，引起台下一片讪笑之声。他身后的秘书小声说："黑字下面有个土念墨，是文墨之士。"他支吾一下说："我不知道你们是文墨之士吗？我嫌你们太土了，特意去掉这个土字，你们大家都要当气派的文墨之士。"

范例四十三

一次，袁鸣随中央电视台"东西南北中"节目组一行到达海口机场，走下飞机，袁鸣心急火燎，因为晚上 8 时，她要在海口狮子楼夜食城主持海南狮子楼京剧团建团庆典，狮子楼是个什么样子，新建的京剧团情况如何，晚上要面对哪些来宾，等等，袁鸣一无所知。

还好，到达狮子楼后，主人立即送来了有关材料。袁鸣一边吃饭，一边阅读："呀，原来海南历史上没有京剧团，狮子楼京剧团的建立填补了海南戏剧界的空白。自己能主持建团庆典，真是幸运！"

庆典开始，身着黄色上衣、黑色长裤的袁鸣走上舞台。衣着、气质既庄重又潇洒，面对几百来宾，袁鸣用充满激情的言语介绍京剧，介绍剧团，介绍来宾。

"光临庆典的，有中共海南省委宣传部部长刘学斌先生！"袁鸣语毕，刘学斌起立，大家鼓掌。

"有海南师范学院党委书记南新燕小姐！"随着袁鸣的介绍，坐席上慢腾腾地站起来一位花白头发的老汉——南新燕！

全场哗然。袁鸣不自然地笑了。

袁鸣真诚地致歉："对不起，我是望文生义了。不过……"稍一转折，袁鸣施展了自己的口才："您的名字实在是太有诗意了。我一见这三个字，立即想起了两句古诗：'旧时王谢堂前燕，飞入寻常百姓家。'这是一幅多么美的图画，而且在这里安家落户，这又是一幅多么美妙的图画呀！"袁鸣由自己的失误引出话题，即兴发挥，侃侃而谈，赢得全场观众异乎寻常的热烈喝彩。

3. 诘难

在演讲中，一方面，听众有时会把自己不懂的问题提出来，而这个问题很可能是演讲者自己也不懂的问题，这是无意的问题；另一方面，听众积极地提出你演讲的漏洞和错误，或是“问问你，考考你”，这是有意的。

(1) 反诘法。

这种方法就是不要正面回答问题，而是提出一个反问，让对方回答。

范例四十四

古月是我国著名的特型演员，因成功扮演毛泽东而闻名于世。有一次他接受外国记者的采访，一位记者问：“文化大革命是否有损于毛泽东的形象？”古月略一思索，反问道：“你觉得维纳斯美吗？”答：“美！”古月又问：“维纳斯断臂影响她的美吗？”

(2) 歧路法

这种方法就是把不便说的主题隐蔽起来，而专就一些无关紧要的话题发挥出去。

范例四十五

1984 年的一天，美国总统里根正给复旦大学的学生作即兴演讲，一位学生向里根提问：“您在大学读书时，是否希望有一天能成为美国总统？”里根显然对这个问题没有准备，他略一沉思，答道：“我学的是经济学，我也是个球迷，可是我毕业，美国的大学生大约有 1/4 要失业，所以我只能想先有个工作。于是当了体育新闻广播员，后来又到好莱坞当了演员，这是五十年前的事了。但是，今天我能当上美国总统，我认为早先学的专业帮了我的忙，体育锻炼帮了我的忙。当然，一个演员的素质也帮了我的忙。”里根的答复是巧妙的。他迅速巧妙地回避，躲开了难题。

(3) 免告法。

这是回答听众问题的最好的一种招架之法。有的问题涉及国家机密、组织纪律、个人隐私，不便在公开场合宣传，所以只能回答：“无可奉告。”但也不可滥用此语，否则给人一种“故弄玄虚”的感觉。

(十)应急处置

当你进行演讲时，有时会遇到一些令你棘手的情况，使你尬尴难堪。

1. 当听众甚少时

从演讲者的心理来说是希望到场的人多一些，但常常事与愿违。本来计划到几百人，结果来了几十人；或者开始还多，中间一休息就变少了。面对这种情况，一个对听众负责的演讲者，应运用良好的理智来控制自己的感情，做到人多人少一个样。特别是当听讲人少时，应做到内容不减，感情不抑，情绪不低，即使只有几个人到场，也要认真地讲下去。

2. 当听到鼓倒掌时

鼓倒掌是一种讽刺心理的反映，是对某种事物表示不欢迎的行为方式。演讲者再也没有比听到鼓倒掌更令其心寒的了。

在演讲场合碰到鼓倒掌，你首先要分析一下产生这种现象的原因，而不能视而不见，置若罔闻，依然我行我素。如果是自己演讲过程中出现的错误造成的，譬如讲了错话，念了错别字，或者体态动作失调，那就立即纠正过来；如果是个别听众故意捣乱，也不必惊慌，而要更加庄重和老练，只管沉着地往下讲。在真理的感召下，这些人会渐渐地感到自讨没趣而去其恶意，或者受到多数听众脸色、目光的制止和谴责，而变得规矩起来。

3. 当演讲时间临时改变时

临时改变时间，指演讲时间或提前，或推后，或缩短。

应付这种情况的最好方法是，演讲者对自己演讲的内容能达到“滚瓜烂熟”的程度，并养成良好的处事心理品质；做到提前演讲不心慌意乱；推后演讲不心灰意冷；演讲时间长不失其恢宏；演讲时间短不失其精妙。

范例四十六

一次，某单位邀请三位演讲员同台讲三个专题，每人讲一小时，演讲员刘同志排在第三位。但由于前两位同志时间把握不好，轮到刘同志登台时只差 40 分钟就下班了。怎么办？当他从容不迫地走上讲台时，第一句话便是：“同志们，现在是 5 点 22 分，我讲到 5 点 50 分准时结束。”就这么一句预告性的话，就像给听众吃了“定心丸”，会场上一下子安静下来。当他在预告的时间内讲完了紧凑而充足的内容走下讲台时，听众长时间热烈鼓掌，并向他投去钦佩的目光。

4. 当收到条子时

演讲时，台下往上递条子也是司空见惯的事。

递条子和面对面地提问题，性质是一样的。但递条子是“半秘密”的，听众和听众之间是“背对背”的，因此扩散面小，演讲者不必逐条地马上作答。这就给了你思考对策的时间。

当你接到条子时，最好潇洒自如地把条子打开，要利用讲话的间隙瞟视，分散听众的注意力，而且可给写条子者一种“被重视”的感觉。对于条子上提出的问题怎么办？如果这些问题在下面演讲内容中有，待讲到这些内容时，联系起来讲就可以了，当然需要加重语气，针对性更强一些。

如果条子上的问题刚才已经讲过了，但没有讲透彻，就可以把它放在小结时或其他适当的时候，进一步讲清讲透；如果条子上的问题你事先有准备，这时能现场作答，那就可巧妙地“加塞”，把它加到某个地方去；如果是属于不同意见或自己一时还没想明白，就放到会后处置。

范例四十七

作家刘绍棠在一次演讲中，看到听众递上来一个纸条，上面写着：“共产党不是伟大、光荣、正确和战无不胜吗？为什么连‘现代派’和‘存在主义’都要抵制，怕得不得了呢？”他看后一会儿，找到一个时机，念完了条子，“忽”的一下站起来，问道“你们说我身体好不好？”(刘绍棠满面红光，体魄健壮)大家异口同声地说：“棒！”接着他问道："那么你们说，我为什么不能吞食苍蝇？"于是博得全场一片掌声。

实践证明，因为波折的衬托，反而能使演讲获得更大的成功。

下面再说说即兴演讲的独特的技巧。

其一，迅速调动自己的活跃的创造性思维。

即兴演讲是在知道演讲题目之后，几分钟，最多十几分钟后即开始的演讲。因而，它需要在极短的时间内调动起积极的思维，使所有的精力和心思都高度集中在演讲的题目或讲说的内容上，迅速组织好演讲的提纲。可见，这些内容是敏捷的才思和机智的应变能力的集中体现。演讲的过程中，人的思维变得十分活跃，千头万绪，纷至沓来。敏捷的才思和智慧得以创造性发挥，灵感的火花也随时闪烁，因而演讲中充满了"活的东西"，创造性的内容。在思路活跃的状态下，即兴演讲者在兴奋的创造性活动中讲出的话其精妙程度事后令自己都感到吃惊。

范例四十八

美国总统里根访问加拿大，在演讲时遇上一群反美示威的人。加拿大总理十分尴尬，而里根却笑着说："这种情况，在美国是时常发生的，我想这些人一定是特意从美国来到贵国的，可能他们想使我有一种宾至如归的感觉。"里根这一番机智幽默的话，敏捷地摆脱了宾主的尴尬。

其二，演讲的内容既要简练又要完整。

即兴演讲因为准备的时间短，演讲的时间也相应地短。但是不能因为准备时间短、演讲的时间短，而使内容丢三落四，有头无尾。必须把话讲完整，把意思讲周全，这才称得上即兴演讲的佼佼者。

范例四十九

李雪健因主演《焦裕禄》的主角焦裕禄，同时获得"金鸡奖"和"百花奖"最佳男主角两项大奖。他上台领奖时，主持人问他有何感受，他真诚地说："苦和累都让一个大好人——焦裕禄受了；名和利都让一个傻小子李雪健得了。"他的话刚落，全场掌声雷动。

范例五十

亚洲小姐利智在参选的时候，主持人曾向她提出一个问题："美多少年不变？短暂的美是不是美？"利智回答："美是没有年限的，短暂的美也是美。中国古代有四大美人，她们的生命是短暂的，但她们的美名却流传百世。"

范例五十一

胡适留学美国康奈尔大学时，万国学生会曾请他演讲中国的婚姻制度。当时西方人讽刺中国人的婚姻为"盲婚"，尤其是胡适的婚姻是典型的包办，所以演讲的题目实在让他难堪。但胡适毕竟能言善辩，遇乱不惊，一番言语堪称妙论："贵国人结婚，男女是先恋爱，恋爱热度达到极点乃共结姻缘；敝国人结婚，从前是由父母之命，媒妁之言，男女素未谋面，结为夫妻后始行恋爱，热度逐渐增加，其贵国之婚姻是爱情之终也，敝国人之婚姻则爱情之始也。"这番妙论博得一片掌声，不仅为自己解了围，也使听众不得不叹服他的智慧和幽默。

其三，灵活多变，见风使舵。

即兴演讲，即便是做了几分钟的准备，在演讲的开始或当中，或结束时，还要观察现场的随时变化或者主持人的随时提问，灵活机动，见风使舵。只有做到这一点才是真正的“即兴”演讲，也只有那些真正的、知名的、确有实力的演讲者，才能在这关键时刻显示出他真正的才华与机智。

范例五十二

中央电视台组织“心连心艺术团”赴革命老区江西遂川慰问演出，受到老区人民的热烈欢迎，简易的露天演出台前人山人海，人们从四面八方赶来观看。当女中音歌唱家关牧村一曲《多情的土地》之后，阴沉的天空淅淅沥沥地下起了小雨，台下的人群躁动起来。此时，主持人赵忠祥稳步走上台说：“刚才关牧村一曲《多情的土地》，她的眼睛湿润了，(稍稍抬高语调)老乡们的眼睛湿润了，(稍停，抬头看天)老天的眼睛也湿润了——下起了小雨。不过没关系，只要你们不走，我们是不会走的，请大家维持好秩序，演出继续进行。”(报节目)台下的躁动平静了，随之爆发出阵阵掌声。

短短几句话，既给关牧村的深情演唱以充分的肯定和赞美，又消除了观众们心中的疑虑(观众以为下雨了，演出要被终止)；既提醒了观众，注意台下秩序，又把演员们为老区人民演出不畏艰难、情真意切的崇高精神不知不觉地传达给了大家。

范例五十三

艳阳和风，春光明媚，一场热闹的婚礼正在喜庆的气氛中进行着。忽然一阵风吹来，挂在帷幕正中的大红喜字随风刮上天空，后又慢慢落下。这突如其来的变故令在场的嘉宾面面相觑，不知所措。见此情景，正在现场主持婚礼的司仪灵机一动，马上满面笑容地说：“大家看，刚才多情的春风把喜字捧上了天空，可谓‘喜气冲天’；喜字随风飘舞，落到我们中间，真是‘喜从天降！’看来，今天是‘双喜临门’啊！×××先生结婚能有这么强劲的东风作伴，真是天遂人愿，看来你们两位新人要在奔‘小康’的远大前程上春风得意，一帆风顺啦！”

话音刚落，现场就爆发出热烈的掌声，宾客们对司仪这段精彩的现场发挥大加称赞，尴尬的局面顷刻烟消云散……

【课堂训练十三】

1. 假如你登台演讲之前有紧张情绪，你该采取何种方法克服它？

2. 假如你登台演讲之后，台下仍然乱哄哄的不安静，你该怎么办？

3. 假设在《歌唱祖国》的演讲会上，当你讲到“要把自己的一切献给我们的祖国”，结果却说成：“我们不热爱我们的祖国……”之后你该怎样继续下去？

4. 假设在《歌唱祖国》的演讲会上，当你讲到“要把自己的一切献给祖国”时，有人送你张条子，上面写道：“请问你有没有私心，你爱不爱钱？”你该怎样办？是置之不理，还是作出回答？如果回答，该怎样回答？

附录一　国家行政机关公文处理办法

(国务院办公厅 2000 年 8 月 24 日发布)

第一章　总　　则

第一条　为使国家行政机关(以下简称行政机关)的公文处理工作规范化、制度化、科学化，制定本办法。

第二条　行政机关的公文(包括电报，下同)，是行政机关在行政管理过程中所形成的具有法定效力和规范体式的文书，是依法行政和进行公务活动的重要工具。

第三条　公文处理是指公文的办理、管理、整理(立卷)、归档等一系列相互关联、衔接有序的工作。

第四条　公文处理应当坚持实事求是、精简、高效的原则，做到及时、准确、安全。

第五条　公文处理必须严格执行国家保密法律、法规和其他有关规定，确保国家秘密的安全。

第六条　各级行政机关的负责人应当高度重视公文处理工作，模范遵守本办法并加强对本机关公文处理工作的领导和检查。

第七条　各级行政机关的办公厅(室)是公文处理的管理机构，主管本机关的公文处理工作并指导下级机关的公文处理工作。

第八条　各级行政机关的办公厅(室)应当设立文秘部门或者配备专职人员负责公文处理工作。

第二章　公 文 种 类

第九条　行政机关的公文种类主要有：

(一)命令(令)

适用于依照有关法律公布行政法规和规章；宣布施行重大强制性行政措施；嘉奖有关单位及人员。

(二)决定

适用于对重要事项或重大行动做出安排，奖惩有关单位及人员，变更或者撤销下级机关不适当的决定事项。

(三)公告

适用于向国内外宣布重要事项或者法定事项。

(四)通告

适用于公布各有关方面应当遵守或者周知的事项。

(五)通知

适用于批转下级机关的公文，转发上级机关和不相隶属机关的公文，传达要求下级机关办理和需要有关单位周知或者执行的事项，任免人员。

(六)通报

适用于表彰先进，批评错误，传达重要精神或者情况。

(七)议案

适用于各级人民政府按照法律程序向同级人民代表大会或人民代表大会常务委员会提请审议事项。

(八)报告

适用于向上级机关汇报工作，反映情况，答复上级机关的询问。

(九)请示

适用于向上级机关请求指示、批准。

(十)批复

适用于答复下级机关请示事项。

(十一)意见

适用于对重要问题提出见解和处理办法。

(十二)函

适用于不相隶属机关之间相互商洽工作，询问和答复问题，请求批准和答复审批事项。

(十三)会议纪要

适用于记载、传达会议情况和议定事项。

第三章　公 文 格 式

第十条　公文一般由秘密等级和保密期限、紧急程度、发文机关标识、发文字号、签发人、标题、主送机关、正文、附件说明、成文日期、印章、附注、附件、主题词、抄送机关、印发机关和印发日期等部分组成。

(一)涉及国家秘密的公文应当标明密级和保密期限，其中，“绝密”、“机密”级公文还应当标明份数序号。

(二)紧急公文应当根据紧急程度分别标明“特急”、“急件”。其中电报应当分别标明“特提”、“特急”、“加急”、“平急”。

(三)发文机关标识应当使用发文机关全称或者规范化简称；联合行文，主办机关排列在前。

(四)发文字号应当包括机关代字、年份、序号。联合行文，只标明主办机关发文字号。

(五)上行文应当注明签发人、会签人姓名。其中，“请示”应当在附注处注明联系人的姓名和电话。

(六)公文标题应当准确简要地概括公文的主要内容并标明公文种类，一般应当标明发文机关。公文标题中除法规、规章名称加书名号外，一般不用标点符号。

(七)主送机关指公文的主要受理机关，应当使用全称或者规范化简称、统称。

(八)公文如有附件，应当注明附件顺序和名称。

(九)公文除“会议纪要”和以电报形式发出的以外，应当加盖印章。联合上报的公文，由主办机关加盖印章；联合下发的公文，发文机关都应当加盖印章。

(十)成文日期以负责人签发的日期为准，联合行文以最后签发机关负责人的签发日期为准。电报以发出日期为准。

(十一)公文如有附注(需要说明的其他事项)，应当加括号标注。

(十二)公文应当标注主题词。上行文按照上级机关的要求标注主题词。

(十三)抄送机关指除主送机关外需要执行或知晓公文的其他机关，应当使用全称或者规范化简称、统称。

(十四)文字从左至右横写、横排。在民族自治地方，可以并用汉字和通用的少数民族文字(按其习惯书写、排版)。

第十一条　公文中各组成部分的标识规则，参照《国家行政机关公文格式》国家标准执行。

第十二条　公文用纸一般采用国际标准 A4 型(210mm×297mm)，左侧装订。张贴的公文用纸大小，根据实际需要确定。

第四章　行 文 规 则

第十三条　行文应当确有必要，注重效用。

第十四条　行文关系根据隶属关系和职权范围确定，一般不得越级请示和报告。

第十五条　政府各部门依据部门职权可以互相行文和向下一级政府的相关业务部门行文；除以函的形式商洽工作、询问和答复问题、审批事项外，一般不得向下一级政府正式行文。

部门内设机构除办公厅(室)外不得对外正式行文。

第十六条　同级政府、同级政府各部门、上级政府部门与下一级政府可以联合行文；政府与同级党委和军队机关可以联合行文；政府部门与相应的党组织和军队机关可以联合行文；政府部门与同级人民团体和具有行政职能的事业单位也可以联合行文。

第十七条　属于部门职权范围内的事务，应当由部门自行行文或联合行文。联合行文应当明确主办部门。须经政府审批的事项，经政府同意也可以由部门行文，文中应当注明经政府同意。

第十八条　属于主管部门职权范围内的具体问题，应当直接报送主管部门处理。

第十九条　部门之间对有关问题未经协商一致，不得各自向下行文。如擅自行文，上级机关应当责令纠正或撤销。

第二十条　向下级机关或者本系统的重要行文，应当同时抄送直接上级机关。

第二十一条　“请示”应当一文一事；一般只写一个主送机关，如需同时送其他机关的，应当用抄送形式，但不得抄送其下级机关。

“报告”不得夹带请示事项。

第二十二条　除上级机关负责人直接交办的事项外，不得以机关名义向上级机关负责人报送“请示”、“意见”和“报告”。

第二十三条　受双重领导的机关向上级机关行文，应当写明主送机关和抄送机关。上级机关向受双重领导的下级机关行文，必要时应当抄送其另一上级机关。

第五章　发文办理

第二十四条　发文办理指以本机关名义制发公文的过程，包括草拟、审核、签发、复核、缮印、用印、登记、分发等程序。

第二十五条　草拟公文应当做到：

(一)符合国家的法律、法规及其他有关规定。如提出新的政策、规定等，要切实可行并加以说明。

(二)情况确实，观点明确，表述准确，结构严谨，条理清楚，直述不曲，字词规范，标点正确，篇幅力求简短。

(三)公文的文种应当根据行文目的、发文的职权和与主送机关的行文关系确定。

(四)拟制紧急公文，应当体现紧急的原因，并根据实际需要确定紧急程度。

(五)人名、地名、数字、引文准确。引用公文应当先引标题，后引发文字号。引用外文应当注明中文含义。日期应当写明具体的年、月、日。

(六)结构层次序数，第一层为“一、”，第二层为“(一)”，第三层为“1.”第四层为“(1)”。

(七)应当使用国家法定计量单位。

(八)文内使用非规范化简称，应当先用全称并注明简称。使用国际组织外文名称或其缩写形式，应当在第一次出现时注明准确的中文译名。

(九)公文中的数字，除成文日期、部分结构层次序数和在词、词组、惯用语、缩略语、具有修辞色彩语句中作为词素的数字必须使用汉字外，应当使用阿拉伯数字。

第二十六条　拟制公文，对涉及其他部门职权范围内的事项，主办部门应当主动与有关部门协商，取得一致意见后方可行文；如有分歧，主办部门的主要负责人应当出面协调，仍不能取得一致时，主办部门可以列明各方理据，提出建设性意见，并与有关部门会签后报请上级机关协调或裁定。

第二十七条　公文送负责人签发前，应当由办公厅(室)进行审核。审核的重点是：是否确需行文，行文方式是否妥当，是否符合行文规则和拟制公文的有关要求，公文格式是否符合本办法的规定等。

第二十八条　以本机关的名义制发的上行文，由主要负责人或者主持工作的负责人签发；以本机关名义制发的下行文或平行文，由主要负责人或者由主要负责人授权的其他负责人签发。

第二十九条　公文正式印制前，文秘部门应当进行复核，重点是：审批、签发手续是否完备，附件材料是否齐全，格式是否统一、规范等。

经复核需要对文稿进行实质性修改的，应按程序复审。

第六章 收文办理

第三十条 收文办理指对收到的公文的办理过程，包括签收、登记、审核、拟办、批办、承办、催办等程序。

第三十一条 收到下级机关上报的需要办理的公文，文秘部门应当进行审核。审核的重点是：是否应由本机关办理；是否符合行文规则；内容是否符合国家法律、法规及其他有关规定；涉及其他部门或地区职权的事项是否已协商、会签；文种使用、公文格式是否规范。

第三十二条 经审核，对符合本办法规定的公文，文秘部门应当及时提出拟办意见送负责人批示或者交有关部门办理，需要两个以上部门办理的应当明确主办部门。紧急公文，应当明确办理时限。对不符合本办法规定的公文，经办公厅(室)负责人批准后，可以退呈报单位并说明理由。

第三十三条 承办部门收到交办的公文后应当及时办理，不得延误、推诿。紧急公文应当按时限要求办理，确有困难的，应当及时予以说明。对不属于本单位职权范围或者不宜由本单位办理的，应当及时退回交办的文秘部门并说明理由。

第三十四条 收到上级机关下发或交办的公文，由文秘部门提出拟办意见，送负责人批示后办理。

第三十五条 公文办理过程中遇有涉及其他部门职权的事项，主办部门应当主动与有关部门协商；如有分歧，主办部门主要负责人要出面协调，如仍不能取得一致，可以报请上级机关协调或裁定。

第三十六条 审批公文时，对有具体请示事项的，主批人应当明确签署意见、姓名和审批日期，其他审批人圈阅视为同意；没有请示事项的，圈阅表示已阅知。

第三十七条 送负责人批示或者交有关部门办理的公文，文秘部门要负责催办，做到紧急公文跟踪催办，重要公文重点催办，一般公文定期催办。

第七章 公文归档

第三十八条 公文办完后，应当根据《中华人民共和国档案法》和其他有关规定，及时整理(立卷)、归档。

个人不得保存应当归档的公文。

第三十九条 归档范围内的公文，应当根据其相互联系、特征和保存价值整理(立卷)，要保证归档公文的齐全、完整，能正确反映本机关的主要工作情况，便于保管和利用。

第四十条 联合办理的公文，原件由主办机关整理(立卷)、归档，其他单位保存复制件或其他形式的公文副本。

第四十一条 本机关负责人兼任其他机关职务，在履行所兼职务职责过程中形成的公文，由其兼职机关整理(立卷)、归档。

第四十二条 归档范围内的公文应当确定保管期限，按照有关规定定期向档案部门移交。

第四十三条 拟制、修改和签批公文，书写及所用纸张和字迹材料必须符合存档要求。

第八章 公文管理

第四十四条 公文由文秘部门或专职人员统一收发、审核、用印、归档和销毁。

第四十五条 文秘部门应当建立健全本机关公文处理的有关制度。

第四十六条 上级机关的公文，除绝密级和注明不准翻印的以外，下一级机关经负责人或者办公厅(室)主任批准，可以翻印。翻印时，应当注明翻印的机关、日期、份数和印发范围。

第四十七条 公开发布的行政机关的公文，必须经发文机关批准。经批准公开发布的公文，同发文机关正式印发的公文具有同等效力。

第四十八条 公文复印件作为正式公文使用时，应该加盖复印机关的证明章。

第四十九条 公文被撤销，视作自始不产生效力；公文被废止，视作自废止之日起不产生效力。

第五十条 不具备归档和存查价值的公文，经过鉴别并经办公厅(室)负责人批准，可以销毁。

第五十一条 销毁秘密公文应当到指定场所由二人以上监销，保证不丢失、不漏销。其中，销毁绝密公文(含密码电报)应当进行登记。

第五十二条 机关合并时，全部公文应当随之合并管理。机关撤销时，需要归档的公文整理(立卷)后按有关规定交档案部门。

工作人员调离工作时，应当将本人暂存、借用的公文按照有关规定移交、清退。

第五十三条 密码电报的使用和管理，按照有关规定执行。

第九章 附则

第五十四条 行政法规、规章方面的公文，依照有关规定处理。外事方面的公文，按照外交部的有关规定处理。

第五十五条 公文处理中涉及电子文件的有关规定另行制定。统一规定发布之前，各级行政机关可以制定本机关或者本地区、本系统的试行规定。

第五十六条 各级行政机关的办公厅(室)对上级机关和本机关下发公文的贯彻落实情况应当进行督促检查并建立督查制度。有关规定另行制定。

第五十七条 本办法自2001年1月1日起施行。1993年11月21日国务院办公厅发布，1994年1月1日起施行的《国家行政机关公文处理办法》同时废止。

附录二　中华人民共和国国家通用语言文字法

(2000 年 10 月 31 日第九届全国人民代表大会常务委员会第十八次会议通过)

中华人民共和国主席令

(第三十七号)

《中华人民共和国国家通用语言文字法》已由中华人民共和国第九届全国人民代表大会常务委员会第十八次会议于 2000 年 10 月 31 日通过，现予公布，自 2001 年 1 月 1 日起施行。

中华人民共和国主席　**江泽民**

2000 年 10 月 31 日

目　　录

第一章　总　　则

第一条　为推动国家通用语言文字的规范化、标准化及其健康发展，使国家通用语言文字在社会生活中更好地发挥作用，促进各民族、各地区经济文化交流，根据宪法，制定本法。

第二条　本法所称的国家通用语言文字是普通话和规范汉字。

第三条　国家推广普通话，推行规范汉字。

第四条　公民有学习和使用国家通用语言文字的权利。

国家为公民学习和使用国家通用语言文字提供条件。

地方各级人民政府及其有关部门应当采取措施，推广普通话和推行规范汉字。

第五条　国家通用语言文字的使用应当有利于维护国家主权和民族尊严，有利于国家统一和民族团结，有利于社会主义物质文明建设和精神文明建设。

第六条　国家颁布国家通用语言文字的规范和标准，管理国家通用语言文字的社会应用，支持国家通用语言文字的教学和科学研究，促进国家通用语言文字的规范、丰富和发展。

第七条　国家奖励为国家通用语言文字事业做出突出贡献的组织和个人。

第八条　各民族有使用和发展自己的语言文字的自由。

少数民族语言文字的使用依据宪法、民族区域自治法及其他法律的有关规定。

第二章　国家通用语言文字的使用

第九条　国家机关以普通话和规范汉字为公务用语用字。法律另有规定的除外。

第十条　学校及其他教育机构以普通话和规范汉字为基本的教育教学用语用字。法律另有规定的除外。

学校及其他教育机构通过汉语文课程教授普通话和规范汉字。使用的汉语文教材，应当符合国家通用语言文字的规范和标准。

第十一条　汉语文出版物应当符合国家通用语言文字的规范和标准。

汉语文出版物中需要使用外国语言文字的，应当用国家通用语言文字作必要的注释。

第十二条　广播电台、电视台以普通话为基本的播音用语。

需要使用外国语言为播音用语的，须经国务院广播电视部门批准。

第十三条　公共服务行业以规范汉字为基本的服务用字。因公共服务需要、招牌、广告、告示、标志牌等使用外国文字并同时使用中文的，应当使用规范汉字。

提倡公共服务行业以普通话为服务用语。

第十四条　下列情形，应当以国家通用语言文字为基本的用语用字：

(一) 广播、电影、电视用语用字；

(二) 公共场所的设施用字；

(三) 招牌、广告用字；

(四) 企业事业组织名称；

(五) 在境内销售的商品的包装、说明。

第十五条　信息处理和信息技术产品中使用的国家通用语言文字应当符合国家的规范和标准。

第十六条　本章有关规定中，有下列情形的，可以使用方言：

(一) 国家机关的工作人员执行公务时确需使用的；

(二) 经国务院广播电视部门或省级广播电视部门批准的播音用语；

(三) 戏曲、影视等艺术形式中需要使用的；

(四) 出版、教学、研究中确需使用的。

第十七条　本章有关规定中，有下列情形的，可以保留或使用繁体字、异体字：

(一) 文物古迹；

(二) 姓氏中的异体字；

(三) 书法、篆刻等艺术作品；

(四) 题词和招牌的手书字；

(五) 出版、教学、研究中需要使用的；

(六) 经国务院有关部门批准的特殊情况。

第十八条　国家通用语言文字以《汉语拼音方案》作为拼写和注音工具。

《汉语拼音方案》是中国人名、地名和中文文献罗马字母拼写法的统一规范，并用于汉字不便或不能使用的领域。

初等教育应当进行汉语拼音教学。

第十九条　凡以普通话作为工作语言的岗位，其工作人员应当具备说普通话的能力。

以普通话作为工作语言的播音员、节目主持人和影视话剧演员、教师、国家机关工作人员的普通话水平，应当分别达到国家规定的等级标准；对尚未达到国家规定的普通话等级标准的，分别情况进行培训。

第二十条　对外汉语教学应当教授普通话和规范汉字。

第三章　管理和监督

第二十一条　国家通用语言文字工作由国务院语言文字工作部门负责规划指导、管理监督。

国务院有关部门管理本系统的国家通用语言文字的使用。

第二十二条　地方语言文字工作部门和其他有关部门，管理和监督本行政区域内的国家通用语言文字的使用。

第二十三条　县级以上各级人民政府工商行政管理部门依法对企业名称、商品名称以及广告的用语用字进行管理和监督。

第二十四条　国务院语言文字工作部门颁布普通话水平测试等级标准。

第二十五条　外国人名、地名等专有名词和科学技术术语译成国家通用语言文字，由国务院语言文字工作部门或者其他有关部门组织审定。

第二十六条　违反本法第二章有关规定，不按照国家通用语言文字的规范和标准使用语言文字的，公民可以提出批评和建议。

本法第十九条第二款规定的人员用语违反本法第二章有关规定的，有关单位应当对直接责任人员进行批评教育；拒不改正的，由有关单位作出处理。

城市公共场所的设施和招牌、广告用字违反本法第二章有关规定的，由有关行政管理部门责令改正；拒不改正的，予以警告，并督促其限期改正。

第二十七条　违反本法规定，干涉他人学习和使用国家通用语言文字的，由有关行政管理部门责令限期改正，并予以警告。

第四章　附　　则

第二十八条　本法自 2001 年 1 月 1 日起施行。